MANUAL DE HISTÓRIA DA IGREJA 3

nal:
di storia della chiesa — vol. III:
moderna. Dallo Scisma d'Occidente (1378-1417)
a della Rivoluzione francese (1780-1790)
o Dell'Orto/Saverio Xeres – diretores)
ditrice Morcelliana, Brescia – Italia
osa 71, 25121, Brescia (Italia)
-88-372-3009-8

dos Internacionais de Catalogação na Publicação (CIP)
(Câmara Brasileira do Livro, SP, Brasil)

de história da Igreja : a época moderna : do Cisma
Ocidente (1378-1417) às vésperas da Revolução Francesa
80-1790). vol. III / Umberto Dell'Orto (org.) ; tradução
ando Soares Moreira ; Umberto Dell'Orto, Saverio
es (dir.). -- São Paulo : Edições Loyola, 2024. -- (História
cristianismo)

lo original: Manuale di storia della chiesa : vol. III: l'epoca
a. Dallo Scisma d'Occidente (1378-1417) alla vigilia della
one francese (1780-1790)
iografia.
N 978-65-5504-363-1

istória eclesiástica - Idade Média 2. Igreja - História
- História - Idade Média 4. Papado - História I. Dell'Orto,
o. II. Xeres, Saverio. III. Série.

CDD-262.009

Índices para catálogo sistemático:
: História : Cristianismo 262.009

Eliane de Freitas Leite - Bibliotecária - CRB 8/8415

do Hideo Inoue
del Gesù, igreja mãe da Companhia
s em Roma, Itália, gravura da obra
er of Renaissance Architecture (1905),
rles Herbert Moore (1840-1930).
media Commons. Na contracapa,
da fachada principal da igreja,
n de © Aleksandr. © Adobe Stock.
o: Sowai Tam
nica: Danilo Mondoni, SJ

ola Jesuítas
341 – Ipiranga
ão Paulo, SP
8500/8501, 2063 4275
yola.com.br
ola.com.br
com.br

tos reservados. Nenhuma parte desta obra pode ser
u transmitida por qualquer forma e/ou quaisquer
co ou mecânico, incluindo fotocópia e gravação) ou
qualquer sistema ou banco de dados sem permissão
ora.

-5504-363-1

LOYOLA, São Paulo, Brasil, 2024

Umberto Dell'Orto
Saverio Xeres (DIR.)

MANUAL DE HISTÓRIA DA IGREJA

A ÉPOCA MODERNA

Do Cisma do Ocidente (1378-1417)
às vésperas da Revolução Francesa (1780-

Organização de **Umberto Dell'Orto**
Tradução de **Orlando Soares Moreira**

Sumário

INTRODUÇÃO
A época moderna. Do Cisma do Ocidente (1378-1417)
às vésperas da Revolução Francesa (1780-1790) 9

Autores 17

CAPÍTULO PRIMEIRO
Do Cisma do Ocidente aos Concílios do século XV 19
   1. O Cisma do Ocidente, das origens (1378)
      ao Concílio de Constança (1414-1418) 19
   2. Do Concílio de Constança ao de Basileia-Ferrara-Florença-Roma
      (1431-1445) 25
   3. Correntes e movimentos místicos, evangélicos, reformistas 33
   4. Mudanças e sucessivos desdobramentos teológicos,
      estruturais, litúrgicos e artísticos 40
   Bibliografia 50

CAPÍTULO SEGUNDO
A Igreja durante o Renascimento 53
   5. Reforma católica e/ou Contrarreforma? 53
   6. A *devotio moderna*, os humanistas e as confrarias 57
      Inserção 1 – Confrarias e associações leigas afins 63
      Nota bibliográfica 65
   7. A Observância e as novas fundações 66
   8. As missões 76
   9. O papado renascentista 82
   Bibliografia 88

CAPÍTULO TERCEIRO
O século da Reforma (*Reformation*) ... 91
10. Lutero e a Reforma protestante no Império ... 91
11. Difusão e transformação da Reforma protestante ... 110
12. A Reforma de Zwinglio, Bucer e Calvino ... 114
13. A Reforma anglicana ... 124
14. A Reforma na Itália ... 133
    Inserção 1 – Os judeus na Itália entre os séculos XVI e XVIII ... 139
    Nota bibliográfica ... 142
Bibliografia ... 142

CAPÍTULO QUARTO
O Concílio de Trento e sua aplicação ... 145
15. O Concílio de Trento ... 145
16. A aplicação papal ... 158
    Inserção 1 – As companhias e as escolas da doutrina cristã ... 161
    Nota bibliográfica ... 164
17. A aplicação episcopal em relação à Itália ... 168
18. Uma panorâmica europeia da aplicação tridentina ... 185
    Inserção 2 – A aplicação do cânon tridentino sobre os seminários ... 197
    Nota bibliográfica ... 200
19. A identidade da Igreja tridentina ... 200
Bibliografia ... 206

CAPÍTULO QUINTO
A Igreja na época do Absolutismo ... 209
20. As estruturas do Absolutismo em perspectiva eclesial ... 209
21. Desenvolvimentos da herança tridentina ... 219
22. O primeiro jansenismo e o galicanismo do século XVII ... 235
23. Consequências e evolução da pluralidade confessional ... 249
    Inserção 1 – Os valdenses na Itália ... 260
    Nota bibliográfica ... 263
    Inserção 2 – Os gêneros de conhecimento no âmbito cosmológico no episódio de Galileu Galilei ... 268
    Nota bibliográfica ... 271
Bibliografia ... 271

CAPÍTULO SEXTO
A Igreja no século XVIII ... 275
24. O segundo jansenismo num contexto em transformação ... 275
25. Um quadro religioso e eclesial variegado ... 285

26. A política eclesiástica no Absolutismo iluminado:
   os dois reformismos habsbúrgicos 300
27. O papado, de Clemente XII a Pio VI 316
Bibliografia 328

CAPÍTULO SÉTIMO
Aberturas a Igrejas orientais, missões, teologia, arte e religiosidade 331
28. O fim de Constantinopla: os turcos na Europa 331
29. A situação das Igrejas da Europa oriental sob o domínio otomano.
    A diáspora grega para o Ocidente. A Igreja russa, de Kiev a Moscou 342
30. Os desdobramentos do patronato espanhol 354
31. Os desdobramentos do patronato português 365
32. *Propaganda fide* e momentos da evolução das missões
    entre os séculos XVII e XVIII 378
33. Teologia, arte e religiosidade pós-tridentina 386
Bibliografia 400

Índice de nomes 403

introdução
A época moderna.
Do Cisma do Ocidente (1378-1417) às vésperas da Revolução Francesa (1780-1790)

Este volume do *Manual de história da Igreja* começa com as origens do Cisma do Ocidente, com a dupla eleição papal ocorrida em 1378; depois de ter apresentado diversas tentativas de solução para o cisma, a pesquisa se detém na solução conciliar, pretendida em Pisa em 1409, e realizada em Constança em 1417 (**item 1**). Tanto nesse concílio (1414-1418) como no seguinte, ocorrido entre Basileia, Ferrara, Florença e Roma (1431-1445), foi aprovada uma série de decretos para reformar a Igreja ocidental; segundo a eclesiologia conciliarista de Constança, eles deveriam ter sido realizados mediante o instrumento conciliar, mas, na realidade, avançando até a metade do século XV, essa perspectiva dissipou-se em favor do papel cada vez mais relevante assumido pelo papado, que ficou mais forte também graças a diversas uniões estipuladas com as Igrejas orientais (**item 2**). Ainda no Concílio de Constança, várias condenações atingiram doutrinas e personalidades (como Wycliffe, de quem provieram os lolardos na área inglesa, Hus e Jerônimo de Praga, de quem vieram os hussitas no território boêmio) inseridos numa série de movimentos místicos, evangélicos e reformistas, entre os quais se destaca a "mística alemã" (Mestre Eckhart, Tauler, Suso, Ruysbroeck), que ficou depois sem expressão em suas intuições espirituais e teológicas (**item 3**). Para enriquecer o conhecimento sobre as mudanças e os desdobramentos teológicos ocorridos entre o fim do século XIV e o início do século XVI, a última parte do **CAP. 1** apresenta as correntes que criticaram ou renovaram a escolástica, a multiforme reflexão e atividade de Nicolau de Cusa (1401-1469), além da organização eclesiástica (completando-se com a passagem do sistema das freguesias para o sistema por paróquias) e as peculiaridades da liturgia ocidental daquele período, com referências da grande arte gótica e do novo estilo e mensagem artística amadurecidos no contexto do Renascimento italiano (**item 4**).

O **CAP. 2** abre-se com o debate historiográfico sobre os termos de Reforma protestante (*Reformation*), Reforma católica (*Reform*), Contrarreforma (*Gegenreformation*) e sobre o significado de Renascimento e Humanismo (**item 5**), para passar depois às contribuições dadas à renovação religiosa e eclesial entre os séculos XV e XVI, ou seja, à Reforma católica, da *Devotio moderna*, dos humanistas e das confrarias (**item 6**), essas últimas mais bem conhecidas graças à **Inserção** *Confrarias e associações leigas afins*; em seguida, é apresentada a contribuição da "Observância" e das novas fundações de vida religiosa (os/as carmelitanos/as descalços/as, os capuchinhos, os clérigos regulares) (**item 7**). Um estímulo à Reforma católica proveio também das missões entre os séculos XV e XVI, para cujo conhecimento se analisam as origens do patronato espanhol (*patronato real*) e do patronato português (*padroado*), o papel dos religiosos da Observância na primeira evangelização da América Latina e o debate sobre a natureza e os direitos dos *indígenas* (**item 8**). O papado renascentista, embora mostrando seu interesse por muitas expressões de renovação religiosa e eclesial existentes no século XV e no início do século XVI, não se deixou envolver seriamente por ela, pelos motivos e com as consequências apresentadas na última parte (**item 9**) do capítulo.

Iniciada com a intenção de renovar a Igreja e a cristandade ocidental, a Reforma protestante (*Reformation*) teve outro tipo de resultado, introduzindo na Europa uma divisão e uma pluralidade confessional permanente, para cuja configuração é dedicado o **CAP. 3** deste volume. No início desse fenômeno histórico está Martinho Lutero: seu contexto de origem, sua personalidade e formação teológica merecem uma pesquisa cuidadosa, para então acompanhar os resultados de sua ação desde a difusão das noventa e cinco teses sobre as indulgências (31 de outubro de 1517) até 1525; naquele ano, ele deixou a direção da Reforma nas mãos dos príncipes alemães, que a levaram adiante até a paz de Augsburg (1555), quando, dentro do Império, foi reconhecida a legítima copresença de católicos e protestantes luteranos (**item 10**). Entretanto, a Reforma (*Reformation*) tinha se difundido, assumindo tonalidades peculiares nos territórios habsbúrgicos austríacos e tinha criado Igrejas nacionais nos Estados escandinavos, bem como grupos radicais, entre os quais emergiram os anabatistas (**item 11**). Mas a Reforma se enriqueceu, transformando-se graças à contribuição de grandes personalidades, como Zwinglio, em Zurique, Bucer, em Estrasburgo, e Calvino, em Genebra, esse último promotor de um tipo de Reforma que conseguirá se difundir em outras regiões da Europa (**item 12**). Totalmente particulares foram as vicissitudes na Inglaterra, onde, com o cisma amadurecido durante o reino de Henrique VIII (1510-1547), e depois da fase de transição com Eduardo VI e Maria Tudor (1547-1558), a Reforma anglicana se firmou durante o longo reino (1558-1603) de Elizabeth I (**item 13**). A descrição da tentativa de introduzir a Reforma protestante na Itália, em suas diversas fases e componentes e com os motivos de seu insucesso (**item 14**) — enquanto continuou a subsistir uma significativa minoria não católica na Itália, como mostra a **Inserção** *Os judeus na Itália entre os séculos XVI e XVIII* —, conclui um capítulo que, percorrendo todo o século XVI europeu, permite compreender aquela contravolta de época.

Com o Concílio de Trento (1545-1563) e sua aplicação, assunto do **CAP. 4**, enfrentaram-se, de um lado, os problemas levantados pela Reforma protestante, e, de outro, produziu-se ulterior contribuição à Reforma católica (a relação entre um aspecto e outro precisa ser constantemente verificada para dar à Contrarreforma uma identidade a mais próxima possível da realidade histórica). Investiga-se o evento conciliar (**item 15**) em sua preparação e nos três períodos dos trabalhos. Entre o segundo e o terceiro período, o pontificado de Paulo IV (1555-1559) viu o concílio em perigo e, todavia, lançou uma iniciativa reformadora também em Roma; essa passagem foi determinante para que o terceiro período em Trento conseguisse não apenas aperfeiçoar os decretos doutrinais (já bem equacionados desde o primeiro período), mas também estruturar organicamente os decretos de reforma, basilares na renovação da Igreja católica. Certamente a renovação católica foi propiciada pela aplicação papal do Tridentino (**item 16**), no longo período que vai do governo de Pio V ao de Gregório XV (1566-1623); entre as medidas adotadas por esses papas, foram de máxima importância: a publicação do *Catecismo romano*, a fundação dos colégios e dos seminários em Roma, o incremento das nunciaturas, a reforma da Cúria romana, a revisão da *Vulgata*, a publicação do *Rituale Romanum*, a fundação da congregação de *Propaganda fide*, bem como uma série de canonizações, no início do século XVII, de personalidades exemplares para a renovação da Igreja católica, como, entre outros, Santo Inácio de Loyola, Santa Teresa de Ávila e São Carlos Borromeo. Esse último — enquanto ainda vivo, e mais ainda depois de sua morte — constitui o modelo de bispo tridentino, o precursor na aplicação episcopal dos decretos conciliares; sua figura e as escolhas de seu episcopado — anteposta à pesquisa sobre bispos e dioceses italianas — são objeto de uma pesquisa específica (**item 17**). Em seguida é apresentada uma panorâmica europeia da aplicação do Tridentino: se a França e a Espanha oscilaram entre resistência e disponibilidade em aceitar e pôr em prática a reforma, uma plena disponibilidade à renovação tridentina caracterizou os Países Baixos espanhóis. Nas regiões alemãs emergiu o papel dos Wittelsbach bávaros e dos Habsburgos austríacos, apoiados pelos bispos, pelas Ordens religiosas, pelo papado, ao passo que na Polônia a própria formação de uma identidade nacional esteve estreitamente ligada ao desenvolvimento da Igreja tridentina (**item 18**). Enfocam-se especialmente os traços fundamentais dessa última (**item 19**), com uma referência crítica a uma proposta de Marc Venard, que fala de uma Igreja "romana", "clerical" e "popular". Com isso, submete-se também a uma averiguação a categoria historiográfica da Contrarreforma. Duas **inserções** presentes no capítulo são dedicadas a dois aspectos típicos da Igreja tridentina, mostrando a evolução seguinte deles: *As companhias e as escolas da doutrina cristã* e *A aplicação do cânon tridentino sobre os seminários*.

A Igreja tridentina e as Igrejas nascidas da Reforma deram-se conta de estarem vivendo em contextos sociais e políticos delimitados pela historiografia no termo "Absolutismo" (**CAP. 5**). Tratou-se, na realidade, de Estados e sociedades (e da Igreja em relação a eles) configurados de maneira diferente de acordo com os territórios e os tempos, como bem demonstra a comparação entre dois modelos específicos, ou seja, o Absolutismo francês e o Absolutismo habsbúrgico. Da análise deles emergem os elementos básicos do Absolutismo, embora em tensão entre si: a concepção sagrada do soberano, a identificação entre soberano e Estado, o papel do soberano e das autoridades temporais na Igreja, a subdivisão em classes sociais, as funções e os privilégios do clero (**item 20**). Agora, no contexto social e político do Absolutismo, continuaram as vicissitudes da Igreja tridentina; e qual foi a esse respeito a contribuição dos papas, de Urbano VIII a Bento XIII (1624-1730)? Qual foi a fidelidade ao Tridentino por parte do episcopado italiano e dos bispos alemães e poloneses? Que incidência tiveram as Ordens religiosas e qual foi o papel do clero secular? São perguntas abordadas no **item 21**, em que se mostra, além disso, a importância e a identidade da religiosidade popular, para voltar a refletir sobre as características de "clerical" e "popular" atribuídas, como visto, à Igreja tridentina. Passa-se, depois, a pôr a atenção sobre o Absolutismo francês, afetado por dois movimentos importantes durante o século XVII: o jansenismo, pesquisado desde suas origens até a "Paz clementina" (1667-1669), e o galicanismo, como se manifestou após os desdobramentos da questão da regalia e nos acontecimentos da assembleia extraordinária do clero da França, que em 1682 elaborou os "quatro artigos" da Igreja galicana (**item 22**). A pluralidade confessional introduzida pela Reforma protestante marcou o Absolutismo e contribuiu para transformá-lo, com consequências e resultados bem variados para a Igreja, bem como para aqueles Estados e aquelas sociedades; é o que se deduz do estudo das guerras de religião na França e no Império (Guerra dos Trinta Anos), dos contextos sociais, das contribuições culturais, das escolhas políticas a favor ou não da tolerância religiosa (a esse propósito, veja-se também a **Inserção 1** – *Os valdenses na Itália*), da Inquisição romana (**item 23**). A essa última se liga a **Inserção 2** – *Os gêneros de conhecimento no âmbito cosmológico no episódio de Galileu Galilei*.

Com a retomada das discussões sobre o jansenismo na França, abre-se o **CAP. 6**, dedicado à Igreja durante o século XVIII. Tanto o jansenismo francês setecentista (com os debates culturais e a crise institucional que durante aquele século preparam a Revolução Francesa) quanto a ampliação do movimento para muitos territórios europeus testemunham as grandes mudanças em andamento naquele século e que envolvem totalmente a Igreja e o cristianismo (**item 24**). Uma tentativa de reconstruir o quadro desse envolvimento (**item 25**) faz-se pela identificação de sete componentes: o jansenismo em três diferentes expressões (canônico, pastoral — inclusive as intervenções no âmbito litúrgico-devocional — e político), o riquerismo (ou "paroquismo") e o febronianismo; depois, o jurisdicionalismo (ou seja, regalismo) e o antijesuitismo; em sexto lugar, uma posição totalmente especial assumiu a *Aufklärung* católica ("catolicismo iluminado"), difícil de definir em sua identidade e estreitamente ligada às mudanças da cultura iluminista; e a religiosidade popular, que, diferentemente de todos os outros componentes acima mencionados, está em continuidade com o século anterior. Muitos dos componentes identificados no item 25 tiveram ocasião de se exprimir na renovação — na qual a Igreja sempre se viu envolvida — dos Estados e das sociedades, contribuindo para o chamado "Absolutismo iluminado". Esse último teve múltiplas expressões, mas a mais orgânica e incisiva se desenvolveu nos territórios sob o domínio dos Habsburgos, em primeiro lugar nos propriamente habsbúrgicos, durante os anos de Maria Teresa e José II (1740-1790), depois no grão-ducado da

Toscana, na época de Pedro Leopoldo (1765-1790), filho de Maria Teresa e irmão de José II. Das reformas eclesiásticas nesses territórios evidenciam-se as raízes, os sujeitos, a realização, os resultados, mostrando, por exemplo, o apoio dado ao reformismo toscano pelos jansenistas, em especial com a preparação, a celebração e o fracasso do sínodo de Pistoia, de 1786 (**item 26**). A reação dos diversos papas diante das novidades e das mudanças constitui o tema específico da parte conclusiva do capítulo (**item 27**), com a abordagem do pontificado de Clemente XII (1730-1740) e as primeiras instâncias políticas, culturais e sociais. Particular atenção é dedicada ao pontificado de Bento XIV (1740-1758), com as tentativas de confronto e clarificação cultural (inclusive condenações), de acordos políticos e de pacificação eclesial. Clemente XIII (1758-1769) fez escolhas de contraposição e de fechamento, enquanto Clemente XIV (1769-1774) sofreu o condicionamento dos Estados católicos, a ponto de proceder à supressão da Companhia de Jesus; esse papa, sob o qual houve a primeira divisão da Polônia, teve uma atitude vaga em relação à religiosidade popular, enquanto aprofundou as condenações do Iluminismo considerado irreligioso e anticristão. O último papa do século, Pio VI, é estudado somente na primeira parte de seu longo pontificado (1775-1799), porque, depois de acenos às temáticas de sua primeira encíclica, será examinada sua atitude diante das reformas em grande estilo feitas por José II no âmbito eclesial.

Há assuntos importantes aos quais os seis capítulos anteriores reservaram um espaço limitado. Por isso, eles são retomados no **CAP. 7**, o último deste volume, com o estudo de alguns aspectos das Igrejas orientais, das missões, da teologia e da arte pós-tridentina, essa última integrada por uma apresentação de conjunto da religiosidade tal como se formou depois do Concílio de Trento. Das Igrejas orientais reconstroem-se, antes de tudo, contexto e circunstâncias do fim do Império do Oriente, com a tomada de Constantinopla por parte dos turcos (1453) e as consequências para a Igreja greco-ortodoxa, bem como as reações da Igreja latina diante dessa nova situação e os momentos marcantes das relações entre cristãos europeus e turcos muçulmanos, do século XVI ao século XVIII (**item 28**). Dá-se no **item 29** uma panorâmica da variegada situação das comunidades cristãs no Império turco, entre os séculos XVI e XVIII (Grécia, Balcãs, Bulgária, Romênia, Transilvânia, Albânia, Moldávia); da presença dos cristãos orientais gregos e albaneses na Itália; da formação do patriarcado de Moscou ("Terceira Roma"), a partir da metade do século XV, e dos principais aspectos da história da Igreja russa até o reino de Catarina II

(1762-1796). Para as missões, retomando o fio da narração feita no item 8, apresenta-se a evolução do patronato espanhol (*patronato real*), com a criação de estruturas eclesiais semelhantes às europeias (dioceses, sínodos, universidades), com a constituição de métodos missionários diferenciados (da *encomienda* às *reducciones*); haverá oportunidade de conhecer também o papel que tiveram as populações indígenas na Igreja latino-americana e a abordagem que se teve com a questão da escravidão, bem como o nascimento e o crescimento da Igreja católica nas Filipinas (**item 30**). Outra série de conhecimentos versa sobre os desdobramentos do patronato português (*padroado*), descobrindo os motivos do quadro composto e fragmentado de suas estruturas eclesiais. E ainda: o papel dos jesuítas no Brasil; o encontro com a Igreja etíope e a tentativa de evangelização do Congo; o confronto com as grandes religiões na Índia, no Japão e na China e a adoção do método da adaptação, graças sobretudo a Francisco Xavier, Alexandre Valignano, Mateus Ricci e Roberto De Nobili (**item 31**). A reconstrução histórica das missões entre os séculos XVII e XVIII está atenta sobretudo à nova instituição romana, que deve ser reconhecida como a alternativa aos dois patronatos, ou seja, a congregação de *Propaganda fide*, surgida em 1622. Analisam-se seus projetos e as escolhas originais, para depois prosseguir com a apresentação das modificações do patronato português, com referências à ascensão da França nos territórios coloniais e de missão e ao papel dos vigários apostólicos; consideram-se em seguida os colégios para a formação dos missionários e o envolvimento de novas congregações religiosas na atividade missionária. A questão dos "ritos chineses" e dos "ritos malabares", bem como o fim da atividade missionária dos jesuítas no contexto do Iluminismo e do regalismo na América Latina são os assuntos principais da história da missão da segunda parte do século XVIII; reserva-se, enfim, uma observação ao modo totalmente singular como o cristianismo entrou na Coreia (**item 32**). Por um lado, a teologia pós-tridentina caracterizou-se pela orientação pastoral e polêmica e, por outro, viu a existência de diversas escolas teológicas; além disso, a Igreja católica contribuiu para a formação de uma cultura histórica marcada pela apologética e pela erudição. A Igreja se empenhou mais ainda na definição de uma linguagem cada vez mais unitária da arte religiosa, a qual se pôs em estreita relação com a vivência religiosa, em particular na identificação de cânones arquitetônicos e figurativos que valorizassem a liturgia e a doutrina eucarística. Na verdade, a missa e, de forma mais geral, a liturgia referiram-se sobretudo ao clero, ao passo que a religiosidade dos fiéis se valeu de outras expressões, como a devoção aos fiéis mortos e o culto das relíquias dos santos (mártires). Por isso, se se faz aceno apenas à mística, dá-se espaço à apresentação do conjunto da piedade e da religiosidade pessoal e popular (cf. itens 21 e 25): a prática do rosário, as confrarias, os montepios, o culto eucarístico, as rogações, o crescente sucesso da devoção ao Sagrado Coração e da prática da *via crucis* (**item 33**). Por esse resumo se compreende que, entre a segunda parte do século XVI e o fim do século XVIII, foi se constituindo uma herança religiosa que permaneceu viva na Igreja católica até nossos dias.

Umberto Dell'Orto

Autores

Fabio Besostri: cap. 1; cap. 3; cap. 7 (itens 28-29); Inserção 1 do cap. 3; Inserção 1 do cap. 4; Inserção 1 do cap. 5.

Umberto Dell'Orto: cap. 2 (itens 5 e 8); cap. 3; cap. 4 (itens 16-19); cap. 5; cap. 6; cap. 7 (itens 30-32); Inserção 2 do cap. 4; Inserção 2 do cap. 5.

Cesare Silva: cap. 2 (itens 6-7 e 9); cap. 4 (item 15); cap. 7 (item 33); Inserção 1 do cap. 2.

capítulo primeiro
Do Cisma do Ocidente aos Concílios do século XV

1. O Cisma do Ocidente, das origens (1378) ao Concílio de Constança (1414-1418)

1. Gregório XI, o último papa do período avinhonense (vol. II, cap. 8, item 36), morreu no dia 27 de março de 1378, pouco mais de um ano após o definitivo retorno da sede do papado a Roma. No dia 7 de abril de 1378, no palácio apostólico do Vaticano, reuniu-se **o primeiro conclave em Roma depois de 75 anos**. Fizeram parte dele dezesseis cardeais, dos quais onze franceses e um espanhol, Pedro de Luna. A situação da cidade naqueles dias é descrita pelos cronistas da época como agitada, mas não a ponto de condicionar o sereno desenvolvimento da eleição. Decerto, a população exigia um papa de origem romana ou, pelo menos, italiana; por isso o colégio cardinalício, de maioria francesa, já teria provavelmente entrado em acordo anteriormente sobre a escolha de um eclesiástico italiano, estranho ao próprio colégio, mas do agrado da monarquia francesa. O candidato mais próximo desse perfil fora identificado em Bartolomeu Prignano, arcebispo de Bari e natural de Nápoles, ou seja, proveniente de um território de domínio francês angevino e já responsável pela chancelaria papal em Avinhão; de fato, ele foi eleito já no dia 8 de abril.

Como não estava presente no conclave (não era cardeal), foi preciso mandar chamá-lo com toda pressa. Isso deu origem a alguns equívocos e incompreensões entre os guardas do palácio apostólico e a população, o que provocou tumultos, a irrupção no conclave de um grupo de populares irritados e a fuga de alguns cardeais (alguns deles se refugiaram no Castel Sant'Angelo, outros deixaram a cidade). Para acalmar a multidão, foi preciso recorrer a um estratagema: o velho cardeal Tibaldeschi foi revestido com as insígnias papais e apresentado na janela do palácio para que desse a sua bênção. A confusão, todavia, não prejudicou a validade da eleição, reconfirmada, aliás, por outra votação exigida por Prignano no dia 9 de abril ao entrar no conclave. O novo papa, que assumiu o nome de Urbano VI, foi coroado no dia da Páscoa, 18 de abril de 1378, depois de ter recebido a obediência dos cardeais.

Embora íntegro, experiente e piedoso, **Urbano VI** sofreu provavelmente um contragolpe psicológico diante da responsabilidade a ele confiada, a ponto de amadurecer a íntima convicção, como várias vezes teve ocasião de manifestar publicamente, de ter sido escolhido por Deus *ab aeterno* para aquela missão. Além disso, considerava o papa o gestor do poder supremo, e desde o início ficou claro para ele que esta devia ser sua missão: purificar a Igreja, reformando antes de tudo a Santa Sé. Por isso, o papa assume atitudes duras, entrando em atrito com as autoridades civis, com a Cúria e, sobretudo, com os cardeais. Em pouco tempo, a situação se tornou insustentável.

Todavia, a atitude tomada pelos cardeais nos dias e semanas seguintes à eleição demonstra que consideravam válida a eleição de Urbano e o reconheciam como papa para todos os efeitos: participaram de seus consistórios, solicitaram e conseguiram favores do novo papa. Foi somente no dia 9 de agosto que treze cardeais (dos dezesseis) reunidos em Anagni assinaram uma declaração segundo a qual a eleição de abril ocorrera sob o temor da violência da multidão romana e, portanto, fora inválida, e por isso Urbano era considerado falso papa e excomungado. O colégio cardinalício reuniu-se, então, em Fondi, um território angevino, e no dia 20 de setembro de 1378 elegeu o cardeal Roberto de Genebra (primo do rei da França), que assumiu o nome de **Clemente VII**. A situação era de uma gravidade sem precedentes: jamais na história ocorrera que o mesmo colégio cardinalício elegesse um papa e depois o declarasse deposto, para eleger outro.

Agora dois papas se opunham entre si, e a cristandade se viu dividida sob **duas "obediências"**. Depois de Urbano VI, a obediência romana viu no próprio comando Bonifácio IX (1389-1404), Inocêncio VII (1404-1406) e Gregório XII (1406-1415), enquanto a avinhonense viu-se chefiada por Clemente VII e por seu sucessor, Bento XIII (1394-1423). O Cisma do Ocidente, que se prolongou por cerca de quarenta anos, dividiu em duas a Igreja europeia, as dioceses, os capítulos, as famílias religiosas; também figuras de indiscutível santidade se posicionaram, optando ou pela obediência romana (como Santa Catarina de

Sena) ou pela avinhonense (como São Vicente Ferrer). A luta entre os dois papas, permeando os diversos níveis hierárquicos e se estendendo por vários países, via os pretendentes se chocarem por cada sé episcopal e por cada benefício eclesiástico. A disciplina eclesiástica ficou perigosamente relaxada, enquanto a corrupção se disseminava. Tal divisão teve consequências pastorais muito graves, minando pesadamente a autoridade da Igreja e de sua hierarquia, enfraquecendo-a em sua relação com as autoridades civis.

Também essas últimas estiveram diretamente envolvidas: apoiaram a obediência romana a Inglaterra, os Estados italianos (inclusive o reino de Nápoles depois de 1381), o Império, a Boêmia, a Hungria, a Polônia, a Lituânia, a maior parte dos Países Baixos e Portugal (que oscilou, contudo, entre as duas obediências até 1385); apoiaram, porém, a obediência avinhonense a França, a Escócia, a Baviera, a Áustria, Castela, Aragão e Navarra, essas duas últimas depois de não breve hesitação. Mas, observando as coisas mais detalhadamente (veja-se o *Atlante* citado na bibliografia), observa-se que a realidade foi muito mais complexa (por exemplo, dois pequenos territórios entre a França e a Bélgica, como Brabante e Hennegau, permaneceram neutros) e em evolução.

Desde o início buscaram-se **soluções para o cisma**, identificando quatro possíveis caminhos, ou seja, *viae* a serem percorridas. Uma, a de suprimir fisicamente um dos dois papas (*via facti*), na realidade era muito difícil, porque um ato violento poderia dar início a uma guerra de dimensões europeias, uma vez que cada papa tinha o apoio de importantes Estados entre si tradicionalmente antagonistas, como a França e a Inglaterra. De fato, foi fracassada a tentativa de tomar Roma à mão armada feita entre o fim de 1378 e os primeiros meses de 1379 por Clemente VII, com o apoio de Joana I, rainha de Nápoles, e de parte da aristocracia romana; Clemente, então, estabeleceu a própria residência em Avinhão e abriu ali uma nova cúria. Desse modo, a corte papal e o colégio cardinalício se duplicaram. Isso, junto com os empreendimentos políticos e militares dos dois papas, demandou gigantescas despesas: o peso fiscal sobre a cristandade agravou-se de maneira impressionante.

Não restava senão tentar soluções diplomáticas, como a de fazer um dos dois papas renunciar (*via cessionis*). Com efeito, Bento XIII (o espanhol Pedro de Luna, sucessor de Clemente VII) dissera estar disposto a renunciar no caso de renúncia, deposição ou morte de Bonifácio IX, segundo papa da obediência romana. Mas quando este último morreu, em 1404, Bento XIII não foi fiel a seu compromisso, até porque os cardeais de obediência romana elegeram um novo papa, Inocêncio VII, duas semanas depois da morte de Bonifácio IX, sob a condição de que estivesse disposto a abdicar se isso facilitasse o retorno da unidade eclesial. Mas também nesse caso as boas intenções não foram reais.

Meramente hipotética, porque já frágil sob o ponto de vista teórico, foi uma terceira solução: de que os dois papas elegessem uma comissão destinada a enfrentar o problema e a oferecer uma saída definitiva e vinculante (*via compromissionis*). Porém, como essa comissão teria as mesmas prerrogativas pontifícias e como um dos dois papas (embora não se soubesse qual deles) poderia reivindicar para si essas prerrogativas, tal comissão poderia ser tachada de ilegítima no próprio ato de sua formação.

Com o passar do tempo, a solução mais convincente entre as apresentadas pareceu ser a convocação de um concílio (*via concilii*). Desde os primeiros anos do cisma, diversos escritos tinham defendido essa perspectiva, como duas obras publicadas entre 1379 e 1381, a *Epistola concilii pacis*, de Henrique de Langenstein (alemão, vice-chanceler da Universidade de Paris), e a *Epistula concordiae*, do preboste da catedral de Worms, Conrado de Gelnhausen, às quais devem ser agrupados, "num premente progresso de argumentações" (Gaeta, 301), outros escritos, entre os quais o *De desolatione romanae curiae*, de Mateus de Cracóvia, bispo de Worms, e o *De modis uniendi*, de Teodorico de Niem. Chegou-se assim a constituir uma reflexão eclesiológica que recebeu o nome de **conciliarismo**, segundo a qual o concílio seria a suprema autoridade na Igreja, à qual todos os cristãos, inclusive o papa, deveriam obedecer. A solução conciliar foi conseguindo progressivo crédito, tanto que em 1409, depois de doze cardeais (seis para cada obediência) no ano anterior terem chegado a um acordo nesse sentido em Livorno, realizou-se um **concílio em Pisa**. Aí, primeiro foram depostos Gregório XII, papa de obediência romana, e Bento XIII, papa de obediência avinhonense, e foi eleito como novo papa Alexandre V (Pedro Filargo, arcebispo de Milão), ao qual sucedeu um ano depois João XXIII (Baldassare Cossa, arcebispo de Bolonha). Contudo, em vez de ficar resolvida, a situação piorou, porque, tendo permanecido ineficazes as duas deposições, a partir do concílio de Pisa a cristandade ocidental tinha ao mesmo tempo não dois, mas **três papas**: "no lugar da 'dupla ímpia', afirmou-se num tratado contemporâneo, surgiu um 'trio maldito'" (Jedin, 100).

2. Depois do fracasso de Pisa, foi mérito do imperador **Sigismundo de Luxemburgo** ter compreendido que, para ser eficaz, a solução conciliar precisava ser bem preparada. Por conseguinte, ele entabulou negociações diplomáticas com os três papas e seus apoiadores. Distanciando-se da política de seu predecessor, Roberto de Wittelsbach, aproximou-se antes de tudo de João XXIII, chegando a um acordo com ele para a abertura de um concílio em Constança. Além disso, conseguiu de Gregório XII o envio de legados ao concílio e programou com Bento XIII um encontro depois que o concílio terminasse. Enfim, o imperador convenceu importantes Estados, como a França, a Inglaterra e a Borgonha, a suspender as hostilidades da Guerra dos Cem Anos (1339-1453). Graças a esses pressupostos, o concílio, convocado oficialmente em Viggiù no dia 30 de outubro de 1413, tinha consideráveis motivos para poder se desenvolver com sucesso.

Aberto no dia 5 de novembro de 1414 na presença de João XXIII, o **Concílio de Constança** teve uma configuração totalmente particular pelo número de participantes, que, inicialmente exíguo, foi aumentando rapidamente até atingir alguns milhares de pessoas (cardeais, arcebispos e bispos, abades e gerais de ordens, representantes dos capítulos, e também professores de teologia e de direito canônico, embaixadores de reis, de príncipes, de municípios, de cidades e de universidades, com o absoluto predomínio dos leigos em relação aos clérigos). A partir de novembro de 1415, foram reagrupados em cinco nações: inglesa (Inglaterra, Escócia, Gales e Irlanda), alemã (regiões alemãs, Hungria, Dalmácia, Croácia, Boêmia, Polônia e Escandinávia), francesa, italiana, com o acréscimo depois, entre outubro de 1416 e julho de 1417, da nação ibérica (Aragão, Portugal, Navarra e Castela); às nações juntou-se o colégio cardinalício (formado por uma delegação de seis purpurados). Esses cinco (depois seis) grupos intervinham nos debates e votavam *per nationes*, ou seja, exprimiam um único voto para toda a nação. Não havia, portanto, como ocorreu para todos os outros concílios ecumênicos, o voto *per capita*; desse modo, foi superado o problema do predomínio italiano nos trabalhos conciliares. Isso pôs em crise João XXIII, que supunha que um concílio composto por uma maioria italiana haveria de confirmá-lo como papa.

Um golpe ainda mais duro para ele foi a proposta do concílio de resolver o cisma mediante a abdicação dos três papas. Embora cedendo ao pedido de ler publicamente a fórmula de renúncia, na noite entre o dia 20 e o dia 21 de março de 1415 João XXIII fugiu de Constança com a proteção do duque da Áustria, Frederico. Com essa atitude, de um lado o papa de obediência pisana se autodeslegitimou, e, de outro, o concílio acelerou a redação do **decreto** *Haec*

Sancta, rapidamente aprovado no dia 6 de abril por obra das quatro nações presentes então no concílio (não, porém, dos cardeais).

O decreto dava máxima importância à eclesiologia conciliarista (COD, 409-410), afirmando que o concílio é o representante da Igreja e recebe o poder diretamente de Cristo. Daí deriva que todos, inclusive quem está revestido de dignidade papal, devem lhe obedecer, ao passo que o que recusa a obediência aos decretos de qualquer concílio legítimo deve ser submetido a digna penitência e punição. Enfim, dedicava-se atenção específica a João XXIII, afirmando que não podia chamar sua cúria de Constança sem a permissão do concílio e que deviam ser consideradas nulas todas as medidas por ele tomadas ou que pretendesse tomar contra os participantes do concílio.

O *Haec Sancta* suscitou entre os historiadores e os teólogos um debate em torno do alcance das afirmações conciliaristas do decreto; têm um valor contingente, ou seja, serviam para reconhecer a autoridade do Concílio de Constança, necessária para resolver o Cisma do Ocidente, ou permanente, apresentando, portanto, uma eclesiologia que permanece sempre válida? Há os que, como Karl August Fink (semelhante a ele Hans Küng), defenderam que "o Concílio de Constança deve ser considerado ecumênico em todo o seu desenvolvimento, e seus decretos têm um valor geral" (Fink, 215), optando, pois, pelo caráter permanente do *Haec Sancta*.

Todavia, a interpretação dominante caminha em outro sentido. Uma das exposições mais detalhadas do caráter contingente do decreto é a que foi feita por Mário Fois em dois artigos esparsos em 1975 em "La Civiltà Cattolica" (cf. bibliografia). Segundo o estudioso, o decreto *Haec Sancta* não constitui uma definição dogmática, porque nenhum dos grupos presentes ao concílio pensou num decreto doutrinal definitório. Além disso, faltam os elementos característicos de uma definição dogmática, ou seja, a referência à Escritura e à Tradição, ou termos como "haereticus" ou "anathema sit", ou mesmo a consciência explícita da infalibilidade da assembleia conciliar. O decreto, porém, é de natureza disciplinar, voltado a resolver o cisma e a salvar a obra do concílio, posta em crise pela fuga de João XXIII.

De fato, graças às condições criadas pelo decreto *Haec Sancta* o concílio conseguiu finalmente resolver o Cisma do Ocidente, passando por quatro etapas. De início, João XXIII (obediência pisana), abandonado até por Frederico da Áustria, assinou a abdicação no dia 29 de abril de 1415, para ser solenemente deposto um mês depois pelo concílio, na XII sessão (COD, 417-418).

Depois, Gregório XII (obediência romana) aceitou se demitir no início de julho de 1415, mas somente depois de fazer ler pelo cardeal João Dominici um decreto com o qual convocava "oficialmente" o concílio e depois que fossem legitimados por ele os futuros atos e decretos do concílio (essas duas condições postas pelo papa de obediência romana sufragam a interpretação contingente do *Haec Sancta*).

O terceiro passo dizia respeito a Bento XIII (obediência avinhonense), que, depois de infrutíferos colóquios mantidos em Perpignano com Sigismundo e dezesseis membros do concílio, e depois de ter sido abandonado progressivamente por Aragão, Navarra e Escócia, recusou-se a comparecer em Constança. Por isso, o concílio o depôs no fim de julho de 1417 (COD, 437-438). Cinco anos depois, Bento XIII morreu em Peñiscola (Ilhas Baleares) e teve um sucessor (Clemente VIII) com o qual se exauriu a que fora a obediência avinhonense.

A quarta etapa teve início com a discussão para chegar à escolha de um novo papa unanimemente reconhecido. Depois de ter chegado a um compromisso para o debate sobre se antes era preciso eleger o papa e depois promulgar os decretos de reforma da Igreja, ou vice-versa, deu-se início no dia 8 de novembro de 1417 a um conclave totalmente singular, pois dele participaram, além dos vinte e três cardeais presentes ao concílio, também trinta eleitores designados pelos padres conciliares (seis para cada nação). No dia 11 de novembro foi eleito Odo Colonna, que assumiu o nome de **Martinho V**, em honra do santo daquele dia. Por não ter recebido ainda as ordens maiores, tornou-se diácono, presbítero e bispo entre 12 e 14 de novembro. Odo Colonna pertencia à nobreza romana, o que era uma garantia para o retorno do papado a Roma, e fora criado cardeal por Inocêncio VII (papa da obediência romana) para depois passar para a obediência pisana; tendo fugido do concílio com João XXIII, voltou depois a Constança. Martinho V, enfim, tinha um currículo com o qual todos estavam de acordo. Graças à escolha que sobre ele caiu, recompôs-se, depois de quase quarenta anos, a unidade na Igreja e na cristandade ocidental.

2. Do Concílio de Constança ao de Basileia-Ferrara-Florença-Roma (1431-1445)

1. Entre as passagens anteriores à eleição de Martinho V, houve, como se disse, o debate sobre se fazê-la preceder ou seguir a aprovação dos decretos de reforma da Igreja. Com efeito, nos quatro anos do Concílio de Constança, foi enfrentada não só a questão do Cisma do Ocidente (*causa unionis*), mas também a da reforma da Igreja (*causa reformationis*), e além disso foram examinadas as mais importantes problemáticas doutrinais da época (*causa fidei*). No que diz respeito a essas últimas, o concílio considerou sobretudo dois movimentos difundidos na Inglaterra (os lolardos, ligados à pregação de John Wycliffe) e na Boêmia (aqueles que tiveram como referência Jan Hus, e por isso denominados hussitas). Ambos os movimentos são mais bem compreendidos no contexto geral das correntes reformistas da época; por isso, o conhecimento da condenação deles em Constança é remetido para o item seguinte, dedicado a essas correntes (item 3.2).

Ao contrário, no que se refere à **causa *reformationis***, os posicionamentos do Concílio de Constança concretizaram-se em diversos decretos, publicados tanto antes como depois da eleição de Martinho V. Sem dúvida, o mais importante decreto anterior à eleição de Martinho V é o **decreto *Frequens***, com o qual, no dia 9 de outubro de 1417, foi estabelecida a periodicidade da convocação dos concílios gerais; assim, o concílio seguinte ao de Constança deveria ser convocado depois de cinco anos, o seguinte depois de sete anos e os demais a cada dez anos. O *Frequens* fundamentava-se na convicção de que os concílios eram o melhor meio para purificar e reformar a Igreja contra as heresias, os erros, as deformações e os abusos disciplinares (COD, 438-439).

Se dois decretos de 1415 e 1417 (COD, 420 e 445-446) foram dedicados a preparar o evento central do concílio, ou seja, a eleição papal, e se logo depois da publicação do *Frequens* se estabeleceram as medidas para evitar futuros cismas (COD, 439-442), outros decretos, sempre publicados concomitantemente com o *Frequens*, consideraram medidas destinadas a reformar aspectos importantes da Igreja. Por exemplo, para impedir "graves perdas e danos, quer espirituais, quer materiais, às igrejas", quis-se pôr um freio à fácil transferência dos bispos de uma diocese para outra e dos prelados maiores de um posto a outro; o freio seria o controle exercido pelos cardeais. Todavia, essas medidas, *de per si* já bastante suaves, depois perderam sua força, porque foi deixada em vigor a cláusula "salvo as constituições e os privilégios das igrejas, dos mosteiros e das ordens religiosas", reduzindo, assim, o alcance efetivo do decreto (cit. in COD, 443). Contemporaneamente, foi imposto ao papa que renunciasse ao exercício do *jus spolii*, ou seja, o direito de se apropriar dos bens de um eclesiástico quando morresse; analogamente, o concílio proibiu aos prelados receber esses bens sem o respeito às normas fixadas por Bonifácio VIII.

Depois da eleição de Martinho V, no dia 21 de março de 1418 foram promulgados sete decretos de reforma geral (COD, 447-450). Versavam sobre muitos aspectos da Igreja, como as isenções concedidas depois da morte de Gregório XI, o último papa legítimo, e as dispensas para não exercer um ofício ao qual estava ligado um benefício; as primeiras foram anuladas e as segundas revogadas com base no princípio *beneficia propter officia* (os benefícios, ou seja, o sustento econômico, valem somente para quem exerce os serviços eclesiais a eles ligados). Além disso, foram suspensos de suas funções os eclesiásticos ordenados de modo simoníaco e se fez apelo ao clero para que tivesse uma vida simples e sóbria.

Se se confrontam essas medidas com a lista fixada no dia 30 de outubro de 1417, na qual é indicado o elenco das reformas que o futuro papa deveria enfrentar com o concílio (COD, 444), observa-se que muitos assuntos não foram retomados, como a reforma do colégio cardinalício, as reservas da Sé apostólica, a atribuição dos benefícios, as causas de competência da Cúria romana, os apelos a ela, as competências da chancelaria e da penitenciaria, as indulgências.

Todavia, grande parte dessas matérias se encontra nas **concordatas** estipuladas por Martinho V com as nações inglesa, alemã, francesa e espanhola, a primeira das quais devia ter validade ilimitada, ao passo que as outras eram somente quinquenais (*Raccolta*, 144-168). De fato, essas concordatas analisavam a regulamentação da colação dos benefícios, das indulgências, das reservas papais para os benefícios e o restabelecimento das provisões anuais (ou seja, a renda líquida anual de um benefício, que para o primeiro ano devia ser dada como taxa à câmara apostólica). Todas as quatro concordatas trataram também da questão do colégio cardinalício, fixado em vinte e quatro membros e transformado efetivamente em internacional, e se determinou para cada cardeal uma renda não superior a seis mil florins anuais.

Se quisermos fazer um **balanço** sobre as medidas da reforma, deve-se constatar que as medidas adotadas pelo concílio eram muito poucas com relação à situação de instabilidade em que se encontrava a Igreja depois dos quarenta anos do cisma. Eram muito mais importantes as matérias postas na mesa pelas concordatas; mas, como naquele caso, os interlocutores foram o papado e a cúria, de um lado, e cada Igreja nacional — e não autoridades políticas —, de outro, havia o risco concreto de que o todo ficasse apenas no papel. Mas o "prático fracasso da limitada reforma" (Gaeta, 320) dependia do fato de que já em Constança não se verificou o que foi fixado pelo *Frequens*, ou seja, que o concílio se tornasse o instrumento ordinário e eficaz para uma reforma permanente da Igreja, uma vez que as medidas mais significativas já haviam sido adotadas não pelo concílio, mas pelo papa mediante as concordatas.

2. O Concílio de Constança foi encerrado em 1418 e o papa Martinho V se dirigiu a Roma, chegando à cidade somente em 1420 (em sua viagem de volta parou em Milão, onde consagrou o altar-mor da atual catedral). Em 1423, segundo a prescrição do decreto *Frequens*, convocou um concílio, primeiro em Pavia e depois em Sena, mas por causa da pouca participação dos bispos dissolveu-o logo e aproveitou a ocasião para proceder a uma reforma promovida por ele e pela Cúria romana. Com efeito, Martinho V elaborou dois decretos a propósito, mas de alcance tão limitado que praticamente não tiveram nenhum efeito. A seguir, o papa se ateve às indicações do decreto de Constança, e depois de sete anos, em 1431, convocou em Basileia um novo concílio; mas morreu antes da abertura. O concílio foi reconfirmado pelo sucessor, **Eugênio IV**, Gabriel Condulmer, vêneto, fundador com São Lourenço Justiniani (depois primeiro patriarca de Veneza) da congregação dos cônegos regulares de San Giorgio in Alga, em Veneza (cap. 2, item 7.1), piedoso e morigerado sobrinho de Gregório XII, o último papa da obediência romana.

Entrementes, criara-se uma conjuntura com muitas tensões. A repressão do movimento hussita transformara-se bem cedo numa guerra que estava envolvendo os territórios boêmio-alemães, e tinha até assumido as sangrentas feições de uma nova cruzada em cuja direção estava o cardeal legado Juliano Cesarini. Na França, a Guerra dos Cem Anos continuava com os ingleses, ajudados pelos borgonheses, que tinham conquistado a Normandia, impondo aos franceses o tratado de Troyes (1420), sem conseguir, porém, submeter o reino da França. Em 1428 a ofensiva inglesa voltou em grande estilo, tendo em mira Orléans, com a intenção de chegar a Bourges, que se tornara a capital de um reino que Carlos VII não conseguia dirigir. Foi então que uma pastorinha de Domrémy, **Joana d'Arc**, ouvindo vozes por ela atribuídas ao arcanjo Miguel, a Santa Margarida e a Santa Catarina, infundiu nova confiança no rei e no exército, até chegarem à libertação de Orléans e à coroação do rei em Reims, para depois visar a conquista de Paris e assim arrancá-la dos ingleses e de seus aliados borgonheses. Esses últimos, em 1430 prenderam Joana d'Arc e sob pagamento de dez mil escudos entregaram-na aos ingleses; submetida sob a acusação de heresia e bruxaria à Inquisição presidida pelo bispo filoinglês Pedro Cauchon, foi condenada à fogueira. Sua morte (1431) ampliou ainda mais sua obra em favor da desforra francesa contra a Inglaterra.

Em tal contexto europeu, no dia 23 de julho de 1431 o **Concílio de Basileia** foi aberto pelos representantes do legado papal Cesarini. Depois do fracasso das tentativas de reforma do decênio anterior, agora se queria agir com energia, como se quisesse intervir quer para resolver positivamente os problemas suscitados pelas guerras hussitas, quer para pacificar o conflito franco-inglês. Além disso, via-se com grande interesse o pedido feito pela Igreja greco-ortodoxa de restabelecer a unidade com a Igreja de Roma. Seja pela escassez dos participantes, seja pela solicitação dos gregos de realizar um concílio de união numa cidade italiana, já em dezembro de 1431, Eugênio IV se julgou autorizado a dissolver o concílio.

Mas os padres conciliares se recusaram a obedecer, encontrando legítimos e fortes protetores, como o imperador Sigismundo, o duque de Milão, Filipe Maria Visconti, e eclesiásticos que eram expressão da incipiente cultura humanística, como João de Segóvia, Domingos Caprânica, Enéas Sílvio Piccolomini e Nicolau de Cusa. Este último, em 1433 tinha escrito o *De concordantia catholica*, um tratado no qual "foram [...] resumidos todos os componentes das várias doutrinas conciliaristas — teológicas, jurídicas, políticas — num sistema coerentemente organizado" (Gaeta, 324). Nicolau de Cusa (item 4.2) fundamentou sua reflexão na relação entre graça divina e liberdade humana, e não, como tinham feito os tratados eclesiológicos anteriores, num princípio legalista, fosse ele de direito humano ou de direito divino. Com efeito, segundo ele a Igreja é o mundo divino participado aos homens, que, livres por natureza, devem dar o próprio consentimento para que as disposições da hierarquia tenham efeito. Dentro dessa perspectiva situam-se os bispos (dos quais o papa é apenas o mais eminente), os quais derivam a sua função do consentimento dos fiéis, enquanto o poder deles, graças ao qual podem exercer sua função, deriva diretamente de Cristo. Tudo isso se completa pela convicção de que o titular da autoridade suprema e infalível da Igreja é o concílio ecumênico, superior ao papa, cuja aprovação não é necessária para a eficácia das decisões conciliares. Por isso, Nicolau de Cusa condenava a legislação dos papas (decretais), para valorizar a dos concílios, e propunha além disso ampliar o poder do colégio cardinalício, que deveria assumir a estrutura de um organismo de representação das nações e exercer um controle atento sobre o poder papal.

Sendo desse tipo as ideias que circulavam em Basileia, o concílio, constituído em sua maior parte por procuradores e doutores (por exemplo, numa votação do dia 5 de dezembro de 1436, para 3 cardeais, 19 bispos e 29 abades presentes, houve 303 outros participantes), geriu as mais importantes questões do momento, chegando a um acordo com os hussitas (chamados também de "utraquistas", porque reivindicavam a comunhão sob as duas espécies, em latim: *sub utraque specie*) e tentando entrar em acordo com os gregos. Foram notáveis os decretos de reforma que, se efetivamente postos em prática, teriam podido fornecer uma contribuição substancial para a renovação da Igreja, uma vez que foram dadas diretrizes para regular a organização dos sínodos provinciais e diocesanos, para melhorar a liturgia, para fazer frente ao concubinato dos clérigos, para evitar infundados recursos a Roma. Além disso, foram tomadas muitas medidas para limitar os poderes do papa e da Cúria romana.

Eugênio IV, que, nesse ínterim (dezembro de 1433), ao se ver em graves dificuldades nas relações políticas com as potências europeias, tinha reconhecido a plena legitimidade do Concílio de Basileia, lançou um protesto, antes sem sucesso, em agosto de 1435 por meio de Ambrósio Traversari, geral dos camaldulenses, e depois, no início de 1436, por meio dos legados Albergati e Cervantes. Vendo ficar sem eficácia seus protestos, a partir do verão de 1436 o papa rompeu definitivamente com o concílio. Depois de um ano de negociações diplomáticas com o imperador do Oriente, João VIII Paleólogo — que tinha urgente necessidade das ajudas militares ocidentais, uma vez que os otomanos (turcos) estavam perto de fazer capitular Constantinopla (cap. 7, item 28.1), e porque considerava como premissa indispensável para obter apoio militar e econômico o restabelecimento da comunhão eclesiástica com Roma —, em setembro de 1437, com a bula *Doctoris gentium*, **Eugênio IV transferiu o Concílio de Basileia para Ferrara.**

3. Aí, em janeiro de 1438 foi aberto o concílio, e um ano depois, por motivos financeiros, foi **transferido para Florença**, magnanimamente acolhido por Cosimo dei Medici, o Velho, para depois chegar, em 1443, junto com o papa, a Roma. Nas duas últimas sedes houve diversas negociações para a **união entre Igreja latina e várias Igrejas orientais**, coroadas por atos específicos de união estipulados em Florença e em Roma; com a Igreja greco-ortodoxa (Florença, 6 de julho de 1439), com a Igreja armênia (Florença, 22 de novembro de 1439), com a Igreja copta e etíope (Florença, 4 de fevereiro de 1442), com a Igreja siríaca (Roma, 30 de novembro de 1444), com as Igrejas caldeias e maronitas de Chipre (Roma, 7 de agosto de 1445) (COD, 523-528.534-559.567-583.586-589.589-591). Como já transparece no primeiro ato de união, o debate desfrutou da presença dos melhores expoentes do mundo bizantino de então, como João/Basílio Bessarione, Jorge Curtesi/Gennadio Scolario, o patriarca de Éfeso Marco Eugênico, o metropolita de Kiev Isidoro; eles e numerosos outros contribuíram com sua refinada cultura, conhecimentos filológicos, profundas reflexões teológicas; foi um encontro destinado a ter profundas repercussões sobre a cultura humanística italiana, até porque constituiu, por assim dizer, uma ponte destinada a favorecer a chegada à Itália de muitos intelectuais orientais depois da queda de Constantinopla nas mãos dos turcos (1453).

O confronto teológico concentrou-se em dois argumentos de grande relevância. O primeiro dizia respeito à "processão" do Espírito Santo, pois havia séculos os orientais consideravam ilegítima a posição da Igreja ocidental sobre esse tema. Efetivamente, o concílio de Toledo de 589 tinha mudado a expressão do *credo* niceno-constantinopolitano, ou seja, enquanto esse último afirma que o Espírito Santo "procede do Pai", fala-se, no *credo* difundido no Ocidente, da processão "do Pai e do Filho" ("ex Patre *Filioque* procedit"), expressão considerada mais eficaz contra as heresias subordinacionistas da época. Depois de muitos séculos de desacordo, foi decidido que, embora sendo um acréscimo e como tal potencialmente ilegítimo, o *Filioque* correspondia à substância da doutrina dos Padres da Igreja, tanto gregos, como latinos.

A configuração do ministério pontifício foi o outro problema, e também nesse caso os gregos apresentaram a disponibilidade para resolvê-lo, reconhecendo o primado do papa no ato de união estabelecido com a bula *Laetantur coeli* (escrita em latim e em grego e conservada ainda hoje no Arquivo Secreto do Vaticano). Convém lembrar que também da parte latina houve uma disponibilidade para ir ao encontro da diferente sensibilidade oriental; por exemplo, a distribuição dos lugares na assembleia conciliar colocou a cadeira do papa não na posição central, mas como primeiro da fila dos bispos ocidentais, coisa que impressionou favoravelmente os ortodoxos.

Infelizmente o que foi estabelecido em Florença em 1439 não teve a eficácia esperada, pois se tratava de um acordo de cúpula que não encontrou correspondência nem no clero bizantino nem na população oriental. Como se sabe pelo que aconteceu no período medieval — por exemplo, no século IX com Fócio e a evangelização dos eslavos, ou por ocasião do cisma de 1054, bem como com a quarta cruzada de 1202-1204 (vol. II, cap. 4, itens 17.1-2; cap. 5, item 19; cap. 9, item 37.5) —, os cristãos ocidentais tinham uma fama muito negativa no Oriente para que esse ato de união fosse suficiente para cancelá-la. Mais, no Oriente aqueles que tinham se empenhado na união ficaram malvistos a partir do imperador Constantino XI, sucessor de João VIII, que não foi coroado e cujo nome não foi inserido nos dípticos da liturgia grega. O enfraquecimento da autoridade imperial favoreceu os acontecimentos de 1453, quando, a catorze anos de distância do ato de união entre latinos e gregos, Mehmed II (Maomé II) conquistou Constantinopla, transformando-a em Istambul, a capital do Império turco (naqueles anos circulava o adágio: "é melhor o turbante do sultão do que a tiara do papa").

O ato de união de 1439 teve outra repercussão negativa, pois contribuiu para separar do patriarca de Constantinopla a **Igreja ortodoxa russa**, já em desacordo entre si havia muito por questões políticas e disciplinares. De fato, Vasili II, grão-príncipe da Moscóvia, embora hostil ao arcebispo de Kiev, Isidoro, de origem grega, num primeiro momento tinha se pronunciado favorável à união, porquanto a considerava a única possibilidade para Constantinopla obter ajuda do Ocidente, e tinha generosamente financiado a viagem de Isidoro à Itália. O arcebispo de Kiev, nomeado pelo imperador de Constantinopla, era o eclesiástico de mais alto grau na Igreja russa e residia em Moscou. Mas, depois, para reforçar mais o próprio poder, o grão-príncipe decidiu se livrar de qualquer tutela bizantina. Depois de ter vigorosamente desabonado a ação de Isidoro, Vasili mandou prendê-lo poucos dias depois de seu retorno da Itália, declarou-o destituído e em 1448 proclamou o bispo Jonas como metropolita da Rússia, separando de fato de Constantinopla os ortodoxos russos e acusando o patriarca bizantino de ter negociado a união com os latinos para ter a ajuda do Ocidente contra os turcos (cap. 7, item 29.3). Isidoro conseguiu fugir e encontrou abrigo na Itália, onde permaneceu até sua morte.

De outro cunho foram as consequências dos atos de união para a Igreja ocidental, pois constituíram um notável sucesso para o papa Eugênio IV. Já na transferência de Basileia para Ferrara tinham seguido o papa personalidades do calibre do cardeal Juliano Cesarini e de Nicolau de Cusa; entre os que ficaram em Basileia, proclamando-se os únicos representantes da Igreja, havia sem dúvida homens não menos influentes, como o canonista Nicolau Tedeschi, o teólogo João de Segóvia e Enéas Sílvio Piccolomini. Os que tinham ficado em Basileia destituíram, como herético, Eugênio IV, para chegar no dia 5 de novembro de 1439 a eleger como **antipapa** o duque Amadeu de Saboia (que assumiu o nome de **Félix V**). Desse modo, o conciliarismo, que em Constança tinha ajudado a compor o Cisma do Ocidente, provocou em Basileia uma nova divisão na Igreja. Isso desqualificou a teoria conciliarista.

O cisma surgido em Basileia durou dez anos, até abril de 1449, quando Félix V abdicou, sendo recompensado com o chapéu cardinalício. Essa conclusão foi a consequência não só do **aumentado prestígio de Eugênio IV** depois dos atos de união, mas também da ação da Cúria romana, a qual convenceu os príncipes alemães e franceses a não serem mais neutros, mas a se alinharem abertamente com o papa. Em particular, os príncipes alemães entraram em acordo com ele por meio de uma série de tratados que culminaram com a concordata de Viena de 1448. Esta retomava os pontos fundamentais da concordata de Constança, mas tinha uma duração ilimitada (*Raccolta di concordati*, 181-185), como se agora a reforma da Igreja tivesse como referência, mediante acordos concordatários, o papado, e não o concílio, como estava previsto em Constança.

Resta verificar em que medida muitas expressões de renovação em andamento na Igreja no Ocidente entre os séculos XV e XVI foram aceitas pelo papado; ou seja, se ao pedido de uma reforma séria e contínua da Igreja se tenha conseguido dar uma resposta diferente — mas ao mesmo tempo igualmente séria e eficaz — da projetada mediante o decreto *Frequens* pelo conciliarismo.

3. Correntes e movimentos místicos, evangélicos, reformistas

1. O período que abarca a segunda metade do século XIV e depois o século XV foi profundamente marcado não somente pelo cisma e pelas suas consequências, mas também pela necessidade de renovação, seja pessoal, seja social e eclesial, que se expressou de diversos modos e em momentos diferentes entre si, mas destinados a deixar traços duradouros na cultura e na Igreja europeia. Entrelaçaram-se de maneira indissolúvel entre si vários fatores, como as aspirações a um estilo de vida mais próximo ao Evangelho, os movimentos espirituais, as reivindicações sociais, e às vezes o sentimento antirromano e nacionalista. A complexidade do quadro, do qual serão reconstruídos alguns antecedentes, deve ser mantida presente ao nos prepararmos para uma apresentação e para uma leitura que por força das circunstâncias deve distinguir os diversos componentes.

Entre o fim do século XIII e início do século XV, assiste-se na Europa a um crescente **interesse religioso no laicato**; florescem diversas confrarias, algumas dedicadas à devoção (em relação a Nossa Senhora ou a algum mistério da vida do Senhor, ou a algum santo particularmente invocado nas pestilências), outras à assistência aos necessitados, aos peregrinos, aos doentes (vol. II, cap. 7, itens 30.2 e 31). Esse florescimento continuou e envolveu particularmente as mulheres, dentre as quais emergem figuras extraordinárias, muitas vezes dotadas ao mesmo tempo de agudo senso prático e de carisma místico, como Ângela de Foligno (1249-1309), Catarina de Sena (1347-1380), Catarina de Bolonha (morta em 1463), Catarina Fieschi Adorno, de Gênova (morta em 1510), Brígida de Suécia, Juliana de Norwich (morta depois de 1413).

No fim do século XIII multiplicam-se as fundações de conventos femininos, especialmente dominicanos, ao passo que no norte da Europa tomam forma as particulares experiências de vida comum chamadas beguinarias, em geral constituídas por mulheres (beguinas) e também por homens (beguinos) de origem popular, desejosos de viver o espírito religioso sem os vínculos impostos por uma verdadeira regra monástica e tendo como recurso econômico unicamente os frutos do próprio trabalho manual (com frequência, artesanato têxtil de altíssimo nível).

A pregação e a direção espiritual das Ordens mendicantes (sobretudo frades menores e frades pregadores) exercem uma influência muito forte por toda parte e produzem efeitos dignos de menção particular, especialmente na Alemanha meridional, onde ainda nos anos do papado avinhonense tem início **a mística** chamada "**alemã**", sobretudo pela língua utilizada na redação dos tratados sobre o assunto; nela se fundem harmoniosamente elementos de teologia escolástica, influências neoplatônicas e agostinianas, exprimindo-se depois em novas formas de devoção e de piedade, nas quais os vértices da contemplação estão estreitamente ligados ao exercício concreto das atividades cotidianas e à caridade prática. A mística alemã exerceu uma influência muito forte também sobre a vida cultural e a arte e é um elemento do terreno de cultura da *devotio moderna* (cap. 2, item 6.1).

Um dos expoentes mais significativos da mística alemã foi o dominicano Eckhart de Hochheim, mais conhecido como **Mestre** (ou *Meister*) **Eckhart**. Nascido em 1260, estudou em Colônia e Paris, foi prior em Erfurt e vigário da sua ordem para a Turíngia, além de incansável pregador. Laureou-se como mestre de teologia em Paris em 1302, e depois foi superior da província saxã, que compreendia 47 conventos masculinos e mais de 70 mosteiros femininos. Ensinou ainda em Paris e em Estrasburgo, e no último período da sua vida foi diretor do estúdio de Colônia, onde morreu em 1328, enquanto esperava a sentença definitiva no processo por heresia que contra ele movera o arcebispo Henrique de Virneburg. No ano seguinte, o papa avinhonense João XXII condenou como heréticas dezessete proposições dele e onze como suspeitas de heresia (vol. II, cap. 8, item 35.2).

Examinando a vasta produção que chegou até nós sob seu nome, a historiografia contemporânea está bastante concorde em reconhecer que a acusação de heresia movida a respeito dele é muito excessiva, e foi causada, mais do que pelas suas ideias, pela linguagem muito rica de imagens audaciosas e de formulações insólitas, mas substancialmente ortodoxas. O centro de sua especulação é a ideia de que a origem de todo ser é Deus, transcendência e pureza absoluta, no qual há o Pai que conhece e o Filho, Palavra conhecida, ao passo que as criaturas existem unicamente em relação com o próprio Deus, de quem recebem a existência. Deus opta por estabelecer sua morada no coração puro e na alma pura: o homem tem a missão de procurar se tornar filho de Deus por graça, distanciando-se de tudo o que não é Deus com a humildade, a pobreza, a solidão como desapego do mundo até atingir a união mística, mediante a qual poderá encontrar Deus em todas as coisas e em todas as circunstâncias.

Embora seja lembrado como discípulo de Eckhart, João **Tauler** (c. 1300-1361) provavelmente encontrou o mestre somente por meio dos escritos dele; viveu em Estrasburgo, sua cidade natal, exceto no período em que, alinhada com o imperador Luís o Bávaro, foi atingida pelo interdito papal (1329-1353); nessa circunstância, os dominicanos (aos quais Tauler pertencia) se transferiram para Basileia. Ele residiu várias vezes também em Colônia. Todavia, em todo lugar exerceu a atividade de pregador e de pastor de almas, especialmente a favor das monjas e das beguinas. Sob seu nome chegou até nós uma vasta produção homilética, tanto em latim, como em alemão, mas podem ser atribuídas a ele com segurança somente as prédicas em alemão (cerca de 80, em 144).

Antes de tudo, ele se mostra preocupado em valorizar a experiência cotidiana das pessoas, inclusive de condição humilde, estimulando a traduzir a contemplação em caridade; a vida ativa, segundo Tauler, não é simples preparação para a vida contemplativa, mas o seu fruto: "Veja, se eu não fosse sacerdote e não vivesse numa ordem, consideraria uma grande coisa poder fazer sapatos, gostaria de os fazer melhor do que todos os outros, e com muito gosto ganharia o pão com as minhas mãos" (cit. in Iserloh, *La mística tedesca*, 110).

Entre os discípulos de Eckhart conta-se também Henrique **Suso**, nascido em Constança em 1295, dominicano, *lector* no estúdio geral de Colônia. Impedido de prosseguir a carreira acadêmica por causa de sua proximidade com Eckhart, dedicou-se predominantemente à cura de almas nos mosteiros femininos do Alto Reno e da Suíça. No *Libretto della verità*, Suso defendeu a mística de Eckhart; já no *Il libretto dell'eterna sapienza* (traduzido depois para o latim e ampliado, foi publicado com o título *Horologium Sapientiae* e teve vastíssima difusão) apresenta uma mística centrada na contemplação do Cristo sofredor e sobre a união com Maria sob a cruz. Para tornar acessível o percurso contemplativo, Suso recorre de bom grado a uma representação rica de imagens tiradas muitas vezes também da linguagem de seu tempo, a ponto de exercer uma influência significativa sobre a arte figurativa. É um místico poeta e trovador.

Da Germânia, a mística alemã se propagou nos Países Baixos, então ligados politicamente ao Império, e teve em João **Ruysbroeck** um mestre particularmente significativo. Nascido em 1293, Ruysbroeck tornou-se sacerdote em 1318 e exerceu por muito tempo o ministério pastoral como vigário em Bruxelas. Em 1343, aos cinquenta anos, junto com alguns companheiros, retirou-se a Groenendael, numa região isolada, para levar vida eremítica. Quando em 1350 a comunidade assumiu a regra dos cônegos de Santo Agostinho, escolheu Ruysbroeck como prior. Morreu em 1381, aos oitenta e oito anos.

Sob o seu nome conservam-se onze obras por ele compostas em geral antes do início da experiência eremítica. Trata-se de escritos nos quais o jovem vigário procura responder à necessidade de formação espiritual e de guia que surgia de uma sociedade rica sob o perfil econômico e cultural, e desejosa de uma experiência interior mais intensa. Essa exigência de aprofundamento manifesta-se em formas particulares, como as beguinarias (já lembradas), comunidades religiosas nas quais homens e mulheres exprimiam um fervor religioso intenso, nem sempre imune de excessos e de formas pseudomísticas, tanto que o movimento das beguinas e dos beguinos muitas vezes era confundido com seitas desvirtuadas e heréticas. A espiritualidade de Ruysbroeck caracteriza-se por uma visão luminosa e positiva da relação com Deus, para quem a alma tende como sua suma felicidade.

Ruysbroeck viu-se na contingência de enfrentar justamente a figura expressiva desses desvios, a fanática Blommaerdine (morta em 1336), contra a qual escreveu o tratado *Il regno degli amanti*, e pouco depois a obra mais difundida, *L'ornamento delle nozze spirituali*, ao passo que na idade avançada fez uma síntese da sua doutrina em *Samuele o il libro della massima verità*. O panorama, aqui sumariamente delineado, indica que a mística alemã jorrou como um veio de água pura por um período bastante longo, embora em alguns momentos turvada por desvios ou ressequida por pieguice e esquematismos.

Todavia, do florescimento da "mística alemã" não maturaram em seguida frutos na Igreja católica: poder-se-ia falar de uma ocasião desperdiçada, seguindo a avaliação de Erwin Iserloh: "Na mística, nós nos encontramos diante de um primeiro notável início de teologia alemã, ou seja, da tentativa de aprofundar a revelação com base no pensamento alemão e com as possibilidades oferecidas pela língua alemã. Esse esforço, porém, não se lançou além dos primeiros e, na verdade, grandiosos inícios. Eckhart foi condenado, Tauler, posto em relação com os reformadores, foi difamado, e em 1599 posto no Index. A corrente da mística alemã se exauriu, pelo menos no seio da Igreja católica, e a divergência entre espiritualidade e teologia tornou-se cada vez mais profunda no Ocidente. A partir do Concílio de Trento, a teologia foi influenciada exclusivamente pelo espírito romano, pois a língua latina recebeu nela e na liturgia o caráter da ortodoxia" (Iserloh, *A mística alemã*, 118). Por outro lado, temos de ter presente que, por meio de alguns autores (como o anônimo autor da opereta intitulada *Teologia alemã*), mais tarde o filão místico e espiritual a que estas páginas introduziram chegará a influenciar diretamente Lutero e a Reforma protestante.

2. Precursores de muitos aspectos dessa última foram dois movimentos, um ativo na Inglaterra e o outro na Boêmia, com os quais o **Concílio de Constança** teve de lidar na assim chamada *causa fidei*, depois enriquecida pela teoria, condenada, sobre o tiranicídio elaborada pelo franciscano parisiense Jean Petit (segundo o qual todo tirano podia e devia ser morto lícita e meritoriamente por qualquer vassalo, sem esperar a sentença judiciária: COD, 432 e DS 1235).

Antes de tudo, foram levadas em consideração a obra e a pessoa do inglês John **Wycliffe**, morto trinta anos antes. Professor em Oxford e titular de uma rica paróquia, ele tinha partilhado das tendências nacionalistas e cesaropapistas presentes havia muito na Inglaterra, aprovando a recusa do parlamento inglês e do rei a pagar o censo feudal ao papa (1366). Em sua pregação e nos escritos, a partir de 1376 Wycliffe começou a defender que a Igreja devia seguir uma pobreza radical, porquanto sua missão era inconciliável com a posse de bens materiais e de riquezas, e que o Estado devia nacionalizar todas as propriedades eclesiásticas para prover depois autonomamente ao sustento do clero. Além disso, afirmava que a cobrança das "anatas" e a coleta de ofertas pelas indulgências eram simonia e se lançou contra o monaquismo.

As ideias de Wycliffe encontraram a benevolência dos nobres e do povo, até porque a nacionalização dos bens eclesiásticos teria aliviado a carga fiscal que pesava sobre eles, fornecendo recursos econômicos para a custosa guerra contra os franceses. Em 1377, Gregório XI, o último papa avinhonense, por denúncia das ordens religiosas condenou dezoito teses do teólogo inglês, mas o processo contra ele celebrado diante do arcebispo de Canterbury em 1378 limitou-se a adverti-lo.

Durante o Grande Cisma, Wycliffe radicalizou suas posições, opondo-se não a um ou a outro papa, mas ao papado em geral; em alguns de seus escritos proclamou que a Igreja não era constituída pela hierarquia unida aos fiéis, mas pela comunidade invisível dos predestinados; o verdadeiro papa é Cristo, e todo predestinado é verdadeiro sacerdote diante de Deus. A Escritura era para ele o único fundamento da fé e constituía a fonte até para a legislação temporal. Fez traduzir para o inglês o texto da *Vulgata* para tornar a Bíblia acessível a todos. Rejeitava também a doutrina da transubstanciação, a confissão auricular, o celibato eclesiástico, o culto dos santos, das suas imagens e das relíquias, as peregrinações e as missas pelos mortos. Reuniu em torno de si pregadores para serem enviados para a Inglaterra (chamados **lolardos**, termo de étimo incerto; segundo alguns, de *lollen*, canto de louvor; para outros, de *lolium*, cizânia). À atividade desses pregadores, com frequência exaltados, é em parte atribuída a responsabilidade da sangrenta revolta dos camponeses de 1381.

O sínodo reunido em Londres em 1382 condenou vinte e quatro proposições de Wycliffe, dez delas como heréticas e catorze como errôneas. Seus amigos e colaboradores de Oxford foram exilados, enquanto ele permaneceu sem ser perturbado em sua paróquia, continuando a produzir e difundir seus escritos polêmicos, tanto em inglês, como em latim, até sua morte em 1384. Seu movimento sobreviveu a ele e continuou a se difundir em todas as camadas sociais. Somente depois da promulgação da lei *De comburendo haeretico* por parte do parlamento (1400) é que os lolardos foram perseguidos e alguns condenados à fogueira. Mas o movimento continuou secretamente e contribuiu para preparar caminho para a Reforma anglicana (cap. 3, item 13).

O Concílio de Constança condenou quarenta e cinco proposições de Wycliffe (COD, 441-442 e DS 1151-1195) e ordenou que seu corpo fosse exumado e queimado e as cinzas esparsas pelo rio Swift. Os seguidores de Wycliffe refugiaram-se na Boêmia, onde encontraram um porto acolhedor graças às relações culturais já existentes com a Inglaterra, pois eram firmes os laços entre a Universidade de Oxford e a de Praga; além disso, Ana, irmã de Venceslau, rei da Boêmia, casara-se com Ricardo II. A situação eclesial na Boêmia não era muito diferente da de outras regiões da Europa: sobreviviam algumas seitas heréticas, a instrução religiosa do povo era muito pouca, em geral o clero era ignorante e de vida escandalosa, os bispos, com frequência de origem alemã, negligenciavam o dever da residência e da cura das almas. Também aí se ouviam cada vez mais opiniões contrárias ao papado e favoráveis a uma independência de Roma por parte da Igreja boêmia. Diante dessa situação, tinham se levantado as vozes dos que pediam uma verdadeira reforma, até mesmo de alguns pregadores famosos, os quais, porém, tinham se mantido plenamente fiéis à Igreja (como Conrado de Waldhausen, Milic de Kromériz e Mateus de Janov).

Nenhum deles, todavia, teve resultado comparável aos de **Jan Hus**, sacerdote de origem humilde, mestre de filosofia da Universidade de Praga e pregador de sucesso. Nele se harmonizavam o nascente espírito nacionalista checo e a reação contra o elemento alemão, que até aquele momento tinha tido um predomínio político na Boêmia. Seu pensamento teológico sofreu a influência das ideias de Wycliffe: em sua pregação sustentou que dentro da Igreja universal há uma Igreja dos predestinados, negava o primado do papa e afirmava que o sacerdócio universal dos fiéis está estritamente ligado à comunhão sob as duas espécies. Essas temáticas preanunciam a Reforma protestante, bem como seu modo de entender o primado da Escritura, afim ao de Wycliffe, de tal modo que a obediência é devida não à hierarquia, mas à Escritura. Próxima, porém, das teses do passado, até remontar aos movimentos leigos pauperistas dos séculos XI-XII (vol. II, cap. 7, itens 30.1-2), é a convicção de Hus de que a validade dos sacramentos depende da dignidade de quem os administra.

Convocado a Constança depois de ter recebido um salvo-conduto do imperador Sigismundo, Hus teve a possibilidade de se defender, mas depois foi colocado contra a parede pelo concílio e lhe foi imposto ou de se retratar pelos erros a ele atribuídos (DS 1201-1230), ou de ser condenado ao suplício. No dia 6 de julho de 1415, foi pronunciada a sentença que o condenava por trinta proposições heréticas (COD, 426-431). Tendo recusado a se retratar e tendo sido abandonado por Sigismundo, Hus foi destituído da ordem sagrada e entregue ao poder secular como herético para ser levado à fogueira. E lá morreu, recitando o *credo*, no mesmo dia da condenação.

Um ano depois, **Jerônimo de Praga** (amigo de Hus, com o qual partilhava as ideias reformadoras e pelo qual foi ao concílio para tomar sua defesa) morreu do mesmo modo. Enéas Sílvio Piccolomini (futuro Pio II), testemunha ocular dos dois suplícios, escreveu que "ambos enfrentaram a morte com ânimo resoluto e se dirigiram à fogueira como a um banquete [...]. Quando começaram a ser lambidos pelo fogo, entoaram um hino que a custo o crepitar das chamas pôde interromper" (cit. in Gaeta, 311).

Esse comportamento não só impressionou quem estava presente ao concílio, como teve efeitos duradouros no território de onde os dois provinham, a Boêmia, pois em torno da memória deles surgiu um movimento nacionalista, os chamados **hussitas**, que, entre 1420 (quatro artigos de Praga) e 1433 (*Compactata* de Praga) e depois de uma série de violentos choques bélicos, obtiveram do imperador Sigismundo importantes concessões, como a liberdade de pregação, o cálice aos leigos, pobreza e severa disciplina do clero. Entre os hussitas, houve uma parte extremista, os assim chamados **taboritas** (da fortaleza do Tabor). Esse fenômeno nacionalista e religioso caracterizou por muitos séculos a história boêmia, manifestando-se também com a escolha de considerar festa nacional a data da morte de Hus. Ainda em 1781-1782, quando José II concederá a tolerância aos súditos não católicos (cap. 6, item 26.3), diversos boêmios se declararão pertencentes ao movimento hussita e taborita.

4. Mudanças e sucessivos desdobramentos teológicos, estruturais, litúrgicos e artísticos

1. Se podemos dizer que no século XIII ocorreu a maturação do notável desenvolvimento cultural dos dois séculos anteriores (vol. II, cap. 7, itens 29.3-5), no século XIV assistiu-se a uma verdadeira **guinada na filosofia e na teologia** que, como se dirá, teve uma evolução secular, chegando até o período da Reforma protestante e do Concílio de Trento; a vontade de síntese do saber (que se expressara de modo tão magnífico nas grandes *Summae* da escolástica) foi aos poucos sendo substituída por interesses mais particularistas, que focalizavam a atenção sobretudo no exame crítico de cada problema. O ambiente privilegiado em que essas novidades tomaram corpo foi a universidade, instituição que a partir do século XIV conheceu grande difusão, especialmente na Europa setentrional.

Na origem da mudança houve antes de tudo o declínio da escolástica, agora sem uma verdadeira originalidade e incapaz de ir além da repetição tenaz do pensamento dos grandes mestres do período anterior. A novidade consistiu numa reflexão teológica que pôs em discussão a intangibilidade da tradição e do magistério. Compreende-se, portanto, que no século seguinte, diante dos grandes problemas que atormentavam a Igreja, tenham sido elaboradas respostas novas e originais, embora globalmente problemáticas (no campo eclesiológico, por exemplo).

A nova atitude do pensamento amadurecida no século XIV é definida geralmente como "**nominalismo**", e abraça não somente o campo gnosiológico (ou seja, o problema dos universais e da possibilidade do reconhecimento deles por parte da mente humana), mas também a metafísica, a ética, a teologia. Suas raízes reconhecem-se já em alguns pensadores que se situam entre os séculos XIII e XIV; por exemplo, Durando de São Porciano († 1334), dominicano, e Pedro Aureoli († 1322), franciscano, que reagem às grandes autoridades de suas ordens, ou seja, Tomás de Aquino e Duns Scotus.

Duns Scotus, nascido na Escócia em 1265 ou 1266 e morto em Colônia em 1308, era um franciscano, e, apesar da brevidade da sua existência terrena, escreveu muitas obras, submetendo o pensamento de Tomás de Aquino a uma crítica cuidadosa, com a intenção de substituí-la por uma síntese nova e mais eficaz. Enquanto para Tomás a primazia na elaboração do pensamento filosófico-teológico reside no intelecto, para Duns Scotus deve ser atribuída à vontade (voluntarismo), porquanto o próprio Deus é a suprema vontade que deu origem à criação e a mantém na existência. A Duns Scotus se deve também a passagem da Ordem franciscana para posições favoráveis ao dogma da Imaculada Conceição, que deu origem a uma secular disputa teológica com os dominicanos, marcada por choques às vezes não só verbais, a ponto de constranger o papa Sisto IV em 1488 a intervir com autoridade para proibir qualquer ulterior discussão sobre o tema.

Sem dúvida, o personagem mais frequentemente associado ao nominalismo é Guilherme de **Ockham**, franciscano inglês (1285-1349), que deu a essa corrente de pensamento a forma decisiva que depois o marcaria no futuro, embora haja quem conteste que ele tenha sido efetivamente nominalista.

Dotado de grandes capacidades dialéticas, estudou em Oxford, onde obteve o bacharelado, mas não conseguiu obter o título de *magister regens* pela oposição do chanceler da universidade, John Lutterel, que o denunciou por suspeita de heresia diante da cúria de Avinhão (1324). Por essa razão, Ockham é apelidado de *Venerabilis Inceptor* (iniciador, no sentido de que iniciou, mas não conseguiu concluir o *cursus* acadêmico). Preso, conseguiu fugir, refugiando-se em maio de 1328 em Pisa, na casa do imperador Luís o Bávaro, junto com Miguel de Cesena e Bonagrazia de Bérgamo, encarcerados também eles em Avinhão por causa da disputa sobre a pobreza. Excomungado e degradado, conseguiu, todavia, levar uma vida tranquila em Munique da Baviera, sob a proteção de Luís, que ele apoiou ferozmente na sua luta contra o papa João XXII (vol. II, cap. 8, item 35.3). Guilherme defendia a legitimidade e a necessidade do controle imperial sobre os negócios eclesiásticos, deslocando-se aos poucos para posições cada vez mais anti-hierárquicas, e em certo sentido "democráticas". Pelas características de seu pensamento e pelas vicissitudes de sua vida, ele é um dos representantes da transição espiritual da Idade Média para a era moderna.

Graças a Guilherme de Ockham, o nominalismo conheceu um grande sucesso, a ponto de se tornar a doutrina filosófica predominante; por exemplo, o próprio Lutero declarará ter sido profundamente influenciado por ela (cap. 3, item 10.2). Para Ockham, os ensinamentos da fé são simplesmente estranhos ao pensamento racional, e podem ser apreendidos somente na obediência da própria fé. Pode-se encontrar aí a origem do debate sobre razão e fé que atravessa toda a era moderna até nossos dias. Mas no enfoque dado por Ockham nega-se que a própria teologia possa ser considerada uma disciplina "científica" (no sentido medieval, não moderno, do termo). Além disso, Ockham concebe a vontade de Deus como *potentia absoluta*, ou seja, livre de todo vínculo até ser completo arbítrio; isso exercerá uma influência determinante no sucessivo desenvolvimento luterano e calvinista em torno da questão do livre/servo arbítrio e da predestinação. Guilherme ainda vivo, o nominalismo rapidamente se instalou nas universidades da Inglaterra, França e Alemanha, mas foi também violentamente combatido como inovação perigosa.

Aos *nominales*, partidários da *via moderna*, contrapuseram-se os *reales*, defensores da *via antiqua*. Isso é indicativo do fato de que o tomismo não estava superado; antes, conheceu uma retomada durante o século XV, ao passo que o próprio nominalismo perdeu os tons mais radicais e exasperados. Pode-se falar de um cume da escolástica influenciada pelo nominalismo. Entre os expoentes do **nominalismo moderado**, podemos lembrar: Pedro Filargo, depois papa Alexandre V († 1410, obediência pisana); Pedro de Ailly (1350-1420), francês, cardeal, defensor da reforma da Igreja e das doutrinas conciliaristas em Pisa e em Constança; João Gerson (1363-1429), também ele francês e conciliarista, mas mais atento às problemáticas pastorais, sensível à mística e preocupado com os desvios (combateu com vigor os beguinos e os irmãos do livre espírito, dois movimentos espiritualistas de seu tempo); enfim, o alemão Gabriel Biel († 1495), talvez o expoente mais conhecido da *via moderna*, autor de uma compilação de síntese das doutrinas nominalistas que teve grande êxito na época, e na qual procurou atenuar as arestas mais perigosas.

Quanto ao **enfoque "realista"**, lembramos: o *princeps thomistarum* João Capreolo (francês, † 1444), autor de um clássico comentário da doutrina de Santo Tomás (de caráter apologético), intitulado significativamente *Defensio Theologiae Thomae Aquinatis*; Antonino Pierozzi, ou seja, de Florença, dominicano, arcebispo de Florença e promotor, durante o seu episcopado, de uma atividade catequética que foi exemplar no período pré-tridentino (cap. 4, item 16.1), falecido em 1459 e canonizado em 1523; Dionísio de Rijkel (ou seja, *Dionysius Chartusianus* ou Dionísio o Cartuxo, falecido em 1471), monge cartuxo de Roermond, escolástico genuíno e místico, embora não especialmente original, que aliás acompanhou o cardeal Nicolau de Cusa durante sua viagem à Alemanha; e, enfim, Tomás de Vio, chamado Caetano (*Caietanus*, por seu lugar de origem), dominicano (1469-1534), geral da sua ordem desde 1508; tomou parte nos trabalhos do Concílio Lateranense V; foi criado cardeal em 1517. Desempenhou uma importante ação político-religiosa no momento da difusão do luteranismo, a ponto de ter entabulado o primeiro interrogatório público com Lutero em Augsburg em 1518 (cap. 3, item 10.4). Grande conhecedor de Aristóteles e de Tomás (foi chamado de *Thomas redivivus*), foi autor do que é considerado o melhor comentário à *Summa*.

2. Particular atenção merece a figura do humanista **Nicolau de Cusa** por seu multiforme talento e vastíssima atividade que o levou a se entregar à filosofia e à teologia, mas também à matemática e à ciência, sem esquecer a ação pastoral e política, inserindo-se assim no âmago das questões mais importantes da primeira parte do século XV, até os anos sessenta daquele século. Nasceu em 1401, em Cues (latinizado para *Cusa*), junto ao rio Mosela, de uma humilde família de barqueiros (de sobrenome Krebs ou Chryfftz); em 1416 já estudava na Universidade de Heidelberg como *clericus*, e em 1417 foi promovido a *baccalaureus artium*. Passou depois para Pádua, onde conheceu a doutrina do consenso elaborada alguns anos antes por Francisco Zabarella († 1417) que, retomando o princípio do direito romano *Quod omnes tangit, ab omnibus debet approbari* (o que diz respeito a todos, por todos deve ser aprovado), procurava aplicá-lo à situação da Igreja marcada pelo Cisma do Ocidente. Durante sua permanência em Pádua entrou em contato com os ambientes humanistas e estudou matemática, física, astronomia (estreitando amizade com o astrônomo e cartógrafo Paulo Toscanelli [1397-1482], determinante na formação de Cristóvão Colombo). Em 1423 tornou-se *Doctor decretorum*.

Retornou à pátria em 1425 e foi investido do benefício paroquial de Altrich, embora não fosse ainda sacerdote (sê-lo-ia somente em 1440). Nesse mesmo ano, assumiu a cátedra de direito canônico em Colônia, e se dedicou ao estudo da teologia, que abordou no âmbito da corrente chamada "albertista" (uma escolástica com fortes coloridos platônicos, que se entrelaçava com o ensinamento de Santo Alberto Magno), mediante a qual entrou em contato com os textos místicos do Pseudo-Dionísio, de Raimundo Lullo e talvez do Mestre Eckhart. Sua cultura eclética permitiu-lhe publicar doze comédias de Plauto e pôr em discussão, com extraordinária perspicácia filológica, a autenticidade da doação de Constantino (vol. II, cap. 4, Inserção 1 – Constitutum Constantini: *explicação e análise crítica do documento*).

Em 1433 participou do Concílio de Basileia como representante do arcebispo de Treviri; nesse período completou a obra intitulada *De concordantia catholica*, na qual tratava da Igreja, da sua essência, da sua reforma e das tarefas do concílio, bem como da reforma do Império (item 2.2). Revelou-se um conciliarista moderado, considerando o papa chefe e juiz do concílio, mas ao mesmo tempo a ele submetido como membro da Igreja: para Nicolau de Cusa, a unidade e a concórdia entre o concílio e o papa são o sinal da verdade. Talvez por motivo dessa concessão, ele preferiu seguir Eugênio IV diante do fracasso de Basileia; se o concílio estava se precipitando em direção ao cisma, "o Espírito Santo não podia nele estar presente" (discurso feito em Mogúncia em 1441, cit. in Iserloh, *La teologia*, 368).

Nos anos seguintes participou de uma missão papal junto ao imperador de Constantinopla, e no período 1444-1447 trabalhou com sucesso pela reconciliação da nação alemã com a Santa Sé. Em 1448 foi criado cardeal, e em 1450, bispo de Bressanone. Como legado papal, nos dois anos seguintes fez uma longa viagem por toda a Alemanha e Países Baixos, pregando a indulgência do jubileu e a cruzada contra os turcos, também promovendo a reforma do clero secular e regular (infelizmente sem resultados duradouros) e combatendo os abusos (especialmente os falsos milagres eucarísticos que se verificavam um pouco por toda parte). Seu caráter obstinado não o favoreceu nessa obra de reforma e repressão dos abusos; as medidas voltadas a reprimir a prática da usura por parte dos judeus, por exemplo, fracassaram por causa da difícil conjuntura econômica do período e foram até declaradas nulas pelo papa, com grave prejuízo para o prestígio do cardeal. Em algumas localidades (Liège, Maastricht, Colônia, Utrecht) Nicolau de Cusa encontrou a hostilidade aberta do clero (monjas, religiosos das Ordens mendicantes, cônegos das catedrais).

Entrementes, ele devia defender também os próprios direitos temporais como bispo-príncipe de Bressanone, ameaçados por Sigismundo, duque do Tirol: foi obrigado inclusive a viver em Roma a partir de 1460. Nesses anos, apesar da frenética atividade pastoral e diplomática, publicou numerosas obras (*De visione Dei*, 1453; *De Beryllo*, 1458; *De principio*, 1459).

Uma menção especial cabe ao tratado *Sobre a paz e sobre a unidade da fé* (1453), escrito sob a impressão da queda de Constantinopla, diante da qual o mundo cristão não tinha podido fazer outra coisa senão reconhecer a própria desunião e impotência (cap. 7, item 28.1). Utilizando o estilo de uma narração extática, reúne dezessete representantes de diversas nações e comunidades religiosas; eles discutem pontos de contato e contrastes entre todas as religiões, mas reconhecem enfim que todos procuram chegar ao único Deus, concluindo que, mesmo na multiplicidade das expressões religiosas, há uma só religião e que a missão de todos é reforçar o mandamento do amor, não procurar uma uniformidade prejudicial. O cristianismo permanece como a religião mais completa e perfeita, mas há certo grau de verdade também nas outras, embora imperfeito. Um conceito análogo se encontra na *Cribratio Alkorani* (1461), onde se diz que o Corão contém a mensagem cristã, embora deformada e reduzida, e que é preciso, portanto, "joeirá-lo" para trazer à luz os elementos de verdade que ele contém.

A transferência de Nicolau de Cusa para Roma solicitada pelo papa Pio II (cap. 2, item 9.1) desde os dias de sua eleição (o pontificado do humanista Enéas Sílvio Piccolomini vai de 1458 a 1464) marcou também o período mais intenso de sua atividade para a política eclesiástica e a reforma. Passou a fazer parte da comissão de cardeais, bispos e prelados encarregada de estudar a renovação da cúria e compôs a *Reformatio generalis*, que levará depois à bula de Pio II *Pastor aeternus*, não promulgada devido à morte do pontífice. Trabalhou pela convocação de um concílio geral em Mântua, em 1461, que devia se ocupar da cruzada e da reforma. Foi nomeado *legatus urbis*, com o encargo de reformar o clero romano, e governador dos territórios pontifícios ao sul dos Apeninos.

Nicolau de Cusa tem consciência de que a reforma da Igreja deve partir do próprio centro da cristandade, mas sabe muito bem que a cúria reluta em se renovar, apesar da opinião cada vez mais difundida de que ela é a principal responsável pela ruína da Igreja. O papa deve ser o primeiro a ser visitado e reformado, porque, embora seja o vigário de Cristo, é sempre um homem sujeito ao pecado e à morte. Assim também os cardeais devem levar uma vida exemplar e ser fiéis ao papa, ajudando-o no governo da Igreja, sem ceder às lisonjas dos soberanos terrenos. É preciso combater o acúmulo das prebendas, que contaminam o ministério dos sacerdotes e a celebração da liturgia, e os múltiplos abusos que se enraizaram na Igreja como cizânia no campo da boa semente. Nicolau de Cusa não quer transtornos e revoluções, mas uma verdadeira reforma, que consiste antes de tudo no retorno a Cristo, primeiro modelo de todos os cristãos, do papa ao último batizado. De Cristo provém toda graça e toda justiça que o homem pode obter somente mediante a adesão da fé. É um conceito expresso claramente também em outras obras de Nicolau de Cusa, que leva alguns historiadores a considerá-lo um reformador antes da Reforma, mas na realidade seu pensamento atesta que em sua época a reforma era ainda uma possibilidade católica.

Nicolau de Cusa morreu em Todi no dia 12 de agosto de 1464, somente dois dias antes do papa Pio II. As esperanças da reforma que tinham promovido e vivido na Igreja deviam ser bloqueadas bem cedo pelos papas renascentistas seguintes (cap. 2, item 9).

3. Para além da evolução do pensamento filosófico e teológico, o período que vai do século XIV à Reforma protestante caracteriza-se por alguns fenômenos destinados a ter grande relevância na vida da Igreja dos séculos seguintes. Em primeiro lugar, por parte da **organização eclesiástica** completa-se de maneira substancial a passagem do sistema por *freguesias* da Alta Idade Média para o sistema por paróquias. A *freguesia* medieval era formada por uma igreja principal, localizada no centro habitado mais importante do território rural e dotada de fonte batismal, e por capelas nos centros menores, onde se celebrava a missa somente nos dias festivos (vol. II, cap. 3, item 11 e cap. 7, item 28.1). Com frequência, o clero tinha vida em comum na região da *freguesia* e se deslocava para os centros menores para o serviço litúrgico. Os bispos defenderam por muito tempo o direito exclusivo de as *freguesias* administrarem o batismo, mas a evolução demográfica e socioeconômica dos primeiros séculos a partir dos anos mil favoreceu a formação das paróquias; cada centro habitado, muitas vezes até mesmo de pequenas dimensões, quis ter sua igreja e um ou mais sacerdotes residentes dedicados ao culto, graças também à presença de um clero numeroso (mas frequentemente de pouca formação, inadequado sob o ponto de vista moral e pastoral). Cada paróquia era dotada de própria fonte batismal e de cemitério.

Às carências do **clero** diocesano faz frente o florescimento das Ordens mendicantes, especialmente franciscanos e dominicanos, que se difundem capilarmente por toda a Europa e asseguram ao povo uma pregação segura e de boa qualidade, uma vida litúrgica e de piedade ordenada, bem como o testemunho de uma vida autenticamente evangélica; isso garante aos religiosos uma duradoura benevolência por parte do povo cristão e também da burguesia da cidade, da qual provêm por sua vez muitas vocações (e também a saúde das condições econômicas dos conventos). Todavia, nesse quadro não faltam sombras, pois há comunidades nas quais o bem-estar afrouxa o rigor da vida religiosa. Além disso, a disponibilidade de ofertas em dinheiro para a celebração das missas unida à mentalidade individualista e subjetivista da época provoca uma indiscriminada multiplicação de celebrações, a ponto de criar outra categoria de sacerdotes, os chamados "altaristas", dedicados unicamente à celebração das missas a pedido dos ofertantes.

Isso é significativo de outro fenômeno importante, ou seja, a redução quase exclusiva da **vida litúrgica** nas igrejas à celebração eucarística. E na missa, todas as tarefas se concentram na pessoa do sacerdote, que a partir dessa época deve recitar em voz baixa até as partes do rito que são proclamadas ou cantadas pelos diversos ministros ou pelo coro, sob pena de invalidação da própria celebração. Dentro das igrejas, a separação entre clero e leigos na liturgia é marcada pela construção de estruturas fixas particulares: o "muro das grades" ou "ponte", chamado também de "jubé" na França (da fórmula com que o diácono pedia a bênção antes da proclamação do Evangelho: *Jube, Domine, benedicere*), "lettner" na Alemanha (de *lectorium*), "rood screen" na Inglaterra (da presença do Crucifixo, em inglês popular *rood*). A estrutura é também visível, por exemplo em alguns afrescos de Giotto no período de Assis. Contribuem igualmente para aprofundar as distâncias entre clero e laicato o uso exclusivo da língua latina e a elaboração de um cerimonial complexo e cada vez mais minucioso, no qual não tardam a se introduzir abusos e até crenças supersticiosas.

A devoção litúrgica popular concentrou-se na contemplação da hóstia consagrada no momento da elevação, quando o som repetido de uma campainha chamava a atenção dos presentes; como participação na missa, em muitos lugares julgava-se suficiente estar presente na igreja nesse momento, e se chegou a falar da "comunhão ocular", ou seja, pensava-se que o olhar dirigido à hóstia produzisse os mesmos efeitos espirituais da recepção do sacramento; às vezes, os fiéis corriam de um altar a outro, na mesma igreja, para poder multiplicar os benefícios da visão da hóstia.

A Igreja teve de intervir para frear os numerosos abusos que ocorreram por toda a Europa, da indevida multiplicação das procissões eucarísticas à repressão dos "milagres eucarísticos" fraudulentos ao uso das chamadas "missas bifacetadas ou trifacetadas", nas quais o sacerdote lia por duas ou três vezes consecutivas a primeira parte da missa, depois pronunciava uma só vez o cânon ou somente as palavras da instituição da eucaristia, e repetia de novo várias vezes a parte seguinte até o fim da missa, acumulando assim mais ofertas por uma só celebração.

Na multiplicação dos abusos, clero diocesano e regular não se distinguiram entre si; alguns pregadores de indulgências, por exemplo, se não conseguiam reunir a quantidade orçada de esmolas antes da oração do cânon, transformavam a missa normal em *missa seca*, ou seja, sem a oração eucarística, para punir a avareza dos fiéis, privando-os do benefício da "comunhão ocular".

Foi praticamente impossível, porém, impedir a multiplicação e a individualização das missas. Cada corporação, cada confraria pretendia uma missa própria, celebrada possivelmente num altar de sua propriedade; e até se tornou uma espécie de *status symbol* para as famílias aristocráticas e burguesas mais ricas poder dispor de um sacerdote destinado ao próprio serviço cultual. As igrejas se encheram de altares e pequenos altares, com frequência colocados uns ao lado dos outros, apoiados em paredes e colunas. Em suma, não é difícil compreender por que no período imediatamente anterior à Reforma a celebração da eucaristia, vértice e fonte da vida da Igreja, tornou-se detestada e objeto de escárnio, como um culto idolátrico.

4. No que diz respeito à **expressão artística** (pintura, escultura e arquitetura), situam-se na Itália as premissas da grandiosa arte renascentista, destinada a florescer na primeira metade do século XV e a trazer depois seus frutos mais significativos no período seguinte. Na pintura, chegam à maturidade as intuições de Giotto relativas ao realismo e à perspectiva; com frequência cada vez maior, o sujeito das representações é retratado em formas que se distanciam da canonização das proporções e das formas, herança da pintura bizantina, e inserido num contexto histórico atual (são definitivamente abandonados os fundos dourados, típicos do ícone, a favor de ambientes urbanos ou campestres com características de forte semelhança). No contexto da cultura humanística, nas representações do corpo humano, tanto na pintura como na escultura, o artista procura não somente a normalidade das proporções dos membros, mas se esforça por chegar à beleza ideal, que ultrapassa a simples imitação da realidade e tende à perfeição como era descrita nos tratados da cultura greco-latina, descobertos e novamente estudados justamente nesse período.

A arquitetura evolui gradualmente, mas com rapidez, das formas mais típicas do gótico à descoberta das técnicas e das estruturas do Classicismo, reinterpretadas e quase reinventadas para atingir metas cada vez mais ousadas; um exemplo para todos é Santa Maria del Fiore em Florença, onde sobre um edifício de caráter ainda fortemente gótico-italiano (projetado por Arnolfo de Cambio e edificado na primeira quarta parte do século XIV), entre 1420 e 1436 é erguida uma cúpula de dimensões inauditas para aquela época, com o auxílio de tecnologias de construção absolutamente inovadoras, fruto do gênio de Filipe Brunelleschi.

Um aspecto que não podemos esquecer é que o artista não realiza mais apenas obras de arte de tema sagrado ou civil, mas com frequência cada vez maior é encarregado de tratar de temas retomados da mitologia clássica (na pintura e na escultura). Os clientes já não são apenas os religiosos e aristocráticos, mas também os burgueses, desejosos de se elevar e também de se distinguir dos outros componentes da sociedade da época.

Na Europa setentrional e insular, continua a grande tradição do gótico, destinada a durar ainda por muito tempo, até o século XVI, e com significativas influências na Itália (a catedral de Milão é de 1386; São Petrônio, em Bolonha, cerca de 1390, o cartuxo de Pavia, de 1396). Também no campo da pintura, a Alemanha e os Países Baixos conservam uma continuidade substancial com os esquemas do período gótico, sinal de quanto a linguagem artística tinha a força de resistir no tempo, passando de uma época a outra, comunicando de geração em geração valores permanentes para o espírito humano e cristão.

Bibliografia

Fontes

COD = ALBERIGO, G. et al. (orgs.). *Conciliorum Oecumenicorum Decreta*. Bolonha: EDB, 1991.
DS = DENZINGER, H.; SCHÖNMETZER, A. *Enchiridion Symbolorum definitionum et declarationum*. Barcelona-Friburg im Breisgau-Roma: Herder, ³⁶1976.
MERCATI, A. (org.). *Raccolta di concordati su materie ecclesiastiche tra la Santa Sede e le autorità civili*. Roma: Tipografia Poliglotta Vaticana, ²1954, v. 1.

Estudos

BACCI, M. *Lo spazio dell'anima. Vita di una chiesa medievale*. Bari: Laterza, 2005.
BRANDMÜLLER, W. *Il Concilio di Pavia-Siena. 1423-1424. Verso la crisi del conciliarismo*. Siena: Cantagalli, 2004.
BUZZI, F. La teologia tra Quattro e Cinquecento. Istituzione scolastica, indirizzi e temi. *La Scuola Cattolica* 127 (1999) 357-413.
FINK, K. A. Il grande scisma fino al concilio di Pisa. In: JEDIN, H. (dir.). *Tra Medioevo e Rinascimento*. Milão: Jaca Book, 1983, v. 5/2: Storia della Chiesa, 136-163.
FOIS, M. Il concilio di Costanza nella storiografia recente. *La Civiltà Cattolica* II (1975) 11-27.
_____. Il valore ecclesiologico del decreto "Haec Sancta" del concilio di Costanza. *La Civiltà Cattolica* II (1975) 138-152.
GAETA, F. Il tramonto del Medioevo. In: *La storia*. Novara: La Biblioteca di Repubblica-De Agostini-Utet, 2004, v. 6: Dalla crisi del Trecento all'espansione europea, 288-405.
ISERLOH, E. La mistica tedesca. In: JEDIN, H. (dir.). *Tra Medioevo e Rinascimento*. Milão: Jaca Book, 1983, v. 5/2: Storia della Chiesa, 105-118.
_____. La teologia nel periodo di transizione dal Medioevo all'Età moderna. In: JEDIN, H. *Tra Medioevo e Rinascimento*. Milão: Jaca Book, 1983, v. 5/2: Storia della Chiesa, 366-387.
JEDIN, H. *Breve storia dei Concili*. Roma-Bréscia: Herder-Morcelliana, ⁷1986, 98-123.

Jedin, H.; Latourette, K. S.; Martin, J. (orgs.). *Atlante universale di storia della Chiesa*. Casale-Monferrato-Cidade do Vaticano: Piemme-Libreria Editrice Vaticana, 1991, carta 66.

Libera, A. *Meister Eckhart e la mistica renana*. Milão: Jaca Book, 1998.

Masaryk, T. G. *Jan Hus and John Wiclif*. Melbourne: 1985 (extraído da *International Philosophical Library*, supl. n. 21).

Righetti, M. *Manuale di Storia liturgica*. Milão: Àncora, 1949, v. 3: L'Eucarestia. Sacrificio (Messa) e Sacramento.

Rusconi, R. La vita religiosa nel tardo medioevo: fra istituzione e devozione. In: Cantarella, G. M. (org.). *Chiesa, chiese, movimenti religiosi*. Roma-Bari: Laterza, 2001, 189-254.

Verdon, T. *L'arte sacra in Italia*. Milão: Mondadori, 2001.

capítulo segundo
A Igreja durante o Renascimento

5. Reforma católica e/ou Contrarreforma?

1. A periodização usual para a história da Igreja ocidental nos séculos XV e XVI utiliza o trinômio Reforma protestante-Reforma católica-Contrarreforma, habitualmente acompanhado da dupla **Renascimento e Humanismo**. Esses dois últimos termos remontam respectivamente ao fim do século XVIII e a meados do século XIX, pois Renascimento foi lançado pelo historiador francês Michelet no VII volume da sua *Histoire de France* (1833-1841), para depois ser retomado pelo suíço Jacob Burckhard no livro *La Civilisation de la Renaissance en Italie* (1860). Trata-se, portanto, de uma categoria historiográfica e não de uma definição que remonte à época à qual se refere tal categoria. Todavia, "Renascimento" está em consonância com a convicção que os protagonistas dos séculos XV e XVI (soberanos, homens de governo, chefes da Igreja, homens de cultura, artistas, comerciantes, banqueiros e assim por diante) tinham de pertencerem a uma época de renascimento, em razão do aumento demográfico, do incremento das trocas econômicas (propiciadas pela abertura de novas rotas marítimas, até chegar aos territórios americanos para além do Atlântico e atingir a Ásia graças à circum-navegação da África), da invenção da imprensa, do florescimento das artes, do desenvolvimento da cultura, das múltiplas expressões de fervor religioso, da formação de entidades estatais cada vez mais consistentes, como a Espanha, a França e a Inglaterra.

Entre todos esses elementos de renascimento, a cultura que buscava sua seiva naqueles que então foram chamados de *studia humanitatis* (estudos de humanidades) e *studia humaniora* (estudos mais humanos) — assim denominados porque eram estudos que melhoravam a humanidade daqueles que os faziam — adquiriu uma hegemonia cada vez maior, até se tornar a cultura típica daquela época. Ela redescobriu, valorizou, difundiu, graças à multiplicação de cópias impressas, muitos textos da tradição greco-romana, criando um vínculo direto com a época antiga; desse modo, os séculos que dividiam essas duas épocas foram considerados uma época do meio, ou seja, em latim, *medium aevum*, Idade Média.

O que foi delineado, quer das características gerais, quer da cultura hegemônica dos séculos XV e XVI, mostra que, embora tendo sido forjados muito depois, os termos Renascimento e Humanismo conseguem efetivamente exprimir, no primeiro caso, a guinada epocal, ou seja, de renascimento dos séculos XV e XVI, e no segundo caso, a cultura característica daquela época.

2. O trinômio **Reforma católica-Reforma protestante-Contrarreforma** tem em comum um termo em voga na Idade Média tardia: "reforma", ou seja, em latim, *reformatio*. O canonista francês Guilherme Durando, bispo de Mende (c. 1230-1296), no tratado *De modo concilii generalis celebrandi et corruptelis Ecclesiae reformandis* lançou a fórmula *reformatio in capite et in membris* ("reforma em relação à cabeça e aos membros"), entendendo com isso a eliminação dos abusos morais e a erradicação das desordens disciplinares em toda a Igreja. Na realidade, é sobre isso que se debatia, fazia pelo menos um século, e se continuou a falar certamente até o século seguinte, como testemunham os concílios que vão do Lateranense IV (1215) ao de Constança (1414-1418); em particular, o conciliarismo defendido em Constança impulsionava para uma profunda revisão institucional, pondo em discussão o papado como instância suprema para a Igreja ocidental (cap. 1, item 2.1).

Essa dinâmica continuou durante o século XV no clima de um renascimento epocal, precisamente o Renascimento, dando vida a muitas expressões de renovação espiritual, religiosa, moral, cultural, todavia sem pôr em discussão referências doutrinais e institucionais. Lutero, porém, concebeu uma "reforma" que levasse a modificações doutrinais (sobre a justificação, sobre a Escritura, sobre a Igreja e sobre os sacramentos) e institucionais, a partir do papel do papado na Igreja, da configuração do episcopado e do presbiterato, bem como da promoção dos leigos (cap. 3, itens 10.2 e 10.4). Assim, o termo "reforma" assumiu o conteúdo específico da renovação realizada a partir de

Lutero e foi estendido a todo o movimento que durante o século XVI levou à formação de uma pluralidade de comunidades eclesiais reformadas, separadas de Roma. Tudo isso foi denominado em língua alemã *Reformation*, traduzida habitualmente como "Reforma protestante".

Se tudo o que começou com o pensamento e a ação de Lutero foi denominado *Reformation*, a luta religiosa e política com a qual essa última foi contestada levou o nome de *Gegenreformation*, onde *gegen* é o sufixo alemão equivalente ao "contra"; assim se falou de "Contrarreforma". O primeiro a tratar disso foi o jurista alemão Johann Stephan Pütter, em 1762, para indicar as específicas ações militares de alguns soberanos católicos apoiados pelo papado para a recatolização forçada das regiões já passadas para a Reforma protestante. Esse termo deu um salto de qualidade durante o século XIX com o historiador protestante Leopoldo Ranke em sua obra *Die Römische Päpste in den letzten vier Jahrhunderten* (*Os papas romanos nos últimos quatro séculos*), publicada em 1835. Ele assumiu o termo Contrarreforma para indicar uma época correspondente aos séculos XVI e XVII, quando a Igreja católica procurou recuperar as posições perdidas, graças à ação dos papas e dos soberanos católicos, ajudados por outras forças, como os jesuítas, os núncios e os homens de cultura.

Além disso, Ranke identificou na Contrarreforma a presença de duas forças. Antes de tudo, houve uma força interna, vital, religiosa, proveniente dos movimentos de renovação pouco anteriores a Lutero ou dele contemporâneos, como as confrarias do Divino Amor (item 6.3 e Inserção 1 – *Confrarias e associações leigas afins*), ou o grupo dos chamados "espirituais", presentes em várias cidades italianas, inclusive em Roma (cap. 3, item 14.1); esses movimentos foram relidos por Ranke em analogia com o protestantismo, tanto que, segundo ele, desapareceram na segunda parte do século XVI, pois na Igreja católica prevaleceu a outra força, em geral coercitiva, com intenção de atingir as doutrinas julgadas heréticas, com o objetivo de restaurar as estruturas tradicionais, além de corrigir os abusos. Consequentemente, para Ranke, a instância da interioridade sincera, que se encontrava no primeiro componente da Contrarreforma, abrigou-se no protestantismo, o qual se tornou um elemento criativo da civilização moderna, diferentemente do catolicismo, que teria permanecido preso à época medieval. Essa conclusão foi amplamente partilhada pela historiografia leiga italiana (De Sanctis, Croce, Spaventa).

No ambiente católico, porém, a perspectiva oferecida por Ranke e integrada por outros historiadores não encontrou aprovação. Preferiu-se percorrer outra vertente que tinha na origem, também dessa vez, um historiador protestante, Wilhelm Maurenbrecher, que querendo escrever uma história da Contrarreforma estudou os documentos do arquivo espanhol de Simancas. Ele entrou em contato com a reforma religiosa realizada na Espanha pelo cardeal Cisneros entre os séculos XV e XVI, descobrindo que, antes de Lutero, tinha se desenvolvido uma renovação da Igreja de caráter não essencialmente político, mas religioso e espiritual, que levou à melhoria do clero e da teologia. O fruto das pesquisas de Maurenbrecher tornou-se conhecido em 1880, quando foi publicada sua *Geschichte der Katholischen Reformation* (*História da Reforma católica*). Muitas outras pesquisas e estudos reforçaram essa perspectiva, ressaltando que na Itália, na Alemanha e na França tinham existido grupos reformistas pré-luteranos e autônomos com relação à Reforma protestante. Toda essa realidade assumiu na língua alemã o nome de *Reform*, ou seja, "Reforma católica" (lembremo-nos que Maurenbrecher tinha utilizado ainda o termo *Reformation*, especificado pelo adjetivo *katholisch*).

3. Ficou, porém, em aberto o problema da **relação** existente entre **Reforma católica** (*Reform*) e **Contrarreforma** (*Gegenreformation*). O confronto ocorrido em meados do século XX entre o historiador italiano Delio Cantimori e o historiador alemão Hubert Jedin, o grande estudioso do Concílio de Trento, abriu duas perspectivas. Delio Cantimori delineou a passagem gradual da Reforma católica para a Contrarreforma. Embora sendo uma evolução muito atenuada, apresenta-se como uma reviravolta decisiva no triênio 1540-1542, período-chave no qual ocorreram fatos importantes, como a aprovação da Companhia de Jesus por parte de Paulo III (1540), o fracasso dos colóquios de Regensburg (1541), a fundação da Inquisição romana (1542) e a morte do cardeal Gaspar Contarini (1542), autor da teoria da "dupla justificação" na dieta de Regensburg. Nesses anos, ficaram comprometidas as tentativas de acordo com a Reforma protestante, e consequentemente a Igreja católica teria se instalado em posições exclusivamente contrarreformistas.

Hubert Jedin, porém, mostrou a continuidade entre Reforma católica e Contrarreforma. Elas constituiriam duas coordenadas cartesianas dentro das quais situam a evolução de personalidades e instituições que caracterizaram a Igreja católica no século XVI: "A Reforma católica é a inflexão sobre si mesma feita pela Igreja em ordem ao ideal de vida católica atingível mediante uma renovação interna; a Contrarreforma é a autoafirmação da Igreja na luta contra o protestantismo. [...] Na Reforma católica estão depositadas as forças que depois são descarregadas na Contrarreforma. O ponto em que elas se intersectam é o papado. A ruptura tirou da Igreja forças valiosas, aniquilando-as, mas também despertou aquelas forças que ainda existiam, aumentou-as e fez com que combatessem até o fim" (cit. in Molinari, 537-538).

Reforma católica *ou* Contrarreforma, como expunha Cantimori, ou Reforma católica *e* Contrarreforma, como sugeria Jedin? Embora Cantimori tenha se mantido disponível para acolher a visão jediniana, essa última jamais conseguiu se impor unanimemente. Antes, há quem preconize, radicalizando o enfoque de Ranke, "os traços precoces da Contrarreforma, destinada a se tornar em breve 'a única via oficial da Igreja'" (Firpo, 371, que cita entre aspas Miccoli, 1024); na prática isso significaria a não existência da Reforma católica e unicamente a existência da Contrarreforma.

O que foi até aqui exposto pode se concentrar em algumas perguntas: entre Reforma católica e Contrarreforma há descontinuidade (Cantimori) ou há continuidade (Jedin)? Será que estamos lidando com um falso dilema, dada a inexistência do primeiro dos dois termos em jogo? Houve relações entre expressões da Reforma católica e expressões da Reforma protestante? Houve um terreno comum entre Reforma católica e Reforma protestante? São questões que permanecem abertas e que voltarão durante a exposição deste capítulo e dos seguintes.

6. A *devotio moderna*, os humanistas e as confrarias

1. Entre o fim do século XIV e início do século XV registra-se na Europa um vasto movimento espiritual centrado antes de tudo na humanidade histórica de Cristo, em sua humildade e na obediência por ele vivida, especialmente na paixão, que é meditada em vista da imitação e como caminho para chegar a contemplar sua divindade. Conexa com essa primeira característica, há uma segunda, constituída por três propostas práticas: para a meditação da vida de Jesus oferecia-se um método sistemático que visava à simples descrição e à sóbria reflexão; para a imitação, sugeriam-se o crescimento nas virtudes e o cuidado com o mundo interior; tudo isso devia ocorrer valorizando-se os contextos ordinários e a vida cotidiana.

Essa forma de espiritualidade levou o nome de ***devotio moderna*** e teve como inspirador o holandês Gerard **Groote**, que, nascido em Deventer em 1340, depois de ter levado uma vida mundana retirou-se numa comunidade de cartuxos, entregando-se ao trabalho prático e assimilando as obras de místicos, como Hugo de São Vítor, Mestre Eckhart e João Ruysbroeck, expoentes, os dois últimos, da "mística alemã" (cap. 1, item 3.1). Caracterizaram sua existência a ordenação diaconal, a atividade de pregador penitencial e a fundação das irmãs da vida comum (uma comunidade feminina à qual deu uma regra e a própria casa de Deventer), bem como uma análoga comunidade masculina. Como pregador penitencial, combateu a imoralidade presente nas cidades por ele visitadas, a simonia e o concubinato do clero, o desprezo do voto de pobreza por parte dos religiosos. Além disso, opôs-se aos movimentos heréticos difundidos nos Países Baixos. Dado o crescente mal-estar gerado entre os clérigos e os religiosos das Ordens mendicantes (esses últimos se sentiram ameaçados em sua existência pelos irmãos e irmãs da vida comum), o bispo de Utrecht reduziu Gerard Groote ao silêncio mediante uma deliberação que proibia aos diáconos pregarem. Isso bastou para que Groote e seus discípulos fossem difamados como heréticos. Depois de ter apelado ao papa Urbano VI (obediência romana), Groote morreu devido a uma peste, em agosto de 1384, sem ter sido reabilitado.

As irmandades leigas por ele fundadas, ou seja, os **irmãos e irmãs da vida comum**, nas quais se viviam os conselhos evangélicos sem votos e se praticavam os trabalhos manuais, irradiaram a forma de espiritualidade gerada pela experiência de Groote. Elas foram reconhecidas somente em 1401 pelo bispo de Utrecht, para serem defendidas alguns decênios mais tarde por João Gerson no Concílio de Constança. Entre as modalidades preferidas pelos irmãos da vida comum para transmitir sua espiritualidade, havia a formação cultural dos jovens, pois a partir da metade do século XV eles se empenharam diretamente no ensino em algumas cidades, como Utrecht, Liège e Groningen nos Países Baixos, e em Magdeburgo e Treviri na Alemanha. Às comunidades dos irmãos e das irmãs da vida comum juntaram-se alguns cônegos regulares, precisamente aqueles que tomaram parte na **congregação de Windesheim**, cidade onde em 1387 foi fundado seu primeiro convento. Em 1500 a congregação reunia oitenta e sete conventos.

A solidez da experiência religiosa dos membros da congregação de Windesheim, alimentada por um interesse renovado pela Sagrada Escritura e pelos Padres da Igreja, levou-os a assumir tarefas importantes na renovação religiosa nos Países Baixos e na Alemanha; tanto que em 1435 o Concílio de Basileia encarregou Windesheim de proceder à reforma dos conventos agostinianos alemães. Além disso, em 1451 o legado pontifício Nicolau de Cusa (cap. 1, item 4.2) nomeou o cônego regular de Windescheim, João Busch, como visitador dos conventos agostinianos da Turíngia e da Saxônia, onde se criaria uma congregação de Observância à qual pertenceria Lutero. É esse um exemplo da ligação direta entre a *devotio moderna* e outra importante expressão de renovação da Igreja, durante o Renascimento, a promovida pela Observância.

Uma obra anônima (cujo redator final deve ter sido Tomás de Kempis), intitulada *De imitatione Christi* (**Imitação de Cristo**), e provavelmente o livro mais difundido depois da Bíblia, representa há séculos a expressão mais eficaz da espiritualidade da *devotio moderna*. Esse texto teria enorme influência sobre a espiritualidade católica até as gerações mais recentes. Por exemplo, João XXIII, em seu *Il Giornale dell'anima* (26 de setembro de 1898), atesta que desde jovem clérigo recebeu uma cópia da *Imitação de Cristo* do seu falecido pároco de Sotto il Monte, anotando: "e pensar que em cima desse livrinho ele se fez santo", tendo-o lido "desde quando era clérigo [...] todas as noites". O mesmo aconteceu com o próprio Roncalli.

A característica geral da obra é a de ser uma coleção de sentenças essenciais para a vida espiritual, um assim chamado *rapiarium*. Os capítulos estão organizados em quatro livros. O primeiro livro se propõe a levar à humildade e à paz interior mediante o desprezo do mundo, a rejeição da vã ciência, a superação de si e a contrição do coração. O segundo mostra como se deve entrar no Reino de Deus por meio de muitas provas; ao se encontrar o Reino de Deus dentro de si, deve ser desprezado tudo o que é exterior e, diante das desilusões provenientes do mundo, deve-se mirar à amizade de Cristo, partilhando de sua cruz. O terceiro e quarto têm a forma de uma conversa entre Cristo e seu discípulo, ou seja, o desenvolvimento da relação de amizade, com colóquios de consolação no terceiro livro e colóquios eucarísticos no último. Graças à experiência comunitária e ao cuidado pelo compromisso no mundo, caros à *devotio moderna*, podem ser superadas duas carências que poderiam ser geradas pela leitura da *Imitação de Cristo* — quando esse livro fosse abstraído do contexto vital que o gerara —, ou seja, a apresentação da criação como um esplendor que seduz e não como um sinal que remete a Deus, e a não valorização da Igreja, que seria superada pela ligação pessoal com Jesus Cristo.

Já enorme por via direta, a influência da *Imitação de Cristo* na espiritualidade cristã é devida também ao fato de que Inácio de Loyola a assimilou durante o ano em que passou em Manresa, orientando por isso definitivamente sua vida à consagração religiosa, e "desde então nenhum livro devoto lhe foi mais caro que esse" (Iserloh, 182). Além da *Imitação de Cristo*, a *devotio moderna* utilizou outros textos como canais de transmissão da própria espiritualidade, como o *Tractatus devotus de exstirpatione vitiorum*, de Florens Radewijns, e o *De reformatione virium animae*, de Gerardo de Zutphen.

2. O uso do livro, que a imprensa incrementou entre os séculos XV e XVI, caracteriza o movimento cultural que se originou na Itália, amplamente difundido na Europa e que leva o nome de Humanismo. Embora **os humanistas** se propusessem a descobrir a verdade do ser humano mediante o estudo das obras literárias do Classicismo e da Antiguidade cristã numa visão inspirada pela fé, houve desvios hedonistas ou paganizantes, estigmatizados nos decênios seguintes. O retorno às fontes, entendido antes de tudo como programa de método, convidava, todavia, a recuperar a fisionomia original da vida cristã, dando lugar a um renovado interesse pelo estudo da Sagrada Escritura e dos Padres da Igreja, da qual brotaram propósitos reformadores. De fato, não faltou a crítica, às vezes pesada, à vida das Ordens religiosas que tinham perdido a inspiração originária dos fundadores, ou ao sistema de poder na Cúria romana, aos abusos do poder temporal, à superficialidade da vida dos fiéis leigos.

Diversas figuras de humanistas merecem ser lembradas, como Coluccio Salutati (1331-1406), que teorizou o estudo literário como propedêutico à compreensão da Sagrada Escritura, Enéas Sílvio Piccolomini (1405-1464), que se tornaria papa em 1458 com o nome de Pio II, Lourenço Valla (c. 1405-1464), que, aplicando os critérios filológicos, demonstrará ser falsa a *donatio Constantini*, suposto fundamento jurídico do poder temporal dos papas (vol. II, cap. 4, Inserção 1 – Constitutum Constantini: *explicação e análise crítica do documento*). João Pico della Mirandola (1463-1494) apresentou uma reforma compartilhada das instituições eclesiásticas a partir do pressuposto da mudança dos costumes morais dos humanos, em sintonia com os princípios inspiradores das Observâncias das Ordens religiosas. Original, porém, foi seu projeto de manter em Roma, sob a égide do papa, um debate teológico e filosófico capaz de envolver os mais importantes pensadores para chegar a um enfoque cultural cristão comum, orientado por novecentas teses por ele compostas. Esse projeto fracassou também pela falta de apoio do papa Inocêncio VIII.

Fora da Itália, Erasmo de Rotterdam (c. 1465-1536) valorizou as fontes da vida cristã em vista de uma reforma religiosa e manteve um confronto direto entre Humanismo e Reforma protestante, tecendo relações pessoais com os mais importantes reformadores, a partir de Lutero e dos humanistas que o apoiaram (cap. 3, itens 10.1 e 10.5). O Humanismo inglês teve entre os homens de ponta Thomas More (1478-1535), que morreu mártir (canonizado em 1935) sob Henrique VIII, por ter rejeitado o *Ato de supremacia* que separava a Igreja inglesa da comunhão com Roma (cap. 3, item 13.2).

Voltando à Itália, convém recordar duas figuras de humanistas que uniram ao empenho cultural uma proposta concreta de reforma das instituições eclesiásticas mediante a compilação de um *Libellus* que, enviado a Leão X em 1513, constitui um programa orgânico que foi apenas parcialmente levado em consideração durante o Concílio Lateranense V (1512-1517), mas que influenciou muitas escolhas no âmbito do Concílio de Trento. Foram autores do texto o beato Paulo Giustiniani (1476-1528), estudioso da Bíblia nos textos originais, que em 1510 entrou para a congregação camaldulense, e Vicente Querini, um leigo que, ligado por amizade a Giustiniani, seguiu-o na escolha monástica camaldulense.

3. Enquanto a *devotio moderna* e o Humanismo ofereceram a própria contribuição para a renovação da vida cristã e eclesial, com repercussão num círculo selecionado de grupos e de personalidades, muitos dos quais pertencentes ao laicato, outras formas de renovação moveram setores mais amplos da Igreja e da sociedade. Foi o caso das **irmandades**, das **companhias** e das **Ordens terceiras**, as três tipologias fundamentais do associacionismo leigo que, já existente na Antiguidade e amadurecido durante a Idade Média, continuou a se fazer presente na Igreja e na sociedade entre os séculos XV e XVI (cf. Inserção 1 – *Confrarias e associações leigas afins*); nessa época surgiu e se desenvolveu no território italiano uma das mais bem estudadas e mais incisivas associações pré-tridentinas, conhecida com o nome de **Divino Amor**.

Sua origem remonta à *Fraternitas Divini Amoris sub divi Hieronymi protectione* (Irmandade do Divino Amor sob a proteção de São Jerônimo), de Gênova. Foram fundadores alguns leigos, entre os quais se distinguiu Heitor Vernazza. Sobre esse último teve grande influência Catarina Fieschi Adorno, de Gênova, uma mística completamente dedicada à assistência dos doentes e dos pobres, devota da comunhão frequente. Além disso, Catarina manteve estreitos contatos com religiosos da Observância de três diferentes Ordens, ou seja, um frade menor, um dominicano e um beneditino. Essas evocações mostram que na origem da fundação do Divino Amor encontram-se múltiplas expressões dos fiéis cristãos, um aspecto que acompanhará o desenvolvimento dessa confraria.

Os primeiros estatutos de 1497 declaravam que quem pretendesse participar tornava-se disponível a receber o amor de Deus, ou seja, a caridade, mediante o cultivo da virtude da humildade. Caridade de Deus e humildade de coração e de vida eram os dois eixos de uma confraria bem organizada. Por exemplo, foi estabelecido o número fechado dos membros de cada confraria (trinta e seis leigos e quatro sacerdotes) e foram fixadas as orações a serem recitadas. Além das orações cotidianas e nas diversas festividades, estava prevista a reunião semanal, durante a qual os confrades recitavam o ofício divino, mantinham o capítulo das culpas (uma espécie de confissão pública) e a disciplina (ou seja, uma punição corporal com um pequeno flagelo). Eram prescritos o jejum semanal, a confissão pelo menos mensal e as seis comunhões anuais (Páscoa e Natal, Purificação de Maria, Pentecostes, Assunção, Todos os Santos). Todo ano, realizava-se a votação referente a cada confrade, que podia permanecer na irmandade apenas se recebesse o sufrágio de três quartos dos votantes.

A ação da confraria concretizou-se na assistência a cada forma de pobreza, especialmente em relação aos estranhos à confraria. O mosteiro de Santo André em Gênova, dos cônegos regulares da Observância, foi readaptado para acolher gratuitamente e sem nenhum dote mulheres, até o número de cem, desprovidas de meios, mas desejosas de seguir uma vocação claustral. A confraria fundou também o *reduto dos pobres incuráveis*, chamado também de "hospital dos incuráveis", onde foram tratados sobretudo os doentes de sífilis, a infecção por transmissão sexual propagada na Itália entre 1495 e 1496 pelas tropas francesas de Carlos VIII (por isso, chamada na Itália de "doença gálica"). Outra fundação do Divino Amor foi o assim chamado *mosteiro das convertidas*, que acolhia as prostitutas não contagiadas ou curadas da sífilis e com intenção de mudar de vida.

A **difusão das confrarias do Divino Amor**, sob nome diferente, chegou pelo menos a uma dúzia de cidades da Itália (Roma, Nápoles, Vicenza, Verona, Veneza, Bréscia, Saló, Pádua, Savona, Florença, Palermo, Messina e provavelmente Camerino). Em quase todas essas cidades reproduziram-se as instituições genovesas, como o hospital para os incuráveis e o mosteiro das convertidas, mas houve também características próprias, como mostra o caso de Roma. Aí, por volta de 1515 nasceu a "Confraria dos presbíteros, clérigos e leigos sob a invocação do Divino Amor". Não há certeza sobre o nome do fundador (alguns dizem que Heitor Vernazza, outros que Caetano de Thiene), mas é certo que Leão X uniu a confraria à paróquia dos Santos Silvestre e Dorotea in Trastevere.

Em Roma prevaleceu nitidamente o clero (bispos, presbíteros e clérigos da Cúria) sobre o laicato. Uma lista de 1524 apresenta quarenta e quatro membros do clero e só doze leigos: a fraternidade convidava os confrades leigos à confissão frequente e à comunhão semanal, e os sacerdotes a uma vida espiritual mais intensa, pondo no centro o ministério, inclusive para os que trabalhavam na Cúria romana. O grupo romano, que se reunia na igreja de São Silvestre no Quirinal, foi centro de confrontos até intelectuais. Entre os frequentadores destacaram-se Michelangelo Buonarroti (1475-1564) e Vitória Colonna (1497-1540), expoentes por sua vez do grupo denominado "espirituais" (cap. 3, item 14.1), sensíveis quer aos estímulos provenientes dos protestantes, quer a uma autêntica renovação eclesial, inclusive os ambientes curiais. Esse é um caso que convida a refletir sobre o que foi a Reforma católica e que relação teve não só com a Contrarreforma, mas também com a Reforma protestante.

Inserção 1
Confrarias e associações leigas afins

As associações de fiéis na vida da Igreja têm uma origem antiquíssima e encontram uma primeira expressão nos *collegia*, que na Roma dos primeiros séculos do cristianismo cuidavam da administração dos cemitérios e das catacumbas. Especialmente na segunda parte da Idade Média foi notável o desenvolvimento das confrarias (vol. II, cap. 7, item 31.1). Particular destaque tiveram as confrarias penitenciais nascidas para pedir a misericórdia de Deus em momentos de calamidade pública, como guerras, pestilências ou carestias. Entre as atividades mais características, as informações que temos da época falam das procissões pelas estradas com os confrades vestidos de saco, orando e cantando, fazendo penitências corporais com instrumentos chamados "disciplinas" — daí o nome de "disciplinados" ou "disciplini". Às práticas devocionais, como a recitação do ofício dos mortos cada semana, uniam-se as mais variadas e concretas obras de caridade, do sepultamento dos mortos encontrados na área rural à assistência aos empestados, à distribuição de dotes a moças pobres e de trigo aos pobres, muitas vezes por ocasião das festas das confrarias.

Essas confrarias tinham sede nas capelas de igrejas paroquiais ou de Ordens mendicantes ou, com mais frequência, numa igreja própria, o "oratório", com ofício festivo pago pelos membros, e não raramente com um sacerdote pago como capelão. Esses edifícios de culto caracterizavam-se por assentos de madeira ao longo das paredes da nave ou do "coro" propriamente dito, situado atrás do altar-mor e muitas vezes unido à nave por portas. Os membros das confrarias ali se sentavam segundo lugares predeterminados, entre os quais havia os dos oficiais do sodalício, cujo chefe era chamado de prior, em analogia com o título dos superiores dos conventos das Ordens mendicantes, nas quais se inspiravam em numerosos aspectos da vida interna. Antes de passar a fazer parte de pleno direito, assumindo o nome de "confrade", era preciso passar um período de formação chamado "noviciado", durante o qual era indicado como referência um "mestre de noviços". Os encargos eram distribuídos por eleição pela assembleia dos membros, na qual se era admitido ou confirmado mediante o voto, geralmente anual.

Esse sistema de governo interno gozava de certa independência com relação à autoridade eclesiástica, a qual exigia anualmente uma verificação das contas por parte dos bispos ou de um delegado deles, e uma supervisão — muitas vezes somente formal — por parte dos párocos, a cuja jurisdição deviam se submeter, para tutelar as prerrogativas das paróquias. As relações com os bispos e párocos com frequência foram turbulentas, dando ocasião a conflitos até públicos e a duras medidas episcopais. Geralmente as confrarias tinham surgido de modo espontâneo, e só num segundo momento é que era solicitada sua ereção canônica por parte da autoridade eclesiástica competente. A partir da segunda metade do século XVI, a maior parte dessas associações foi canonicamente agregada às análogas arquiconfrarias romanas, assumindo seus estatutos, normalmente aprovados pelo papa, uniformizando assim a estrutura interna e os regulamentos. Entre as confrarias mais comuns, estava a de Santa Trindade dos Peregrinos (fundada por São Filipe Neri) ou do Gonfalone. Assim, as de inspiração religiosa foram agregadas às Ordens correspondentes, especialmente os carmelitanos e os mercedários.

Os membros das confrarias usavam um hábito próprio, mais recentemente reduzido a manteletes de formas e de cores variadas, de modo a distinguir os confrades de diferentes pertencimentos, sobretudo nos contextos citadinos. Merece destaque o papel determinante e característico nas procissões e nas representações sagradas — sobretudo durante a Semana Santa — que caracterizaram — às vezes até hoje — o tempo e o espaço sagrado coletivo, especialmente em áreas geográficas, como a Espanha ou a Itália meridional.

Outra forma de associação foram as companhias, geralmente sem o próprio oratório, mas com sede em capelas menores de igrejas paroquiais e conventuais, e ligadas a devoções particulares, muitas vezes dirigidas pelas Ordens mendicantes, como a do Santo Rosário dos dominicanos, da Imaculada dos franciscanos, da Dolorosa dos servitas. A partir da instituição da festa litúrgica de Nossa Senhora do Rosário (1571), em muitas regiões da Itália e da Europa as companhias leigas sob esse título conheceram um desenvolvimento generalizado, em algumas áreas bem perto de cada igreja paroquial, inclusive nos centros mais diminutos. Esses sodalícios tinham uma vida interna e uma organização muito menos estruturada do que as das confrarias em sentido estrito. Grande desenvolvimento tiveram as companhias do Santíssimo Sacramento, recomendadas por São Carlos Borromeo em cada igreja paroquial, para o decoro do culto eucarístico (cap. 4, item 17.5).

A partir da Idade Média, não faltaram confrarias e companhias ligadas às corporações profissionais e com títulos de santos de algum modo ligados aos ofícios, como São José para os carpinteiros ou Santo Elígio para os ferreiros. Esse é outro elemento de uma característica fundamental das confrarias e das companhias, ou seja, a contiguidade entre o âmbito religioso e o social. Outra tipologia, difundida em geral sob os olhos dos conventos, foram as Ordens Terceiras seculares, formadas por associações de leigos estreitamente ligados às Ordens religiosas mendicantes, e que, todavia, permaneciam na convivência familiar.

Durante o século XVII as experiências de formação espiritual mais elitistas — como os oradores do Divino Amor — foram complementadas, ou melhor, substituídas por congregações devocionais, organizadas e dirigidas pelas novas Ordens religiosas, como os jesuítas e barnabitas, com análogos objetivos de promoção da vida espiritual e da prática sacramental dos indivíduos. Foram notáveis as marianas (sobretudo com os jesuítas), eucarísticas e da boa morte (barnabita).

As confrarias leigas animaram a vida religiosa e também social dos países católicos (especialmente a Itália) até as secularizações entre os séculos XVIII e XIX, retomando vida depois em parte com a Restauração. Surgidas muitas vezes por ocasião de calamidades, como a peste (com o frequente título de São Roque), ou pela gestão de hospitais para doentes ou peregrinos, mantiveram fins caritativos e devocionais, promovendo concretamente a prática religiosa, sobretudo dos homens, também nos centros rurais. Para a era moderna, não se pode falar, portanto, de leigos cristãos sem estudar o variegado e rico mundo das confrarias e das associações leigas afins. Além disso, para as confrarias nos territórios latino-americanos colonizados pela Espanha e por Portugal remete-se às indicações oferecidas no último capítulo (itens 30-32 *passim*).

Nota bibliográfica

LENOCI, L. B. (ed.). *Confraternite, Chiesa e società: aspetti e problemi dell'associazionismo laicale europeo in età moderna e contemporanea.* Fasano: Schena, 1994.

WISCH, B. (ed.). *Confraternities and the Visual Arts in Renaissance Italy: Ritual, Spectacle, Image.* Cambridge: Cambridge University Press, 2000.

ZARDIN, D. Il rilancio delle confraternite nell'Europa cattolica cinque — seicentesca. In: MAZZARELLI, C.; ZARDIN, D. (ed.). *I tempi del Concilio. Religione, cultura e società nell'Europa tridentina.* Roma: Bulzoni, 1997, 107-142.

_____. Tra Chiesa e società "laica": le confraternite in epoca moderna. *Annali di storia moderna e contemporanea* 17 (2004) 529-545.

7. A Observância e as novas fundações

1. Um dos aspectos mais importantes da renovação religiosa e eclesial do Renascimento foi o movimento de reforma interna das antigas Ordens religiosas, chamado também de "**Observância**", porque centrado na recuperação e prática rigorosa do carisma específico das várias Ordens, graças a uma melhor compreensão, e precisamente observação, das regras ou constituições originárias. Por meio dessa reforma, atingiram-se importantes resultados. Em primeiro lugar, foi recuperado o respeito da clausura e da vida comum, que por sua vez permitiu quer a comunhão dos bens, eliminando os abusos contra o voto da pobreza, quer o retorno à participação de todos os atos da vida comunitária (missa, coro e capítulo). Em segundo lugar, sobretudo graças ao respeito da pobreza, foi reintroduzida a austeridade de vida. Um terceiro fruto foi a retomada e a difusão da *lectio divina* e da meditação, com um cuidado particular à vida espiritual pessoal; isso permitiu dar raízes profundas à ação reformadora. Enfim, a reforma das Ordens religiosas mediante a Observância revalorizou a importância do estudo para a vida dos religiosos, beneficiando-se do clima geral marcado pelo Humanismo.

A Observância envolveu toda a vida da Igreja. De fato, se os religiosos foram os verdadeiros protagonistas desse vasto movimento, também o clero secular por vezes impulsionou a renovação (como se verá um pouco mais adiante, ao ser apresentado o caso da congregação de Santa Justina). A preferência dada pela população aos observantes ajudou o florescimento de numerosas vocações; também os senhorios da Itália da segunda metade do século XV, como os Sforza em Milão, e os Medici em Florença, deram apoio a essa renovação das famílias religiosas.

As reformas por meio das congregações da Observância chegaram a grande parte das Ordens religiosas, como **os agostinianos**, cujo mosteiro de Erfurt, ao qual pertenceu o jovem Lutero, fazia parte da congregação da Observância da Saxônia.

Um importante movimento da Observância difundiu-se entre os **dominicanos**, sobretudo como reação ao relaxamento da vida dos conventos por causa do apressado recrutamento de frades depois da "peste negra" de 1348. Protagonista desse primeiro período foi o beato Raimundo de Cápua (1330-1399), confessor de Santa Catarina de Sena, que promoveu o renascimento da vida eclesial de regiões inteiras, especialmente na Europa. Ainda no âmbito dominicano, entre as figuras mais significativas e controversas, lembramos o observante Jerônimo Savonarola (1452-1498), ativo em Florença no convento de São Marcos, um centro não só de espiritualidade, mas também de cultura, como testemunham os afrescos de Fra Angélico, também ele um dominicano observante. Savonarola não só promoveu uma renovação evangélica entre o povo florentino, como teve uma posição fortemente crítica em relação ao pontificado de Alexandre VI (item 9.2), até pagar com a própria vida as consequências, ao ser condenado à fogueira por heresia em 1498. O movimento observante dominicano nunca levou ao surgimento de congregações autônomas e distintas, por ter em vista a reforma de toda a Ordem: alcançado o objetivo na prática, no final do século XVI a Observância perdeu seu vigor.

Por outro lado, a Observância nem sempre se realizou com a criação de congregações, mas teve formas mais brandas, como **as Uniões**, que se estabeleceram a partir das abadias beneditinas de Melk (Áustria inferior), de Kastl (Baviera), de Bursfeld (Hanover), ou como as reformas de Observância mediante a **difusão das *constitutiones*** (ou *consuetudines*) de uma comunidade religiosa a outra no âmbito da mesma Ordem.

A **Observância franciscana**, porém, levou ao nascimento de uma nova Ordem autônoma. Ela, que teve entre seus promotores São Bernardino de Sena (1380-1444) e João Capistrano (1386-1456), pode ser lida como uma das muitas expressões da dinâmica que marcou toda a história do franciscanismo, sempre estimulado a viver o carisma originário de São Francisco, especialmente a propósito da pobreza, como ocorreu com os espirituais entre os séculos XIII e XIV (vol. II, cap. 6, itens 26.5-6 e cap. 8, itens 33-35 *passim*). Entre os séculos XV e XVI, tal dinâmica criou dentro da Ordem uma divisão tão profunda que deu origem a dois ramos distintos, os frades **menores conventuais** (chamados simplesmente de conventuais) e os frades **menores observantes** (chamados simplesmente de frades menores). No século XV, os frades menores observantes obtiveram um vigário-geral próprio; mas a separação definitiva dos menores observantes em relação aos conventuais ocorreu em 1517 (no mesmo ano em que Lutero difundiu as teses sobre as indulgências), com uma bula de Leão X. Calcula-se que fossem então cerca de vinte mil os conventuais e cerca de trinta mil os frades menores observantes.

Outra divisão aconteceria pouco depois, e dessa vez a partir dos frades menores observantes. De fato, em 1525 o frade menor Mateus de Bascio deixou o próprio convento das Marcas e foi a Roma para pedir ao papa Clemente VII a permissão de usar um novo hábito e de observar literalmente a regra de São Francisco. Os menores se opuseram de modo resoluto a frei Mateus e o fizeram encarcerar. Libertado, depois de ter associado a si outros confrades, e encontrando oposição cada vez maior por parte dos menores, em 1528 Mateus de Bascio obteve de Clemente VII o reconhecimento jurídico da nova família, que assumiu o nome de frades **menores capuchinhos**. Ela foi dirigida por um superior com poderes de provincial, sob a proteção dos conventuais. Houve muitas outras dificuldades, entre as quais a passagem do quarto vigário-geral, Bernardino Ochino, para o calvinismo em 1542 (cap. 3, item 14.2). Somente em 1619 é que os capuchinhos conseguiram a completa independência, cortando todo vínculo com os conventuais. Junto com os jesuítas, tinham se tornado a Ordem religiosa mais influente da Igreja tridentina.

A angústia que a partir da Observância — passando pelo nascimento da Ordem dos frades menores — levou à constituição dos capuchinhos demonstra de novo quão difícil é estabelecer a relação entre Reforma católica, Reforma protestante e Contrarreforma, uma vez que os capuchinhos, enraizados na renovação que precedeu a Reforma protestante, tiveram com essa última um confronto direto (mediante o caso de Ochino), e de outra parte contribuíram para a renovação tridentina.

Uma dinâmica semelhante à dos franciscanos refletiu-se sobre os **carmelitas descalços** e as **carmelitas descalças** com relação à Ordem carmelita. Essa última remontava a 1185, quando o cruzado Bertoldo da Calábria fixou o próprio eremitério, junto com dez companheiros, no monte Carmelo, na Palestina. Por volta de 1230, depois da conquista da Palestina por parte dos muçulmanos, os carmelitas transferiram-se para a Europa, constituindo uma Ordem mendicante reconhecida pelo papa Inocêncio IV em 1247, para ser depois posta em discussão por ocasião do Lionense II (vol. II, cap. 6, item 26.7). O ramo feminino da Ordem nasceu dois séculos mais tarde, em 1452. Para um mosteiro das carmelitas, precisamente no da Encarnação, em Ávila, é que entrou Teresa de Cepeda. Depois de quase trinta anos de vida religiosa, por volta de 1560 ela se sentiu estimulada a fundar um novo mosteiro para praticar sem mitigações a regra aprovada em 1247 por Inocêncio IV, em plena pobreza e austeridade. O programa de **Teresa de Ávila** não foi uma tentativa de reformar alguns abusos, mas sim a formulação de um ideal original de vida religiosa, em aberta dissensão com as tendências predominantes em outros mosteiros.

Isso ficou bem claro no capítulo geral de Piacenza de 1575, depois que desde 1560, com autorização do geral e apoiada pelo núncio Nicolau Ormaneto (ex-vigário-geral de Carlos Borromeo em Milão), Teresa tinha aberto novas casas e fundado duas para o ramo masculino, envolvendo **João da Cruz**; enquanto para os descalços o carisma carmelita originário era apostólico-missionário, para a maioria do capítulo era de tipo eremítico-claustral. Consequentemente, o capítulo enviou à Espanha um vigário-geral, o Pe. Jerônimo Tostado, muito hostil aos descalços, com a ordem de fechar as casas abertas sem autorização, o que efetivamente ocorreu com o visitador Pe. Jerônimo Gracian. A situação se precipitou. Criaram-se conflitos entre o Pe. Tostado e o Pe. Gracian; e ao núncio Ormaneto sucedeu o núncio Filipe Sega, não favorável aos descalços, que por sua vez cometeram algumas imprudências. Os dois promotores da reforma do Carmelo foram postos entre a espada e a parede, uma vez que no dia 4 de dezembro de 1575 João da Cruz ficou preso no cárcere de Toledo, de onde conseguiu se evadir depois de alguns meses, enquanto Teresa de Ávila recebeu ordem para se retirar ao Carmelo de Toledo e renunciar a qualquer outra fundação.

Depois de um quinquênio muito tumultuado, houve a plena aprovação da Ordem; primeiro, em 1580 Gregório XIII elevou os descalços e as descalças a província autônoma; depois, em 1587 Sisto V deu-lhes um vigário-geral próprio, e a seguir em 1593 Clemente VIII autorizou os descalços a terem um geral próprio, ratificando assim a existência de uma família religiosa nova e independente. Todavia, as dificuldades entre os descalços não cessaram, tanto que o despótico geral Pe. Nicolau Doria marginalizou João da Cruz (seria interessante estudar quanto os escritos desse místico devem aos sofridos episódios aqui evocados).

Entre as Observâncias que afetaram **os beneditinos**, impôs-se na Itália a originada da reforma da abadia de Santa Justina em Pádua. Em 1408, o cônego Antônio Correr, que tinha adotado medidas drásticas, mas falhas para reformar a abadia mediante a introdução dos olivetanos, ofereceu o próprio título de abade comendatário da decaída abadia ao amigo Luís Barbo (1381-1434), um cônego regular de São Jorge em Alga. Barbo iniciou a reforma de maneira mais prudente, alojando três beneditinos, dois cônegos seculares e dois camaldulenses. Em breve tempo, a comunidade de Santa Justina tornou-se fervorosa e atraiu novas vocações, em torno de vinte por ano em média. O número crescente de monges permitiu a ocupação de abadias vazias ou a reforma de comunidades desejosas de aceitar o estilo de Santa Justina. Em 1419 o papa Martinho V aprovou a União de vários mosteiros em torno de Santa Justina, que se tornou congregação autônoma em 1432.

As características da reforma introduzida pela **congregação da Observância de Santa Justina** foram o restabelecimento da observância da regra e o respeito das exigências da vida contemplativa e ascética, evitando o compromisso do trabalho pastoral e dando amplo espaço à meditação sistemática (um texto muito lido foi a *Imitação de Cristo*). As abadias que aderiam à congregação formavam um só corpo, guiado por um "definitório" (nove membros, eleitos anualmente pelo capítulo geral) com plenos poderes legislativos e administrativos que escolhia quer os visitadores das abadias, quer os abades e os priores, removendo-os por disposição própria; além disso dispunha de todos os mosteiros e de seus bens para a utilidade da congregação. Enfim, todos os superiores, inclusive o abade, ficavam no cargo por um ano. Essa estrutura revelou-se revolucionária na história do monaquismo beneditino, porque, para evitar que um abade, permanecendo no cargo por toda a vida, fosse considerado um senhor feudal, foi perdido o cerne da Regra de São Bento, ou seja, a referência paterna para cada comunidade, constituído pelo abade. Mais: esse enfoque abolia a autonomia de cada abadia, desaparecendo assim a *stabilitas loci* dos monges, que podiam ser deslocados de um mosteiro a outro.

Em 1518 a congregação contava com sessenta e duas grandes abadias, espalhadas por toda a Itália, de Milão, Pavia, Veneza e Bobbio a Florença, Cassino, Subiaco, até a Sicília. A reforma introduzida por Santa Justina na Itália com tão amplo sucesso influenciou as congregações da Observância beneditina na Espanha, França e Hungria, onde nasceram outras congregações observantes.

Enfim, tenha-se presente que um monge da congregação da Observância de Santa Justina, dom Bento de Mântua, teria sido o autor do *Benefício de Jesus Cristo*, um texto publicado em 1543 e muito difundido entre os "espirituais" italianos; esses últimos, como se verá no capítulo seguinte, expressaram uma renovação de fidelidade a Roma, e ao mesmo tempo tiveram internamente personalidades e escritos, como o próprio *Benefício*, ligados ao mundo protestante (cap. 3, item 14.1); portanto, encontramo-nos diante de outro caso em que é problemático estabelecer a ligação entre Reforma católica, Reforma protestante e Contrarreforma.

2. Se uma via para a renovação se referiu às existentes formas de vida religiosa, levando até à constituição de novas congregações religiosas (aos casos apresentados dos menores, dos capuchinhos, dos descalços e das descalças, poderiam se juntar outros, como a companhia de Monte Corona, que se separou dos camaldulenses), outra via levou à criação de uma **nova forma de vida religiosa**, a dos **clérigos regulares**. Nesse caso, assiste-se a uma profusão de novas famílias, como os clérigos regulares teatinos, cujo cofundador foi o já lembrado Caetano de Thiene e Gian Pietro Carafa (depois papa Paulo IV), ambos ligados ao Divino Amor; os clérigos regulares de São Paulo, chamados barnabitas (da igreja de São Barnabé em Milão), cujo fundador foi Antônio Maria Zaccaria; os clérigos regulares da companhia dos servos pobres, cujo fundador foi o veneziano Jerônimo Emiliani, conhecidos também como somascos, porque tiveram como localidade de origem a aldeia de Somasca (Bérgamo); os clérigos regulares pobres da Mãe de Deus das escolas pias, chamados esculápios, cujo fundador foi José Calasanz; os clérigos regulares ministros dos enfermos, chamados camilianos, cujo fundador foi São Camilo de Lellis; a Companhia de Jesus, ou seja, os jesuítas, cujo fundador foi Santo Inácio de Loyola; os clérigos regulares do Bom Jesus (hoje desaparecidos); os clérigos regulares menores, chamados caraciolinos; os clérigos regulares da Mãe de Deus.

Para conhecer mais de perto os clérigos regulares, em primeiro lugar devem ser mostradas **cinco características** que os unem. Todos os seus fundadores foram sacerdotes e as fundações tiveram origem na Itália, embora os sacerdotes fundadores não fossem todos italianos (Inácio de Loyola era basco e José Calasanz, fundador dos esculápios, era espanhol); em particular, quase todos os fundadores amadureceram suas decisões depois de terem passado pela experiência das confrarias, a do Divino Amor para os teatinos, os somascos e os camilianos, a da Eterna Sabedoria para os barnabitas, a confraria dos Santos Apóstolos para os esculápios. Em segundo lugar, a proposta espiritual dessas Ordens exprime-se menos em longos exercícios de piedade e mais na união profunda e contínua com Deus, como é mostrado pelos *Exercícios espirituais* de Santo Inácio; estamos, portanto, na presença de uma espiritualidade que respira o clima da *devotio moderna*.

Em terceiro lugar, o perfil jurídico dos clérigos regulares é novo e é esclarecido por seu próprio nome: *clérigos*, para os diferenciar dos monges, dos mendicantes e dos cônegos, para os aproximar dos sacerdotes seculares; *regulares*, quer dizer, comprometidos em seguir uma regra, ou melhor, constituições animadas pelos três votos, aos quais habitualmente se junta um quarto especial. Uma quarta característica dos clérigos regulares é a dedicação às exigências dos tempos e dos lugares em que se encontravam, tanto que a partir do serviço por eles prestado se pode desenhar o mapa social do tempo deles. Foram quatro os âmbitos mais ocupados pelo serviço que prestaram: o educativo (jesuítas, esculápios, somascos), o pastoral (jesuítas, barnabitas), o caritativo (camilianos), o missionário (jesuítas, barnabitas); a essa característica pode-se ligar a importância dada à figura dos irmãos leigos em cada Ordem. Enfim, originados certamente no clima da renovação anterior e autônomo em relação à Reforma protestante, não há dúvida de que quase de imediato o empenho dessas novas Ordens foi canalizado também em sentido antiprotestante, ou seja, antirreformista.

Embora remetendo aos respectivos verbetes contidos no *Dizionario degli Istituti di Perfezione* para conhecer cada uma das congregações dos clérigos regulares acima lembrados, é útil reservar um espaço específico aos barnabitas e aos jesuítas, os primeiros porque surgidos no contexto da Igreja milanesa, onde depois trabalhou Carlos Borromeo (cap. 4, itens 17.5-6), os segundos devido ao papel de máxima relevância desempenhado na Igreja católica na época moderna.

Os clérigos regulares de São Paulo, chamados **barnabitas**, foram fundados pelo nobre cremonense **Antônio Maria Zaccaria** (1502-1539). Diplomado em medicina, ele, sob a direção do dominicano Batista Cerioni, empenhou-se já em Cremona na própria reforma e na dos outros e se tornou sacerdote. Tendo chegado a Milão em 1530, manteve contatos com o oratório da Eterna Sabedoria (que tinha características semelhantes ao Divino Amor: fervorosa piedade eucarística, ajuda aos pobres, especialmente aos empesteados, defesa da fé, quando da infiltração das ideias protestantes), onde encontrou Tiago Antônio Morigia, Bartolomeu Ferrari e Ludovica Torelli, condessa de Guastalla. Justamente naquele ano, o oratório desapareceu, deixando o lugar a três instituições: os clérigos regulares de São Paulo, as angélicas de São Paulo e os casados de São Paulo. A primeira constituição foi aprovada em 1533 pelo papa Clemente VII, autorizando os três votos e a vida de comunidade em dependência do arcebispo de Milão. Dez anos mais tarde, Paulo III aprovou definitivamente os barnabitas, cujas constituições definitivas foram dadas pelo capítulo geral de 1579, a quarenta anos da morte de Antônio Maria Zaccaria.

Os barnabitas mantiveram diversas características da vida monástica (capítulo geral a cada três anos, capítulo das culpas e meditação em comum de manhã e à noite, ritos litúrgicos para o ingresso ao noviciado etc.), embora a atividade deles tenha sido tipicamente presbiteral, pois se dedicaram à pregação, ao ministério do confessionário, às missões populares e também às missões no exterior. Eles contribuíram para difundir entre a população a prática das Quarenta horas. Em 1578, abriram um colégio para a formação dos confrades, e desde 1608 receberam nas próprias escolas também estudantes externos.

A origem da **Companhia de Jesus** depende de Iñigo López (depois **Inácio**), nascido em 1491 em Loyola, nos Países Bascos. Passou a adolescência entre os pajens da corte real, formando-se nos ideais cavalheirescos. Sua psicologia tipicamente basca, ou seja, reflexiva e constante, era acompanhada por uma vida moral não muito diferente da de outros da sua classe social (brigão, violento, livre nas relações com as mulheres). Em 1521 participou do assalto a Pamplona, na Navarra, contra os franceses. Ferido, passou um período de convalescência, durante o qual se converteu. Assemelhando-se nisso a São Francisco (vol. II, cap. 6, item 26.3), as qualidades humanas permaneceram nele inalteradas, mas foram orientadas a um objetivo completamente diferente, pois o estilo cavalheiresco desviou-se para o serviço a Cristo, a honra a ser dada à mulher mudou-se em incremento da glória de Deus (segundo o mote *Ad maiorem Dei gloriam*), o empenho militar foi substituído pela ação apostólica. Como fundamento de tudo, houve a experiência espiritual contida nos *Exercícios*, que podem ser interpretados como o salto de qualidade realizado por sua psicologia constante e profunda.

Voltando-se para uma vida de apostolado, Inácio deu-se conta da necessidade de uma séria preparação, e por isso, depois de dois anos de estudos em Alcalá (universidade de fundação recente e expressão do Humanismo espanhol), morou em Paris de 1529 a 1535, onde reuniu em torno de si alguns companheiros, e no dia 15 de agosto de 1534 fez a primeira profissão religiosa em Montmartre; à pobreza e à castidade foi associado o voto do apostolado na Palestina, ou como alternativa, da completa disponibilidade ao papa. Dada a impossibilidade de chegar à Terra Santa, Inácio e seus primeiros companheiros decidiram pôr-se a serviço do papado, que aceitou essa dedicação deles; em 1540, Paulo III, o papa que abriu o Concílio de Trento, aprovou a carta fundamental da Ordem, confirmada solenemente dez anos mais tarde por Júlio III.

A Companhia de Jesus propôs-se alcançar diversos **objetivos**, como a defesa e a difusão da fé, sobretudo mediante as missões *ad gentes* (cap. 7, itens 30-32 *passim*) e a atividade de pesquisa e de estudo, a educação dos jovens, especialmente dos que haveriam de assumir encargos na Igreja e na sociedade, o empenho pelo progresso espiritual dos fiéis, quer por meio das várias formas de ministério da Palavra de Deus (como as missões populares) e de administração dos sacramentos, quer mediante a difusão da prática dos *Exercícios espirituais*, quer favorecendo a catequese e as congregações marianas. Toda essa obra devia se adaptar às várias circunstâncias e ser compatível com o ministério sacerdotal, sob a guia do papa. Para perceber a influência que tiveram os jesuítas, basta lembrar o constante crescimento deles: de mil em 1557 — a um ano da morte de Santo Inácio — passaram a 5.165 em 1579, e depois a 13.112, trinta e seis anos mais tarde, ou seja, em 1615, para crescer mais, dez anos depois, chegando a 15.554 em 1626.

Para pôr em prática os próprios objetivos articulados, a Companhia de Jesus assumiu algumas **características**: a centralização da Ordem, uma vez que as rédeas deviam estar seguras nas mãos do papa mediante o prepósito geral; a mobilidade de todos os membros (daí a abolição da recitação comunitária do ofício divino "no coro"); a valorização dos dotes humanos de cada indivíduo; a adaptabilidade a diversos ambientes, lugares, culturas; a preparação cuidadosa e prolongada. Tal organização inovadora de início encontrou dificuldades, pois Paulo IV, logo depois da morte de Santo Inácio (1556), ordenou aos jesuítas que recitassem em coro o ofício divino, ordem revogada por ocasião da morte de Paulo IV; novamente imposta por seu segundo sucessor, Pio V, foi depois definitivamente ab-rogada.

3. Uma realidade muito original surgiu em Roma graças a Filipe Neri (1515-1595), que viveu a primeira parte da vida em Florença, frequentando o convento dominicano de São Marcos, onde eram ainda muito fortes os ideais de renovação pregados por Jerônimo Savonarola. A partir de 1534 estabeleceu-se em Roma, onde fez parte de duas confrarias, fundando uma terceira dedicada à Santíssima Trindade. Ordenado sacerdote em 1551, tornou-se um grande diretor de consciências e um arrebatador da juventude; quinze anos mais tarde foi-lhe confiada a igreja de São João dos Florentinos, à qual enviou três filhos espirituais seus, entre os quais César Baronio. A partir desse grupo, surgiu a ideia de formar uma comunidade de sacerdotes com casa e igreja própria, o que levou à construção da igreja de Santa Maria em Vallicella. Esses sacerdotes eram os animadores do **oratório**, iniciativa que tinha como objetivo sobretudo a formação cristã dos jovens romanos.

Um relatório que remonta a 1578 faz referência a uma reunião vespertina no oratório de São Jerônimo em Roma. No início, enquanto se reuniam, lia-se alguma coisa interessante, para manter ligada a atenção, como as cartas dos jesuítas missionários na Índia ou as vidas dos santos. Quando se chegavam a quinze ou vinte participantes, seguia-se uma leitura devota, como algumas páginas da *Imitação de Cristo*. Tudo isso põe o oratório no quadro dos movimentos de renovação apresentados neste capítulo. Mas naquelas mesmas reuniões era clara a sensibilidade contrarreformista, pois eram lidas páginas dos *Anais eclesiásticos* de César Baronio referentes à história da Igreja desde as origens do pontificado de Inocêncio III (1198). Trata-se de uma obra escrita em resposta a uma história da Igreja da área protestante, ou seja, as *Centúrias* de Magdeburgo. Lendo os *Anais* ou outras obras católicas de história da Igreja, "via-se que as heresias modernas tinham sido descobertas e condenadas muito antes dos antigos Padres" (Jedin, *Il Cardinale*, 24). Dois responsáveis pelo encontro partiam das sugestões das leituras para fazer reflexões, e cada um falava por meia hora, de modo que toda a reunião não durasse mais de duas horas. No final, cantava-se um motete, e no fim de tudo rezava-se de joelhos pela Igreja, pelo papa, pelos cardeais e prelados, pelos príncipes cristãos e por algumas questões particulares, como as suscitadas pela Reforma protestante.

Do que foi exposto até aqui, poderia parecer que a presença feminina tenha sido muito minoritária em relação à masculina na renovação da vida religiosa. Na realidade, a **vida religiosa feminina** viveu um processo original, testemunhado por novas fundações, como as já mencionadas angélicas de São Paulo, de Milão, a companhia das virgens de Santa Úrsula (ursulinas), instituídas em Bréscia em 1535 por Ângela Merici, em colaboração com alguns membros do Divino Amor. Mary Ward, com o instituto da Beata Virgem Maria (damas inglesas) por ela fundado em 1609 em Saint Omer, tentou criar um correspondente feminino da Companhia de Jesus; todavia, depois de uma série de sofridos episódios que até levaram à prisão de Mary Ward por ordem do Santo Ofício, as damas inglesas foram supressas em 1631 com uma bula de Urbano VIII. Ainda por volta de 1630, surgiram as filhas da caridade, fundadas por Vicente de Paulo, que tinham como figura central Louise de Marillac.

Todas essas novas fundações tiveram o propósito de se dedicarem ao apostolado, desvinculando-se da obrigação da clausura. Mais precisamente sobre essa questão houve um nítido posicionamento da Santa Sé, que, com uma bula de Pio V de 1566 (*Circa pastoralis*), impôs para a vida religiosa feminina a estreita conexão entre clausura e votos solenes. Alguns bispos, como Carlos Borromeo, adotaram um estratagema, pois começaram a aprovar esses institutos religiosos femininos com votos simples (e não solenes), conseguindo a seguir, para diversos casos, ter o reconhecimento pontifício. Indo além dos limites cronológicos deste estudo, é preciso lembrar que no fim do século XIX, quando surgiram e se difundiram muitos institutos religiosos femininos dedicados ao apostolado, a legislação ratificou um dado de fato: clausura e votos solenes foram separados entre si e as mulheres consagradas que se dedicavam à atividade apostólica direta foram consideradas religiosas de pleno direito. Além disso, temos de ter presente que permaneceram em vigor na época moderna formas de consagração feminina que desde a Idade Média tardia estavam desvinculadas da vida monástica, como foi o caso das beguinarias do norte da Europa (cap. 1, item 3.1).

8. As missões

1. Um dos fatores que qualificaram o "renascimento" entre os séculos XV e XVI foram as viagens pelo mar, com a consequente descoberta e ocupação por parte de portugueses e espanhóis de territórios na África, América e Ásia. O primeiro passo ocorreu em 1415, quando **Henrique o Navegador**, terceiro filho do rei de Portugal, João I, decidiu atacar os muçulmanos em suas terras, na perspectiva de *Reconquista* da Península Ibérica (terminaria em 1492, com a tomada de Granada). O príncipe Henrique dirigiu uma cruzada em terras africanas, conquistando Ceuta, cidade diante de Gibraltar. Depois decidiu contornar o inimigo pelo mar, e para tanto procedeu a uma série de expedições navais ao longo da costa africana para identificar a rota que permitiria esse rodeio. Em 1434 aconteceu uma passagem decisiva, quando um dos navios de Henrique, capitaneado por Gil Eanes, dobrou o Cabo Bojador (costa saariana à altura das Canárias), um trecho de mar de cerca de quarenta quilômetros até então inviolado devido às insídias das correntes, dos ventos, dos nevoeiros; estava aberto o caminho para descer cada vez mais para o sul da costa africana ocidental.

Enquanto aconteciam essas expedições, o plano de ataque contra os muçulmanos foi enriquecido por outro componente. Uma crença generalizada na época era a de que no centro da África havia um reino cristão liderado por um poderoso soberano, ao mesmo tempo rei e sacerdote, chamado "Preste

João"; Henrique o Navegador pensou em ir à procura dele para estabelecer uma aliança e organizar uma cruzada. Para isso, por várias vezes partiram da costa africana algumas expedições para o interior à procura de "Preste João". Todavia, seria preciso esperar até 1520, depois que uma embaixada portuguesa, guiada pelo capelão Francisco Alvarez, partindo de Goa, estabeleceu ligações com uma figura e uma realidade religiosa que concretizasse os traços do "Preste João" (cap. 7, item 31.3); trata-se de Lebna Dengel, jovem soberano da Etiópia e chefe da antiga Igreja etíope (note-se que o mito de Preste João remontava ao século XII [vol. II, cap. 9, item 39.1] e influenciou também os primeiros portugueses presentes, depois de Vasco da Gama, na costa da Índia).

Entrementes, dois motivos incrementaram as viagens marítimas. O primeiro **motivo** era de caráter **comercial**. Normalmente o ouro das minas africanas situadas no golfo da Guiné era transportado pelas caravanas através do Saara; a mercadoria poderia ser maior mediante o transporte via mar, justamente graças às rotas que eram progressivamente abertas. De fato, os portugueses construíram no território da atual Gana um forte denominado Elmina (1482) e fizeram de uma pequena ilha chamada São Tomé um importante porto, primeiro para a passagem para a Índia, e depois para o tráfico dos escravizados negros transportados da África para a América. De forma semelhante havia a esperança de tomar o lugar dos árabes, persas e indianos no comércio das especiarias da Índia e do extremo Oriente, que ordinariamente chegavam à Europa via Egito. Por isso, depois que em 1487-1488 Bartolomeu Dias tinha dobrado o Cabo da Boa Esperança, e dez anos mais tarde Vasco da Gama tinha chegado à Índia, os portugueses constituíram uma série de bases comerciais e militares que em meados do século XVI haviam se tornado mais de cinquenta. As bases estrategicamente mais importantes foram: Moçambique, na costa africana oriental, a ilha de Ormuz, na entrada do Golfo Persa, Goa, na costa ocidental da Índia, onde se estabeleceu a sede do governo central português para todo o Oriente, Malaca, na Malásia, as Molucas, na Indonésia, e, ocupada em 1557, a colônia de Macau, na China.

As viagens marítimas tiveram também uma **motivação religiosa**, uma vez que não só Henrique o Navegador, mas também os dois sucessores de seu pai no trono português (João II e Manuel I) tinham a intenção de levar o cristianismo para as terras conquistadas. Por isso, foi fundamental obter a **aprovação pontifícia**, efetivamente concedida várias vezes. Depois da tomada de Ceuta, em 1418 Martinho V exortou o rei e os bispos de Portugal a continuarem a cruzada africana para difundir a fé, e permitiu que Henrique o Navegador passasse a fazer parte da Ordem de Cristo, Ordem cavaleiresca da qual bem cedo se tornou grão-mestre. Em 1455 Nicolau V, com a bula *Romanus Pontifex*, atribuiu ao rei de Portugal o direito de todas as conquistas ao sul do Cabo Bojador, e no ano seguinte Calisto III, com a bula *Inter coetera*, deu à Ordem de Cristo a jurisdição eclesiástica, ou seja, os direitos episcopais, sobre aqueles territórios; com o consentimento de Pio II, depois da morte de Henrique o Navegador (1460) esses direitos passaram ao rei de Portugal, que se pôs como guia dos cavaleiros da Ordem de Cristo. Enfim, a bula *Aeterni Regis* (1481), de Sisto IV, destinou a Portugal a navegação do Atlântico.

Em 1492 Cristóvão **Colombo** chefiou uma expedição financiada pela coroa espanhola, com a intenção de encontrar uma via alternativa à portuguesa para chegar à Índia, não circum-navegando a África, mas atravessando o Atlântico para o Ocidente. Por isso, as terras descobertas foram chamadas de **Índias ocidentais**, e por isso Portugal, com base nas bulas papais anteriores, reivindicou a jurisdição civil e eclesiástica sobre esses territórios. Diante do posicionamento português, a Espanha pediu o arbítrio do papa. Em poucos meses do ano 1493, mediante **três bulas, Alexandre VI** concedeu ao rei da Espanha o que Portugal tinha obtido durante vários decênios: a doação das terras descobertas (primeira bula *Inter coetera*), a jurisdição eclesiástica (bula *Eximiae devotionis*), a exclusiva navegação (segunda bula *Inter coetera*). Tanto a intervenção de Alexandre VI, como as de seus predecessores baseavam-se nas teorias hierocráticas da soberania universal do papa, sintetizada na seguinte frase do jurista medieval Henrique de Susa († 1270), chamado o Ostiense: "*Papa super omnes habet potestatem et iurisdictionem de iure, licet non de facto* (Se não de fato, de direito o papa tem poder e jurisdição sobre todos)" (cit. in Bocchini Camaiani, 528).

Graças à última bula de Alexandre VI foram delimitados os territórios que cabiam à Espanha e a Portugal, estabelecendo-se uma linha de demarcação a cem léguas para oeste das ilhas Açores e Cabo Verde, de modo que os territórios a oeste daquela linha caberiam à Espanha, ao passo que os que estavam a leste caberiam a Portugal. O **tratado de Tordesilhas** do ano seguinte aceitou o que foi assim estabelecido e o estabeleceu com exatidão, uma vez que a linha de demarcação foi deslocada mais para oeste, em mais de duzentas e sessenta léguas; graças a isso, poucos anos depois caiu sob o domínio português a metade oriental do Brasil, descoberto em 1500 por Cabral. Por outro lado, baseados no tratado de Tordesilhas, em 1509-1510 os espanhóis — que já em 1493 tinham colonizado São Domingos e Haiti — depois da zona caribenha começaram a ocupar a costa continental do istmo do Panamá, até chegar a fundar no Panamá a primeira colônia sobre o Pacífico (1519). No decênio seguinte, graças à expedição guiada por Cortés, a zona central do México atraiu imigrantes tanto da Espanha quanto do Caribe, sobrepondo-se à civilização asteca. Logo depois de 1530 um fluxo migratório semelhante atingiu o Peru dos incas, após as conquistas de Pizarro.

Outras intervenções de Júlio II e de Adriano VI (1508 e 1522) para a Espanha e de Leão X e de Paulo III (1514 e 1534) para Portugal esclareceram os direitos e os deveres dos reis das duas nações sobre as missões e sobre a Igreja nesses territórios descobertos e colonizados. Desse modo, configurou-se **o patronato**, ou seja, o *patronato real* para a Espanha e o *padroado* para Portugal. Na prática, graças ao patronato aos reis da Espanha e de Portugal cabia o direito/dever de fundar e subvencionar dioceses, paróquias, capelanias, conventos, bem como garantir o transporte do missionário e o salário do clero secular. Outros direitos fundamentais eram: a apresentação de candidatos ao episcopado (confirmados depois pelo papa), a nomeação dos párocos e dos capelães, a imposição do dízimo. Além disso, nenhum missionário podia ir para os territórios ultramarinos sem o passaporte real. Desse modo, a evangelização e a Igreja daquelas terras se viram totalmente nas mãos dos reis da Espanha e de Portugal.

2. Reservando ao último capítulo um estudo específico sobre os desdobramentos do patronato (itens 30-31), dois aspectos da primeira atividade evangelizadora devem ser lembrados agora para uni-los à renovação que a Igreja vivia então. Primeiro, é suficiente acenar à **atividade missionária** desenvolvida por três importantes **Ordens religiosas**. Os primeiros dominicanos que chegaram a partir de 1510 à ilha de Santo Domingo e Haiti, e depois ao México e ao Peru, pertenceram à congregação da Observância de Castela. Isso vale também para os franciscanos de estrita Observância acolhidos em 1524 por Cortés na Cidade do México. Eram doze os que chegaram, número que remetia aos apóstolos, porque queriam dar nova vida ao zelo da Igreja primitiva e ao carisma franciscano original. Um deles, Toríbio de Benavente, ficou impressionado com a palavra utilizada pelos *indígenas* para se referirem a ele e a seus companheiros: *motolinía*, que significa "pobre", e dali em diante mudou seu nome para Motolinía, querendo ser pobre entre os pobres. Outra expressão da Reforma católica, a Companhia de Jesus começou sua atuação no Brasil em 1549, ou seja, num território dependente do *padroado*; alguns anos depois começou a estar presente em áreas da América Latina do *patronato real*, em particular no Peru (1568) e no México (1572).

Outro aspecto a ser lembrado é o **debate sobre a natureza e os direitos dos *indígenas***, ou seja, das populações autóctones dos territórios latino-americanos, questão estreitamente ligada aos posicionamentos pró e contra os métodos escravagistas adotados pelos espanhóis e portugueses em relação aos habitantes da América. Esse debate exprimia e ao mesmo tempo reforçava a renovação cultural propiciada pelo Humanismo, e começou com um sermão feito no quarto domingo do Advento de 1511, em Santo Domingo, em nome de toda a comunidade dominicana e diante de todas as autoridades (inclusive o governador espanhol Diego Colombo, filho de Cristóvão Colombo) pelo frade pregador Antônio de Montesinos. Ele denunciou publicamente os abusos cometidos em relação à população indígena pelos soldados e colonos, ou seja, os *encomenderos*, assim chamados porque chefes da *encomienda*, um sistema que ligava estreitamente colonização e evangelização (cap. 7, itens 30.1 e 30.4). Diante de tal denúncia, criaram-se duas frentes.

Havia quem defendesse a tese dos *indígenas* como "escravos" por natureza, como o dominicano Domingos de Betanzos, o historiógrafo Gonzalo Fernandez de Oviedo, o franciscano Motolinía, que também tinha optado por partilhar totalmente a vida das populações originárias do México. Além disso, havia quem estivesse convencido de que era melhor para os *indígenas* ser escravizados de patrões cristãos, de modo a poder receber o batismo e uma educação cristã, do que livres e não batizados. Também Clemente VII em 1529 na bula *Intra arcana* tinha apoiado essa tendência, afirmando a licitude da violência usada contra os *indígenas*, se isso fosse necessário para obter a conversão. Por outro lado, em defesa dos *indígenas* e de seus direitos, havia grandes personalidades, como Bartolomé de Las Casas, dominicano espanhol e bispo de Chiapas, no México, e os confrades teólogos Tomás de Vio (chamado Caetano) e Francisco de Vitória, professor em Salamanca de 1526 a 1546. Esse último, todavia, justificou o uso das armas por parte dos espanhóis quando os *indígenas* criassem dificuldades para a evangelização. Por sua vez, o bispo de Michoacán, Vasco de Quiroga, de um lado, exaltou a proibição da escravidão dos *indígenas* e condenou a conquista brutal e a exploração arbitrária, e, de outro, esteve entre os que (como Motolinía) justificaram a conquista armada dos espanhóis enquanto preparação providencial para a evangelização.

Num debate marcado por uma pluralidade de posições, inseriu-se Paulo III com quatro intervenções entre 1537 e 1538, levado pelas solicitações e pelas denúncias chegadas a Roma por parte dos missionários (sobretudo dominicanos), bem como pelo grupo reformista presente em Roma constituído pelos assim chamados "espirituais", entre os quais se distinguia Gaspar Contarini (cap. 3, itens 14.1). Na bula *Veritas ipsa*, o papa reconheceu a plena dignidade humana dos *indígenas*, tirando as consequências práticas no breve *Pastorale officium*, que, endereçado ao arcebispo de Toledo, Joannes de Tavera, previa a excomunhão *latae sententiae* para quem tivesse reduzido os *indígenas* a um estado de escravidão. Outro documento de orientação de Paulo III é a *Instrução de Sua Santidade* de 17 de fevereiro de 1537 para o núncio em Portugal Jerônimo Capodiferro. Essa instrução queria responder a uma lei do governo português que proibia aos *indígenas* irem à Europa, aduzindo como pretexto que poderiam se converter à religião judaica, mas na realidade temendo que os *indígenas*, indo à Europa, ficassem livres da escravidão. O papa reagiu com vigor a essa dissimulação, afirmando que desse modo os indígenas eram tratados "com uma condição pior que escravos infinitos". Ele chegou a afirmar que "é menor mal que se tornem judeus pela má vontade deles do que pela nossa iniquidade, não podendo de modo algum Sua Majestade violentar a vontade deles, pois Deus a fez livre, a qual talvez se incline mais para o bem se se usa com eles a caridade e a piedade e se se desiste da violência, que de nenhum modo pode ser nem boa, nem justa" (cit. in Bocchini Camaiani, 541). Com essas palavras é promovida a perspectiva do respeito da consciência, embora errônea, perspectiva essa que não terá seguimento na Igreja católica para enfrentar a situação de pluralismo confessional introduzido pela Reforma protestante (cap. 5, item 23 *passim*).

Voltando às discussões sobre a dignidade e os direitos dos *indígenas*, no ano seguinte aos três pronunciamentos de Paulo III de 1537, um novo documento (*Non indecens*) anulou todos os posicionamentos anteriores, provavelmente condicionado pela reação negativa de Carlos V e pelo Conselho das Índias, o mais importante órgão administrativo do império colonial espanhol; eles viram na intervenção do papa o desmonte dos direitos do patronato, tanto que a partir de 1538 introduziram o *placet* real para qualquer documento pontifício que se referisse à América. Todavia, nos anos seguintes Paulo III lembrou várias vezes que os *indígenas* tinham a capacidade de aderir à fé e de chegar à salvação; aos eclesiásticos deu a faculdade de denunciar aqueles colonos que se manchassem com delitos e maus-tratos tais que levassem à escravidão ou à morte os indígenas, como se vê no documento *Exponi nobis super*. Também por parte dos espanhóis não houve uma oposição fundamental à doutrina dos pronunciamentos papais de 1537; tanto assim que com as **Leyes Nuevas de 1542**, sob o estímulo de Las Casas e dos defensores dos *indígenas*, foi abolida definitivamente a escravidão em relação a esses últimos. Em geral, a linha traçada por Paulo III permaneceu como referência para as reflexões e as ações práticas a favor da dignidade dos *indígenas*. Ela, porém, não foi levada em conta para as populações africanas, para as quais permaneceu sempre em vigor a escravidão, como se verá no capítulo conclusivo (itens 30-31).

9. O papado renascentista

Embora interpelado pela renovação que ocorria entre os séculos XV e XVI — lembremo-nos, além do que foi relatado anteriormente a propósito dos territórios descobertos por Portugal e pela Espanha, das solicitações em favor da reforma provenientes de humanistas, como Valla e Pico della Mirandola, ou do envolvimento de Roma na formação da congregação da Observância de Santa Justina ou da Observância franciscana que no início do século XVI levou à separação entre conventuais e frades menores —, somente a partir dos anos trinta do século XVI, graças a Paulo III, é que o papado e a Cúria romana começaram a ficar disponíveis para uma participação ativa na Reforma católica, ou seja, aceitar se autorreformar.

1. Martinho V, com o qual se encerra o Cisma do Ocidente em 1417, e seu sucessor, Eugênio IV, tiveram prolongados períodos de ausência de Roma. Somente com **Nicolau V** (1447-1455) é que a residência romana se tornou estável. Ele valorizou os humanistas, como Nicolau de Cusa e Lourenço Valla, e favoreceu a reunião de muitos códices, lançando as bases do que se tornaria a Biblioteca Vaticana. Também a arte, uma das expressões típicas do Humanismo, encontrou nele plena disponibilidade, como mostra no Vaticano a chamada capela Nicolina, com afrescos de Fra Angélico; além disso, iniciou a demolição da basílica constantiniana de São Pedro, que há mais de um milênio da sua construção denunciava graves carências estruturais. Sob seu pontificado, os turcos conquistaram Constantinopla em 1453; depois das fracassadas tentativas diplomáticas com o sultão, Nicolau V imaginou uma cruzada antiturca (cap. 7, item 28.2). Seu sucessor, **Calisto III** (1455-1458), relançou essa iniciativa, a qual, porém, não encontrou adesões. Com esse papa de origens catalãs, o nepotismo se implantou de modo estável na Cúria romana, que ele encheu de compatriotas, entre os quais se distinguiram dois sobrinhos nomeados cardeais, um dos quais foi Rodrigo Borja, o futuro Alexandre VI.

Com **Pio II** (1458-1464) subia ao trono pontifício um dos mais importantes humanistas, ou seja, Enéas Sílvio Piccolomini. Quando jovem, durante os anos do Concílio de Basileia, ele tinha aderido à teoria conciliarista, mas depois evoluiu de tal modo que, como papa, condenou-a com a bula *Execrabilis*. Também ele, embora sendo sensível à reforma da Igreja, favoreceu seus familiares (dois sobrinhos feitos cardeais) e os concidadãos de Sena, e prosseguiu no embelezamento de Roma com grande dispêndio financeiro. Nesse contexto situam-se as indicações do cardeal Nicolau de Cusa para uma reforma da Igreja que partisse do papa e dos cardeais: uma proposta séria, mas que permaneceu letra morta (cap. 1, item 4.2). Há uma carta (provavelmente apócrifa e jamais expedida aliás) atribuída a Pio II que se endereça a Maomé II, o sultão que tinha conquistado Constantinopla, para lhe pedir que se convertesse ao cristianismo, prometendo-lhe em troca a nomeação a imperador, ameaçando em caso contrário uma cruzada (cap. 7, item 28.2); essa última foi efetivamente organizada por Pio II, o qual, porém, morreu no porto de Ancona, para onde tinha se dirigido para dar maior apoio ao empreendimento. Sucedeu-o o veneziano Pedro Barbo, que assumiu o nome de **Paulo II** (1464-1471); sobrinho de Eugênio IV, durante seu pontificado favoreceu os próprios concidadãos. Embora apreciando as artes (a ele se deve aliás a edificação do palácio de Veneza), entrou em choque com os humanistas presentes em Roma, provavelmente porque temia os efeitos paganizantes da cultura deles e chegou a ponto de prender e torturar doutos como Platina e Pomponio Leto. Para os humanistas, tratou-se de um trauma que levou diversos deles a assumir posições antipapais.

Todavia, com o pontífice seguinte, **Sisto IV** (1471-1484), teve-se a reabilitação dos humanistas e da cultura por eles promovida; ele dotou de salas a Biblioteca Vaticana, como evidenciado pelo afresco de Michelozzo de Forli, conservado na Pinacoteca Vaticana, que representa Sisto IV ao nomear Bartolomeu Platina como prefeito da Biblioteca. Alinhado com tudo isso, o papa promoveu a construção da capela que leva o seu nome, o mais rico cofre de obras artísticas renascentistas, ainda hoje utilizado para os conclaves. Com Sisto IV, que fora, todavia, um ótimo teólogo e um bom vigário-geral dos frades menores, impôs-se definitivamente um estilo que marcará os pontificados seguintes, nos quais cada papa se moverá como soberano entre os soberanos, e Roma se tornará uma das mais importantes cortes europeias. Isso ocorreu, particularmente sob dois aspectos. Em primeiro lugar, o nepotismo condicionou o trabalho de Sisto IV; nomeou como cardeais dois sobrinhos seus, ou seja, Pedro Riario (homem culto, mas mundano, morto por seus excessos em 1478 aos 26 anos) e Juliano della Rovere (o futuro Júlio II); eles influenciaram fortemente o pontificado, assim como outro sobrinho, Jerônimo Riario, casado com a filha natural de Galeazzo Sforza, de Milão, e senhor da Romagna, foi decisivo nas escolhas políticas de Sisto IV. Em segundo lugar, as escolhas de Sisto IV foram essencialmente guiadas por finalidades políticas, ou seja, utilizando meios espirituais para fins temporais, como ocorreu nos choques com Florença, Fiesole e Pistoia, contra as quais lançou o interdito na tentativa de impor um candidato próprio como arcebispo de Florença. Enfim, dois outros aspectos do pontificado de Sisto IV são as primeiras concessões para a formação da Inquisição espanhola (1478) e as enésimas e vãs tentativas de realizar operações diplomáticas e militares contra os turcos.

A eleição de **Inocêncio VIII** (1484-1492) mostrou todo o peso assumido pelos interesses políticos e dinásticos. De fato, Juliano della Rovere, o cardeal-sobrinho de Sisto IV, aproveitando-se da luta entre as famílias romanas dos Orsini (favorecidos pelo pontificado de Sisto IV) e dos Colonna (que queriam voltar ao poder), e para impedir a ascensão de Rodrigo Borja, conseguiu fazer eleger o cardeal João Batista Cybo, sobre o qual ele exercia fortíssima ascendência. Cybo, embora tendo dois filhos ilegítimos, como papa levou uma vida irrepreensível. Com ele se acentuou o papel político do papado, como mostram as relações com o reino de Nápoles. Para limitar seu poder, em 1487 Inocêncio VIII aliou-se (renegando as escolhas de Sisto IV) a Florença e a Veneza. A aliança com Florença foi consolidada com as núpcias do filho de Inocêncio VIII, Franceschetto, com a filha de Lourenço de Medici, Madalena, e levou Lourenço de Medici a administrar o tesouro papal (em *déficit*), obtendo o cardinalato para o filho João, futuro Leão X (1513-1521). Em 1484 Inocêncio VIII publicou uma bula contra a prática da bruxaria, a *Summis desiderantes affectibus*, que contribuiu para reforçar a credulidade nas bruxas. Como lembrado antes, esse papa não se deixou levar pelo projeto de Pico della Mirandola de realizar em Roma um debate filosófico e teológico cristãmente orientado e aberto a todos os homens de cultura da época.

2. Em 1492 foi eleito papa, com o nome de **Alexandre VI** (1492-1503), o cardeal Rodrigo Borja, sobrinho de Calisto III. O conclave viu escandalosas manobras simoníacas, nas quais teve papel decisivo o cardeal Ascânio Sforza, irmão de Luís, o Mouro, senhor de Milão. Depois da eleição, Juliano della Rovere, o grande protagonista dos dois pontificados anteriores, teve de deixar a Itália. Em anos muito difíceis nas relações entre os Estados italianos e entre as grandes potências europeias, Alexandre VI mostrou ter ótimo tino político, a ponto de se tornar, como se viu no item anterior, o árbitro de um acordo entre Portugal e Espanha em relação ao domínio das terras da nova descoberta. Como papa, Rodrigo Borja continuou a libertinagem que marcara sua vida anterior: aos oito filhos que já tinha antes da eleição, de diferentes mulheres, como papa acrescentou outros dois. Manteve uma relação com a jovem e bela Júlia Farnese, que muito provavelmente obteve para o irmão Alexandre (futuro Paulo III, aquele que abriria o Concílio de Trento) o cardinalato e cerca de cento e setenta benefícios eclesiásticos, entre os quais dez bispados. O filho mais famoso de Alexandre VI foi César, que em 1493, aos 18 anos, obteve o cardinalato, ao qual renunciou a seguir para se tornar duque de Valentinois (daí a alcunha de *Valentino* utilizado também por Maquiavel, que o apresentou como modelo de príncipe renascentista) e para se casar com uma princesa francesa. Tendo se tornado duque da Romagna, governou com punho de ferro aqueles territórios, mas a morte do pai privou-o do apoio necessário à sua ação política. Depois de altos e baixos na vida, morreu em combate em 1507.

Homem de grande inteligência, Alexandre VI entendeu que o papado tinha um papel de primeira importância para potenciar e unificar os estímulos provenientes dos diversos componentes da Reforma católica. Por isso, instituiu uma comissão cardinalícia para a renovação da Cúria, mas sem nenhum resultado satisfatório; desse modo, manifestou-se, de um lado, a consciência da necessidade de uma regeneração no interior da corte e da Cúria romana, e, de outro, a falta de vontade séria para pô-la em prática. Quando foi atacado pessoalmente pela pregação de Savonarola dirigida contra a decadência da Igreja, Alexandre VI não se pôs a discutir, mas contribuiu para a condenação do frade dominicano.

O sucessor do papa Borja, **Pio III** (1503), teve um pontificado brevíssimo, de apenas vinte e seis dias, tendo como sucessor Juliano della Rovere, sobrinho de Sisto IV, organizador tanto daquele pontificado como da eleição e do pontificado de Inocêncio VIII. Assumiu o nome de **Júlio II** (1503-1513). Não só se entregou à política, mas empunhou ele próprio as armas, a ponto de ser considerado o efetivo fundador de um "Estado" pontifício; graças à sua ação, acumulou no Castel Sant'Angelo um considerável tesouro. Conquistou a Bolonha e combateu contra a França, cujo rei Luís XII reuniu em 1511 o *conciliabulum* de Pisa, com a intenção de intimidar o papa com a ameaça de um cisma. Júlio II reagiu convocando o Concílio **Lateranense V** (1512-1517), continuado por Leão X, no qual foi significativa a definição dogmática sobre a imortalidade da alma humana individual, com a condenação das afirmações defendidas pelo filósofo Pedro Pomponazzi (expoente dos assim chamados neoaristotélicos), segundo as quais "a alma intelectiva é mortal" e "única em todos os homens" (cit. in DS 1440-1441).

Mas o tema de que o concílio deveria ter se ocupado era a reforma da Igreja, a fim de unificar as diversas renovações em andamento e pôr fim aos abusos, a partir dos que eram motivados por Roma. Na prédica de abertura do concílio, o geral dos agostinianos, Egídio de Viterbo, afirmou: "Os homens devem ser transformados [ou seja, melhorados, N. do R. italiano] pelas coisas santas, não as coisas santas transformadas [ou seja, profanadas, N. do R. italiano] pelos homens" (cit. in Jedin, *Breve storia*, 124). No ano seguinte, como já se sabe, os camaldulenses Justiniano e Querini apresentaram a Leão X um memorial para uma séria reforma da Igreja. Mas os votos de reforma permaneceram sem se realizar. O concílio se encerrou na décima segunda sessão, no dia 16 de março de 1517, poucos meses antes de Lutero difundir as noventa e cinco teses sobre as indulgências.

3. Depois da morte de Júlio II, a tiara foi posta na cabeça de Leão X (1513-1521), que embora tivesse trinta e sete anos já era dono de grande experiência política e podia contar com uma sólida atividade de governo em Florença, sua cidade natal. O pai do novo papa era Lourenço o Magnífico. Sua carreira mostra os traços clássicos do eclesiástico de alto nível da Cúria romana da época. Ao entrar para o estado clerical com apenas sete anos, obteve lautos benefícios, entre os quais a abadia de Monte Cassino. Aos catorze anos, o matrimônio da irmã Madalena com Franceschetto, o filho de Inocêncio VIII, proporcionou-lhe,

como vimos anteriormente, o cardinalato, mantido em segredo até os dezessete anos, quando o papa o agregou oficialmente ao sacro colégio.

Leão X foi coerente com sua vida precedente, ou seja, comportou-se como autêntico príncipe renascentista, sobretudo na política, âmbito no qual seguiu duas orientações: manter o Estado pontifício e a sua Florença distantes da luta encetada pelo domínio da Itália por parte da França e da Espanha (cujo soberano era Carlos de Habsburgo, que em 1519 se tornou imperador [cap. 3, item 10.4]) e favorecer a supremacia da própria família, os Medici, na Itália. Por isso, procurou se adequar às circunstâncias e ter uma atitude equidistante.

Os pactos que ele soube contemporaneamente manter com Carlos I da Espanha e com Francisco I da França passaram à história como uma obra-prima de diplomacia. No encontro de Bolonha em 1516 com Francisco I fez-se também, entre os vários pontos das negociações, a **concordata com a França**; nela se reconhecia aos reis a nomeação de quase todos os benefícios maiores (dioceses e abadias), ao passo que se suprimia a pragmática sanção, ou seja, os vinte e três artigos estabelecidos em 1438 entre o rei e o clero francês, nos quais se aceitavam os decretos de reforma do Concílio de Basileia, restringia-se a jurisdição do papa na França e se ampliava o controle do rei sobre a Igreja francesa. Por causa da atenção concentrada quase unicamente sobre os aspectos políticos de seu desempenho, Leão X enfraqueceu primeiro a possível contribuição inovadora e reformista do Lateranense V, e depois custou a entender o significado do que foi iniciado por Lutero com a difusão das noventa e cinco teses sobre as indulgências (cap. 3, item 10.4).

As gigantescas despesas enfrentadas devido à política agravaram enormemente as finanças pontifícias, bem como foi custosa a manutenção da corte principesca e do grandioso desenvolvimento artístico (confiada ao gênio de artistas do calibre de Michelangelo e Rafael), no vértice do qual estava o canteiro para a construção da nova basílica de São Pedro, financiado também com as indulgências. Em geral, para enfrentar o crescente *déficit* o papa facilitou quer uma gestão imoral do Estado pontifício e dos benefícios eclesiásticos, quer a venalidade crescente na distribuição dos ofícios da Cúria, quer o pagamento de somas elevadas para fazer parte do colégio cardinalício.

4. De fato, na **Roma do Renascimento** criaram-se num crescendo impressionante **mecanismos** que **impediram** o papado de ser parte ativa na **renovação** então em andamento na Igreja; tratou-se de uma conjuntura que teve os maiores componentes no poder das famílias italianas e estrangeiras — os della Rovere, os Medici, os Colonna, os Orsini, os Borja —, no nepotismo, no predomínio dos interesses financeiros em ambientes curiais, nos cálculos políticos que condicionaram cada vez mais qualquer outra escolha. Um Alexandre VI, um Júlio II, um Leão X (dos quais se disse que com eles o trono pontifício fora ocupado respectivamente por Vênus, Marte, Palas Atena, ou seja, as divindades pagãs do amor, da guerra, das artes) acentuaram esse estado de coisas, embora em Roma não se desconhecessem as instâncias de renovação indicadas, por exemplo, pelo cardeal Nicolau de Cusa no tempo de Pio II ou representadas pelas confrarias italianas e pelas congregações de Observância, que na maior parte obtiveram a aprovação papal. Todavia, os valores humanos e cristãos da cultura humanística estavam literalmente sob os olhos dos papas, graças às produções artísticas do Vaticano, e ficaram conhecidos durante o pontificado de Inocêncio VIII na tentativa promovida por Pico della Mirandola, incompreendido por Roma. Mas também o último apelo dirigido pelo Lateranense V ao papado e à Cúria para se deixarem envolver na Reforma católica encontrou ouvidos moucos.

Posto no vértice da estrutura eclesiástica, o papado foi decisivo no enfraquecimento da eficácia da Reforma católica anterior à Reforma protestante; não soube utilizar positivamente a superação das instâncias conciliaristas originadas em Constança e Basileia, e embora aprovando algumas manifestações da reforma *in membris* da Igreja não aceitou que a mesma reforma acontecesse *in capite*, ou seja, que envolvesse o papado e a Cúria romana. Somente depois da profunda crise provocada na Europa pela Reforma protestante é que Roma teve finalmente a capacidade de se pôr à frente de um sério movimento de renovação, cujos efeitos marcaram de modo duradouro o rosto da Igreja católica.

Bibliografia

Fonte

DS = DENZINGER, H.; SCHÖNMETZER, A. (orgs.). *Enchiridion Symbolorum definitionum et declarationum*. Barcelona-Friburg im Breisgau-Roma: Herder, [36]1976.

Estudos

ANGELOZZI, G. *Le confraternite laicali*. Bréscia: Queriniana, 1978.
BAUR, J. *Storia del cristianesimo in Africa*. Bolonha: EMI, 1998, 53-138.

CAMAIANI, B. B. Il papato e il nuovo mondo. A proposito di un'edizione di fonti. *Cristianesimo nella storia* 16, 3 (1995) 521-552.

FIRPO, M. Crisi e restaurazione religiosa nel Cinquecento. *Rivista di Storia e Letteratura Religiosa* 32 (1996/2) 367-379.

FOIS, M. Osservanza, Congregazioni di Osservanza. In: *Dizionario degli Istituti di Perfezione*. S.l., Edizioni Paoline, 1980, v. 6, 1035-1057.

GODIN, G. Umanesimo e cristianesimo. In: MAYEUR, J.-M. Et al. (dir.). *Dalla riforma della Chiesa alla Riforma protestante (1450-1530)*. Roma: Borla-Città Nuova, 2000, v. 7: Storia del cristianesimo, 567-619.

ISERLOH, E. La "Devotio moderna". In: JEDIN, H. (dir.). *Tra Medioevo e Rinascimento*. Milão: Jaca Book, 1983, v. 5/2: Storia della Chiesa, 164-187.

JEDIN, H. *Breve storia dei Concili*. Roma-Bréscia: Herder-Morcelliana, ⁷1986, 123-125.

_____. *Il Cardinale Cesare Baronio*. Bréscia: Morcelliana, 1982.

MICCOLI, G. La storia religiosa. In: *Dalla caduta dell'Impero romano al secolo XVIII*. Turim: Einaudi, 1974, v. 2/1: Storia d'Italia, 431-1079.

MILHOU, A. L'America. In: MAYEUR, J.-M. et al. (dir.). *Il tempo delle confessioni (1530-1620/30)*. Roma: Borla-Città Nuova, 2001, v. 8: Storia del cristianesimo, 652-738.

_____. Scoperte e cristianizzazione lontana. In: MAYEUR, J.-M. et al. (dir.). *Dalla riforma della Chiesa alla Riforma protestante (1450-1530)*. Roma: Borla-Città Nuova, 2000, v. 7: Storia del cristianesimo, 478-566.

MOLINARI, F. Riforma e Controriforma (un problema storiografico). AUBERT, R. et al. (dir.). *La Riforma e la Controriforma*. Turim: Marietti, ²1976, v. 3: Nuova storia della Chiesa, 527-546.

MORIONES, I. I carmelitani scalzi e gli agostiniani in Persia e in India nel sec. XVII. In: VACCARO, L. (org.). *L'Europa e l'evangelizzazione delle Indie Orientali*. Milão-Gazzada: Centro Ambrosiano-Fondazione Ambrosiana Paolo VI, v. 10: "Europa ricerche", 2005, 437-464.

STRNAD, A. A. I Papi del Rinascimento. Da Niccolò V a Giulio II. In: GRESCHAT, M.; GUERRIERO, E. (orgs.). *Storia dei Papi*. Cinisello Balsamo: San Paolo, 1994, 415-432.

VASOLI, C. L'Umanesimo e il Rinascimento. In: *La storia*. Novara: La Biblioteca di Repubblica-De Agostini-UTET, 2004, v. 6: Dalla crisi del Trecento all'espansione europea, 408-468.

VENARD, M. L'Europa del Rinascimento. In: MAYEUR, J.-M. et al. (dir.). *Dalla riforma della Chiesa alla Riforma protestante (1450-1530)*. Roma: Borla-Città Nuova, 2000, v. 7: Storia del cristianesimo, 462-477.

capítulo terceiro
O século da Reforma (*Reformation*)

10. Lutero e a Reforma protestante no Império

1. Entre o fim do século XV e o início do século XVI, a **situação religiosa geral** da Europa, como se viu no capítulo anterior, estava muito dividida e complexa; estavam presentes contemporaneamente fermentos positivos e tensões, fortes impulsos para uma séria e profunda reforma da Igreja em seus diversos níveis, e persistentes comportamentos negativos. Está amplamente superada hoje a visão historiográfica protestante que descrevia a Igreja antes de Lutero como totalmente corrupta e já a ponto de um desmoronamento definitivo. Havia, ao contrário, por quase toda parte, especialmente na Alemanha, fermentos de renovação, como atestam, para a vida religiosa, as uniões de Melk, Kastl, Bursfeld, ou os agostinianos da congregação da Observância da Saxônia, bem como a difusão da *devotio moderna*, particularmente com a congregação de Windesheim, que teve muitas comunidades no território alemão.

No Império, um componente importante dessa renovação foi decerto o Humanismo. É significativo que muitos humanistas alemães tenham se tornado expoentes da Reforma protestante, a partir de Filipe Melanchton (versão grega do original alemão Schwarzerdt) ou Johann Reichlin (também ele conhecido pelo nome grecizado de Capnion) ou Wolfgang Köpfel (conhecido pelo nome latinizado de Capito). O maior dos humanistas, Erasmo de Rotterdam, embora não sendo originário do Império, influiu muito na cultura desse território; foi interlocutor de Lutero, e depois se distanciou da Reforma protestante. Essas referências são suficientes para indicar que o terreno sobre o qual surgiu e se propagou a Reforma protestante tinha em si muitos elementos comuns com a Reforma católica.

Por outro lado, o **Império** tinha **características peculiares**; ao conhecê-las consegue-se esclarecer mais as origens da Reforma protestante. Antes de tudo, as concordatas estipuladas na época dos Concílios de Constança e de Basileia criaram uma situação eclesial particular, o assim chamado *Landeskirchentum* (sistema eclesial regional), no qual as autoridades políticas locais tinham ampla possibilidade de intervenção na vida eclesial, o que facilitou o início e sobretudo a afirmação da Reforma protestante. Tanto é verdade que Erwin Iserloh observou que "é dificilmente imaginável a vitória da Reforma sem esse governo eclesial fundado nos senhorios territoriais" (Iserloh, 6). O *Landeskirchentum* é semelhante a outra condição favorável à Reforma protestante, ou seja, o patriotismo alemão, que considerava a Cúria romana e o papado adversários dos quais era preciso se precaver.

Além disso, foi determinante a nova técnica da imprensa em caracteres móveis, invenção de um gênio alemão, logo explorada por Lutero para a difusão de suas ideias, tanto que se estima que entre 1517 e 1520 foram vendidos mais de trezentos mil exemplares de seus escritos; de 1518 a 1524 foi impresso cerca de um milhão de cópias de textos em alemão, das quais pelo menos um terço era de escritos de Lutero; até 1550 o iniciador da Reforma foi o autor mais lido. Esses dados explicam por que Lutero descreveu a imprensa como "o maior e mais elevado ato da Graça divina, devido ao qual se difunde a influência do Evangelho" (cit. in Vogler, 669).

Sob o ponto de vista da estrutura social da época, quatro classes sociais aderiram plenamente à Reforma. Em primeiro lugar, a jovem geração do clero abraçou com entusiasmo as ideias de Lutero; tratou-se quer de monges, quer de padres seculares, com frequência influenciados pelo Humanismo ou já estudantes universitários. Um segundo grupo social favorável ao luteranismo foi a nobreza, que viu no movimento que se uniu em torno de Lutero a possibilidade de se desvincular dos grandes soberanos territoriais. Um terceiro grupo é constituído pelas cidades do Império, nas quais se enraizara o anticlericalismo e que na tese luterana do sacerdócio universal dos fiéis identificaram a base doutrinal para marginalizar o clero. O último grupo social é o dos já lembrados humanistas, aos quais se associam artistas, como Dürer e Cranach o Velho, fortemente determinados a purificar a religiosidade de elementos considerados antiquados ou inautênticos.

Houve também outra condição favorável: o contraste existente entre a busca por parte dos fiéis de uma experiência religiosa mais genuína e a falta de uma real sensibilidade pastoral em boa parte da hierarquia eclesiástica, como se viu com clareza durante a fase inicial do movimento suscitado por Lutero. Ele soube captar as demandas emergentes desse contexto e deu uma resposta que brotava da sua excepcional experiência espiritual e teológica e de uma humanidade que soube fascinar o povo da sua época. Por isso, é sobre Lutero, sua pessoa, seu amadurecimento humano, espiritual e teológico que se orienta nosso estudo.

2. Martinho **Lutero** nasceu em Eisleben (Alemanha centro-oriental), no dia 10 de novembro de 1483, e suas **origens** são marcadas por uma família socialmente em ascensão: o pai, depois de ter trabalhado como mineiro, conseguiu melhorar a própria posição econômica e social até se tornar um pequeno empreendedor abastado. A família era moral e religiosamente séria e até severa sob o segundo aspecto, a ponto de transmitir a Martinho desde a infância uma imagem de Deus que incutia medo, como ele depois lembrou como adulto: "Desde a infância, eu estava habituado a ter de me empalidecer e me assustar quando mal ouvia o nome de Cristo, a ponto de eu o julgar como um juiz rígido e irado" (cit. in Iserloh, 15). Aos catorze anos, Martinho saiu de casa e foi para o norte, Magdeburgo, para a escola dos Irmãos da vida comum, ligados à *devotio moderna*. Um ano depois, em 1498, transferiu-se para Eisenach, onde por três anos viveu como pensionista na casa de algumas famílias, ajudado por um clima positivo, cristão e humanamente aquecido, que contrabalançava o rigor conhecido em sua família.

Lutero iniciou a verdadeira **reforma cultural** em Erfurt, um pouco mais a leste de Eisenach, onde a partir de 1501-1502 até janeiro de 1505 se dedicou ao estudo "das artes" (ou seja, filosofia), passagem obrigatória para se inscrever numa das três faculdades universitárias (teologia, medicina, direito). Em Erfurt, ficou a par da chamada *via moderna*, ou seja, o nominalismo, iniciado por Ockham e conhecido por Lutero por mediação de Gabriel Biel (cap. 1, item 4.1); trata-se do enfoque filosófico que tende a não relacionar o agir de Deus com o agir dos homens, ressaltando quer o caráter exclusivo, até ao arbítrio, da operação de Deus, quer o predomínio da vontade sobre as capacidades humanas. Em Erfurt, morou no Colégio de São Jorge, onde experimentou uma disciplina rígida, quase monacal, acompanhada de muita piedade e devoção, voltando ao clima que respirara em sua família e que nele gerou uma interioridade caracterizada por tristeza, medo trágico de Deus, tudo isso acentuado por uma sensualidade não completamente vencida.

O ambicioso pai quis que o filho se inscrevesse na faculdade de direito, na qual de fato Lutero começou o estudo a partir de maio de 1505 para mudar de direção poucos meses depois, entrando em Erfurt no convento dos agostinianos da congregação da Observância da Saxônia. Isso ocorreu como cumprimento de um voto feito a Santa Ana por tê-lo salvo durante um furioso temporal no qual estava preso perto de Stotternheim, voltando para Erfurt da casa de seu pai em Eisleben; provavelmente o voto acelerou uma decisão que vinha amadurecendo fazia tempo.

A **vida religiosa do jovem Lutero**, antes em Erfurt e depois após outra transferência em Wittenberg, tocou em dois registros. Exteriormente fez um caminho linear, porque dois anos depois da entrada para os agostinianos foi ordenado sacerdote, para receber em 1511 o ofício de pregador e chegar no ano seguinte ao doutorado em teologia. Entrementes, estivera em Roma para defender a causa dos agostinianos que queriam permanecer sob a Observância, sem aliás se deixar impressionar pela Roma renascentista de Júlio II. A missão romana mostra a estima que tinham por ele no plano de direção, tanto que foi nomeado subprior e prefeito dos estudos do convento de Wittenberg, e em 1515 se tornou vigário distrital de onze conventos ligados à congregação da Observância da Saxônia.

Interiormente, porém, o jovem religioso continuou a evolução já em andamento, marcada pela incerteza sobre seu próprio estado de graça e pelos contínuos assaltos provocados por sentimentos de ódio, violência, amor-próprio, vaidade, sensualidade, todos esses fenômenos reunidos por Lutero sob o nome de *concupiscentia*, termo que a teologia escolástica também utilizava, mas com conteúdo muito diferente, que tem o equivalente no termo egoísmo, enquanto antítese do *ágape*, que é o amor desinteressado.

Contemporaneamente a tudo isso, ele amadureceu o próprio pensamento teológico, contido nas obras compostas entre 1510 e 1518 (durante o ensino na Universidade de Wittenberg), ou seja, o comentário às *Sentenças*, de Pedro Lombardo, as aulas sobre os *Salmos*, sobre a *Carta aos Romanos*, sobre a *Carta aos Gálatas* e enfim sobre a *Carta aos Hebreus*. Da análise dessas obras, sobretudo da que é dedicada à *Carta aos Romanos*, transparece seu **enfoque teológico original**. Para uma primeira orientação, os aspectos característicos da teologia de Lutero estão agora reunidos em torno de algumas expressões latinas. Fica a advertência de que não se torne rígida esta apresentação esquemática, para não se ter o risco de julgar que Lutero tenha querido construir um "sistema", quando, ao contrário, seu enfoque teológico está ligado à evolução de seu pensamento, do modo como ele o manifestou em seus escritos, bem como às vicissitudes e experiências que caracterizaram sua vida (os textos de Franco Buzzi e Alister E. McGrath indicados na bibliografia são uma excelente ajuda para abordar os escritos de Lutero e para perceber a conexão entre sua vivência e o amadurecimento de sua teologia).

Sola Scriptura. Metodologicamente, Lutero fundou a própria reflexão teológica exclusivamente na Sagrada Escritura, interrompendo o vínculo com a Tradição. Mais, ele conheceu a Escritura não somente por meio do estudo, mas graças à experiência religiosa, com um envolvimento existencial de caráter fortemente subjetivo.

Sola gratia e *sola fide*. O fulcro do enfoque teológico luterano é a "justificação", quer dizer, o que permite estabelecer a relação entre Deus e o homem pecador. Lutero mostra que essa relação é possível somente mediante a ação gratuita de Deus (*sola gratia*), ação que se torna eficaz no homem por meio da fé, que por sua vez é dom de Deus e não ação humana (*sola fide*). Em concreto, segundo Lutero, pelo nascimento, pelas obras, paixão, morte e ressurreição de Jesus Cristo (tudo isso constitui o Evangelho), Deus acusa o homem pecador e ao mesmo tempo lhe oferece o perdão. Graças a esse modo de entender a justificação, Lutero modificou a concepção de "justiça de Deus": não Deus que julga e condena (justiça formal ou ativa), mas Deus que justifica e salva (justiça passiva).

Simul justus ac peccator. Aceitando a justificação ou a justiça de Deus, o ser humano se reconhece pecador (*peccator*) diante de Deus, e ao mesmo tempo, ou seja, simultaneamente (*simul*), é considerado justo (*justus*) por Deus. O ser humano não pode pretender ser justo sem se reconhecer pecador, o que implica, para Lutero, tanto o fato de que no humano justificado permanece o pecado original quanto o fato de que o humano justificado é continuamente chamado à conversão e à penitência. Com pertinência afirma Franco Buzzi, indo às raízes da teologia de Lutero: "somente ao se reconhecer pecador é que o homem é justificado por Deus, mas reconhecer-se pecador significa converter-se, estar empenhado na penitência ou conversão. Não se pode pretender ser justo sem se reconhecer pecador. Nisso se vê a extrema religiosidade de Lutero:

ele teme que o homem justificado se aproprie sempre de novo da justiça que vem somente de Deus. Nesse caso, o homem retornaria a viver da própria presunção, atribuindo a si mesmo os dons de Deus, os dons que são de Deus e permanecem dele. Eis por que Lutero insiste sobre o fato de que a justiça de Deus que justifica o homem é sempre *extranea*, 'externa' ao homem, *aliena*, ou seja, 'não sua', não própria do homem, mas de Deus. Ela é propriamente a 'justiça de Cristo' que é imputada ao homem mediante a fé, de modo que Deus, ao ver o justificado não vê nele o pecador, mas o homem a quem foi imputada a justiça do Filho Jesus Cristo" (Buzzi, 18).

Lutero teve uma concepção inovadora a respeito da Igreja e dos sacramentos, como já emerge dos três importantes escritos de 1520, ou seja, *De libertate christiana, À nobreza cristã da nação alemã* e *De captivitate babylonica ecclesiae praeludium*. Lutero exalta o sacerdócio universal dos fiéis e redimensiona o sacerdócio ministerial, negando seu fundamento específico no sacramento da ordem e reduzindo-o a mera delegação da comunidade dos fiéis. É frontal o ataque ao abuso de poder do papa, considerado no *De captivitate babylonica* encarnação do Anticristo. Ainda nessa obra é negada a organização dos sete sacramentos, com a redução deles a dois, o batismo e a eucaristia, ou seja, a "santa ceia"; quanto a esta última, Lutero rejeita o caráter sacrifical da missa, mas admite a presença real de Cristo no pão e no vinho, sem aceitar, porém, a doutrina escolástica da transubstanciação, por ser considerada não bíblica. O *De captivitate* mantém a confissão dos pecados, embora não presente na Escritura, porque foi considerada por Lutero de grande utilidade para confortar as consciências atormentadas. A confissão foi ainda proposta, mas como prática livre, no *Pequeno catecismo* e no *Grande catecismo*, publicados em 1529.

O eixo da teologia de Lutero, quer dizer, o modo de entender a justiça de Deus, ou seja, a justificação do ser humano, ou em outros termos a salvação do homem, atingiu seu pleno amadurecimento quando ficou integrado na experiência concreta do frade agostiniano, ou seja, quando ele se sentiu intimamente salvo, porque justificado pela justiça de Deus, por ele aceita na fé, entendida como abandono confiante. Tal experiência, da qual não é possível identificar uma data precisa, mas que se situa entre 1512 e 1519, ocorreu, segundo Lutero, durante as meditações feitas em seu quarto, localizado na torre do convento de Wittenberg, e por isso lembrada como "experiência da torre" (*Turmerlebnis*).

Essa experiência deu a Lutero aquela paz interior que havia muito procurava, e se tornou para ele experiência libertadora que, a partir da difusão das noventa e cinco teses sobre as indulgências, envolveu um número cada vez mais amplo de pessoas, gerando uma inesperada série de consequências que foram além do âmbito religioso e eclesial; é a **primeira fase da Reforma** protestante que, portanto, pode ser entendida como a manifestação e partilha pública da "**liberdade do cristão**", que Lutero tinha atingido intelectual e experimentalmente.

3. Para compreender o sentido das contestações feitas por Lutero, é preciso lembrar que as **indulgências** fazem parte da prática penitencial da Igreja e dizem respeito à remissão das penas temporais, ou seja, das consequências que permanecem no penitente, uma vez conseguida a absolvição dos pecados. A Igreja realiza esse perdão a favor tanto dos vivos como dos mortos (que pagam as penas temporais no Purgatório), haurindo do assim chamado "tesouro da Igreja", constituído pelos méritos infinitos de Cristo e dos santos. Na época de Lutero, esse enfoque teológico tornou-se vinculante somente com a constituição *Cum postquam* de novembro de 1518, um ano, portanto, após a difusão das noventa e cinco teses; além disso, não se deve esquecer que infelizmente a prática penitencial estava contaminada por abusos quer teológicos, quer práticos, os primeiros combatidos pela autoridade eclesiástica pelo menos desde o início do século XIII (vol. II, cap. 7, item 28.3). Por exemplo, sob o perfil teológico, a pena temporal era com frequência confundida com o pecado, julgando-se que graças às indulgências os pecados eram perdoados; sob o ponto de vista prático, as indulgências moviam somas consideráveis de dinheiro, com as quais eram financiadas obras eclesiais (por exemplo, igrejas e hospitais ou às vezes as cruzadas contra os turcos) e públicas (por exemplo, construção de pontes e de estradas). Abusos desse gênero aconteceram também com a prática das indulgências com as quais Lutero se deparou por volta de 1515.

De fato, Alberto de Brandemburgo, com apenas vinte e três anos, entre 1513 e 1514 tinha obtido a atribuição de três bispados alemães, ou seja, as arquidioceses de Mogúncia e Magdeburgo e a diocese de Halberstadt. Essa operação lhe custara caro: para o pálio, para as isenções do acúmulo dos encargos eclesiásticos (aliás vetadas pelo direito, mas dispensáveis pela Cúria romana) e para outras permissões deveria ter desembolsado mais de vinte e seis mil ducados. Para fazer frente a tão grande despesa, Alberto pediu um empréstimo aos banqueiros Fugger, para cujo reembolso a Cúria pontifícia sugeriu fazer pregar uma indulgência de oito anos a favor da basílica de São Pedro, retendo metade das receitas. Definitivamente a indulgência deveria ter rendido a cifra de cerca de cinquenta e dois mil ducados: metade seria entregue aos banqueiros Fugger e a outra metade iria para Roma.

Com a bula *Sacrosanctis Salvatoris et Redemptoris* de 31 de março de 1515, o papa Leão X concedeu a indulgência a Alberto, que a acompanhou com uma *Instructio summaria*, onde a doutrina sobre as indulgências era apresentada num quadro teológico substancialmente correto, mas onde eram exageradas e ambíguas muitas frases, todas tendentes a receber a maior quantidade possível de dinheiro.

4. A uns trinta quilômetros de Wittenberg, em abril de 1517 chegou como pregador o dominicano Johann Tetzel (1465-1519), que pôs em segundo plano o arrependimento e a dor em relação ao interesse econômico; era-lhe cara uma frase que havia decênios os pregadores utilizavam para impressionar a multidão: "Mal a moeda cai no cofre das esmolas, a alma é libertada do purgatório (*Wenn [Sobald] das Geld im Kastel klingt, die Seele aus dem Fegfeuer springt*)" (cit. in Iserloh, 53.63). Durante a pregação ocorreram diversos escândalos, uma vez que também da parte católica foi preciso admitir que houve alguns pregadores que pagavam as prostitutas com cédulas penitenciais.

Mediante o ministério do confessionário, Lutero conheceu essa situação, e no dia **31 de outubro de 1517** escreveu a Alberto de Brandemburgo criticando a *Instructio summaria* dada aos pregadores e juntando **noventa e cinco teses** sobre as indulgências para dar uma contribuição à discussão sobre questões teológicas ainda não definidas na época (a versão segundo a qual Lutero teria afixado as noventa e cinco teses na porta principal do castelo de Wittenberg remonta a uma narrativa tardia de Melanchton e parece destituída de fundamento). Em particular, Lutero ressaltou que a indulgência é apenas a remissão da pena canônica infligida pela Igreja, não da pena a ser sofrida na vida futura, e por isso ela não pode ser aplicada aos mortos; além disso, afirmou que o chamado "tesouro da Igreja", resultante dos méritos de Cristo e dos santos, não existia.

Em poucos meses, a questão das indulgências assumiu um viés diferente do que Lutero esperava, pois, de um lado, envolveu a opinião pública nas regiões alemãs, saindo do círculo restrito dos competentes, e, de outro, a cúria de Mogúncia e os dominicanos **denunciaram Lutero a Roma**. Desse modo, a questão adquiriu caráter geral e se coloriu cada vez mais de tons polêmicos.

Em Roma, as problemáticas suscitadas por Lutero não foram levadas a sério, porque naquele momento o papa Leão X estava preocupado com uma importante questão política, ou seja, a escolha do novo imperador. Ele se opunha à eleição do rei da Espanha, Carlos I de Habsburgo, para imperador, a fim de evitar que o Estado pontifício e o senhorio de Florença, do qual o papa provinha sendo um Medici, ficassem achatados entre os domínios que Carlos de Habsburgo possuía ao sul (como rei da Espanha, Carlos I era senhor também da Itália meridional) e os do norte (ou seja, os territórios imperiais), quando se tornasse o imperador Carlos V. Por esse motivo, o papa apoiava outro candidato entre os sete principais eleitores, ou seja, o duque da Saxônia, Frederico o Sábio; isso obrigou Leão X a tratar os episódios de Lutero com cautela, porque Frederico o Sábio protegia justamente Lutero por Wittenberg pertencer ao ducado da Saxônia.

Nesse contexto, o dominicano Silvestre Prierias, teólogo da corte pontifícia, redigiu rapidamente uma resposta muito polêmica sobre as noventa e cinco teses, intitulando-a *Dialogus in praesumptuosas Martini Lutheri conclusiones de potestate Papae* ("Diálogo em resposta às presunçosas conclusões de Martinho Lutero sobre o poder do papa"), mostrando ter entendido mal o conteúdo do escrito de Lutero; este último, por sua vez, escreveu em meados de 1518 uma resposta com um estilo análogo. Isso denota que, mais de seis meses após a publicação das noventa e cinco teses, nem por parte do papa, nem por parte da Cúria, nem por parte de Lutero houve a habilidade de manter o confronto de modo adequado à importância das questões em aberto.

Poucos meses depois, porém, as questões foram tratadas mais seriamente no território alemão, pois entre os dias **12 e 14 de outubro de 1518 em Augsburg**, no sul da Alemanha, Lutero foi interrogado pelo legado pontifício, cardeal Tomás de Vio, chamado Caetano (cap. 1, item 4.1). O interrogatório mostrou serem inconciliáveis as duas partes, sobretudo sobre dois assuntos: antes de tudo, sobre o modo de entender a relação entre fé e justificação, pois Caetano negou a afirmação de Lutero, segundo a qual a condição indispensável para a justificação era a certeza de o homem estar justificado; e sobre a cisão defendida por Lutero e negada por Caetano entre "tesouro das indulgências", haurível graças ao poder das chaves, ou seja, da autoridade pontifícia, e "tesouro da graça vivificante", puro dom do Espírito Santo. Também por causa de incompreensões pessoais, o confronto foi interrompido pelo apelo de Lutero ao papa para que estivesse mais bem informado sobre as questões em jogo, e com a disponibilidade de Frederico o Sábio de proteger o frade agostiniano.

Delinearam-se assim duas frentes contrapostas, e as posições se radicalizaram com a publicação no dia 9 de novembro de 1518 da constituição pontifícia *Cum postquam*, redigida no esquema de Caetano e na qual foi declarada vinculante a doutrina das indulgências lembrada nas páginas anteriores; Lutero reagiu, apelando pela primeira vez de modo explícito ao concílio. A contraposição solidificou-se com a **disputa de Leipzig** (27 de junho a 16 de julho de 1519), quando João Eck obrigou Lutero a esclarecer publicamente e sem equívocos a própria posição teológica sobre o primado romano (negado por Lutero), sobre a autoridade dos concílios (no apelo do ano anterior estava prevista a convocação do concílio não sob a autoridade do papa, mas do Espírito Santo) e sobre a Escritura, que Lutero considerava fonte exclusiva da verdade revelada (a *Sola Scriptura* como princípio formal da Reforma). A disputa de Leipzig entre Eck e Lutero pôs em evidência que eles e o movimento que estava se criando em torno dele estavam agora indo além de uma proposta, ainda que radical, de reforma (embora fosse essa certamente a intenção inicial de Lutero) e estavam por desfechar um ataque destinado a subverter em seus fundamentos as próprias estruturas da Igreja; na prática, foi esse o resultado real do que foi iniciado por Lutero.

Justamente nas semanas da disputa de Leipzig, apesar de todas as tentativas feitas por Leão X (inclusive a missão na Alemanha do capelão pontifício Miltitz, muito malconduzida por ele), foi **eleito imperador** o rei da Espanha, Carlos I de Habsburgo, que assim se tornou **Carlos V**. Por isso, foi dissolvido o vínculo que até aquele momento tinha impedido que Roma enfrentasse de modo rigoroso o que agora se tornara o "caso Lutero".

O processo em relação a ele foi retomado, até chegar um ano depois, em junho de 1520, à publicação da **bula** *Exsurge Domine* redigida com base em um esboço apresentado por uma comissão que reuniu os votos das universidades de Colônia e de Lovaina, testemunhando o quanto havia se ampliado o leque dos interessados em Lutero e nas problemáticas por ele suscitadas. Teve parte determinante na comissão aquele que fora o contraditor de Lutero em Leipzig, ou seja, João Eck. A bula condenava como "heréticas, escandalosas, errôneas, ofensivas para os pios ouvidos, sedutoras das almas simples e contrárias à doutrina católica" (cit. in DS 1451-1492: 1492) quarenta e uma afirmações tiradas dos escritos de Lutero, sem especificar, porém, a qual categoria de uma gama tão extensa de censuras pertenceria cada frase. Portanto, ficava incerto onde terminavam as opiniões de escola e onde começava a heresia. Essa insuficiência da bula não só foi reconhecida três anos mais tarde pelo próprio Eck, mas sobretudo teve muitas consequências, porquanto, como observa Hubert Jedin, a bula *Exsurge Domine* foi "até o Concílio de Trento [iniciado em 1545, ou seja, a vinte e cinco anos depois da publicação da bula, N. do R. italiano] a única expressão da autoridade doutrinal do papa sobre a questão Lutero" (cit. in Iserloh, 86).

A aceitação da bula nos territórios imperiais, notificada pelos dois enviados pontifícios Eck e Jerônimo Aleandro (humanista e prefeito da Biblioteca Vaticana), deu sinais evidentes de que se formara **um movimento consistente em torno de Lutero**. Por exemplo, em Colônia, Frederico o Sábio disse formalmente a Aleandro ser favorável ao papa, mas de fato não tomou nenhuma providência contra Lutero; naquela cidade, por iniciativa de Aleandro, foi organizada a queima dos livros de Lutero, mas parece que seus defensores passaram para as mãos do executor somente papéis velhos e códices da escolástica. Para Eck, enviado à Alemanha meridional e oriental, a experiência foi ainda mais clamorosa, porque em Leipzig a universidade se recusou a publicar a bula e os estudantes provocaram desordens; em Erfurt, a tipografia foi assaltada e os exemplares da bula foram levados e jogados no rio; em Wittenberg, a situação se arrastava, como um testemunho de que Lutero gozava agora de amplo apoio, defendido sobretudo pelos dois humanistas Jorge Spalatino e Filipe Melanchton.

Nessas circunstâncias, entrou de novo em ação junto a Lutero o intrigante camareiro pontifício Miltitz que, desiludido com a ação de Eck, procurou assumir o papel de mediador de paz, convencendo Lutero a escrever uma carta ao papa Leão X. Lutero aceitou a proposta e redigiu uma carta com três características, ou seja, conciliadora em relação ao papa, picante contra a Cúria romana, intransigente sobre o "não" a uma retratação. Junto com a carta, Lutero enviou a Leão X o **De libertate christiana**, no qual estavam presentes alguns aspectos da "liberdade do cristão" que ele estava promovendo com a ação iniciada três anos antes, aspectos completados com o conteúdo de outras duas obras publicadas naquele mesmo ano de 1520, intituladas À *nobreza cristã da nação alemã* (composta em alemão) e *De captivitate babylonica ecclesiae praeludium*.

O escrito **À nobreza cristã** é, na realidade, um apelo dirigido aos alemães para que derrubassem três muros que defendiam a Igreja romana, ou seja, a distinção entre clero e laicato, o direito exclusivo da hierarquia de interpretar a Escritura, o direito exclusivo do sumo pontífice de convocar o concílio; além disso, Lutero propôs em vinte e oito pontos um programa de reformas, de modo que sua luta pessoal se tornava claramente uma causa nacional: "Vamos lá! Despertemos, meus caros alemães, e temamos mais a Deus que aos homens, para que não passemos a fazer parte de todas aquelas pobres almas, as quais de modo tão miserável se perderam por causa do escandaloso e diabólico regime dos romanos" (cit. in Iserloh, 81). A obra teve muita procura, pois em uma semana foram vendidos quatro mil exemplares. O ***De captivitate babylonica***, endereçado aos teólogos, constituía uma crítica à tradicional doutrina sobre os sacramentos, dos quais Lutero reconhecia apenas o batismo e a eucaristia, ou seja, a "santa ceia" (negando o valor sacrifical da missa), conservando a confissão dos pecados.

O ano da bula *Exsurge Domine* e dos três escritos programáticos de Lutero, 1520, foi marcado por um gesto inequívoco de ruptura, com o qual Lutero e os seus demonstraram publicamente separar-se da Igreja romana. No dia 10 de dezembro foi afixado às portas da igreja de Wittenberg um manifesto de Melanchton escrito em latim, com o aviso, dirigido a todos os que queriam se dedicar ao estudo da verdade evangélica, de irem todos às nove horas à capela da Santa Cruz, onde seriam queimadas as decretais pontifícias e os livros dos autores escolásticos. Foi o que aconteceu, e o próprio Lutero aproximou-se da fogueira e jogou no fogo um pequeno fascículo, a bula *Exsurge Domine*, pronunciando (segundo a tradição oral) as seguintes palavras: "*Quoniam tu turbasti sanctam veritatem Dei, conturbet te hodie Dominus in ignem istum*" ("Como perturbaste a santa verdade de Deus, o Senhor te queime hoje neste fogo") (cit. in Iserloh, 89). Com a recusa da bula papal, Lutero e os seus ficaram automaticamente atingidos pela **excomunhão**, que foi ratificada pela bula *Decet romanum pontificem* de 3 de janeiro de 1521.

Em abril daquele ano, na **dieta de Worms**, diante do imperador Carlos V, Lutero foi intimado a escolher entre a retratação ou o habitual fim do herético. Sua resposta foi inequívoca: "Se eu não for convencido por testemunhos da Escritura ou por evidentes argumentos da razão — com efeito, não acredito nem no papa sozinho nem somente nos concílios, porque é claro que eles erraram várias vezes —, continuo persuadido pelas passagens da Escritura por mim citadas, e minha consciência permanece prisioneira da Palavra de Deus. Por isso, não posso e não quero me retratar de nada. Com efeito, agir contra a consciência é penoso, funesto e perigoso. Que Deus me ajude. Amém!" (cit. in Iserloh, 92).

O Imperador Carlos V não permitiu um segundo interrogatório; tentaram-se outras vias para recuperar *in extremis* Lutero, mas foi tudo inútil;

todavia, munido de um salvo-conduto imperial, Lutero pôde voltar a Wittenberg, enquanto a dieta continuava seus trabalhos, chegando à decisão de declará-lo herético e de expulsá-lo do Império. Sua situação pessoal era muito precária e foi somente graças a seu protetor Frederico o Sábio, que pôs em cena um fingido rompimento, que Lutero conseguiu se refugiar num castelo na localidade de Wartburg, ao sul de Eisenach, onde permaneceu escondido por dez meses, do início de maio de 1521 ao início de março de 1522.

O reformador chamou o período passado em **Wartburg** de sua *Patmos*, pois lá desenvolveu uma atividade literária extraordinariamente intensa e frutuosa, inclusive a tradução do Novo Testamento para a língua alemã, um texto de capital importância na Igreja luterana (embora entre 1460 e 1522 tivessem sido publicadas cerca de vinte edições de Bíblias traduzidas para a língua alemã).

Entrementes, logo depois da conclusão da dieta de Worms, Carlos V tinha deixado os territórios do Império, preocupado com uma possível guerra entre Espanha e França; ficaria longe dos territórios alemães por nove anos (1521-1530). Além disso, nas guerras contra a França e os turcos, os Habsburgos se encontrariam na necessidade de pedir ajuda aos filoluteranos (item 11.1).

5. Mais uma vez a intricada situação geopolítica criou condições favoráveis para a difusão do protestantismo; a partir de 1525 registraram-se as **primeiras adesões dos príncipes territoriais**, uma vez que o grão-mestre da Ordem teutônica (vol. II, cap. 9, item 38.2), Alberto de Brandemburgo (apenas homônimo do arcebispo de Mogúncia, encontrado antes), secularizou a própria Ordem cavaleiresca, proclamando-se duque da Prússia; de modo semelhante se comportaram o príncipe da Saxônia, João (que já em 1525 substituiu Frederico o Sábio), o landgrave Filipe de Hessen (destinado a se tornar a referência leiga do movimento luterano), o príncipe de Anhalt, os duques de Lüneburg, de Wittenberg, de Clèves, de Brunschweig e o príncipe eleitor do Palatinado.

Entretanto, o movimento luterano passara por **diversas crises**. Enquanto Lutero estava escondido em Wartburg, reformas radicais foram introduzidas em Wittenberg e em outras regiões da Saxônia sob o estímulo de fiéis seguidores seus, como Andreas Karlstadt e Gabriel Zwilling, apesar de Melanchton tentar aproximações mais moderadas. Foi abolida a missa, substituída pelo culto em língua alemã, no qual a pregação tinha o papel fundamental; foi introduzida a comunhão sob as duas espécies; foram abolidos o celibato e os votos monásticos; decretou-se a destruição das imagens, das alfaias, dos objetos de culto. Tendo voltado repentinamente de Wartburg, Lutero tentou bloquear o desvio anárquico em Wittenberg, afastando-se de Karlstadt e apoiadores, taxados como *Schwärmer* (fanáticos), obtendo de Frederico o Sábio o exílio de Karlstadt.

Mas logo a anarquia se transformou em revolta, antes de tudo com os assim chamados anabatistas de Zwickau, perto de Wittenberg, onde os dois tecelões Storch e Drechsel, junto com Stübner, já discípulo de Melanchton, iniciaram em 1522 um movimento religioso-social que tinha como sinal distintivo a negação da validade do batismo às crianças e a necessidade de repetir o sacramento para os adultos (daí o nome). Em 1524 a revolta foi sufocada, mas reapareceu dez anos depois em 1534-1535, impondo na cidade de Münster (Vestfália) uma espécie de república teocrática, na qual era abolida a propriedade privada e permitida a poligamia, a exemplo dos antigos patriarcas.

Ainda mais relevante foi um segundo movimento que eclodiu nos anos 1524-1525, ou seja, a revolta dos camponeses, apoiados pela pregação de Tomás Müntzer. A revolta se estendeu pelas regiões centrais e meridionais da Alemanha e em parte do arquiducado da Áustria (Floresta Negra, Suábia, Alsácia, Turíngia, Saxônia, Tirol, Caríntia). Inicialmente os camponeses propuseram exigências totalmente razoáveis, como a livre eleição do pároco, a ab-rogação da servidão da gleba, o equânime pagamento do dízimo, ou seja, da taxa eclesiástica, mas em pouco tempo perderam todo o controle e submeteram a ferro e fogo os campos e as aldeias, cometendo toda sorte de violência.

Ao perceber que estava lhe fugindo das mãos o que fora iniciado por ele e que nele se inspirava, em 1525, mediante o opúsculo *Contra as ímpias e celeradas hordas camponesas*, Lutero exortou **os príncipes a intervir duramente**: "um homem rebelde é um excluído de Deus e do imperador, de modo que o primeiro que quiser matá-lo age com toda propriedade [...]. Assim, qualquer um o pode golpear, esganar, massacrar em público ou em segredo, tendo em conta que nada pode existir de mais venenoso, nocivo e diabólico que um sedicioso, do mesmo modo como se deve matar um cão enraivecido, porque, se não o matas, ele te matará e contigo toda a aldeia" (cit. in Iserloh, 169). Os príncipes puseram logo em prática as palavras de Lutero e intervieram implacavelmente contra os camponeses. A revolta foi sufocada no sangue. O episódio marcou uma importantíssima reviravolta na Reforma protestante, pois as rédeas de sua condução passaram das mãos de Lutero às das autoridades políticas: os historiadores falam da **passagem** da "Reforma da liberdade do cristão" à "**Reforma dos príncipes**".

A passagem ocorrida em 1525 foi acompanhada por outras **duas escolhas controversas de Lutero**, que no dia 13 de junho de 1525 casou-se com Catarina Bora, uma ex-monja cisterciense. Grande parte da opinião pública interpretou o matrimônio como um refúgio de Lutero na vida privada, de modo que sua figura saiu desvalorizada; muitos de seus apoiadores o abandonaram e preferiram se juntar a grupos radicais, como os anabatistas.

A outra escolha foi o afastamento definitivo do humanismo, e de modo particular de Erasmo, um dos mais ilustres expoentes do movimento humanista que num primeiro momento tinha avaliado de modo positivo a ação de Lutero. Os dois tinham debatido sobre a questão da liberdade do ser humano: no *De libero arbitrio*, Erasmo apresentava o homem como *partner* de Deus, ou seja, capaz de colaborar mediante a liberdade com a graça, com a ação de Deus; para ele (e para a doutrina católica), a graça desenvolve do melhor modo a liberdade do ser humano até torná-lo capaz de colaborar realmente com a própria graça, ou seja, com Deus que age nele. Lutero tinha respondido com o *De servo arbítrio*, no qual sustentava que o ser humano não pode, mediante sua liberdade, oferecer nenhuma colaboração real ao agir de Deus. Ele julgava que desse modo ficaria preservada a absoluta gratuidade da ação de Deus, e ao mesmo tempo ficaria demonstrado como a liberdade estaria radicalmente marcada pelo pecado.

6. A "Reforma dos príncipes" caracterizou-se por dois períodos: inicialmente houve seguidos **colóquios diplomáticos e tentativas de acordo** entre as diversas partes, depois estourou o conflito militar propriamente dito entre o imperador (e os príncipes católicos seus aliados) e os príncipes que tinham aderido ao movimento reformador, um conflito que não impediu, como se verá mais adiante, alguns colóquios religiosos para uma tentativa de acordo doutrinal entre as duas partes.

Na **dieta de Espira (1526)**, os defensores de Lutero obtiveram uma tácita tolerância, que lhes permitiu introduzir reformas eclesiásticas de matriz luterana sem serem acusados de violar a lei. Três anos depois, sempre em Espira, a parte católica fez abolir o acordo de 1526 para reafirmar a validade do edito de Worms, com o qual Lutero fora banido do Império; em resposta, a minoria evangélica (seis príncipes e catorze cidades imperiais) apresentou um "protesto", que valeu ao movimento **o nome de "protestantes"**, destinado a ter uma difusão universal até nossos dias. "A partir daquele momento, a Alemanha estava de fato dividida em dois campos confessionais antagônicos" (Campi, 22).

Uma vez que agora essa divisão era nítida, Filipe de Hessen, o príncipe mais influente entre os protestantes, procurou fortalecer a unidade na linha de frente, e com esse objetivo promoveu uma espécie de encontro ou congresso teológico para sanar as diferenças que tinham surgido a propósito da eucaristia ou "santa ceia" entre Lutero, Zwinglio e Bucer, sendo os dois últimos reformadores em Zurique e em Estrasburgo respectivamente (itens 12.1-2). Em especial, Lutero afirmava a presença do corpo e do sangue do Senhor na eucaristia, sem, porém, a mudança da substância do pão e do vinho (copresença ou consubstanciação), ao passo que para Zwinglio a eucaristia era somente o memorial ou a evocação da presença do Senhor, e não a presença real. No início de outubro de 1529 organizou-se um colóquio em Marburg, que de fato terminou em nada (item 12.1).

No ano seguinte (1530), terminada a guerra com a França, Carlos V voltou finalmente aos territórios imperiais e se deu conta de que não podia mais adiar a solução do problema religioso alemão. Por isso, convocou uma dieta em Augsburg, para a qual convidou os príncipes e as cidades protestantes a apresentarem sua confissão de fé, para avaliar sua conformidade ou não com a doutrina católica. Tendo sido banido em 1521, Lutero não pôde se apresentar, mas acompanhou os trabalhos no castelo de Coburg; o eleitor da Saxônia confiou a Melanchton, seguidor da primeira hora de Lutero e humanista conciliador, a tarefa de redigir um documento.

Depois de estressantes reuniões entre teólogos, canonistas e políticos, o texto foi apresentado solenemente no dia 25 de junho de 1530, na **dieta de Augsburg**, assumindo o nome de *Confessio augustana*. Nela, Melanchton valorizou os aspectos doutrinais comuns entre católicos e protestantes, usando uma fórmula de compromisso sobre a justificação por meio da fé e evitando tratar de temas controversos (como a transubstanciação eucarística, o número e a natureza dos sacramentos, o primado do papa e a autoridade do concílio), para impedir uma definitiva ruptura com os católicos. Todavia, não só esse intento não foi atingido — porque a parte católica considerou insuficiente o conteúdo do documento —, mas também se aprofundou a separação entre os luteranos e os seguidores de Zwinglio, o qual tinha enviado a Augsburg uma confissão de fé própria, a *Fidei ratio ad Carolum Imperatorem*, de conteúdo muito mais protestante que a *Confessio augustana*. Também Bucer, que *de per si* era um espírito de paz, não se sentindo representado pelo texto de Melanchton, expôs a posição doutrinal de Estrasburgo num texto que, tendo sido assinado também por outras três cidades do Império (Constança, Lindau, Memmingen), foi chamado de *Confessio Tetrapolitana*.

Constatando a impossibilidade de um acordo, Carlos V pôs os protestantes contra a parede, ao dar novamente vigor ao edito de Worms e deixando aos protestantes um ano para que se submetessem: era "substancialmente uma declaração de guerra" (Campi, 24). Reunidos no ano seguinte (1531), os príncipes protestantes decidiram então constituir um exército próprio, que devido ao nome da cidade na qual se estabeleceu o acordo teve o nome de **Liga de Esmalcalda**.

Entrou-se assim no segundo **período** predominantemente **conflitante** das relações entre as duas partes. Na realidade, em 1532 e 1539 foram declaradas em Nuremberg e em Frankfurt duas tréguas religiosas (*Nürnberger Anstand e Frankfurter Anstand*) porque o imperador tinha necessidade da ajuda dos exércitos protestantes para deter o avanço turco nas planícies húngaras. De um lado, isso permitiu à Liga de Esmalcalda agregar novas cidades (Augsburg, Nuremberg, Ulma, Frankfurt, Hannover, Hamburgo, Brema) e novos territórios (ducado de Pomerânia, alguns margraviados da Francônia, de Brandemburgo, boa parte da Silésia), bem como se tornar uma formação político-militar anti-imperialista, reconhecida no plano internacional por aliados como a França, a Inglaterra, a Dinamarca.

De outro lado, as **duas tréguas** favoreceram **colóquios religiosos**, quer internos aos protestantes, quer entre eles e os católicos, o mais significativo dos quais ocorreu de 27 de abril a 22 de maio de **1541 em Regensburg**, na presença do legado pontifício cardeal Gaspar Contarini. A parte católica (representada por Contarini e também por Eck, Plug e Gropper) e a protestante (com Melanchton, Bucer, Pistorius) chegaram a um compromisso sobre o modo de entender a justificação, procurando manter juntas a salvação mediante a fé (perspectiva protestante) e a validade das obras inspiradas pela graça (perspectiva católica): fala-se desse modo de "dupla justificação", constituída pela "justiça inerente" (católica) e pela "justiça imputada" (protestante). Mas entre as duas partes as negociações encalharam, porque ficou impreenchível a distância sobre os pontos referentes ao papel da Igreja e dos sacramentos no processo de justificação; além disso, nem a Cúria romana nem Lutero aceitaram o compromisso sobre a "dupla justificação". A fracassada tentativa de 1541 levou Roma a acelerar os tempos para o concílio, para abordar as questões doutrinais levantadas pela Reforma; mas de fato passaram-se outros quatro anos e meio antes que em dezembro de 1545, em Trento, se abrisse finalmente o concílio (cap. 4, item 15.2).

Foi somente em 1544, depois de ter concluído outra guerra com a França (com a paz de Crépy), que **Carlos V** conseguiu finalmente enfrentar a Liga de Esmalcalda. Depois de ter conquistado no inverno de 1546 (ano da morte de Lutero) as grandes cidades protestantes do sul, **derrotou a Liga em Mühlberg**, sobre o Elba, no dia 24 de abril de 1547; naquele mesmo ano morriam Henrique VIII da Inglaterra e Francisco I da França. Carlos V parecia o único vencedor a permanecer na cena europeia, e no Império parecia ter chegado agora o momento de poder reintroduzir por toda parte o catolicismo. Mas justamente então explodiu o contraste há muito latente entre as duas máximas autoridades católicas, ou seja, entre o imperador Carlos V e o papa Paulo III, o qual, como ocorrera com Leão X no início da ação de Lutero, temia que o Estado pontifício pudesse ficar esmagado pelo poderio habsbúrgico.

Por essa razão, em março de 1547 Paulo III aproveitou a ocasião da epidemia de tifo petequial que atingira Trento para transferir o concílio para Bolonha, ou seja, do território imperial para o território pontifício; além disso, o assassínio de Pierluigi Farnese, filho de Paulo III, e a consequente ocupação de Piacenza por parte das tropas imperiais envenenaram mais as relações com o imperador (cap. 4, item 15.2). O concílio, que já tinha enfrentado importantes questões dogmáticas e disciplinares, correu sério risco de naufragar.

O conflito com o papa enfraqueceu Carlos V, embora ele tenha conseguido um ponto a favor na dieta de Augsburg de 1548, quando, em troca do pedido da adesão dos protestantes à doutrina católica, concedeu-lhes que os padres já casados permanecessem como tais e os leigos recebessem a comunhão sob as duas espécies. Como essas concessões tinham um caráter provisório, o que se estabeleceu em 1548 foi denominado *Interim* (que significa "entrementes") **de Augsburg**. Mas a posição de Carlos V ficou definitivamente comprometida quando tentou transformar o título imperial de eletivo a hereditário a favor do filho Filipe II. Desse modo, suscitou a reação do patriotismo alemão, dando nova vida à Liga de Esmalcalda, que tendo se aliado a Enrique II da França levou a melhor sobre o exército imperial católico em Innsbruck, impondo o tratado de Passau (1552) que revogava o *Interim* de Augsburg e estabelecia a convocação de uma dieta para sancionar a paz definitiva entre católicos e protestantes.

Passaram-se outros três anos antes que a paz projetada se tornasse um acordo de verdade, assinado em Augsburg no dia 25 de setembro de 1555. Carlos V já tinha abdicado e lhe sucedera como imperador o irmão Fernando I (enquanto o filho Filipe II tornou-se rei da Espanha). Com o tratado de paz de Augsburg terminou oficialmente a unidade religiosa do Império. A **paz de Augsburg** apoiava-se em três decisões, sintetizadas em três expressões latinas.

A primeira decisão está contida nas palavras *Ubi unus dominus, ibi una sit religio* ("onde há um soberano, haja aí uma única escolha religiosa"), princípio que foi reproposto quarenta anos mais tarde por um canonista luterano, Joaquim Stephani, com a mais conhecida fórmula *cuius regio et eius religio* ("de quem é a região, dele é também a religião"). Isso significava que todo príncipe ou autoridade secular do Império podia livremente escolher entre confissão religiosa católica e confissão luterana, ao passo que os súditos não podiam senão seguir a escolha do soberano; caso contrário, seriam obrigados a emigrar, depois de terem vendido os bens.

A segunda expressão latina é a de *Reservatum ecclesiasticum*, e o princípio subentendido era que os bispos-príncipes que não tinham abjurado o catolicismo antes de 1552 (ano em que foi estipulado o tratado de Passau) não podiam mais abandonar o catolicismo, pois em caso contrário perderiam seus bens; com isso, para o futuro, salvaguardavam-se os principados eclesiásticos.

Enfim, com a *Declaratio ferdinandea* foi introduzido um artigo secreto no qual o imperador reconhecia aos nobres, às cidades e às aldeias que tinham abraçado o luteranismo o direito de permanecer livremente na própria fé.

Com o que ficou decido em Augsburg em 1555, depois de decênios de conflitos no Império, voltou a paz sem que ficasse reconhecida, porém, a liberdade de religião dentro de cada Estado. Por outro lado, os tempos não estavam ainda maduros para o conceito de "tolerância" que seria elaborado mediante uma complexa evolução que se manifestou plenamente na época do Iluminismo (cap. 5, itens 23.4-5, cap. 6, itens 25.2 e 26.3). Além disso, se fora reconhecida a existência do luteranismo ao lado do catolicismo, a mesma coisa não ocorreu com outras expressões da Reforma, como os anabatistas e sobretudo os calvinistas; esses últimos deveriam esperar ainda quase um século, ou seja, o fim da Guerra dos Trinta Anos (1618-1648), para serem oficialmente reconhecidos dentro do Império (cap. 5, item 23.2).

11. Difusão e transformação da Reforma protestante

1. Bem cedo a Reforma protestante tornou-se um fenômeno de dimensões bem amplas, difundindo-se em outras regiões europeias, e não somente nas que estavam ligadas de algum modo ao âmbito do Império. Na **Áustria**, então composta pelo arquiducado da Áustria, que estava sob a soberania, embora não plena, dos Habsburgos (cap. 5, item 20.2), e pelo principado eclesiástico de Salisburgo, os primeiros sinais da penetração das ideias reformadas registram-se por volta de 1520, quando na pregação quaresmal um religioso em Steyr (na Áustria superior) deixou passar ideias luteranas; no mesmo período, em Viena apareceu o primeiro escrito reformador. Em 1522 o padre Paul Speratus (latinização do seu sobrenome "Spreiter" ou talvez "Hoffer"), na catedral vienense de Santo Estêvão, pregou contra os votos monásticos e a favor do matrimônio dos padres, defendendo a tese da justificação por meio apenas da fé. João Revellis, nomeado bispo de Viena em 1523, e mais vigilante que seu antecessor, instituiu um tribunal, diante do qual deviam responder os que eram suspeitos de heresia; seguiram-se alguns processos e neles houve a condenação de Kaspar Tauber, primeira vítima vienense entre os protestantes, executado no dia 17 de setembro de 1524. Fatos análogos se registraram na Áustria superior e inferior, bem como na Estíria, Caríntia, Tirol e Burgenland.

Os arquiduques Fernando (1527-1564), que em seguida se tornou o imperador Fernando I, e depois, a partir de 1564, seus filhos Maximiliano e Carlos, ao procurarem deter a difusão do protestantismo, tinham de lidar com dois elementos. O primeiro era o constante perigo turco, que obrigou os Habsburgos a fazer **concessões religiosas** filoluteranas **à nobreza** em troca do apoio armado ("o turco é a sorte dos luteranos", era o dito em voga na época). Outro elemento foram os interesses comuns que às vezes se verificaram entre o soberano católico e a nobreza protestante, quando se tratava de impedir a intromissão do poder eclesiástico nas questões temporais ou de acentuar o peso dos leigos em determinadas questões eclesiásticas. Isso ajuda a entender por que o princípio fundamental da paz de Augsburg de 1555 teve nas regiões austríacas, com exceção do Tirol, uma aplicação particular, alinhada com a *Declaratio ferdinandea*, uma vez que a maior parte da nobreza obtivera o direito de aderir à Reforma e não se ater às medidas adotadas pelos soberanos católicos em matéria religiosa.

Essa tendência ficou particularmente evidente no decênio 1568-1578; em 1568 Maximiliano II (que se tornara imperador) concedeu aos barões e aos cavaleiros da Áustria inferior diversas concessões em assunto religioso, depois de, em troca, ter obtido deles a soma, então enorme, de dois milhões e quinhentos mil florins, e em 1571 declarou novamente que essas duas classes sociais podiam professar livremente a "confissão de Augsburg" nos próprios castelos e propriedades, mas não nas cidades, e dessa vez sem a correspondente taxação. Análogas concessões religiosas, mediante o pagamento de um tributo financeiro, foram feitas aos barões e aos cavaleiros da Áustria superior. Em 1578, sob a pressão da guerra turca, em Bruck, na dieta geral dos territórios da Áustria interna (Estíria, Caríntia, Carniola, Gorícia, Fiume, Trieste), o arquiduque Carlos prometeu considerar os protestantes em pé de igualdade com os católicos e não condenar ninguém por causa do próprio credo religioso. Graças a essas decisões, a Reforma atingiu o ponto de máxima expansão na Áustria.

Todavia, não passou muito tempo antes que tivesse início uma nova fase, favorável dessa vez a uma **recuperação da presença católica** nos territórios austríacos, sobretudo graças à ação conduzida pelo arquiduque e depois imperador Fernando II nos anos 1598-1620 (cap. 4, item 18.4 e cap. 5, item 23.2). Por outro lado, o ímpeto revolucionário da Reforma ia agora esmorecendo, inclusive por causa dos grupos que tinham enfraquecido o movimento estabelecendo nele divisões doutrinais e políticas, sobretudo os calvinistas e os flacianos; esses últimos, capitaneados por Matias Flácio Ilírico, reivindicavam ser os autênticos intérpretes da doutrina luterana (contra a atitude moderada e disponível ao compromisso de Melanchton).

2. Enquanto se manifestava na Áustria por volta de 1520, o luteranismo encontrou acolhimento favorável na corte do rei Cristiano II da **Dinamarca** (1513-1523). Aliás, o terreno já tinha sido preparado pela difusão de um movimento de reforma católica de cunho humanístico, cujo expoente mais significativo era o frade carmelita Paulo Helgesen. O rei Cristiano II, todavia, preferiu se valer da ação dos teólogos luteranos, entre os quais Rheinard e Karlstadt, considerando que eles lhe oferecessem instrumentos mais eficazes para consolidar o próprio poder contra o clero e a nobreza. A manobra, porém, voltou-se contra ele, porque, em 1522-1523, a nobreza saiu vencedora e submeteu Cristiano II ao exílio nos Países Baixos e na Saxônia.

O novo rei, Frederico I (1525-1533), embora de fé luterana, teve de prometer respeitar os direitos da nobreza e do clero, bem como vetar a pregação protestante em seu reino, mas isso não o impediu de favorecer o movimento luterano; de fato, diversos jovens eclesiásticos que tinham estudado em Wittenberg e depois voltado à pátria, tornaram-se pregadores de sucesso, como é o caso de Hans Tausen que, nomeado capelão da corte pelo rei Frederico I, tornou-se o "Lutero da Dinamarca", encontrando um sólido colaborador no monge e humanista Jensen Sadolin. Em 1527 a dieta de Odense decidiu conceder liberdade ao culto luterano, permitir o matrimônio aos eclesiásticos, bem como eleger os bispos mediante os capítulos e não mais por nomeação romana. Isso criou as condições propícias para a plena introdução da Reforma, embora em 1533, por ocasião da morte de Frederico I, estourasse uma guerra civil com a tentativa dos bispos de recatolicizar a Dinamarca.

Graças à ajuda dos soldados mercenários alemães, o vencedor foi o novo rei Cristiano III, de modo que no dia 30 de outubro de 1536 o luteranismo se tornou a única confissão permitida, ao passo que os bispos católicos foram depostos, os bens eclesiásticos confiscados pela coroa e o catolicismo banido. Um ano mais tarde (setembro de 1537) ocorreu a aprovação do novo ordenamento eclesiástico preparado por Johann Bugenhagen, íntimo colaborador de Lutero, e nos anos seguintes a nova Igreja dinamarquesa, sempre guiada por Hans Tausen, foi reorganizada sobretudo por Peder Palladius, que havia estudado em Wittenberg. O rei, *summus episcopus* da Igreja, tinha o controle de toda a estrutura eclesial, enquanto aos bispos era reconhecido o papel de simples administradores das dioceses a eles confiadas.

Todavia, a **Igreja dinamarquesa** soube produzir nesse período numerosos subsídios (tratados teológicos, hinos, catecismos), muitos dos quais foram traduzidos para as principais línguas europeias; o mais importante é a assim chamada *Bíblia de Cristiano III*, "monumento literário da língua dinamarquesa" (Campi, 30).

A escolha religiosa da Dinamarca recaiu também sobre as outras duas nações a ela submetidas, a **Islândia** e a **Noruega**. Aí, em particular, num primeiro momento a Reforma imposta pelos reis dinamarqueses e por seus colaboradores não conseguiu de modo algum desarraigar os fundamentos da Igreja medieval e nem mesmo remodelou a fé e os hábitos da nação norueguesa. O luteranismo foi efetivamente instaurado somente por volta de 1640, ou seja, mais de cem anos após a introdução dos ensinamentos de Lutero.

Na **Suécia**, em 1521 Gustavo Vasa (1496-1560) conseguira levar a termo a revolta nacional contra a Dinamarca de Cristiano II, com a consequente independência do país. Tendo se tornado rei (1523) e inspirado pelo conselheiro

Lars Andersson e pelos dois jovens irmãos Olof e Lars Petersson, formados na Universidade de Wittenberg, deu apoio à difusão do luteranismo, encontrando consenso na aristocracia e oposição entre os camponeses. A reviravolta decisiva ocorreu na dieta de Västeras de 1527, onde o rei obteve o confisco das grandes propriedades eclesiásticas, a autorização para a livre prática do luteranismo e a faculdade de proceder à reforma da Igreja com base na *Sola Scriptura*. Apesar da resistência popular, Lars Petersson, nomeado bispo de Uppsala e primaz do reino, desde 1536 estabeleceu a Igreja luterana sueca como oficialmente independente de Roma e submetida à proteção do Estado, mas, diferentemente do que ocorrera dentro do Império, livre no que diz respeito à organização interna. A **Igreja sueca**, especialmente mediante a Universidade de Uppsala e a tradução em vulgar da Bíblia (1541), teve profunda influência sobre a formação da língua e da cultura sueca, onde a influência de Melanchton se fez sentir fortemente, em particular no que se refere à pedagogia. Na **Finlândia**, o destino da Igreja ficou completamente dependente da submissão da nação à Suécia.

3. Ao se difundir, a Reforma protestante ia também se transformando; tanto que se fala de uma "**reforma radical**" (ou seja, de uma radicalização do movimento reformador) para distingui-la das outras modalidades históricas de atuação; enquanto essas últimas se apoiaram nas autoridades civis e políticas, com a "reforma radical" não foi isso o que ocorreu, pois constituiu-se por "uma complexa e variegada realidade de comunidades, de grupos, de pensadores" (Campi, 44). Todavia, nessa pluralidade de realizações podem ser detectados alguns traços comuns: a Igreja formada por adultos convertidos e aceitos com um novo batismo, a recusa de qualquer ingerência da autoridade civil em assunto religioso, o afastamento dos negócios do mundo, a regeneração por meio do Espírito Santo para um pleno seguimento de Jesus Cristo.

Entre as personalidades mais proeminentes da reforma radical destacam-se os já mencionados Karlstadt e Tomás Müntzer, o nobre silesiano Gaspar Schwenckfeld, Sebastião Franck, sacerdote católico convertido ao luteranismo, Valentim Weigel; já o movimento que coagulou mais grupos radicais, aliás muito diferentes entre si, foi o anabatismo.

O **anabatismo** tinha como base própria uma concepção da relação entre a Igreja e a sociedade profundamente diferente da que naquele momento era corrente: em continuidade com o pensamento medieval, a relação então ordinariamente vigente era o resultado do entrelaçamento indissociável entre

Igreja e sociedade; isso é o que constituía a cristandade, ou em latim o *corpus christianum*. Os anabatistas, porém, visavam ao retorno da concepção originária da Igreja, como *corpus Christi*, como é apresentado nas cartas paulinas, ou seja, o corpo do qual Cristo é a cabeça; além disso, eles consideravam incompatível com o Evangelho o que qualificava de pertencimento à sociedade (a posse dos bens, o juramento, o serviço militar, a assunção de cargos públicos, os procedimentos penais). Tudo isso tornou os anabatistas perigosos perturbadores da ordem social aos olhos tanto dos protestantes quanto dos católicos, os quais "em ecumênica concórdia, não hesitaram em sufocá-los ou em queimá-los como heréticos e revoltosos" (Campi, 47). São múltiplos os casos em que isso se concretizou. Um exemplo disso refere-se a uma região do arquiducado da Áustria, como em resumo será mostrado agora.

No Tirol, entre 1526 e 1536 o movimento anabatista foi duramente combatido, a ponto de obrigar muitos seguidores tiroleses a emigrar para a Morávia, onde o chefe deles, Jacó Huter, organizou a vida comunitária com base na comunhão dos bens, criando cooperativas de produção e de consumo. Huter foi executado em 1536 em Innsbruck como herético, e depois em 1622 seus seguidores, chamados "Irmãos de Huter", foram deportados da Morávia para a Hungria setentrional e para a Transilvânia, regiões onde os soberanos habsbúrgicos mandavam embora à força os súditos acatólicos. Depois da transferência para a Valáquia turca e outra para a Rússia meridional, conseguiram finalmente emigrar para o Novo Mundo, e entre 1874 e 1877 se assentaram na América do Norte, onde continuam a viver segundo os antigos usos e tradições.

12. A Reforma de Zwinglio, Bucer e Calvino

Na formação e evolução da Reforma ocupa um lugar privilegiado a contribuição de três personalidades que trabalharam em três contextos citadinos, ou seja, Zwinglio (Zwingli) em Zurique, Bucer (Butzer) em Estrasburgo, e Calvino (Cauvin) em Genebra.

1. Huldrych Zwingli ou **Zwinglio** nasceu um ano depois de Lutero, ou seja, em 1484, no condado de Toggenburg (Suíça norte-oriental) e completou a própria **formação** em Basileia, Berna e Viena, entrando para a escola dos humanistas, onde, diferentemente de Lutero, se aprofundou no tomismo; durante a estada em Berna travou amizade com Capito, Hedio, Jud, Pelikan, os quais levariam a Reforma à Suíça alemã e a Estrasburgo. Em 1506 foi designado pároco em Glarona, uma cidade ao sul do território natal; em seu **ministério** uniu a uma zelosa atividade pastoral o estudo da *Vulgata* (ou seja, a Bíblia na tradução latina de São Jerônimo), dos Padres e das obras de Erasmo (conheceu também as de outro humanista, Pico della Mirandola), até chegar ao conhecimento do grego como autodidata. Junto com outros, fundou um círculo humanista para a renovação da vida religiosa e política e para o revigoramento da consciência nacional helvética. Entrementes, acompanhou por várias vezes tropas suíças à Itália em apoio às pontifícias de Júlio II e Leão X, e isso lhe rendeu uma pensão por parte da Cúria romana. Depois da vitória francesa em 1515 em Marignano (hoje Melegnano), renunciou ao posto de capelão militar e à paróquia de Glarona.

De 1516 a 1518 esteve em Einsiedeln, na famosa abadia beneditina, para prestar assistência às peregrinações. Sua ação se desenvolvia, portanto, num contexto tradicional. Nesse ínterim, aprofundou a própria formação mediante o estudo do Novo Testamento grego na edição crítica de Erasmo, com quem partilhava a denúncia dos abusos da Igreja e da sociedade. Tendo atingido certa notoriedade, em 1519 foi eleito arcipreste da catedral de Zurique, reunindo 17 votos dos 24 expressos pelos cônegos, embora se soubesse que ele não tinha respeitado o celibato eclesiástico em Einsiedeln. Como arcipreste da catedral de Zurique, de 1519 a 1525 pregou todo o Novo Testamento.

Foi durante esses seis anos, e mais precisamente entre 1519 e 1522, que aconteceu a **ruptura oficial** com a Igreja. Se, de um lado, ele demonstrou admiração por Lutero, aprovando, por exemplo, os ataques dele ao papado, de outro, censurou a índole do reformador de Wittenberg, por ele considerado pouco reflexivo e nada moderado. Zwinglio afirmou explicitamente não ter sido inspirado por Lutero em sua ação a favor da Reforma: "Então, não quero que os anabatistas me chamem de luterano; porque não aprendi de Lutero a doutrina de Cristo, mas da própria palavra de Deus" (cit. in Iserloh, 188, nota 3). Ao lado dessas palavras do nosso personagem, deve-se levar em consideração a avaliação dos historiadores que identificaram entre **Zwinglio e Lutero** "uma raiz teológica comum, e ao mesmo tempo diferenças fundamentais. [...] Se quisermos julgar equanimemente, a diferença fundamental que existe entre os dois Reformadores consiste nisto: Lutero partiu da exigência interior da descoberta da fé, e apenas involuntariamente, levado às vezes pelas circunstâncias" — que em realidade foram acolhidas por ele na maior parte das vezes — "passou a se ocupar da reforma da Igreja e da sociedade; Zwinglio, ao contrário, fiel ao enfoque do humanismo helvético, teve inicialmente uma aguda sensibilidade ética, denunciou abusos na sociedade, lutou contra as superstições na Igreja, e nesse terreno inseriu sucessivamente a mensagem da salvação. Trata-se de dois percursos que seguiram direções diferentes, mas que em última análise chegaram ao mesmo resultado" (Campi, 34).

Para a ruptura oficial com a Igreja contribuíram dois fatos ocorridos entre 1520 e 1522; em 1520 Zwinglio renunciou à pensão pontifícia, e dois anos depois entrou em conflito com o bispo de Constança por motivo do jejum quaresmal (ao qual o bispo pedira o absoluto respeito, também em Zurique), publicando seu primeiro escrito reformista, intitulado *Sobre a escolha e liberdade dos alimentos*, no qual ele afirmava em sentido amplo a liberdade do cristão, não somente no âmbito alimentar. A partir dessa disputa, Zwinglio comunicou ao bispo e à confederação suíça o pedido, apoiado por outros dez padres, pelo restabelecimento da pregação conforme a Escritura e pela abolição do celibato eclesiástico. Essa segunda instância vinha acompanhada pela descrição das desastrosas consequências do concubinato (amplamente difundido no clero), especialmente no que se referia à prole, aspecto confirmado pela pesquisa contemporânea de um religioso, na qual se denunciava um número elevadíssimo de filhos de eclesiásticos (mil e quinhentos por ano, cifra provavelmente exagerada, mas significativa das dimensões do fenômeno), e sobretudo, à prática de explorar a fraqueza moral do clero para incrementar as receitas da cúria episcopal (as penas pela infração da lei do celibato eclesiástico rendiam mais de seis mil florins). O último gesto pessoal de Zwinglio sobre a ruptura em relação à Igreja foi o matrimônio clandestino na primavera de 1522, que se tornou público dois anos depois por ocasião do nascimento do primeiro filho.

Até 1531, ano de sua morte, Zwinglio trabalhou incansavelmente por introduzir **a Reforma em Zurique**, com a característica de que nessa cidade o *jus reformandi*, ou seja, o direito de decidir em assuntos religiosos debatidos, pertencia à autoridade civil, ou seja ao Pequeno e Grande Conselho da cidade. Além disso, Zwinglio se empenhou em difundir a Reforma zuriquenha em outros cantões suíços. Tanto na ação interna, como na propaganda externa, as disputas públicas tornaram-se instrumento privilegiado.

Resumindo as principais decisões adotadas com o passar dos anos, temos uma longa lista: a *Sola Scriptura* como a norma das doutrinas e dos ritos; abolição da missa e dos sacramentos, reduzidos ao batismo e à "santa ceia";

abolição das festividades dos santos, das imagens e dos órgãos nas igrejas; supressão dos conventos e abolição do celibato eclesiástico; diversas reformas sociais, com a criação de um sistema assistencial público e a promoção da instrução primária obrigatória para todos e gratuita para os pobres; introdução do tribunal matrimonial (*Ehegericht*) para um severo controle da moralidade; fundação da escola teológica (*Prophezei*), a primeira desse gênero, para a formação dos pastores reformados, da qual nasceu em 1531 a tradução alemã da Bíblia, conhecida como *Bíblia Froschauer*, do nome do editor, uma obra-prima tipográfica (cerca de metade das duzentas ilustrações foram obra de Holbein). "Há, pois, uma coerência lógica da obra reformadora de Zwinglio que Lutero desconhece" (Campi, 36) e que seria pioneira em relação ao que Calvino faria mais tarde em Genebra, com ampla difusão na Europa.

Para levar adiante a Reforma, Zwinglio **combateu** em **diversas frentes**. Uma primeira foi a da "Reforma radical" (item 11.3), pois ela atacava um pilar da obra zwingliana, quer dizer, o acordo com a autoridade civil; por isso, ele favoreceu a decisão de punir com a pena capital os anabatistas. Mas também com a mesma autoridade civil ele teve momentos de tensão, quando se tratou de impedir sua excessiva ingerência na vida da Igreja. Teve também embates com Lutero, sobretudo porque havia fortes diferenças entre os dois sobre o modo de conceber os sacramentos. O ponto mais debatido era a eucaristia, pois Lutero sustentava a presença real (sem, todavia, explicá-la com a doutrina da transubstanciação, mas sim com a da copresença), ao passo que Zwinglio acreditava numa presença somente espiritual do Senhor, que se realiza mediante a lembrança dos fiéis (presença anamnética), graças à qual nem o pão nem o vinho, mas a comunidade dos fiéis reunida na "santa ceia" era transformada no corpo de Cristo. O choque mais significativo ocorreu no colóquio de Marburg em outubro de 1529, organizado pelo landgrave Filipe de Hessen, preocupado com a possibilidade de as divergências sacramentais prejudicarem a unidade da frente protestante (item 10.6). A delegação alemã era guiada por Melanchton, e a suíça, por Ecolampádio e Bucer (os dois últimos tinham introduzido a Reforma em Berna e em Estrasburgo respectivamente); as duas partes chegaram a uma confissão de fé comum ("artigos de Marburg"), sem resolver, porém, a dissensão sobre o modo de entender a presença de Cristo na "santa ceia".

A última frente do empenho de Zwinglio referiu-se à reação suscitada pela Reforma zuriquenha em outras cidades da confederação, pois entre 1529 e 1531 os cantões suíços se dividiram em dois lados, ou seja, os que apoiavam a

Reforma, aceita também na versão luterana (Zurique, Basileia, São Galo, regiões vizinhas da Alsácia) e os que permaneceram fiéis ao catolicismo (Lucerna, Uri, Schwyz, Unterwald, Zug, Glarona, Friburgo, Solthurn, Appenzell). Zwinglio incitou à guerra a parte reformada, mas, quando as cidades católicas atacaram, ele se viu na contingência de, somente com dois mil e quinhentos zuriquenhos, ter de enfrentar um forte adversário com oito mil unidades, de modo que no dia 11 de outubro de 1531 morreu no campo de batalha em Kappel. Sua morte freou momentaneamente a Reforma zuriquenha, a qual, porém, soube se restabelecer graças à longa ação do sucessor de Zwinglio, Henrique **Bullinger**, que dirigiu a Igreja de Zurique por 44 anos, até sua morte em 1575.

Em especial, Bullinger enfrentou a reação católica, defendeu a autonomia eclesial e religiosa em relação às ingerências do poder civil, e trabalhou a favor do protestantismo europeu, a ponto de Zurique ter se tornado um centro de referência ao lado de Wittenberg, Estrasburgo e Genebra. Isso aconteceu graças à presença da escola teológica e ao acolhimento dos numerosos exilados, expulsos por motivos religiosos sobretudo da Itália e da Inglaterra durante o reino de Maria Tudor (1553-1558). Bullinger deixou um imenso epistolário, que reúne cerca de doze mil cartas (já de Zwinglio restam 1.293, de Lutero, 4.340 e de Calvino, 4.271). Dignas de nota são também as confissões de fé propiciadas por Bullinger, como o *consensus tigurinus* de 1549, que de acordo com Farel e Calvino, unificou a corrente zwingliana e a calvinista, bem como a *confessio helvetica posterior* de 1566, enviada a Frederico III, príncipe eleitor do Palatinado, e depois adaptada ou reconhecida por muitas comunidades reformadas (ou seja, ligadas ao calvinismo), na Suíça, Hungria, Polônia, Áustria, França, Escócia e nos Países Baixos.

2. Contemporaneamente ao que aconteceu em Zurique, também em Estrasburgo, cidade situada no território ocidental do Império, desenvolveu-se uma Reforma citadina original. Os preparativos foram realizados em 1521, quando Mateus Zell, vigário da catedral, comentou com grandíssimo sucesso a *Carta aos Romanos*; mas a verdadeira introdução da **Reforma em Estrasburgo** dependeu de Capito, humanista e pregador de talento, e de Martin **Bucer** (ou Butzer), intimamente ligado a Lutero. Os dois chegaram à cidade em 1523 e inflamaram o povo com seus sermões apaixonados, claramente de cunho reformado na doutrina e nas propostas de mudança. No ano seguinte, as autoridades civis de Estrasburgo instalaram pregadores nas sete paróquias urbanas.

Graças sobretudo à obra realizada por Bucer, em poucos anos chegou-se a um aperfeiçoamento da Reforma, ou seja, a liturgia foi progressivamente simplificada e celebrada em língua alemã; como em Zurique, foi dada importância aos aspectos sociais da Reforma; foram instituídas escolas nas paróquias, com a publicação de um catecismo em 1527. Em 1533 um sínodo elaborou uma constituição eclesiástica peculiar; em particular, foi instituída a assim chamada "reunião", ou seja, uma assembleia semanal do clero, com a participação de três leigos denominados *Kirchenpflegern* (aqueles que cuidam da Igreja). A disciplina eclesiástica foi confiada somente aos leigos ou anciãos, coisa que será repetida por Calvino em Genebra. Em 1538 foi instituído o "ginásio" (ou seja, "escola superior"), no qual a teologia ocupava um papel considerável e cujo primeiro reitor foi o humanista Johannes Sturm.

A cidade de Estrasburgo desempenhou um papel importante para **a evolução da Reforma no Império**, porque na dieta de Augsburg de 1530 apresentou, junto com as cidades de Constança, Lindau e Memmingen, a própria profissão de fé, chamada *Tetrapolitana*, na qual era oferecida uma posição mediana entre a concepção de Lutero e a de Zwinglio a propósito da doutrina eucarística, e em que se propunha uma piedade atenta aos aspectos práticos (item 10.6). Em geral, a cidade de Estrasburgo não deixou de exercer uma função mediadora entre as cidades suíças e os Estados alemães que gravitavam em torno de Wittenberg. Todavia, depois da batalha de Kappel (1531), na qual, como já lembrado, Zwinglio morreu, Bucer e Estrasburgo puseram em prática uma aproximação em relação a Wittenberg, pois, por exemplo, os teólogos de Estrasburgo desempenharam uma parte importante nos colóquios de Worms, Hagenau e Regensburg (item 10.6). O próprio Bucer tornou-se um dos mais fiéis conselheiros de Filipe de Hessen, o mais importante príncipe protestante.

A vitória de Carlos V sobre a Liga de Esmalcalda em Mühlberg (1547) pôs termo à influência de Bucer sobre Estrasburgo. Com efeito, a cidade do Império, sendo uma das mais importantes da Liga de Esmalcalda, tendo saído derrotada daquele conflito, teve de sofrer medidas repressivas. Entre elas, houve também a obrigação de afastar Martin Bucer da cidade, o qual, a convite do arcebispo anglicano de Canterbury Tomás Cranmer, se estabeleceu em Cambridge, onde transcorreu os últimos dois anos de sua vida ensinando teologia e compondo sua obra mais importante (*De Regno Christi*). O afastamento de Bucer causou a perda da abertura de espírito tão cara a ele, e em pouco tempo Estrasburgo tornou-se uma **cidade rigidamente luterana**, na qual não era deixado espaço aos dissidentes. Estrasburgo ficou devendo à originalidade que tinha marcado a época de Bucer e permaneceu por muito tempo um baluarte luterano.

3. Com Wittenberg, Zurique e Estrasburgo, outro centro de referência para a Reforma foi Genebra, cidade indissoluvelmente ligada à personalidade e à atividade de João **Calvino** (Jean Cauvin). Nascido em 1509 (ano em que Lutero já era frade agostiniano), em Noyon, na Picardia (região na fronteira entre França e Bélgica), teve os meios suficientes, graças a uma prebenda obtida junto ao capítulo de Noyon, para realizar **estudos superiores**. Assim, em 1523, aos catorze anos, emigrou para Paris, obtendo cinco anos mais tarde o título de mestre das artes. Não se inscreveu (como deixava prever a prebenda de Noyon) na faculdade de teologia, mas aprofundou os estudos jurídicos e humanísticos em Orleans, Bourges e Paris. Embora mantendo grande intimidade com os Padres da Igreja e com os problemas teológicos, diferentemente de Lutero e de Zwinglio, nunca encarou cursos acadêmicos de teologia e deveu sua imponente cultura no campo teológico ao estudo pessoal. Entretanto, o capítulo da catedral de Noyon, do qual tinha recebido o financiamento para a própria formação, em 1528 tentou um processo contra seu pai, que era administrador dos bens do mesmo capítulo. Três anos mais tarde, o pai de Calvino morreu, tendo sido ainda excomungado por causa dos resultados do processo tentado contra ele.

É provável que o entrelaçamento de dinheiro com interesses religiosos tenha suscitado em Calvino reservas em relação à vida da Igreja; o certo, porém, é que entre 1530 e 1535, época em que a proposta luterana já se tornara conhecida também na França, amadureceu nele a **passagem para a Reforma**. Em 1534 renunciou à prebenda de Noyon (gesto semelhante ao de Zwinglio em relação à pensão pontifícia) e deixou a França, parando em diversas cidades (entre as quais Basileia, Estrasburgo e Ferrara) e encontrando vários representantes da Reforma, como Bucer, Capito e Bullinger. Nessas circunstâncias, escreveu a primeira edição da *Institutio christianae religionis*, sua obra fundamental. No verão de 1536, depois de breve retorno a Noyon, foi chamado a Genebra por um amigo, Guilherme Farel.

Em Genebra, a Reforma fora introduzida havia pouco, suscitando a oposição do duque da Saboia e da autoridade eclesiástica, tanto que em 1533 o bispo e o capítulo emigraram para Annecy (localidade em que foram obrigados a se estabelecer os futuros bispos de Genebra, inclusive Francisco de Sales).

Três anos mais tarde, em maio de 1536, os conselheiros da cidade e o povo decidiram solenemente "viver segundo o Evangelho"; como se vê, a prática de Zurique tinha feito escola. Chamando-o a Genebra no verão daquele ano, Farel esperava que Calvino revigorasse a Reforma, especialmente graças a seus dotes organizativos e à sua capacidade de pregar a palavra de Deus. Ao grande empenho prodigalizado correspondeu um resultado desfavorável, pois depois de cerca de dois anos, ou seja, no fim de abril de 1538, Calvino teve de deixar a cidade por desavenças nascidas entre o Conselho e os reformadores. A disputa entre as duas partes devia-se quer a medidas muitos rigorosas, que por inexperiência (como o próprio Calvino admitiu) foram propostas pelos reformadores, quer ao fato de que o Conselho queria ser considerado o organismo supremo de Genebra, tanto no campo civil como no religioso.

Tendo abandonado Genebra, de 1538 a 1541 Calvino esteve em **Estrasburgo**, cidade onde, como se sabe, Bucer tinha introduzido a Reforma em sentido moderado. Nessa cidade do Império, Calvino adquiriu a experiência e a constância que lhe faltaram em Genebra, e além disso conheceu uma bem-sucedida realização de Reforma citadina. Pode-se dizer que em Estrasburgo Calvino teve um período de tirocínio de teologia prática que foi determinante para a evolução de sua personalidade e de sua obra. Além disso, durante os anos de Estrasburgo Calvino teve conhecimento das condições religiosas nas áreas alemãs, participando dos colóquios religiosos de Frankfurt, de Hagenau, de Worms e de Regensburg, embora tudo isso não lhe tenha proporcionado um encontro pessoal com Lutero, ainda que os dois conhecessem os respectivos escritos editados em língua latina.

Entre 1540 e 1541 Genebra chamou de novo Calvino. Num primeiro momento, o reformador, que entrementes se casara em Estrasburgo com Idelette de Bure (viúva de um ex-anabatista), não quis aceitar o convite. Mas depois sentiu no chamado o destino que Deus lhe reservara, como escreveu no dia 24 de outubro de 1540 ao amigo Farel: "Levo o meu coração como oferta ao Senhor. [...] Mesmo que não tivesse muita imaginação, teria igualmente desculpas que fariam parecer aos outros que as coisas andaram mal sem mim. Mas eu sei que tenho de me haver com Deus, o qual descobriria tal falsidade. Por isso prendi o meu espírito e o fiz prisioneiro da obediência a Deus" (cit. in Iserloh, 444). Quando Calvino chegou pela segunda vez a Genebra, pensava numa estada temporária. Na realidade, ele permaneceu na cidade suíça de 1541 a 1564, ano de sua morte. Durante tão longo tempo, Calvino deu uma estruturação bem forte à vida eclesiástica e civil da cidade, deixando-se inspirar pelo que havia conhecido em Estrasburgo e remodelando **as instituições e os organismos de Genebra** com base em sua experiência anterior.

Por isso, confiou aos pastores a tarefa de anunciar a palavra de Deus e administrar os sacramentos; além disso, reunidos na "venerável companhia dos pastores", propunham os candidatos para o ofício de pároco, cabendo depois ao Conselho da cidade nomeá-los e apresentá-los à comunidade. Aos doutores, ou seja, aos mestres de teologia, nomeados pelo Conselho da cidade com o parecer consultivo dos párocos, cabia a tarefa de dar aulas baseadas na Sagrada Escritura; a eles competia o cuidado dos futuros pastores e igualmente o ensino das línguas bíblicas e da cultura geral no ginásio. Havia também os diáconos para a administração dos bens da Igreja e para o cuidado dos pobres e dos doentes. Enfim, os anciãos, chamados também de presbíteros, eram doze e vigiavam sobre o comportamento dos membros da comunidade calvinista de Genebra. Os anciãos faziam visitas domiciliares e tinham interesse em saber do teor moral das famílias, denunciando aqueles que cometiam faltas (maledicência, embriaguez, usura, libertinagem, rixas, jogos de cartas e assim por diante). Eles não eram simplesmente funcionários da Igreja, mas antes encarregados do Conselho da cidade.

Ao lado dos ofícios acima esboçados, foi estabelecido o consistório, composto por um dos prefeitos da cidade com a função de presidente do consistório, pelos doze anciãos e pelos representantes dos membros da "venerável companhia dos pastores", cujo número variou dos nove em 1542 aos dezenove em 1564. O consistório unia o governo da Igreja ao da cidade genebrina, pois decidia as linhas mestras em âmbito religioso e julgava aqueles que eram denunciados pelos anciãos. Todavia, para os casos criminais tinha competência o Conselho da cidade. Em tal sistema, encontrar o equilíbrio entre o poder civil e o eclesial provocou uma longa série de discussões e de lutas que às vezes se excederam no uso da violência, como ocorreu com Miguel Servet, um médico espanhol que defendia ideias antitrinitárias e panteístas; condenado pela Igreja católica por heresia em Lião, conseguiu escapar para Genebra, onde em 1553 foi preso, condenado e executado sob a mesma acusação. Somente em 1555 é que Calvino conseguiu fazer prevalecer a própria posição sobre a da autoridade civil, graças ao apoio dos exilados expulsos da Itália e da França em razão da opção confessional deles. Desse modo, em Genebra esboçou-se o governo da Igreja não mais episcopal, mas colegial, chamado depois de presbiteral, com uma Igreja afinal independente da autoridade civil e ao mesmo tempo intimamente ligada à sociedade. Para ajudar a realização do ordenamento eclesiástico, Calvino publicou em 1542 o *Catecismo* da Igreja calvinista.

Outra importante instituição de Genebra foi a "escola superior", fundada na última fase da vida de Calvino, ou seja, em 1559, tendo como reitor Teodoro de Beza (Théodore de Bèze). Exercendo forte atração sobre os jovens, contribuiu para o transplante e a consolidação em outros países europeus do sistema eclesiástico calvinista, que soube se adaptar, até com modificações parciais, às diversas situações. Em Genebra estudaram Gaspar Olevanius (que introduziu o calvinismo em Treviri e ensinou em Heidelberg), Filips van Marnix (um dos iniciadores da Reforma nas Províncias Unidas, na prática a atual Holanda, cujo hino nacional parece ter sido escrito por ele) e John Knox (homem de ponta da Reforma na Escócia). Graças à correspondência epistolar, Calvino exerceu grande influência na constituição da Igreja calvinista na França (huguenotes), Palatinado, Polônia e Hungria, bem como nos territórios anteriormente lembrados em referência à "escola superior" de Genebra. O estudo de Emídio Campi citado na bibliografia permite ampliar essas fracas notícias sobre a expansão de uma Igreja que, entre as que nasceram da Reforma, acabou sendo a mais difundida e mais adaptável aos diversos contextos europeus.

Com o sistema eclesiástico de Calvino, difundiu-se também a sua **organização teológica** estruturada em três princípios, ou seja, a centralidade da Escritura, o Espírito Santo como o único e verdadeiro intérprete da Sagrada Escritura e a glória de Deus como sentido da criação e do destino dos seres humanos (*Soli Deo Gloria*). Entre as diversas temáticas da teologia calvinista, duas em especial são significativas. Com relação à eucaristia, Calvino procurou, como tinha feito antes Bucer, harmonizar tendências diferentes, chegando a uma solução atenuada e complexa: ele entendeu a eucaristia como um modo da presença de Cristo (contra Zwinglio), mas considerou essa presença não de maneira local e carnal (contra Lutero), mas antes como uma modalidade segundo a qual era possível ao crente participar, mediante o Espírito Santo, dos benefícios de Deus encarnado. A outra temática é o nervo da doutrina de Calvino, ou seja, a reflexão sobre a predestinação, segundo a qual Deus, desde a eternidade, com um ato positivo da sua vontade, independentemente da situação criada pelo pecado original, elegeu alguns para a eterna felicidade, destinando outros para a condenação eterna. Por isso, de modo ainda mais forte com relação ao pensamento luterano, as obras não contribuem de modo algum para a nossa salvação. Elas, porém, dão glória a Deus, e por isso Calvino exortou os fiéis da sua Igreja a realizarem tais obras, considerando que desse modo a cada qual seria dada a serenidade que provém da consciência da honra prestada a Deus. A doutrina da predestinação suscitou uma série de debates dentro das diversas Igrejas calvinistas; o mais importante deles pôs em confronto os arminianos e os gomaristas no sínodo de Dordrecht de 1618-1619, sendo os primeiros defensores de uma interpretação moderada da justificação calvinista, ao passo que os segundos lhe deram uma interpretação rígida (cap. 5, item 23.5).

13. A Reforma anglicana

1. O processo reformador na Inglaterra teve um **desdobramento peculiar**, a ponto de distingui-lo profundamente das outras subversões religiosas contemporâneas. Antes de tudo, a introdução dos elementos da Reforma exigiu um período mais longo, por volta de 1531 a 1603, em relação ao que ocorreu nas outras áreas geográficas. Além disso, apesar da participação de eclesiásticos e de teólogos, foi muito mais determinante que em outros países a vontade política dos soberanos ingleses. Enfim, do longo processo nasceu uma nova Igreja, separada de Roma, mas ao mesmo tempo diferente das Igrejas surgidas da Reforma, ou seja, a Igreja anglicana, "que poderíamos definir como uma igreja teologicamente protestante num quadro eclesiástico muito próximo do catolicismo" (Campi, 62).

As características evidenciadas dependem não somente do início e do desenvolvimento, mas também do **contexto** sociocultural básico da Reforma anglicana, constituído em primeiro lugar por uma situação em que a maioria do clero não tinha nenhum preparo ou era mundana. O alto clero se distinguia pelo absenteísmo e incúria pastoral, tanto que dos dezessete bispos vivos na época do cisma de Henrique VIII somente três ou quatro exerciam efetivamente seu ministério nas respectivas dioceses. No que se refere ao baixo clero, o do campo, em muitos casos não sabia nem sequer ler o latim e vivia de caça e pequeno comércio, frequentando tabernas, o jogo e as mulheres, ao passo que o da cidade se via numa situação ligeiramente melhor. Os religiosos não escapavam à tendência geral do clero, embora não tenha faltado o efeito benéfico das renovações realizadas sobretudo mediante as congregações de Observância (cap. 2, item 7.1).

Tal situação era acompanhada por um clima marcadamente anticlerical, dirigido quer contra o clero inglês, acusado de excessivos privilégios e de isenções fiscais (exigências consideradas exorbitantes sobre os dízimos, as taxas sobre os matrimônios etc.), quer contra o papa, pelo fiscalismo e pela jurisdição que exercia sobre a Igreja inglesa (a Cúria romana avocava a si muitas causas, fazendo aumentar seus custos). Esse anticlericalismo tornou-se o cavalo de batalha dos chamados lolardos, um grupo que se reportava às ideias de John Wycliffe, condenado pelo Concílio de Constança em 1415 (cap. 1, item 3.2).

Nos decênios anteriores ao início da Reforma anglicana foi se criando um clima cultural particular graças à viva presença de uma corrente humanística muito sensível ao aperfeiçoamento da Igreja, a se realizar mediante a renovação dos estudos teológicos, com a escolha metodológica do retorno às fontes (Bíblia e Padres) e com a finalidade de melhor formação do clero. O Humanismo inglês vinculava-se à escola florentina, a Erasmo (que teve uma permanência significativa na Inglaterra) e ao evangelismo francês (cujo expoente mais importante foi Jacques Lefèvre d'Étaples) e teve como personalidades de relevo João Colet, Tomás Moro e João Fisher. Afins a essa corrente cultural eram as tensões reformistas presentes na Universidade de Cambridge, influenciadas pelas teses luteranas sobre o Purgatório, as missas pelos mortos, a devoção dos santos e as festas da Igreja; essas teses, porém, não ultrapassaram os limites da universidade até a metade dos anos vinte do século XVI.

Um último fator característico do clima inglês era a veneração pela coroa, em especial o apego do alto clero em relação ao rei. Além do secular papel desempenhado pelo soberano na Igreja inglesa, os Tudor, a casa reinante desde o fim do século XV e à qual pertencia **Henrique VIII**, tinham tido o grande mérito de pôr fim à longa guerra civil, chamada Guerra das duas rosas (1455-1485), em razão da luta pela coroa inglesa entre as famílias Lancaster (que tinha no próprio brasão uma rosa vermelha) e York (que tinha, porém, como sinal uma rosa branca). Sem estar de posse de um direito formal de nomeação, o rei impunha seus candidatos às sedes episcopais distribuídas na província eclesiástica de Canterbury (com vinte sufragâneas) e na de York (com três sufragâneas). Além disso, num primeiro momento o próprio Henrique VIII tinha sido destinado ao sacerdócio; por isso, tinha estudado teologia, a ponto de ser capaz de publicar em 1521 a obra intitulada *Assertio septem sacramentorum*, com a qual queria confutar o *De captivitate babylonica* de Lutero, que lhe valeu de Leão X o título de *Defensor fidei* (defensor da fé).

2. A morte improvisa do irmão maior, Artur, aos catorze anos de idade e depois de cinco meses de matrimônio, fez de Henrique o herdeiro do trono. Ele teve de esposar a viúva do irmão, ou seja, Catarina de Aragão, filha do rei da Espanha, Fernando, e tia do imperador Carlos V. O matrimônio, para o qual foi solicitada e obtida regularmente em 1503 a dispensa papal, apenas foi celebrado depois da subida de Henrique ao trono em 1509, quando ele tinha dezoito anos e Catarina vinte e cinco. Dessa união nasceram quatro filhos, dois homens e duas mulheres, mas sobreviveu somente Maria, a futura rainha que tentará reintroduzir o catolicismo na Inglaterra.

A exigência de consolidar a dinastia com um herdeiro masculino (a sucessão ao trono de Henrique VIII foi a primeira que se realizara sem contestações nem violências havia mais de cinquenta anos) e a vitalidade exuberante do rei, que se apaixonara por Ana Bolena (Ann Boleyn), uma jovem dama de companhia de sua mulher, fez o soberano conceber o projeto de dissolver, de um modo ou de outro, a união conjugal com Catarina; isso propiciou o **início do cisma** entre a Igreja inglesa e Roma. Em 1527 o rei pediu ao papa Clemente VII que declarasse nulo o próprio matrimônio, apelando sobretudo à passagem bíblica do *Levítico* (20,21) que veta esposar a mulher do próprio irmão; todavia, Catarina contestou a consumação do primeiro matrimônio, tirando assim qualquer fundamento ao apelo ao texto do *Levítico*. O rei não se deu por vencido e procurou sutilezas jurídicas e pareceres de várias universidades europeias até que, com um documento que se tornou famoso até mesmo por seus 85 selos e conservado no Arquivo Secreto do Vaticano, os nobres da Inglaterra pediram ao papa a anulação do matrimônio (13 de julho de 1530).

Clemente VII, o papa então reinante, era uma personalidade fraca, mas fortemente condicionada pelos cálculos políticos; temia possíveis reações do poderoso sobrinho de Catarina de Aragão, o rei da Espanha e imperador Carlos V. Além do mais, estava ainda bem vivo na memória de todos o saque de Roma, de 1527, com o qual as tropas imperiais tinham acuado e humilhado o papa. Por isso, Clemente VII procurou ganhar tempo, concedendo a instituição de um tribunal especial em Londres sob a presidência de dois legados pontifícios, Lourenço Campeggi e o chanceler Tomás Wolsey. O processo londrino, todavia, não terminou com uma sentença a favor do rei, de modo que o papa, antes de uma decisão definitiva, avocou a si a questão.

Enquanto Clemente VII adiava o veredicto, Henrique VIII, que nesse ínterim tinha substituído Wolsey por Tomás Moro, decidiu empreender um percurso diferente para atingir o duplo objetivo de dissolver o próprio matrimônio e pôr sob o seu total controle a Igreja inglesa. Já em 1531 a assembleia do clero inglês tinha declarado a própria fidelidade ao rei, oficialmente reconhecido pelos eclesiásticos como "chefe supremo da Igreja da Inglaterra, pois o permite a lei de Cristo" (cit. in Campi, 63). Entre 1532 e 1534 o rei conseguiu que o parlamento proibisse o pagamento das anatas a Roma (*Ato de limitação*), reconhecesse ao rei o poder de controlar o clero (*Ato de submissão*) e, enfim, se pronunciasse contra o primado do papa (*Ato de heresia*).

Entrementes, Henrique VIII tinha casado secretamente com Ana Bolena, provocando a reação de Clemente VII, o qual, no consistório de 11 de julho de 1533, declarou que o rei, formalmente bígamo, cairia sob a excomunhão enquanto não tivesse repudiado Ana e voltado para Catarina como legítima esposa. No ano seguinte, o papa reconheceu definitivamente válido o matrimônio com Catarina de Aragão e nula a união com Ana Bolena.

Como reação ao posicionamento pontifício e dando cumprimento às decisões anteriormente amadurecidas, no dia 3 de novembro de 1534 Henrique fez aprovar pelo parlamento o **Ato de supremacia**, com o qual o soberano era declarado **chefe supremo da Igreja**, sem nenhuma restrição nem em matéria doutrinal nem em matéria disciplinar e com uma validade que se estendia aos sucessores do rei. Todos os súditos ingleses foram obrigados a jurar obediência ao *Ato de supremacia*; quem se recusava era condenado por crime de lesa-majestade, como ocorreu com o bispo de Rochester, João Fisher, e com o ex-chanceler leigo Tomás Moro, ambos decapitados em 1535 (foram canonizados como mártires da fé em 1935 pelo papa Pio XI). A grande maioria dos ingleses se submeteu com docilidade ao *Ato de supremacia*, a começar justamente pelos bispos, os quais na quase totalidade aderiram ao querer do rei. As poucas vozes contrárias foram reduzidas ao silêncio com a violência e a perseguição. As comunidades dos franciscanos de estreita observância, dos cartuxos e dos monges de Santa Brígida foram dispersas, muitíssimos religiosos foram encarcerados e certo número deles foi barbaramente assassinado.

Ademais, entre 1536 e 1540 foram supressos praticamente todos os mosteiros, quer masculinos, quer femininos. Seus objetos preciosos foram confiscados pelo tesouro real. Os bens imóveis, mas também os sinos, as coberturas dos tetos, as bibliotecas, tudo foi vendido a preços irrisórios. Somente um quarto das propriedades de terra acabaram nas mãos da nobreza; o resto acabou ficando nas mãos de pequenos funcionários, advogados, comerciantes, lojistas, camponeses enriquecidos. Formou-se assim uma nova classe social, a qual caracterizará a Inglaterra pelos séculos futuros, ou seja, a pequena nobreza do interior, fidelíssima ao rei, a quem devia a própria fortuna, e consequentemente à sua Igreja. Mas os pobres, os pequenos arrendatários agrícolas e os artesãos, que antes recebiam facilmente ajuda dos mosteiros, viram-se em dificuldade e nas cidades foram engrossando as fileiras dos que procuravam ir vivendo em condições de extrema necessidade. As duríssimas leis inglesas contra a mendicidade e os romances sociais do século XIX têm sua origem justamente nas supressões monásticas perpetradas por Henrique VIII.

Todavia, é evidente que a ruptura entre o rei, a Igreja inglesa e Roma não se fundamentava em motivos religiosos ou teológicos, embora entre 1534 e 1539 o rei mostrasse simpatia pelo protestantismo. De fato, Tomás Cromwell, seu chanceler, tinha ideias protestantes e ajudou na nomeação de Tomás Cranmer, um sacerdote com fortes simpatias luteranas, mas quase desconhecido, como arcebispo de Canterbury; mais, nesse período foi adotada a Bíblia em inglês para o serviço litúrgico, enquanto o rei procurava aliança com a Liga de Esmalcalda e apoiou os colóquios entre representantes da Igreja inglesa e os teólogos de Wittenberg.

Tudo isso era imposto não por convicções religiosas, mas sim pela ânsia de encontrar um apoio contra uma possível coalizão anti-inglesa entre o imperador Carlos V e Francisco I da França. De fato, a partir de 1539, quando a política inglesa se alinhou em favor dos Habsburgo, Henrique VIII demonstrou publicamente ter permanecido, embora cismático, um convicto católico quanto à doutrina, à liturgia, ao direito canônico. Por isso, em 1539 solicitou que o parlamento votasse os **Seis artigos de conteúdo católico**, pois tinham prescrevido: a fé na transubstanciação, sob pena de ser condenado à fogueira; a inutilidade da comunhão sob as duas espécies; a manutenção da missa privada e da confissão auricular; a obrigação do celibato eclesiástico e monástico. Quando Henrique VIII morreu no início de 1547, depois de ter se casado outras quatro vezes, deixou a Inglaterra com uma Igreja separada da comunhão com Roma, mas ainda de fé católica. Com ele, ocorrera totalmente o cisma anglicano, mas não ainda a Reforma anglicana.

3. Subiu ao trono **Eduardo VI** (1547-1553), filho da terceira mulher de Henrique VIII, Jane Seymour, morta poucos dias depois de tê-lo dado à luz (1537). Tratava-se de um menino de apenas nove anos, e por isso o poder

efetivo foi exercido por um **conselho de regência**, presidido primeiro pelo tio materno Eduardo Seymour, duque de Somerset, e depois por João Dudley, conde de Warwick e duque de Northumberland, ambos favoráveis ao protestantismo; o moderado luterano Tomás Cranmer, já citado arcebispo de Canterbury, teve um papel decisivo nas questões eclesiásticas. Com esses tutores durante o reino de Eduardo VI na Inglaterra ocorreu a introdução de doutrinas e de instituições protestantes. Isso significou o apoio dado a teólogos e bispos de tendência nitidamente protestante, como, entre outros, Hugo Latimer, João Hooper, Nicolau Ridley, João Rogers, o escocês John Knox, que aprendera teologia em Genebra e depois foi reformador da Igreja na Escócia com base no modelo genebrino. A convite do arcebispo Cranmer trabalharam os reformadores continentais que fugiam das próprias autoridades protestantes, como Bucer, ou das católicas, como os italianos Ochino, Tremelli, Vermigli, o polonês Laski e o espanhol de Enzinas. Tampouco se deve esquecer a contribuição teológica de Bullinger e de Calvino mediante substanciosa série de cartas. Graças a todas essas intervenções, firmaram-se na Igreja anglicana as **orientações reformadas**; em particular, levaram a melhor sobre o luteranismo as tendências zwinglianas, bucerianas e calvinistas.

Uma das primeiras decisões de Eduardo VI foi a ab-rogação dos *Seis artigos* e da lei *De comburendo haeretico* (Sobre o herético a ser queimado), oportunamente promulgada contra os lolardos (cap. 1, item 3.2). Procedeu-se depois à remoção das velas e das imagens sagradas das igrejas, a introdução da "santa ceia" com a comunhão sob as duas espécies, o uso da língua nacional no culto, o matrimônio dos eclesiásticos, a proibição das missas de sufrágio e das peregrinações. Ainda em 1547 Cranmer publicou seu *Book of Homilies*, uma coleção de prédicas que os párocos eram obrigados a ler, de modo a transmitir as doutrinas reformadas; portanto esse texto foi um dos mais importantes da Reforma anglicana (e ao mesmo tempo obra-prima da literatura inglesa). Ainda mais importante foi a publicação em 1549 do *Book of Common Prayer*, contendo a liturgia oficial da Igreja anglicana (num só volume eram apresentados todos os serviços litúrgicos cotidianos e as leituras bíblicas correspondentes); a revisão efetuada de 1552 por obra de teólogos vindos do continente deu ao *Prayer Book* um cunho nitidamente reformado de tipo zwingliano, buceriano e calvinista.

Os fundamentos da fé professada pela Igreja anglicana foram listados nos *Quarenta e dois artigos* aprovados em 1553, poucas semanas antes da morte de Eduardo VI. Os *Artigos* apresentam uma confissão de fé na qual prevalece a teologia luterana a propósito da Igreja e da justificação somente pela fé, enquanto a teologia reformada prevalece em relação aos sacramentos e à predestinação. Completada com a publicação da *Authorized Version* da Bíblia, a imponente obra terminada durante o breve reinado de Eduardo VI introduziu plenamente a Reforma na Igreja inglesa.

Eduardo foi sucedido pela rainha **Maria Tudor** (1553-1558), filha sobrevivente de Catarina de Aragão, primeira mulher de Henrique VIII. Durante seu reinado deu-se início a um processo de **restauração do catolicismo**, que não encontrou a aprovação da sociedade inglesa e foi levado adiante sobretudo graças aos apoios externos. As premissas foram postas com uma mudança da política externa da Inglaterra, ou seja, com a aliança entre os Tudor e os Habsburgos selada em 1554 mediante o matrimônio entre a rainha e Filipe II da Espanha.

Tratou-se de um lance decididamente impopular, pois ligava a Inglaterra às sortes do poder espanhol, enquanto até aquele momento fora mantida uma linha de equidistância com relação à Espanha e à França. Com toda probabilidade, a decisão tornou impopulares também as medidas adotadas por Maria para restaurar o catolicismo, para cuja realização o cardeal Reginaldo Pole desempenhou um papel de liderança, nomeado legado papal e criado arcebispo de Canterbury pela rainha. Pole podia ser capaz de compreender a situação inglesa, pois durante sua longa permanência na Itália já fora membro dos círculos de "espirituais" que tinham promovido a renovação da Igreja católica e ao mesmo tempo tinham aberto caminho para a presença da Reforma protestante (item 14.1).

Na obra de restauração, Maria Tudor não hesitou em usar métodos contundentes, ao assinar, durante a segunda parte de seu reinado, as condenações à morte de quase trezentos protestantes, inclusive Cranmer; os ossos de Bucer foram exumados e queimados, e as cinzas, dispersas. Por isso, nos manuais escolares ingleses a rainha ganhou o apelido de *Bloody Mary*, ou seja, "Maria a sanguinária". Cerca de oitocentas pessoas foram obrigadas a fugir para o exterior, fundando comunidades em Frankfurt sobre o Meno, Emden, Basileia, Zurique e Genebra. Também os exilados que tinham encontrado hospitalidade na Inglaterra, como os italianos Ochino e Vermigli, tiveram de emigrar novamente.

4. Se há entre os historiadores quem, provavelmente sem razão, veja na restauração católica de Maria Tudor um movimento popular detido pela morte prematura da rainha, outros, quase certamente com razão, consideram o que aconteceu sob esse reinado uma passagem decisiva para a história inglesa. De fato, além do desejo de se libertar dos vínculos com a Espanha, enraizou-se em todas as camadas sociais uma aversão profunda ao catolicismo, contribuindo assim para criar a base sobre a qual a Reforma anglicana ficou estavelmente edificada durante o longo reino de **Elizabeth I** (1558-1603), filha de Ana Bolena, segunda mulher de Henrique VIII. Durante o reinado de Maria Tudor, ela tinha fingido professar a fé católica, mas pouco mais de um ano depois de assumir o poder fez publicar, no dia 24 de junho de 1559, o *Act of Uniformity*, mediante o qual foram ab-rogadas as leis de Maria Tudor, restabelecidas as leis de Henrique VIII e reintroduzida a liturgia estabelecida sob o reinado de Eduardo VI. Ainda em 1559, Elizabeth I fez a **substituição da hierarquia católica**; dos dezesseis bispos ainda vivos, quinze foram depostos, enquanto o restante do clero, em sua grande maioria, adaptou-se à situação. Mateus Parker, já discípulo de Bucer e capelão de Ana Bolena, foi nomeado arcebispo de Canterbury e consagrado pelo bispo católico William Barlow, que passara para o anglicanismo. Para o rito da ordenação foi usado um novo formulário, de caráter abertamente calvinista. Embora logo depois tenha sido restabelecido o rito primitivo, por causa dessa decisão estabeleceu-se na Igreja anglicana uma hierarquia eclesiástica com uma sucessão apostólica incerta, até o pronunciamento negativo do papa Leão XIII em 1896 (carta apostólica *Apostolicae curae*).

A essas medidas foram acrescentadas outras, constituindo o que é apresentado como **Elizabethan Settlement** ("resolução elisabetana"), cujo arquiteto foi o ministro William Cecil; as referências mais importantes são o catecismo de 1570 (cujas raízes teológicas deitam nos catecismos calvinistas de Genebra e Heidelberg) e os *Trinta e nove artigos da Igreja anglicana*, ou seja, a confissão de fé que em 1571 o parlamento considerou válida para toda a Igreja anglicana (note-se que por volta de 1840 João Henrique Newman, como expõe no capítulo 2 da *Apologia pro vita sua*, mostrou que tais *Artigos* não se opunham à doutrina católica). Naquele mesmo ano, Pio V excomungou Elizabeth, tornando vã qualquer tentativa de diálogo com Roma.

A fisionomia da Igreja inglesa que se formou sob Elizabeth I não foi uniforme devido às controvérsias e lutas religiosas, tanto por parte da minoria católica, como por parte do **movimento puritano** mais consistente, cujos adeptos, embora pertencentes à Igreja anglicana, julgavam que essa Igreja tinha ainda características católicas, e por isso exigiam que fosse "purificada" (isso explica o nome do movimento). Embora mais adiante tratemos dos puritanos (cap. 5, item 23.5), é bom saber que em relação aos **católicos** estes foram perseguidos de 1570 a 1603 (cerca de cento e noventa execuções, sem contar aqueles que morreram na prisão) e obrigados a professar sua fé em condições de clandestinidade. Além de sua difícil condição, os católicos sofriam também pela divisão interna entre duas correntes ou orientações: de um lado, os "conformistas", que queriam permanecer leais a Elizabeth, e, de outro, os que não só se opunham à rainha, como procuravam derrubar o trono de Elizabeth, firmando alianças inclusive com as potências estrangeiras hostis à Inglaterra a partir da Espanha de Filipe II. Essa corrente em particular teve o apoio de Roma; tanto assim que em 1578 Gregório XIII apoiou a tentativa de invasão da Irlanda, enquanto o cardeal Ptolomeu Gallio, o mais íntimo colaborador do papa, aprovou o plano de morte de Elizabeth I. A descoberta e a impiedosa repressão das conjurações não fizeram senão agravar a condição dos católicos ingleses e fortalecer no ânimo da população o sentimento antirromano.

Entre o fim do século XVI e a primeira parte do século XVII, trabalharam na Inglaterra vários missionários, ou seja, padres católicos (sobretudo jesuítas) preparados em vários colégios do continente para enfrentar a difícil situação inglesa. Entre os colégios distinguiu-se o de Douai (então os Países Baixos espanhóis, hoje na França), fundado em 1568 por William Allen, um exilado inglês. Os sucessos para além do canal da Mancha referidos pelos missionários católicos foram propiciados pelo apoio lá organizado pelos leigos, enquanto o lealismo dos católicos ingleses fez concentrar a perseguição contra os jesuítas e seus adeptos. Depois do reinado de Elizabeth I, em 1605 alguns católicos tramaram uma conjuração contra Jaime I e o parlamento (foi a chamada "conjuração da pólvora", ou seja, a tentativa de fazer saltar pelos ares, com cargas explosivas, o palácio onde o parlamento tinha se reunido na presença do rei), provocando o endurecimento das leis contra todos os católicos considerados não fiéis à coroa; assim, entre 1605 e 1618 o governo de Jaime I emitiu vinte e cinco condenações capitais. O catolicismo leal à coroa, porém, teve um despertar na primeira metade do século XVII, como mostra o fato de que entre 1598 e 1642 mais de cinco mil ingleses entraram em alguma ordem religiosa; "mas não se trata mais de um catolicismo popular, visto que em geral a população não adere mais a ele" (Barrie-Curien, 471) e que pouco antes da "gloriosa revolução" de 1688-1689 (cap. 5, item 23.5) os católicos ingleses constituíam somente 2% da população.

14. A Reforma na Itália

Em numerosas passagens anteriores foram mencionados expoentes da Reforma protestante não somente de origem italiana, mas que na Itália conheceram a Reforma e a ela aderiram. Tratou-se de uma realidade multiforme que habitualmente se conhece sob os termos de "espirituais", "reformados" e "heréticos".

1. Do primeiro grupo fazem parte orientações doutrinais e personalidades que oscilam entre a adesão à Reforma protestante em suas diversas expressões e a contribuição dada à Reforma católica. É o caso dos **"espirituais"** (fala-se também de pertencentes ao "evangelismo") que se reuniram em Nápoles em torno do espanhol Juan **Valdés**, que nasceu em 1509 de uma nobre família castelhana e estudou na Universidade de Alcalá, onde sofreu a influência de Francisco de Vergara, helenista e amigo de Erasmo; em 1529, publicou o *Diálogo de doctrina christiana*, um livreto escrito em espanhol que continha traduções de Lutero, Ecolampádio e provavelmente de Melanchton, e no qual se apresentam também as influências dos *alumbrados*, ou seja, "iluminados". Esses últimos eram seguidores de uma orientação mística ativa na Espanha naquele período e visavam a uma vida cristã mais profunda e a uma união direta com Deus; desde 1525, foram considerados heréticos pela Inquisição espanhola, porque separavam a oração mental de qualquer referência eclesial e se consideravam impecáveis, porque certos de viver na graça de Deus.

O *Diálogo* atraiu sobre Valdés a ameaçadora atenção da Inquisição espanhola. Saiu absolvido de um primeiro processo, mas, quando surgiu um segundo ainda mais perigoso em 1531, ele fugiu para a Itália e ali permaneceu até sua morte, ocorrida em 1541; permaneceu primeiro em Roma, como agente de Carlos V, para depois se transferir para Nápoles. Aí escreveu suas obras em italiano, ou seja, o *Alphabeto christiano*, no qual se encontram interpolações luteranas, e as *Cento e dez divinas considerações*.

Na Itália precisamente tornou-se o chefe cultural e religioso de uma geração inteira de "espirituais", entre os quais havia piedosas e poderosas senhoras nobres, como Isabel Bresegna Manrique, Catarina Cybo e Vitória Colonna (a amiga de Michelangelo), e eclesiásticos, os quais, embora suspeitos por certo tempo, permaneceram fiéis à Igreja católica, como o bispo de Bérgamo, Vítor Soranzo, o arcebispo de Otranto, Pedro Antônio De Capua, e Jerônimo Seripando, geral dos agostinianos, depois cardeal e arcebispo de Salerno; sobretudo, tiveram ligação com Valdés os cardeais João Morone, que desempenhou um papel decisivo no terceiro período do Concílio de Trento, depois de ter saído do cárcere do papa Paulo IV (cap. 4, item 15.4), e Reginaldo Pole, que por sua vez fundou um círculo de "espirituais" em Viterbo e que, como já se viu, guiou a tentativa de recuperar a Inglaterra para o catolicismo sob Maria Tudor. Entre os "espirituais", destaca-se outro cardeal, Gaspar Contarini, aquele que, provavelmente mais que todos os eclesiásticos que permaneceram fiéis a Roma, fez o que pôde para encontrar uma concórdia entre a doutrina luterana e a doutrina católica, como tentou na dieta de Regensburg de 1541 mediante o compromisso da "dupla justificação" (item 10.6).

De certo modo, ao grupo dos "espirituais" reunidos em torno de Valdés faziam referência também homens que, julgados heréticos, sofreram a pena capital por parte da autoridade católica, como o protonotário apostólico Pedro Carnesecchi e o literato Antônio Paleario, ou aderiram explicitamente à Reforma protestante, como o cônego agostiniano Pietro Martire Vermigli ou o vigário-geral dos capuchinhos, Bernardino Ochino.

Entre os "espirituais" italianos teve ampla difusão o livreto *Tratado utilíssimo do Benefício de Jesus Cristo crucificado para os cristãos*, publicado em 1543, no ano seguinte à fundação da Inquisição romana; embora tenha surgido anônimo, o autor, de acordo com os decenais estudos de Tomás Bozza, teria sido dom Bento de Mântua, um monge pertencente à congregação da Observância de Santa Justina (cap. 2, item 7.1). O **Benefício de Cristo crucificado** não apresentava uma crítica explícita à instituição eclesiástica, pois visava à reforma do indivíduo. Apesar disso, o conteúdo não era compatível com a ortodoxia católica, embora os estudiosos discutam se ele encontrou inspiração nas ideias luteranas ou nas convicções calvinistas, ou ainda na influência exercida por alguns reformadores suíços ou alemães.

Portanto, também do texto mais importante para os "espirituais" emerge a dificuldade de definir com precisão a sua identidade, que não tem limites nítidos com relação aos que se identificam com o termo "**reformados**". Sem dúvida, fazem parte desses últimos todos aqueles que deixaram a Itália por causa de suas convicções religiosas, como é o caso de diversas famílias de Lucca, ou seja, os Burlamachi, os Diodati, os Turrettini, os Micheli, os Calandrini, evangelizadas por Vermigli e emigradas para Genebra. Em Modena criou-se uma situação semelhante, pois numerosas famílias aderiram à fé reformada e muitos foram obrigados a ir para o exílio, como Luís Castelvetro, que se refugiou em

Chavenna (onde morreu em 1571) e que se destaca por ter traduzido os *Loci communes* de Melanchton; também em Ferrara e em Veneza foram centenas os emigrados por motivos religiosos. Além disso, merece ser mencionado Pier Paolo Vergerio, bispo de Capodistria e legado pontifício, fugido para o exterior (Suíça, Polônia, Alemanha) por motivo de sua adesão à Reforma.

Em geral, com exceção do marquesado de Saluzzo, da Valtellina, de alguns vales piemonteses ocupados pelos valdenses e de algumas aldeias da Calábria, "o movimento reformador teve dimensões quase exclusivamente urbanas" (Campi, 70), pois a Nápoles, Lucca, Modena, Ferrara e Veneza devem se juntar, sem a pretensão de oferecer um elenco completo, Turim, Pavia (cuja universidade foi um centro de difusão das ideias protestantes na Itália setentrional, inclusive por meio da imprensa), Cremona, Vicenza, Bolonha, Sena, Florença, Palermo e Messina.

2. Entre os exilados italianos, alguns foram perseguidos por heterodoxia "extrema" não só pela Igreja católica, mas também pelas Igrejas da Reforma. Eles fazem parte da categoria dos **"heréticos"**, entre os quais alguns merecem ser especialmente lembrados. Enquanto Bernardino Ochino, como se verá mais adiante, foi perseguido pelas autoridades reformadas na fase final da vida, Célio Secondo Curione (1503-1569), um piemontês de formação humanista que tinha conhecido a Reforma durante os estudos em Pavia, quando teve de deixar a Itália estabeleceu-se em Basileia, mas aí foi condenado por ter criticado a doutrina calvinista da predestinação, opondo a ela a doutrina da salvação universal. Os sienenses Lélio Sozzini (1525-1562) e o sobrinho Fausto (1539-1604), com Jorge Biandrata de Saluzzo, fundaram um movimento que se difundiu principalmente na Polônia e na Transilvânia e que tomou o nome de **"socinianismo"**; ele renegou os aspectos que qualificavam o dogma cristão, como a Trindade e divindade de Jesus Cristo, e o protestantismo, ou seja, a justificação pela fé e a predestinação. Para os socinianos, o único objetivo da revelação cristã seria o de suscitar no homem uma vida regulada segundo a razão, antecipando assim uma sensibilidade religiosa, a do deísmo, que se afirmará durante o Iluminismo (cap. 6, item 25.3). Também a exigência deles sobre a tolerância religiosa preanuncia uma das temáticas caras ao Século das Luzes.

Depois de terem foragido da Itália, os adeptos italianos à Reforma encontraram proteção e, ao mesmo tempo, deram uma contribuição muito significativa à própria Reforma, como testemunham os casos de Bernardino Ochino e de Pietro Martire Vermigli. **Ochino** tinha entrado bem jovem para os menores da Observância (que em 1517 se tornaram a Ordem dos Frades Menores) e, depois de ter feito carreira dentro da Ordem, passou para os capuchinhos em 1528; dez anos mais tarde foi eleito vigário-geral da nova família religiosa, que naquela época não era ainda independente, mas ligada aos frades menores conventuais (cap. 2, item 7.1). O talento de orador granjeou-lhe notoriedade e simpatia. Em Nápoles, como lembrado anteriormente, caiu sob a influência de Juan Valdés; conheceu Vitória Colonna, Catarina Cybo, Gaspar Contarini e Pietro Martire Vermigli. Quando citado pela Inquisição em Roma em 1542, fugiu para a Suíça, declarando-se abertamente protestante.

Deu início a uma peregrinação que o levou a Zurique, a Genebra (onde permaneceu por três anos com o encargo de pastor da comunidade italiana e teve relações não estreitas, mas amigáveis com Calvino), a Augsburg e à Inglaterra, onde pôde se dedicar à atividade de escritor. Com a chegada de Maria Tudor (1553) ao poder, foi obrigado, como Vermigli, a fugir e se refugiou em Genebra, chegando no mesmo dia em que Miguel Servet morria na fogueira; ele condenou essa decisão tomada por Calvino. Não encontrando possibilidade de ganhar o suficiente para viver, deixou Genebra para fixar residência em Basileia, para depois ser chamado a Zurique pela comunidade de reformados locarnenses ali presentes.

A função de pastor da comunidade locarnense deixou a Ochino muito tempo livre, durante o qual compôs suas obras mais significativas, das quais as mais importantes são os *Dialogi triginta*. Nessas e em outras obras emergem as principais concepções defendidas por Ochino: forte insistência tanto na inspiração divina quanto na misericórdia infinita do perdão divino, até negar praticamente o pecado contra o Espírito Santo; Jesus Cristo é apresentado não como Messias e mediador divino entre Deus e os homens, mas como profeta penitencial; é sublinhado o fato de que as forças humanas unidas à graça de Deus bastam para chegar à justificação. Num dos diálogos, Ochino dá tanto destaque à posição em defesa da poligamia que faz nascer no leitor a impressão de defender essa forma de vida. Ochino teve uma visão otimista do mundo e condenou a pena de morte infligida aos hereges. Esses e outros aspectos de seu pensamento atraíram a condenação das autoridades zuriquenses. Em dezembro de 1563, aos setenta e seis anos de idade, Ochino foi expulso de Zurique.

Velho e viúvo, foi obrigado a retomar a via do exílio com seus três filhos. Basileia e Mülhausen fecharam as portas ao ancião reformador e a seus filhos, ao passo que Nuremberg lhes deu a possibilidade de ali passar o inverno. Na primavera de 1564 os exilados chegaram à Pequena Polônia. O sucesso obtido em Cracóvia e em Pinczów reergueu apenas momentaneamente Ochino, pois em Pinczów dois de seus três filhos morreram de peste. No verão de 1564, o rei da Polônia emanou o edito de Parczów que proibia aos antitrinitários estrangeiros permanecerem em território polonês. Embora muitos nobres poloneses tivessem se colocado à disposição para lhe conceder hospitalidade em suas propriedades, Ochino preferiu, com o filho sobrevivente, dirigir-se para a Morávia. Em Austerlitz, encontrou abrigo na casa de um veneziano em exílio, o anabatista Nicolau Paruta. Depois de três semanas, no fim de 1565, Ochino faleceu.

Quanto a Pietro Martire **Vermigli**, foi obrigado a deixar Lucca no verão de 1542. Passando por Zurique e Basileia, chegou a Estrasburgo, onde conseguiu, graças a seu conhecimento do hebraico, um lugar de leitor do Antigo Testamento. Em Estrasburgo, ele estreitou amizade com Johannes Sturm e Bucer. Em 1547, a convite do arcebispo Cranmer, foi para a Inglaterra para ensinar em Oxford. Durante essa permanência, contribuiu para a edição revista do *Book of Common Prayer*, e logo depois foi expulso da Inglaterra, como contemporaneamente ocorreu com Ochino, por motivo da chegada de Maria Tudor ao trono. Tendo voltado a Estrasburgo, trabalhou na cidade alsaciana por três anos, durante os quais esteve envolvido (como o seria, depois dele, também Calvino) numa polêmica suscitada pelos luteranos a propósito da doutrina eucarística.

Em 1556 Vermigli foi chamado a Zurique e aí passou tranquilamente os últimos anos da sua vida, colaborando fielmente com Bullinger, o reformador que tinha assumido a delicada herança de Zwinglio. Desse modo, Vermigli recompensou Bullinger a respeito das desilusões que lhe tinham provocado os exilados italianos, Ochino em primeiro lugar. Em particular, ele defendeu a ortodoxia zwingliano-calvinista de Zurique contra os ataques desferidos pelos luteranos, católicos e antitrinitários. No verão de 1561, como representante de Zurique participou do colóquio religioso de Poissy, onde se tentou chegar a um entendimento entre católicos e calvinistas franceses (huguenotes), e onde foi tratado com as mais altas honras pela rainha Catarina de Medici, sua compatriota católica (cap. 5, item 23.1). Vermigli tinha se tornado zuriquense de tal forma que no testamento assinado pouco antes de morrer (1562) estabeleceu que o filho que a esposa esperava haveria de ser educado exclusivamente em Zurique.

3. A **expulsão dos territórios italianos** sofrida pelos que tinham aderido à Reforma conheceu pelo menos **três levas**. A primeira teve início em 1542, ano em que foi instituída a Inquisição romana. Além de Ochino e Vermigli, os maiores expoentes desse primeiro grupo de exilados foram Curione e Perna. Boa parte desses exilados teve como meta a Suíça, nomeadamente os Grigioni, Zurique, Basileia e Genebra. Passada essa primeira tempestade, aqueles que permaneceram na Itália assumiram como estilo de vida o "nicodemismo", pois seguiam oficialmente as práticas da Igreja católica, mas na realidade, de modo oculto, em suas convicções e em sua formação, referiam-se à Reforma. Por volta de 1560, quando a Inquisição já estava em pleno regime, deu-se uma segunda leva de exilados, cujos principais expoentes foram Biandrata, Gentile, Bonifácio, Simoni e provavelmente Tegli e Nicolau Buccella. No que se refere à meta, ela é menos determinável em relação à primeira leva, pois alguns foram para Genebra, outros para Londres, outros para Cracóvia. Enfim, uma terceira geração de refugiados deixou a Itália por volta de 1575. Os principais representantes desse grupo foram Fausto Sozzini e Francisco Pucci, e a meta geográfica a que visaram foram as cidades e as aldeias da Pequena Polônia (a região em torno de Cracóvia) e da Transilvânia.

À luz dessa situação, a partir dos últimos vinte anos do século XVI, pode-se falar do fim da Reforma na Itália. Trata-se de um insucesso que depende tanto das **fraquezas internas** quanto de **oposições externas**.

Sobre o primeiro aspecto, deve-se observar que faltou aos reformadores italianos a capacidade de um enraizamento popular, pois atuaram somente nas cidades, sem se expandirem no condado. Ademais, embora encontrando apoio em algumas famílias nobres locais, não foram reconhecidos pelas autoridades políticas dos diversos Estados italianos, com exceção do caso da duquesa de Ferrara, Renata da França, esposa de Hércules II d'Este; entre os anos trinta e quarenta do século XVI, ela era bem disposta em relação aos reformadores, tanto que em 1536 Calvino viveu em Ferrara. A tríplice falta de um líder prestigioso que fizesse o papel de catalisador, de um centro geográfico a que se referir e de uma única doutrina não permitiu que o movimento reformado italiano se tornasse uma realidade unitária, com a consequência de não atingir jamais uma forte capacidade de agregação.

Esses elementos de fraqueza receberam o golpe de graça pela dupla ação desempenhada pela Igreja católica. De um lado, a hierarquia eclesiástica, sob a chefia do papado, forjou instrumentos específicos contra o movimento reformador, como a Inquisição romana e a congregação do Índice (cap. 5, item 23.6). De outro lado, o clero, em contato cotidiano com a população, manteve-a na fé e na Igreja tradicionais; nesse segundo caso, decerto ajudaram muito as congregações religiosas nascidas da Reforma católica (cap. 2, item 7). Igualmente ajudou o empenho dos bispos e do clero diocesano, incentivados pela orientação fundamental do Concílio de Trento, que, como se verá no item seguinte, pôs como lei suprema da Igreja católica a *cura animarum*, ou seja, segundo a linguagem de hoje, o trabalho pastoral a favor dos fiéis.

Inserção 1
Os judeus na Itália entre os séculos XVI e XVIII

A expulsão dos judeus da Espanha em 1492 referiu-se também aos judeus sicilianos, os quais se refugiaram primeiramente no reino de Nápoles. Mas também dali, em 1541 foram expulsos, bem como dos outros territórios meridionais: as sinagogas foram transformadas em igrejas e de uma presença judaica que durou mais de quinze séculos não ficaram senão traços na toponímia e nos papéis dos arquivos. Além de emigrarem para os territórios controlados pelos turcos, que incentivaram a afluência deles para poder se valer da competência que tinham no comércio e na indústria, os judeus se estabeleceram nas grandes cidades marítimas, formando aí colônias numerosas e ricas e conservando grande parte dos usos e costumes de suas respectivas regiões de proveniência.

Em Veneza, a comunidade judaica gozou de relativa tranquilidade; não foi assim nas propriedades do continente da República. Em 1516 o governo estabeleceu que os judeus tinham de morar todos numa única zona da cidade, com a proibição de saírem dali nas horas noturnas. Veneza foi a primeira cidade europeia a instituir o gueto, denominação também ela de origem veneziana; o bairro abandonado das fundições, chamado *Gueto novo*, foi cercado de muros e dotado de duas portas de entrada munidas de cancelas. Ali entraram primeiro os judeus provenientes do norte da Europa (chamados *alemães*) e certo número de judeus italianos. Em 1541 acrescentou-se a área do *Gueto velho*, onde foram obrigados a residir os judeus levantinos, que garantiam as trocas comerciais com o Oriente Próximo e tinham o monopólio das trocas com a Romênia. A essa mesma área foram enfim enviados a viver também os ponentinos, ou seja, os judeus originários da Península Ibérica e os marranos. Enfim, em 1633 o *Gueto novo* foi ampliado com outra parte chamada *Gueto novíssimo*.

A Contrarreforma endureceu a política eclesiástica em relação aos judeus, em particular com a bula de Paulo IV de 14 de julho de 1555 *Cum nimis absurdum*, na qual, além de confirmar as proibições anteriores, obrigava-se aos judeus do Estado pontifício, conforme o exemplo veneziano, à residência num único bairro, fechado do pôr do sol ao alvorecer. Aos judeus era permitido apenas o exercício do empréstimo com juros, com taxas fixadas a doze por cento no máximo, e o comércio de tecidos. Todas as concessões e os privilégios anteriores foram abolidos.

Se somente em Livorno a bula jamais foi levada em consideração, em outras cidades italianas criaram-se condições relativamente favoráveis para as comunidades judaicas. A Ferrara, depois de 1492 chegaram famílias judaicas que tinham ligação em todos os maiores mercados financeiros europeus, do Império otomano e das colônias espanholas, e isso contribuiu de maneira essencial para o bem-estar e para o esplendor da cidade. Mas em 1597, o papado, extinto o ramo principal da casa d'Este, juntou a si o ducado de Ferrara. Aos da família Estensi restaram somente os territórios de Modena e Reggio, para onde se transferiu cerca de um quarto dos judeus ferrarenses.

Em Mântua, a comunidade judaica viveu no século XVI seu período mais feliz: a cidade hospedou uma das primeiríssimas estamparias judaicas (já em 1476), e membros da comunidade tiveram posições importantes na corte. E todo esse êxito foi possível mesmo com a vacilante política dos Gonzaga, que alternava concessões e reconhecimentos de pesadas taxações e restrições das atividades. Também Monferrato, onde os Paleologi tinham dado lugar, por direito hereditário, aos Gonzaga, viu uma conspícua presença judaica; em Casale, em 1575 foi erigida uma sinagoga que em sua época foi considerada a mais bonita da Itália. No Piemonte, a política em relação aos judeus em geral foi bastante liberal; os duques da Saboia resistiram aos repetidos pedidos de expulsão dos judeus propostos até por São Carlos Borromeo.

O século XVII foi talvez o pior período para a vida dos judeus na Itália. Em particular, a comunidade judaica romana foi submetida a tal carga fiscal por parte da câmara apostólica que no giro de poucos decênios precipitou-a numa condição de verdadeira miséria; a queda chegou quando em 1682 um quirógrafo de Inocêncio XI (1676-1689) aboliu todas as concessões para o exercício do empréstimo. Numa Roma esplêndida por seus palácios e igrejas, o gueto era uma ilha escura e desoladora, onde as casas em ruínas hospedavam uma população desprovida de meios de sustento. Em setembro de 1698 o papa Inocêncio XII declarou o estado de insolvência financeira da comunidade judaica. Os judeus viviam recolhendo os trapos e o descarte de toda a cidade, reciclando-os para depois vendê-los nas lojinhas do gueto ou pelas ruas de Roma (os chamados *robbivecchi*) ou em carroças nas feiras das vilas circunstantes. Algumas famílias consertavam os uniformes dos soldados, outras teciam e fabricavam roupas novas ou sapatos, ou faziam trabalhos de marcenaria e de pequena ourivesaria. As mulheres judias romanas eram famosas como bordadeiras e remendeiras. As reformas econômicas e financeiras de Clemente XIV (1769-1774) soergueram pelo menos em parte a condição dos judeus romanos, mas foram canceladas, e as medidas antijudaicas foram endurecidas pelo sucessor Pio VI (1775-1799).

Em muitas cidades do Estado da Igreja a aplicação das normas pontifícias não foi, porém, tão pontual assim, enquanto no ducado de Parma e de Piacenza, dedicado pelo papa Paulo III à própria família Farnese, se criou uma situação particular: não havia judeus nos dois centros principais (Parma e Piacenza), mas eles continuaram a estar presentes e tranquilos numa quinzena de aldeias da província, e depois de 1669 também puderam se dedicar não só ao empréstimo em dinheiro, mas também a atividades de empreendimento agrícola.

Para os judeus de Monferrato, a passagem sob os Gonzaga-Nevers coincidiu com um período de bem-estar econômico: os senhores distantes pouco se preocupavam com os quinhentos ou seiscentos judeus que viviam na região e eles puderam administrar grandes empreendimentos (abastecimento para os civis, material de quartel e municionamento dos soldados, contrato geral de impostos de circulação e contrato particular de muitos impostos de consumo, a casa da moeda e muitas indústrias). Ao contrário, a passagem ao ducado piemontês (depois reino) no início do século XVIII foi particularmente difícil, devido à política restritiva dos Saboia em relação aos judeus, expressa nas constituições régias de 1723 e de 1729 e na contratendência em relação à atitude até então mantida.

Em Veneza, no século XVII a classe dirigente voltou-se para as propriedades do continente e a aristocracia marítima foi se transformando numa aristocracia fundiária; assim, a gestão das atividades comerciais ficou à mercê dos judeus levantinos, os quais ligaram Veneza aos mercados dos Países Baixos, de um lado, e à Turquia e à Pérsia, de outro. Mas a peste de 1630 (que dizimou um terço da população veneziana), a retomada da guerra com os turcos, bem como o deslocamento do comércio do Mediterrâneo para o Atlântico levaram durante aquele século os judeus levantinos e ponentinos a deixar a laguna. A deterioração econômica geral atingiu seu ápice negativo em 1737, quando a comunidade judaica de Veneza teve de declarar sua insolvência.

A situação geral dos judeus começou a melhorar com a afirmação do poder habsbúrgico na Itália: com a "carta de tolerância" de José II (2 de janeiro de 1782) (cap. 6, item 26.3) também os judeus foram gradualmente equiparados a todos os outros súditos e puderam ter acesso a todas as magistraturas públicas e às atividades empresariais. Observe-se a continuada situação de preclusão aos judeus na Itália meridional: apesar de algumas tentativas por parte do governo reformador bourbônico em meados do século XVIII, para reconstruir uma presença judia nesses territórios seria preciso esperar a unidade nacional, efetivada em 1870.

> Nota bibliográfica
>
> MILANO, A. *Storia degli Ebrei in Italia*. Turim: Einaudi, 1992.
> TOAFF, A. *Pasque di sangue. Ebrei d'Europa e omicidi rituali*. Bolonha: il Mulino, 2008.
> _____. *Storie fiorentine. Alba e tramonto dell'ebreo del ghetto*. Bolonha: il Mulino, 2013.
> VIVANTI, C. (ed.). Gli Ebrei in Italia. In: *Storia d'Italia. Annali, 11*. Turim: Einaudi, 1996-1997, 2 vol.

Bibliografia

Fontes

DS = DENZINGER, H.; SCHÖNMETZER, A. (orgs.). *Enchiridion Symbolorum definitionum et declarationum*. Barcelona-Friburg im Breisgau-Roma: Herder, ^{36}1976.
Lutero. BUZZI, F. (org.). *La Lettera ai Romani (1515-1516)*. Cinisello Balsamo: Paoline, 1991.
_____. VINAY, V. (org.). *Scritti religiosi*. Turim: UTET, 1967.

Estudos

BARRIE-CURIEN, V. Le Isole Britanniche. In: MAYEUR, J.-M. et al. (dir.). *Storia del cristianesimo*. Roma: Borla-Città Nuova, 2001, v. 8: Il tempo delle confessioni (1530-1620/30), 448-492.
BOZZA, T. Scritti 1932-1989. In: BOZZA, C. (org.). *Scritti di storia della religione cristiana*. Nápoles: Edizioni Scientifiche Italiane, 2015, v. 2.
BUZZI, F. *Breve storia del pensiero protestante da Lutero a Pannenberg*. Milão: Àncora Editrice, 2007.
CAMPI, E. Nascita e sviluppi del protestantesimo (secoli XVI-XVIII). In: FILORAMO, G.; MENOZZI, D. (orgs.). *Storia del cristianesimo*. Bari: Editori Laterza, 1997, v. 3: L'età moderna, 3-150.
ISERLOH, E. La Riforma protestante. In: JEDIN, H. (dir.). *Storia della Chiesa*. Milão: Jaca Book, 1985, v. 6: Riforma e Controriforma, 4-510.
LORTZ, J. *La Riforma in Germania*. Milão: Jaca Book, 1981, 2 vol.
MCGRATH, A. E. *Giovanni Calvino. Il Riformatore e la sua influenza sulla cultura occidentale*. Turim: Claudiana, 1990.
_____. *Il pensiero della Riforma*. Turim: Claudiana, 1991.
RAINER, J. Riforma protestante e Controriforma. Assetto e vita della Chiesa nel territorio austriaco tra XVI e XVIII secolo. In: VACCARO, L. (org.). *Storia*

religiosa dell'Austria. Milão-Gazzada: Centro Ambrosiano-Fondazione Ambrosiana Paolo VI, 1997, v. 4: Europa ricerche, 97-118.

SCHMIDT-CLAUSING, F. *Zwingli riformatore, teologo e statista della Svizzera tedesca*. Turim: Claudiana, 1978.

TOURN, G. *Giovanni Calvino. Il riformatore di Ginevra*. Turim: Claudiana, 2005.

VOGLER, B. Réforme. In: *Encyclopaedia Universalis*. Paris, 1996, v. 19, 669-675.

WELTI, M. E. *Breve storia della Riforma italiana*. Casale Monferrato: Marietti, 1985.

capítulo quarto
O Concílio de Trento e sua aplicação

15. O Concílio de Trento

1. Em novembro de 1518, logo depois da disputa ocorrida em Augsburg com Caetano, Lutero lançou um apelo oficial ao concílio. Esse apelo foi repetido por muitos e por várias vezes, tanto que Aleandro, o núncio papal na dieta de Worms, de 1521, escreveu num de seus relatórios: "Todos gritam: Concílio, Concílio" (cit. in Jedin, *Breve história*, 127). Mas do primeiro apelo de Lutero ao efetivo início do Tridentino (dezembro de 1545) passaram-se vinte e sete anos. Os motivos do **atraso da abertura do concílio** foram múltiplos. Antes de tudo, o tipo de concílio apresentado pelos reformadores contrastava com o defendido em Roma, pois para a última o concílio devia ser convocado e guiado (mediante seus representantes) pelo papa, ao passo que para os primeiros o concílio devia ser *livre*, ou seja, desvinculado da autoridade papal (em particular, os bispos deveriam estar liberados do juramento de fidelidade ao papa); *cristão*, ou seja, com uma composição semelhante ao das dietas do Império (em especial, também os teólogos e os leigos deveriam ter voto deliberativo) e tendo como norma vinculante para qualquer discussão *somente a Escritura*; *em terra alemã*, ou seja, um concílio a ser realizado no Império, onde tinham nascido e se desenvolvido a doutrina a ser julgada e a crise a ser resolvida.

A essa contrastante perspectiva conciliar estava ligada a lembrança dos concílios do século XV (Constança e Basileia), nos quais prevalecera a eclesiologia conciliarista, que de novo era motivo de conflito entre as duas partes. De fato, os reformadores estavam propensos a tal eclesiologia, ao passo que o papado, tendo recuperado e reforçado no período renascentista o próprio papel central na Igreja e na cristandade ocidental, não partilhava com ela de modo algum e não queria que o futuro concílio fosse inserido nesse quadro eclesiológico.

Mas para que o papado tivesse a autoridade necessária para convocar um concílio era necessário que aderisse à renovação em andamento na Igreja. Leão X, sob o qual teve início a Reforma, remeteu às indicações de renovação que tinham sido estabelecidas pelo Lateranense V, sem submeter, porém, a séria revisão o modo de exercer o poder pontifício e a atividade curial. Além disso, para as questões específicas levantadas por Lutero julgou suficiente a bula *Exsurge Domine*, com a qual em 1520 foram condenadas quarenta e uma proposições de Lutero. Seu sucessor, Adriano VI (de origem holandesa, educador do futuro Carlos V e último papa não italiano antes de João Paulo II), deu indicação decidida a uma reforma que começasse pela Cúria e pelo papado, como emerge desta orientação por ele dada no fim de 1522 a seu legado nas regiões alemãs: "Tu deves, portanto, prometer em nosso nome que pretendemos usar toda diligência para que haja emenda, em primeiro lugar na corte romana, na qual talvez todos esses males tiveram início" (cit. in Iserloh, 129). É provável que o papa visse de bom grado um concílio para a reforma e para a união da cristandade; mas os projetos de Adriano VI não levaram a lugar nenhum, pois, além do fato de ter se mostrado lento na gestão dos negócios e de ter apresentado soluções parciais, morreu em setembro de 1523, depois de pouco mais de um ano de pontificado.

Seu sucessor, Clemente VII, pertencia à mesma família de Leão X, os Medici de Florença, e como ele estava fortemente condicionado pela situação política. Em especial, procurou impedir o domínio de Carlos V na Itália; por isso, adotou uma política filofrancesa, oferecendo o pretexto para a invasão de Roma por parte dos "lansquenetes", ou seja, as tropas imperiais (trata-se do "saque de Roma" de maio de 1527). As posições políticas de Clemente VII condicionaram a questão do concílio, pois Carlos V considerava um eventual concílio como um possível instrumento para afirmar o próprio poder no Império. Por causa disso, Clemente VII resistiu em convocá-lo, bem como hesitou em se alinhar na séria renovação indicada por seu predecessor Adriano VI.

Clemente VII morreu em 1534, e depois de apenas dois dias de conclave foi eleito o cardeal Alexandre Farnese, que assumiu o nome de **Paulo III**. Já estava com sessenta e seis anos de idade, mas era um homem intelectualmente muito vivo, de modo que, embora tivesse crescido no clima do papado renascentista, entendeu que era necessário reformar seriamente a situação de Roma — convém lembrar que com apenas vinte e três anos obteve o cardinalato (muito provavelmente devido às relações imorais que Alexandre VI mantinha com sua bela irmã, Júlia Farnese) e que na época do cardinalato teve uma amante e quatro filhos, para depois abandonar esse teor de vida por volta de 1515. Para a reforma da Igreja, Paulo III adotou **cinco importantes medidas**. Em primeiro lugar, renovou o colégio cardinalício, introduzindo personalidades dispostas à renovação eclesial e religiosa, como Gaspar Contarini (pertencente ao grupo reformista dos "espirituais": cap. 3, item 14.1), João Maria Del Monte (depois eleito papa com o nome de Júlio III), Marcelo Cervini (o futuro Marcelo II), Gian Pietro Carafa (cofundador dos teatinos, depois Paulo IV), o bispo de Rochester, João Fisher (decapitado a mando de Henrique VIII), Reginaldo Pole (legado papal na Inglaterra, onde tentou reintroduzir o catolicismo na época da rainha Maria Tudor), João Morone (graças ao qual o Concílio de Trento poderá ser levado até o fim). Cabe a Paulo III a nomeação também de Gianangelo Medici, tio de Carlos Borromeo e futuro papa Pio IV, que reabrirá e levará o concílio à conclusão. Em segundo lugar, Paulo III fundou a Inquisição romana (1542) como instrumento para enfrentar e combater ideias, personalidades e movimentos ligados à Reforma ou suspeitos como tais (cap. 5, item 23.6). Além disso, estabeleceu o *Consilium de emendanda ecclesia*, ou seja, uma comissão de cardeais, bispos e outros peritos encarregada de preparar um texto com observações e conselhos muito precisos para a reforma da Igreja; o texto foi efetivamente lido na presença do papa, num consistório de março de 1537, mas não teve nenhuma consequência prática.

Para introduzir uma reforma específica na cúria, em quarto lugar Paulo III reuniu algumas comissões para a reorganização e revisão dos dicastérios financeiros, como a dataria (onde se fixavam os pedidos para obter benefícios e graças — na prática, as dispensas —, cuja distribuição cabia à Santa Sé), a chancelaria (onde se promulgavam os documentos oficiais, o mais importante dos quais era a bula), a câmara apostólica (uma espécie de ministério das finanças), a rota e a penitenciaria (tribunais respectivamente de foro externo e interno). Não houve, todavia, medidas concretas: era cada vez mais claro que o instrumento de governo do chefe da Igreja católica, a Cúria, não conseguia se autorreformar. Quão inviável era tal percurso de renovação aparece claramente quando Paulo III ordenou aos oitenta bispos residenciais presentes em Roma que voltassem às próprias dioceses; os interpelados se defenderam, afirmando que os motivos que tornavam difícil o governo episcopal dependiam precisamente da Santa Sé, a qual concedia aos religiosos a isenção da jurisdição episcopal, ouvia os apelos a ela dirigidos, atribuía grande número de benefícios colocados nas várias dioceses da cristandade.

Embora em grande parte tenha dado resultado insuficiente ou nulo, as medidas tentadas por Paulo III deram-lhe o crédito de autoridade capaz de convocar um concílio. As **tentativas** não foram poucas. A primeira, que indicava Mântua como sede e maio de 1537 como data de início fracassou devido às oposições de Francisco I, rei da França, de Henrique VIII, rei da Inglaterra, do duque de Mântua, bem como pelo fato de que Carlos V não deu apoio explícito à sede designada. Revelou-se inútil, pois, a proposta de convocar o concílio para Vicenza, até porque entre 1540 e 1541 Carlos V foi defensor de alguns colóquios de religião entre protestantes e católicos, entre os quais se destaca o de Regensburg, com o acordo entre as duas partes sobre o modo de entender a justificação (cap. 3, item 10.6). Em maio de 1542, Paulo III convocou de novo o concílio, escolhendo como sede a cidade de Trento, situada dentro do Império e a apenas quarenta e seis horas de cavalo de Roma, com a particularidade de depender não de uma autoridade leiga, mas de um bispo-príncipe. Francisco I, declarando guerra a Carlos V, tornou nula essa nova convocação e somente o fim das hostilidades entre França e Império (paz de Crépy, setembro de 1544) criou as condições favoráveis à abertura do Concílio de Trento.

2. A **abertura** oficial do concílio ocorreu no dia 13 de dezembro de 1545, com a presença de apenas trinta e uma pessoas (o bispo-príncipe de Trento e cardeal Cristóvão Madruzzo, quatro arcebispos, vinte e um bispos, cinco gerais de Ordens religiosas) reunidas em torno de três cardeais legados, Del Monte, Cervini e Pole, e dispostas a realizar os quatro objetivos fixados pelo papa: extinguir a heresia, reformar a Igreja, fazer voltar a unidade entre os cristãos e encontrar um acordo entre os príncipes cristãos para fazer frente ao perigo turco. As **modalidades dos trabalhos do concílio** caracterizaram-se pela presidência exercida pelos legados papais, que gozavam do direito fundamental de propor a ordem do dia. Além disso, se em teoria as discussões referentes às questões doutrinais e às questões sobre a renovação da Igreja deviam ser tratadas juntas, o que ocorreu é que de fato as primeiras tiveram logo um enquadramento sólido, ao passo que as segundas foram enfrentadas com seriedade somente

na fase final do concílio. A votação foi feita *pro capite* e não por nações, como acontecera em Constança, e foi proibido aos cardeais, aos bispos e aos gerais das Ordens mendicantes e abades (o voto dos dois últimos valia um terço em relação ao dos outros) transmitir a procuradores o próprio direito de voto.

Tal organização satisfazia às expectativas do papa, pois além do fato de que eram confiadas a seus representantes a condução e a coordenação dos trabalhos e de que eram tirados os pressupostos para eventuais desvios conciliaristas, foi posta em prática a perspectiva papal de esclarecer em primeiro lugar as questões dogmáticas levantadas pela Reforma, de modo a haver uma base segura sobre a qual implantar as medidas concretas de renovação da Igreja. O imperador Carlos V, porém, optava por uma orientação oposta, julgando que graças a um entendimento com os protestantes sobre as mais acessíveis questões práticas podia-se criar um acordo para discutir depois as espinhosas questões de caráter dogmático. Para completar a apresentação do que caracteriza o Concílio de Trento, convém lembrar que ele durou dezoito anos (1545-1563) e foi realizado em três períodos: o primeiro, sob Paulo III, com um momentâneo deslocamento de Trento para Bolonha (1545-1549), o segundo, sob Júlio III (1551-1552) e o terceiro, sob Pio IV (1562-1563).

Na prática, já durante o primeiro período **os decretos** do concílio trataram das principais questões **doutrinais** levantadas pela Reforma; com efeito, foram dedicados à Revelação (com "igual piedade e veneração" atribuídas quer a "todos os livros, tanto do Antigo Testamento, como do Novo", quer às "próprias tradições inerentes à fé e à moral", e com a fixação do cânon da Sagrada Escritura), ao pecado original, à justificação, aos sacramentos em geral e aos sacramentos do batismo e da crisma (COD, 663-681.684-686). Observe-se que quase todos os decretos são constituídos pelo verdadeiro texto do decreto, aos quais se seguem uma série de cânones de condenação (*anathema sit*). Se bem considerarmos, percebe-se na sucessão dos decretos do primeiro período "uma ideia orgânica" assim articulada: "à questão das fontes da revelação segue-se a temática do pecado original, ou seja, a consideração da atual situação histórica do homem. Daí se passa coerentemente ao tema de sua reabilitação (a 'justificação'), ou à doutrina da redenção, para tratar enfim do dom da graça que se realiza no tempo por meio dos sacramentos. Como se vê, trata-se de uma escolha particular de sucessão lógica e de argumentos que obedece à exigência de oferecer a todos os católicos uma base de fé segura, adquirida por oposição às teses dos 'inovadores', julgados inaceitáveis" (Buzzi, 20-21).

Nos outros dois períodos do concílio, essa visão orgânica foi mais enriquecida com os três decretos sobre a eucaristia; um referente à presença real (COD, 693-698), outro sobre a comunhão sob as duas espécies (COD, 726-728) e o terceiro com precisa definição da relação entre o sacrifício da cruz e o rito da missa (COD, 732-736); e com os outros decretos sobre a penitência (703-709.711-713), a unção dos enfermos (COD, 710-711.713), a ordem (742-744), o matrimônio (753-755). Portanto, Trento tratou de todos os sacramentos da tradição católica, para completar a própria reflexão com os decretos aprovados na XXV e última sessão do concílio, dedicados às questões das quais na prática tinha partido a Reforma, ou seja, o purgatório, o culto dos santos e das relíquias, bem como o culto das imagens (abolir os abusos para valorizar a função formativa da devoção popular e das imagens) e as indulgências, que é o tema do último dos decretos dogmáticos (COD, 774-776.796-797).

Os dois decretos de reforma do **primeiro período** tratavam de assuntos relevantes para a renovação da Igreja. De fato, o primeiro decreto estabelecia a obrigação do ensino da Sagrada Escritura e da pregação dominical e festiva; o segundo dava aos bispos diretrizes que qualificariam seu ministério, como o respeito da residência na diocese, as intervenções para corrigir as faltas dos eclesiásticos, a proibição de acumular benefícios (COD, 681-683.686-689). Mas, para se tornarem eficazes, esses decretos tinham necessidade de ser acompanhados de ulteriores medidas, e por isso será necessário esperar até as discussões e decisões do terceiro período (1562-1563).

Enquanto em Trento se desenrolavam os trabalhos conciliares, o cenário político nos territórios alemães ia evoluindo a favor do imperador, criando as premissas para um **dissídio entre Carlos V e Paulo III**. Com efeito, o imperador estava por vencer a Liga de Esmalcalda, e em seus projetos à vitória militar haveria de seguir a participação dos protestantes no concílio, a fim de os reintegrar na Igreja católica; desse modo, sendo vencedor, quer sob o ponto de vista político, quer sob o ponto de vista religioso, o imperador teria reafirmado seu poder universal. A primeira parte do plano parecia agora a ponto de se realizar, graças à vitória de Mühlberg em 1547 e à contemporânea morte do rei da França e da Inglaterra (cap. 3, item 10.5). Mas justamente no início daquele ano, Paulo III tinha se afastado do projeto hegemônico de Carlos V, retirando o contingente do exército pontifício enviado antes como apoio da ação imperial. Para fazer fracassar definitivamente os planos de Carlos V, a Cúria romana (não oficialmente Paulo III) pensava em transferir o concílio para outro lugar, para não permitir que Carlos V o usasse segundo os próprios propósitos. A chegada do tifo petequial a Trento (objetivamente atestado pelo relatório do médico do concílio, Jerônimo Fracastoro) ofereceu o pretexto para deixar a cidade e se subtrair assim às pressões imperiais. Por isso, em março de 1547 o concílio foi transferido para Bolonha, embora os bispos fiéis ao imperador tenham permanecido em Trento.

Ao ver se desvanecerem os próprios planos, Carlos V decidiu proceder de modo autônomo para regularizar os assuntos religiosos do Império. É nesse contexto que se coloca o que já fora acordado (cap. 3, item 10.6), ou o assim chamado *Interim* de Augsburg de 1548, quando Carlos V concedeu o cálice aos leigos e estabeleceu, até que o concílio se pronunciasse a respeito, a abolição do celibato eclesiástico para os padres que tinham contraído as núpcias, pedindo aos protestantes que aderissem aos conteúdos fundamentais da doutrina católica. Além disso, mediante a convocação de vários sínodos e a publicação de algumas medidas tentou fazer frente a diversos abusos presentes na Igreja alemã, sem nada obter nada.

O ponto mais crítico do dissídio entre o papa e o imperador verificou-se no dia 10 de setembro de 1547 em Piacenza, quando, por instigação do governador de Milão, Ferrante Gonzaga, foi assassinado Pierluigi Farnese, um dos filhos do papa, com a consequente ocupação de Piacenza por parte das tropas imperiais. Todavia, permanece válida a observação de Hubert Jedin sobre o comportamento fundamental que tiveram Paulo III e Carlos V: "[…] as duas partes continuaram a procurar evitar uma ruptura completa. O papa deixou que o concílio bolonhês discutisse, mas que não publicasse nenhum decreto; o imperador deu à Igreja do Império uma estrutura provisória, sem a colaboração direta do pontífice, mas com sua tácita tolerância" (Jedin, *Gli inizi*, 569).

Após a **transferência para Bolonha**, os trabalhos tiveram oportunidade de continuar por dois anos e meio (abril de 1547-setembro de 1549, IX e X sessões); embora não tenha sido aprovado nenhum decreto, a participação de um maior número de teólogos com relação ao que acontecera em Trento, a possibilidade de dispor das bibliotecas dos estudos gerais das Ordens mendicantes, bem como o clima intelectual da cidade universitária fizeram progredir muito as discussões nas questões dogmáticas, as quais seriam depois definidas no segundo e no terceiro período do concílio. No que se refere à reforma da Igreja, Paulo III organizou uma assembleia internacional em Roma (para isso, suspendeu o concílio), convocando-a para início de 1550. Sua morte, ocorrida no dia 10 de novembro de 1549, deixou incompleto o empreendimento.

3. Depois de um longo conclave, no início de fevereiro de 1550 foi eleito João Maria Del Monte, **Júlio III**, que fora um dos três delegados papais em Trento; na capitulação (ou seja, o acordo secreto entre os cardeais) que precedeu sua eleição, ele se comprometeu a dar continuidade ao concílio. Embora o rei da França (tendo morrido Francisco I em 1547, seu sucessor foi Henrique II) sabotasse o concílio e os protestantes pusessem condições inaceitáveis para que pudessem participar, Júlio III conseguiu criar os pressupostos para reabrir a assembleia no início de maio de 1551: a bula de convocação *Cum tollenda* falava explicitamente de *continuatio* do concílio suspenso e de um **retorno (*reductio*) a Trento**, onde por menos de um ano (maio de 1551-abril de 1552) se realizaram as sessões XI-XVI. A organização sofreu uma modificação em relação à presidência: em vez de três legados, um só (o cardeal Marcelo Crescenzio, perito em direito canônico), ajudado por dois copresidentes (os bispos Alvise Lippomani e Sebastião Pighino, peritos da situação alemã). A presença italiana foi pouca, enquanto a espanhola foi muito forte, sinal da entrada de Filipe II na cena política europeia, enquanto Carlos V ia sumindo antes de concluir seus dias em 1558. Foi também notável a participação de personalidades provenientes da área alemã, entre as quais os representantes dos príncipes protestantes, mas as condições postas por eles tornaram impossível qualquer negociação. Estiveram totalmente ausentes os representantes da França, tendo Henrique II enviado até mesmo um protesto oficial contra o concílio.

Os decretos dogmáticos, aprovados após rápida discussão graças ao trabalho feito em Bolonha, referiram-se ao sacramento da eucaristia (presença real, transubstanciação), ao sacramento da penitência e ao sacramento da unção dos enfermos. Se comparado ao dos decretos do primeiro período, o estilo dos capítulos teve um andamento mais atento à vida pastoral. Os decretos para a reforma não entraram seriamente no assunto tratado, apesar das diversas discussões sobre as isenções, o modo de conferir as ordens e os benefícios, as comendas (COD, 693-718). Certamente, a presença do cardeal Crescenzio (um canonista curial que não tinha sensibilidade reformadora) como presidente do concílio foi uma das causas do pouco destaque dado às propostas de reforma.

Em abril de 1552 o concílio foi **suspenso** devido aos novos conflitos militares, pois o ataque contra Carlos V por parte do protestante Maurício da Saxônia (em acordo com a França e até com os turcos, ou seja, Solimão I o Magnífico) obrigou os bispos alemães a deixar Trento, tornando impossível a discussão das questões doutrinais. Três anos mais tarde, depois de ter tentado em vão a reforma da Cúria romana, Júlio III morreu. Seu sucessor foi um eminente humanista e autêntico reformador, Marcelo Cervini, que, já pelo nome escolhido (Marcelo II), dava a entender que desejava continuar como papa o que ele era antes; assim, empenhou-se logo em corresponder concretamente à exigência que lhe fora manifestada logo depois de sua eleição: "Há vinte anos se fala de reforma e se admite abertamente sua necessidade, mas nada se fez". Ele quis passar das palavras aos fatos, mas lhe faltou o tempo, pois morreu depois de apenas vinte dias de pontificado. Isso não impediu Hubert Jedin de apontá-lo como "o primeiro papa da reforma católica" (Jedin, *Gli inizi*, 579-580).

Na brecha aberta pelo papa Cervini inseriu-se o sucessor **Paulo IV**, ou seja, o já lembrado cardeal Gian Pietro Carafa. Embora assumindo o mesmo nome do papa que tinha convocado o Concílio de Trento, tinha uma personalidade e uma história totalmente diferentes das de Paulo III. Cofundador dos teatinos, Carafa fora um dos protagonistas da Reforma católica e tinha mantido sempre um altíssimo rigor religioso e moral. No momento da eleição já estava com setenta e nove anos de idade, mas era ainda um homem vigoroso e de caráter tão impulsivo que em muitos casos lhe faltava discernimento. Isso ficou patente antes de tudo em sua incapacidade de se dar conta das manipulações feitas pelos sobrinhos, especialmente pelo imoral cardeal Carlos Carafa. A falta de discernimento marcou também as escolhas na política externa, pois, de um lado, por sugestão do recém-mencionado sobrinho cardeal e para procurar se opor ao domínio espanhol em Nápoles (de onde provinham os Carafa), Paulo IV declarou guerra a Filipe II, saindo derrotado (paz de Cave, de 1557), e, de outro, retirou o apoio ao cardeal Pole, comprometido em apoiar a obra de recatolicização da Inglaterra desejada pela rainha Maria Tudor.

Com os mesmos tons, o papa levou adiante a reforma da Igreja. Julgando que fosse um instrumento complicado e lento e, portanto, não incisivo, **não reativou o concílio** e preferiu agir de outro modo, apostando em erradicar a heresia e em reformar a Cúria romana. Contra a heresia fortaleceu a Inquisição romana, confiando-a ao dominicano Miguel Ghislieri (depois Pio V), o qual, como comissário-geral, recebeu os mesmos poderes dos cardeais inquisidores. Desse modo, a pena de morte foi pronunciada com mais frequência do que antes e entre as vítimas da Inquisição estiveram personalidades que já tinham se mostrado beneméritas para a reforma da Igreja e participado do concílio, como o cardeal Morone, preso no Castel Sant'Angelo por suspeição de heresia.

Sob Paulo IV, a Inquisição teve competências não somente sobre questões doutrinais, mas também sobre os bons costumes.

Ainda para combater a heresia, Paulo IV publicou o primeiro Índice pontifício dos livros proibidos, tão severo que fez com que até mesmo muitos estudiosos comprometidos com a luta contra a heresia reclamassem por se verem privados dos próprios instrumentos de trabalho; foram condenadas também todas as obras de Erasmo, bem como todos os livros impressos nos últimos quarenta anos sem indicação de autor e impressor. O mesmo destino teve a maior parte das edições da Bíblia e dos Padres e todos os livros de sessenta e uma tipografias, independentemente de seu conteúdo. O jesuíta Pedro Canísio escreveu da Alemanha: "Até os melhores católicos desaprovam tal rigor" (cit. in Jedin, *Gli inizi*, 584).

Para **reformar a Cúria romana**, Paulo IV aumentou o número dos cardeais reformadores a ponto de constituírem a maioria do colégio. Além disso, interveio na dataria: destinada a administrar as dispensas, era um dos dicastérios que mais causavam a desonestidade curial. Paulo IV emanou normas severas sobre a comenda e teve êxito onde Paulo III fracassara, pois obrigou os bispos residentes em Roma a voltar para as próprias dioceses (de cento e treze que eram em 1556 permaneceram somente doze). Além disso, obrigou os frades e os monges giróvagos do Estado pontifício a voltar a seus conventos e mosteiros.

Definitivamente, o rigor inegavelmente aumentado de todas as medidas eclesiásticas constituiu um grande passo adiante no caminho de uma profunda reforma, mas a unilateralidade e a dureza dessas medidas, bem como a condescendência em relação a seus sobrinhos, fizeram o pontificado de Paulo IV parecer aos contemporâneos uma grande desilusão. Por isso, quando o papa, odiado por muitos, morreu em agosto de 1559, as portas das prisões onde se encontravam os supostos heréticos foram arrancadas, o palácio da Inquisição foi assaltado e a estátua do pontífice no Campidoglio foi ultrajada. Antipático a seus contemporâneos, Paulo IV teve o mérito histórico, porém, de envolver definitivamente o papado e a Cúria na renovação em andamento na Igreja católica, o que foi determinante para o final e sucessiva aplicação do Concílio de Trento.

4. O novo papa, **Pio IV**, eleito depois de um conclave que durou quatro meses (do início de setembro ao fim de dezembro de 1559), embora estranho aos movimentos de reforma em andamento na Igreja católica, teve a oportunidade depois de se inserir no clima, disposto a realizar uma autêntica renovação eclesial. Uma ajuda particular veio de dois homens de sua confiança, o cardeal João **Morone**, que participara dos círculos "espirituais" (cap. 3, item 14.1), e o jovem "cardeal-sobrinho", **Carlos Borromeo**. Ambos levaram o papa a reabrir o concílio, e para o convencer definitivamente foi importante a ação realizada pelo duque **Cosme de Medici**, o habilidoso conselheiro de Pio IV em política externa.

Reabrir o Concílio de Trento não foi fácil, porque o rei da Espanha Filipe II, o imperador Fernando I e a corte francesa (Catarina de Medici e o cardeal de Lorena) tinham opiniões bem diferentes a respeito. Sinal evidente dessa dificuldade é o lapso de tempo ocorrido entre a convocação do concílio (5 de abril de 1561) e a efetiva abertura em Trento (18 de janeiro de 1562). Protestantes, anglicanos e ortodoxos, embora convidados, não participaram. Além disso, durante o terceiro período foram debatidas as posições dos calvinistas, sobretudo porque parecia que estavam por saírem vencedores na França (cap. 5, item 23.1), arriscando assim de tirar da Igreja católica uma das nações europeias mais importantes.

Para dirigir o **terceiro período** dos trabalhos conciliares (sessões XVII-XXV), Pio IV nomeou cinco legados: o cardeal Hércules Gonzaga, bispo de Mântua, político de primeira ordem que unia em si os limites do período renascentista com a disponibilidade à Reforma católica; o cardeal Jerônimo Seripando, arcebispo de Salerno e geral dos agostinianos; o canonista Tiago Puteo (substituído a seguir pelo inepto sobrinho do papa, o cardeal Marcos Sittich de Hohenems); o teólogo polemista Estanislau Hosio, bispo de Vármia, na Polônia, e núncio junto ao imperador; o cardeal Luís Simonetta, um canonista que gozava da plena confiança do papa. Mas aquele do qual dependeram definitivamente os destinos do concílio foi o cardeal Morone, que entrou como legado depois da morte de Gonzaga e Seripando, quando os trabalhos pareciam estar a ponto de naufragar.

Depois que no dia 18 de janeiro de 1562 o concílio pôde ser finalmente reativado na presença de cento e nove cardeais e bispos, quatro abades e quatro gerais de Ordens religiosas, deu-se logo no mês de abril uma **primeira crise**, com vivas discussões sobre a residência dos bispos; em particular, discutiram se se tratava de uma exigência de direito divino (nesse caso, seria intocável também pelo papado, e ao mesmo tempo evidenciaria o papel dos bispos na Igreja) ou de puro direito eclesiástico (nesse caso, o papa podia dispensar da obrigação de residência). Trinta e cinco padres votaram a favor do direito eclesiástico, trinta e seis remeteram a questão ao papa. Também entre os delegados havia divisão. A crise foi adiada, mas não resolvida, uma vez que foram postos na ordem do dia os problemas teológicos deixados em suspenso em 1551, ou seja, a comunhão sob as duas espécies e a missa como sacrifício.

O problema emergiu de novo, provocando uma **segunda crise** que paralisou o concílio por dez meses, de novembro de 1562 a julho de 1563. Tendo chegado a Trento em novembro sob a direção do cardeal de Lorena, Carlos de Guisa, os bispos franceses orientaram a discussão não somente em torno da residência dos bispos, mas também em torno da relação entre o primado pontifício e o poder dos bispos, enfrentando a seguinte questão: a jurisdição episcopal provém *diretamente* de Cristo ou de Cristo *mediante* o papa? Franceses, espanhóis e parte do grupo italiano eram favoráveis à primeira tese; a maioria (entre os quais o geral jesuíta Laynez) apoiou a segunda tese. Embora se recorresse às pressões exercidas pelos soberanos católicos, a situação não se resolvia. A essa altura ocorreu a morte, próxima uma da outra, de dois legados, Gonzaga e Seripando (2 e 7 de março de 1563), que deixaram o lugar, como presidente do concílio, ao cardeal Morone. Ele conseguiu chegar a um acordo tanto com o imperador Fernando I quanto com o cardeal de Lorena, e na sessão XXIII de 15 de julho de 1563 fez aprovar o seguinte compromisso: foi condenada a posição protestante sobre os bispos, foi deixada de lado a definição sobre o primado pontifício (que remontava ao ato de união com os gregos ocorrido em 1439 durante o Concílio de Florença: cap. 1, item 2.3), foi afirmado que os bispos tinham sido postos pelo Espírito Santo para dirigir a Igreja de Deus e foi confirmada a obrigação grave da residência, embora com a admissão de que dessa obrigação podia-se por urgente necessidade ficar livre, depois de ter obtido a dispensa da Santa Sé (COD, 742-744.744-745).

Superada a crise, procedeu-se rapidamente ao estudo de outras **questões dogmáticas** e sobretudo à definição de medidas de reforma. Entre os decretos do primeiro tipo já lembrados anteriormente, uma menção especial cabe ao que se refere ao sacramento do matrimônio, porquanto acompanhado de um decreto de reforma que marcou a prática matrimonial da Igreja católica desde então até hoje. Trata-se do cânon *Tametsi*, com o qual foi estabelecido que para o futuro seriam invalidados os matrimônios celebrados sem a presença do pároco, ou de seu delegado, e de testemunhas (COD, 755-759). Essa disposição se insere entre outros **decretos de reforma** que, aprovados com dificuldade nos primeiros dois períodos, ganharam força na última fase do concílio. Isso dependeu do fato de que então amadureceu e se impôs a consciência de que a Igreja deve se renovar continuamente a fim de realizar a própria missão pastoral (*cura animarum suprema lex Ecclesiae est*, "a cura das almas é a lei suprema da Igreja").

Para pôr em prática essa tomada de consciência, o concílio fez apelo à responsabilidade dos bispos, dos párocos e dos outros titulares de benefícios que tinham a *cura animarum*; eles não deviam se considerar administradores ou gestores, mas pastores dos fiéis a eles confiados. Entre os assuntos recentemente lembrados, sobretudo os bispos foram muito responsabilizados pelos decretos tridentinos, privilegiando dois tipos de instrumentos para sua ação pastoral: um construído pela revitalização do que já existia na tradição da Igreja, e outro que tinha um caráter de novidade. No primeiro caso, foram relançadas as visitas pastorais, bem como os sínodos, estabelecendo-se a convocação trienal dos provinciais e anual dos diocesanos. No segundo caso, pensou-se numa nova instituição para a formação do clero, ou seja, o que o cânon XVIII (*Cum adolescentium aetas*) do decreto da reforma da XXIII sessão, do dia 15 de julho de 1563, chamou de "Seminarium" (viveiro, estufa). Dessa instituição (cf. Inserção 2 – *A aplicação do cânon tridentino sobre os seminários*), que devia depender exclusivamente dos bispos, davam-se esboços bem específicos a respeito da cobertura econômica, mas genéricos no que diz respeito ao enfoque educativo (COD, 750-753).

Os decretos de reforma do Tridentino propunham a toda a Igreja estes objetivos: acabar com os abusos do sistema beneficiário, reafirmando o princípio que subordinava a fruição de um benefício ao serviço realizado a favor da atividade pastoral; selecionar e disciplinar o clero; reafirmar a obrigatoriedade da residência para bispos e párocos, dentro dos limites e com os esclarecimentos já expostos; ter cuidado na escolha dos cardeais e dos bispos; propor em termos vinculantes a convocação anual dos sínodos diocesanos e trienal dos sínodos provinciais; tornar obrigatórias para todos os bispos as visitas pastorais, de modo que uma diocese fosse visitada "completamente todos os anos" ou pelo menos, quando extensa, "no período de dois anos, ou pessoalmente ou por meio de seus visitadores" (cit. in COD, 762). Tais orientações eram integradas pelas que se referiam às Ordens religiosas (por exemplo, fixando em dezesseis anos a idade mínima para as profissões religiosas solenes), ao cuidado na pregação dominical e festiva dos fiéis — além da formação catequética das crianças, sempre nesses mesmos dias —, ao apelo ao respeito dos direitos e das liberdades eclesiásticas por parte dos poderes civis. Enfim, o concílio confiou ao papa a reforma do Índice, do breviário, do missal, bem como a redação de um catecismo para toda a Igreja católica.

O concílio terminou no dia 4 de dezembro de 1563 com a leitura e a assinatura de todos os decretos dogmáticos por parte de seis cardeais, três patriarcas, vinte e cinco arcebispos, cento e sessenta e nove bispos, sete abades, sete gerais de Ordens, para um total de 217 padres: um número que superava de longe as trinta e quatro pessoas com que o concílio fora aberto dezoito anos antes e que indicava como as propostas amadurecidas na assembleia tinham encontrado um acolhimento cada vez mais amplo.

16. A aplicação papal

À distância de sete meses do encerramento do concílio, **Pio IV** deu plena aprovação a todos os decretos tridentinos mediante a bula *Benedictus Deus*, de 30 de junho de 1564. Foi um passo que nada tinha de formal, porque o próprio papa aceitou assumir as tarefas que o concílio tinha confiado à Santa Sé, em especial ao constituir uma comissão para preparar um catecismo universal para a Igreja católica. Além disso, instituiu um organismo para a interpretação do concílio, tendo como modelo a Inquisição romana, um tipo de dicastério novo dentro da Cúria e que tinha dado prova de eficácia. Mas ele morreu dois anos após o fim do Tridentino (9 de dezembro de 1565), sem ver realizadas as obras que tinha ordenado serem enfrentadas.

1. Seu sucessor, o cardeal Miguel Ghislieri, dominicano ascético que vivia em pobreza exemplar, homem zeloso que estivera na chefia da Inquisição durante o pontificado de Paulo IV, levou a efeito o trabalho iniciado por seu antecessor. Eleito no dia 7 de janeiro de 1566, o novo papa assumiu o nome de **Pio V** e realizou três importantes ordens confiadas pelo Concílio de Trento à Santa Sé, ou seja, a redação de um catecismo para toda a Igreja católica, a reforma do **breviário** e a reforma do **missal** romano; para o Índice dos livros foi além das instruções do concílio, pois em 1571 fundou uma congregação especial com esse nome, à qual confiou a tarefa de avaliar as publicações suspeitas. No ano seguinte, pouco antes de morrer, instituiu uma nova congregação, que se juntava às três já existentes, para examinar os candidatos às nomeações episcopais.

Um tema particularmente significativo é o do **catecismo**, sobre o qual foi observado que "em vez da Bíblia, o povo católico teria um catecismo. Essa abordagem não é gratuita. Foi precisamente durante os debates de 1546 sobre o uso da Escritura sagrada que alguns padres tinham posto em evidência quanta necessidade havia de se ter uma exposição simples da doutrina cristã para instruir o povo: seria um catecismo publicado simultaneamente em latim e em língua vulgar" (Venard, *Il concilio*, 355). A sensibilidade dos padres conciliares refletia uma ação catequética levada adiante por diversas gerações na Igreja católica. Na Itália, já durante o século XV foram as confrarias que exigiram mais completa formação dos próprios membros, e em geral dos fiéis, especialmente dos mais jovens. Desse modo, nasceram o que se conhece como "escolas da doutrina cristã", as mais importantes das quais são atribuídas a Antonino Pierozzi (cap. 1, item 4.1) e Castellino de Castello. O primeiro, vigário dos dominicanos da Observância, fundador do convento de São Marcos em Florença (onde trabalhou Fra Angélico e onde viveu Savonarola), foi arcebispo da cidade de 1446 a 1459; depois foi canonizado por Adriano VI em 1523.

Quanto a Castellino de Castello, originário de Menaggio (junto ao lago de Como), foi padre em Milão, onde, na igreja dos Santos Tiago e Filipe, a partir de 1536 começou a reunir os meninos do bairro para lhes ensinar os conteúdos fundamentais da doutrina cristã e as primeiras noções de leitura, escrita e aritmética. Com a ajuda de alguns sacerdotes, entre os quais se distinguiu o servita beato Ângelo Porro, e de alguns leigos (chamados "operários da doutrina cristã"), difundiu suas "escolas" em outras paróquias, para as quais escreveu as regras e um catecismo, configurando-as como confraria, denominada em 1539 "Companhia da reformação cristã em caridade". Depois dos esclarecimentos dados ao vigário-geral da diocese de Milão a respeito da expressão "reforma" (que lembrava muito o protestantismo), a obra de Castellino de Castello foi canonicamente reconhecida em 1550 com o título de "Companhia dos servos dos meninos em caridade" e se difundiu em diversas regiões da Itália.

Nesse contexto situa-se a orientação do Tridentino aos bispos sobre a instrução paroquial dominical e festiva das crianças "nos rudimentos da fé e na obediência a Deus e aos pais por parte de encarregados especiais" (cânon IV, do decreto da reforma da sessão XXIV: COD, 763). Essa orientação teve notável sucesso (cf. Inserção 1 – *As companhias e as escolas da doutrina cristã*). Quanto à diocese de Milão, a partir de 1559 a *Companhia dos servos* teve exclusividade na fundação de escolas para a educação cristã e a alfabetização dos rapazes e das jovens. Castellino de Castello morreu no dia 21 de setembro de 1566, um ano depois da entrada em Milão do arcebispo Carlos Borromeo, que apoiou e incrementou as escolas de doutrina cristã e as relativas companhias.

A instrução catequética foi igualmente cara às Igrejas da Reforma. Lutero, que denunciou quer a ignorância em que se encontrava grande parte dos cristãos em assunto religioso, quer a incapacidade dos pastores em instruir o povo de Deus, escreveu duas obras em 1529, ou seja, o *Catecismo grande* e o *Pequeno catecismo*, esse último uma obra-prima de simplicidade, clareza e fervor. Também Calvino se interessou muito pela catequese, e em 1537 compôs a *Instrução e confissão de fé usadas na Igreja de Genebra*, para depois, constatada a dificuldade de assimilá-la, substituí-la em 1541 pelo *Catecismo da Igreja de Genebra*, em forma de perguntas e respostas.

Voltando ao âmbito católico, merecem destaque os catecismos de três áreas linguísticas diferentes, da Espanha, onde se afirmaram os catecismos de Astete-Ripalta e de Pedro de Soto (confessor de Carlos V), à Itália, onde teve sucesso o catecismo de Roberto Belarmino, e às regiões alemãs, onde se distinguiram os textos do bispo de Viena, Frederico Nausea, e sobretudo de Pedro Canísio; este último, surgido em 1556, foi proposto por alguns padres do Concílio de Trento para toda a Igreja católica; mas, como se viu, foi afinal confiado ao papa a redação de um texto universalmente válido.

Como já antecipado, a tarefa foi assumida por Pio IV, que encarregou o "cardeal-sobrinho", Carlos Borromeo, de coordenar os trabalhos de uma comissão especial; composta principalmente por alguns dominicanos, preparou um texto, depois aperfeiçoado quanto à forma por um célebre humanista, Júlio Poggiani. Desse modo, Pio V viu a obra praticamente terminada e não lhe coube senão submetê-la para ulterior revisão ao cardeal Sirleto, para que fosse publicada em 1566 em edição latina e italiana, à qual se seguiram pouco depois traduções em alemão, francês e polonês. O *Catechismus ex decreto Concilii tridentini*, chamado desde então *Catecismo romano*, é um catecismo *ad parochos*, ou seja, não voltado aos simples fiéis, mas confiado aos párocos, a fim de que encontrassem as linhas de orientação graças às quais instruir os fiéis. Segundo Jean-Claud Dhôtel, "malgrado os limites de suas perspectivas, [...] malgrado as sutilezas teológicas que deviam torná-lo muitas vezes inacessível a uma parte do clero ainda não bem formada, a obra fornecia aos pastores os elementos de uma catequese doutrinal, bíblica e espiritual que não visava apenas à inteligência das verdades cristãs, mas à educação e ao crescimento da fé". Com inspiração nessa avaliação, Marc Venard prossegue afirmando que "podemos dizer sem exagero que o *Catecismo romano* constitui o canal principal pelo qual o Concílio de Trento chegou à massa dos católicos" (Venard, *Il concilio*, 355-356).

Quase no fim do pontificado de Pio V, no início de outubro de 1571, a frota cristã derrotou a turca na batalha de **Lepanto**, no golfo de Corinto, vitória que o papa pôs sob a proteção de Nossa Senhora do Rosário, introduzindo uma celebração litúrgica que contribuirá para difundir o rosário, uma das práticas que caracterizou a piedade católica na época moderna.

Inserção 1
As companhias e as escolas da doutrina cristã

O Concílio de Trento (COD, 763) tinha dado aos bispos a orientação de prover à catequese paroquial dominical e festiva dos jovens (item 16.1). Isso propiciou a difusão das "escolas da doutrina cristã", instituídas em Milão e estruturadas com poucas variantes em muitíssimas outras dioceses e cidades da Itália setentrional. A principal característica que salta aos olhos é a minuciosa codificação das normas e dos comportamentos de todos, alunos e catequistas, de modo a tirar proveito das experiências já amadurecidas e ao mesmo tempo oferecer uma base clara para os desenvolvimentos futuros.

As "escolas" ocorrem nos dias festivos por todo o ano, e duram cerca de hora e meia no inverno e duas horas no verão. O som dos sinos convoca as crianças, meninos e meninas, enquanto os *officiali* (chamados também de *operarii* e *operarie*: mestres priores, chanceleres, porteiros, bedéis) preparam o que é necessário. Às vezes os alunos chegam acompanhados dos *pescatori*, outros oficiais que vão pelos caminhos a reunir os que não têm lá muita vontade de ir. Na igreja, depois de uma breve oração pessoal, os jovens se dirigem para as diversas classes, situadas aqui e ali na nave ou nas capelas laterais e subdivididas de acordo com o grau de preparação, bem como naturalmente por gênero; cada classe é formada por seis a oito indivíduos sob a guia de um mestre ou de uma mestra e supervisionadas pelos *bedéis*, encarregados de manter a ordem (às vezes com o auxílio de longas varas).

O tempo é escandido por oração, cantos, explicações, disputas (à moda dos pregadores da época, muitas vezes sobre pequenos púlpitos de madeira um diante do outro). Os alunos não podem se afastar senão por brevíssimos intervalos e com a permissão do *porteiro*. O sistema disciplinar rigoroso constitui grande novidade com relação ao modelo medieval, muito mais livre. A "doutrina" termina com a oração e a eventual punição dos mais indisciplinados. Em casa, as crianças são obrigadas a retomar a aula; os *visitadores* vão periodicamente visitar as famílias para manter atualizado o censo das crianças e verificar as razões de eventuais ausências.

O ensino se desenvolve com um método gradual e cíclico: começa-se com o sinal da cruz, as orações e o "credo"; depois se passa à moral, com os mandamentos, à doutrina dos sacramentos, às bem-aventuranças e às obras de misericórdia. Em todas as classes, os mesmos conteúdos são retomados cada vez com mais profundidade, e a passagem de uma classe para a seguinte ocorre não com base na idade, mas no nível de aprendizagem, reconhecido pelo mestre no momento oportuno. A memória tem grande importância: todas as atividades (a recitação individual e coletiva, o canto, a disputa, a leitura e a escritura) têm por objetivo o aprendizado mnemônico do *interrogatório*, ou seja, o conjunto da matéria estruturado numa série de perguntas e de respostas. O método terá grande êxito e permanecerá em uso até quase os nossos dias.

Para a aprendizagem do catecismo e para a sua repetição no âmbito doméstico é de fundamental importância que as crianças aprendam a ler, e depois também a escrever; assim, desde a origem as escolas se tornam centros de alfabetização de massa. Os estudiosos são capazes de estabelecer correlações significativas entre a presença mais ou menos capilar das escolas nas paróquias da Itália setentrional e a difusão de uma cultura básica nas camadas mais humildes da população, uma vez que esse tipo de escola era gratuito e aberto a todos. O frontispício dos livretos utilizados (fossem eles o *Canísio* ou o *Belarmino*, dos nomes de seus autores) traz, sob o desenho do nome de Jesus dentro de uma auréola (IHS), o elenco das letras do alfabeto minúsculo e maiúsculo, um modelo de referência de onde começar a trabalhosa aprendizagem da leitura. Aos melhores se ensina também a escrever. Leitura e escrita são artes que são aprendidas separadamente desde a Idade Média, e a escrita requer uma habilidade manual e um exercício da caligrafia que não está ao alcance de todos. Todavia, ninguém é admitido à aprendizagem da escrita antes de ter aprendido as noções fundamentais do catecismo: leitura e escrita são funcionais ao saber da fé.

Em geral, os textos do catecismo são organizados numa parte mais breve e sintética para os principiantes, seguida por um compêndio mais aprofundado para quem já teve mais progresso. A imprensa oferece grandes possibilidades de difusão a preços moderados e é previsto que todos, até os mais pequeninos, tenham seu livreto adquirido ou pelo menos emprestado. Nem mesmo a roupagem tipográfica é deixada ao acaso: os itens são breves, dotados de títulos significativos e com referências à margem; as perguntas e as respostas usam caracteres diferentes; o formato é pequeno, análogo ao moderno livro de bolso. E nas igrejas são afixados grandes cartazes que mostram as partes da doutrina, subdividindo-a em colunas, com caracteres diferentes e breves resumos e esquemas. A difusão da imprensa permite a publicação de subsídios para os catequistas-mestres, canções religiosas e também material de propaganda (como os "sumários das indulgências" para quem frequenta a "doutrina").

O que se ensina nas "escolas da doutrina cristã"? A alfabetização básica tem por objetivo a aprendizagem dos *rudimenta fidei*, mas se considera também uma parte importante o ensino dos *bons costumes*, ou seja, das regras de comportamento. Pela primeira vez, essas normas são endereçadas não aos adultos, mas exclusivamente às crianças, às quais se ensina a importância de valores propostos no quadro de um estilo de vida complexo, cristãmente motivado (humildade, submissão, domínio de si, hospitalidade, perdão, religiosidade); enfim, já está presente nesse método a ideia da integração entre a fé e a vida, que está na base da catequese e que será depois descoberta com mais consciência em nossos dias. Os comportamentos analisados abraçam toda a vida e todo o dia: as relações na família e nos demais âmbitos da vida, o comportamento à mesa (no século XVI as crianças tinham a tarefa de benzer a mesa), as práticas devocionais, as relações sociais. Uma atenção particular é posta na aprendizagem do sinal da cruz, que graças ao catecismo é uniformizado (antes existiam diferentes modalidades). Encoraja-se a vida sacramental: a missa cotidiana, a confissão e a comunhão mensal (como era uso na época e até o início do século XX), a visita quotidiana ao Santíssimo Sacramento na igreja.

A dimensão talvez mais evidente que é inculcada nas crianças é o respeito por todos os "superiores": pais, clero, mestres, pessoas mais idosas em geral. Enfim, procura-se combater não somente a ignorância em assunto religioso, mas também construir um tecido social ordenado, como um universo estruturado de maneira clara, reconhecível e seguro, dentro do qual todos pudessem encontrar a própria situação e o sentido psicológico da própria vida e da própria vocação. Em alguns casos, a experiência positiva amadurecida com as crianças levará a estender a experiência também a outras faixas etárias ou a categorias particulares de pessoas que de outro modo estariam excluídas da catequese (como as *servas* das famílias nobres ou os *palafreneiros*).

Em suas várias articulações e em seus vários desdobramentos (algumas se tornarão também verdadeiras congregações religiosas, como no caso dos *doutrinários*), as companhias e as escolas da doutrina cristã desempenharão um papel de grandíssima importância durante os séculos XVI e XVII inteiros. Na segunda metade do século XVIII estarão, porém, fortemente condicionadas pelos governos marcados pelo reformismo iluminado (cap. 6, itens 25-26), que quererão assumir diretamente o controle da educação das crianças. O Estado vetará o uso dos catecismos (como o *Belarmino*) muito próximos das posições de Roma e imporá o uso de textos aprovados pela autoridade estatal, nos quais a preocupação de instruir o súdito fiel com frequência parece superar a atenção para a formação de um bom cristão; além disso, nas "escolas da doutrina cristã" originárias os mestres eram também leigos; depois, com a nacionalização dos benefícios eclesiásticos, foi garantido o estipêndio somente ao clero com cura de almas, em troca dos serviços religiosos e do ensino do "ler, escrever e fazer conta". Tudo isso mudou profundamente a fisionomia das "escolas", que de fato não sobreviveram no final do século XVIII.

Com a Restauração, o enquadramento do clero na função de ensino foi comumente aceito, enquanto a tentativa de reconstruir as "escolas" não teve sucesso pela falta de recursos econômicos. Todavia, a experiência amadurecida nessas realidades difundidas por quase toda a Europa não ficará perdida: será reproposta novamente no século XIX, administrada, porém, pelos próprios bispos e pelos párocos, com a colaboração de leigos, dando vida a um verdadeiro movimento catequético.

Nota bibliográfica

TAMBORINI, A. *La Compagnia e le Scuole della Dottrina Cristiana*. Milão: Giovanni Daverio, 1930.

TOSCANI, X. Le "Scuole della Dottrina cristiana" come fattore di alfabetizzazione. In: *Da Carlo Borromeo a Carlo Bascapè. La pastorale di Carlo Borromeo e il Sacro Monte di Arona*. Novara, 1985, 35-56.

TURRINI, M. "Riformare il mondo a vera vita christiana": le scuole di catechismo nell'Italia del Cinquecento. *Annali dell'Istituto storico italo-germanico di Trento* 8 (1982) 407-489.

VISMARA CHIAPPA, P. *Il buon cristiano. Dibattiti e contese sul catechismo nella Lombardia di fine Settecento*. Florença: La Nuova Italia, 1984.

2. O papa Ghislieri morreu no dia primeiro de maio de 1572, e seu sucessor, o canonista Hugo Boncompagni, proveniente da Cúria, e que, todavia, tinha participado do Concílio de Trento, assumiu o nome de **Gregório XIII**. Ele continuou a ação do papado a favor da reforma tridentina, sobretudo mediante a fundação dos **seminários** nas regiões de língua alemã (confiados quase exclusivamente aos jesuítas) e de vários **colégios nacionais** em Roma, instituindo os Colégios inglês, grego, armênio e juntando o Colégio alemão com o húngaro. Na prática, esses colégios eram seminários nos quais eram formados jovens que, uma vez ordenados sacerdotes, voltavam para seus territórios de origem para desenvolver sua missão. Muitos deles se tornaram bispos das respectivas Igrejas de proveniência.

Ainda em Roma, Gregório XIII incrementou a ação educativa dos jesuítas, financiando a construção do novo edifício do Colégio romano, que fora fundado em 1551 por Santo Inácio (a atual Universidade gregoriana não é senão a continuação, numa nova sede, do Colégio romano). Ao nome de Gregório XIII está ligada também a reforma do calendário juliano, com a introdução a partir de 24 de fevereiro de 1582 do calendário até hoje em vigor. Embora essa última reforma não fizesse diretamente parte da aplicação do Tridentino (aliás, dava cumprimento a um projeto iniciado com os papas renascentistas, como Sisto IV, Leão X e Clemente VII), todavia "permitiu medir até onde se estendia a autoridade papal: os Estados católicos o adotaram logo, os protestantes — apesar da recomendação dos astrônomos Brahe e Kepler —, somente depois de mais de cem anos, e o mundo ortodoxo, somente no século XX" (Jedin, *Il papato*, 606).

Uma escolha de Gregório XIII que faz parte plenamente da aplicação do Concílio de Trento é o aperfeiçoamento da atividade das **nunciaturas** surgidas durante o século XV e afirmadas durante o século seguinte, com a missão de representar os pontífices quer perante os diversos soberanos católicos, quer junto à Igreja presente nos respectivos territórios. Diferentemente dos legados ou dos visitadores apostólicos, que cumprem missões temporárias, a atividade das nunciaturas é permanente. Às nunciaturas já existentes junto à corte imperial na França, Espanha, em Portugal, na Polônia, Saboia, em Veneza, Florença e Nápoles, Gregório XIII acrescentou as de Lucerna para os suíços, de Graz para o arquiducado da Áustria (em particular para a Estíria e a Caríntia) e de Colônia para as zonas renanas e da Alemanha meridional (mais tarde, durante o pontificado de Clemente VIII, a rede das nunciaturas foi completada em 1596, com um internúncio em Bruxelas).

Desse modo, Gregório XIII aperfeiçoou um instrumento que garantia relações estreitas com os soberanos católicos, estimulando-os ao apoio das reformas tridentinas e apoiando os episcopados e as Ordens religiosas que agiam na linha do Tridentino. Além disso, as nunciaturas ajudaram na coordenação da atividade diplomática entre os soberanos católicos, premissa para fazer frente à pressão turca, na perspectiva de dar continuidade à vitória de Lepanto. Enfim, graças à atividade de diversas nunciaturas, foi mantida sob controle e contrastada a Reforma protestante. Esse último aspecto marcou as três nunciaturas fundadas por Gregório XIII, uma vez que a nunciatura de Lucerna apoiou a ação dos cantões suíços que permaneceram católicos, a nunciatura de Graz, aberta em 1580 e fechada em 1622, desenvolveu a própria atividade em regiões de penetração protestante (sobretudo Estíria e Caríntia), enquanto o núncio em Colônia foi o representante do papa junto aos três arcebispos eleitores, de Treviri,

Mogúncia e Colônia, e teve um papel relevante para impedir que, entre 1580 e 1585, o principado eclesiástico de Colônia passasse para o protestantismo.

3. Gregório XIII morreu no dia 10 de abril de 1585, depois de treze anos de pontificado. Duas semanas depois — sinal de que o conclave não fora condicionado por influências externas — foi eleito o frade menor Felix Peretti, que assumiu o nome de **Sisto V**. Tratava-se de uma personalidade eminente que unia à austeridade de Pio V, por quem fora criado cardeal, o tato político de Paulo III, aquele que tinha posto as condições favoráveis para a abertura do Concílio de Trento. Essas duas características permitiram-lhe adotar uma medida que coroou as que tinham sido tomadas anteriormente por alguns de seus predecessores para reformar a Cúria romana.

Com a bula *Immensa Aeterni Dei*, de 22 de janeiro de 1588, procedeu a uma profunda **reorganização curial**, estabelecendo quinze congregações: seis destinadas aos assuntos do Estado pontifício ("abundância" do Estado pontifício, chamada também de *provisões*, para fazer frente às carestias; anata civil para combater os piratas que infestavam o Tirreno; recursos dos súditos do Estado pontifício contra os impostos injustos; universidade dos estudos de Roma; manutenção das estradas, das pontes e das águas; apelos provenientes do Estado pontifício) e nove para os assuntos da Igreja universal (Inquisição; Índice dos livros proibidos; execução e interpretação do Concílio de Trento; apelos dos bispos e dos padres seculares; tribunal da graça; ereção de novas igrejas; ritos, cerimônias e causas dos santos; apelos das Ordens religiosas; tipografia vaticana — na realidade, as primeiras quatro já existiam). Além das competências que cabiam a cada congregação, foi estabelecida a composição de cada uma delas, em cuja direção foi posto um cardeal. Entrementes, foram definidas as relações entre as congregações e os outros dicastérios da Cúria. Assim, secretaria de Estado, câmara apostólica, assinatura apostólica, penitenciaria, rota romana, consistório, chancelaria e dataria permaneceram em vida, mas com delimitação de poder e de peso financeiro.

Num olhar de conjunto, a Cúria romana ficou subdividida em seis grandes setores e assim permaneceu até o início do século XX: o consistório; as congregações; a secretaria de Estado (que, em conexão com a atividade das nunciaturas, assumiu um papel preponderante); os ofícios (constituídos pela chancelaria e pela dataria); a câmara apostólica; os tribunais (penitenciaria, tribunal de justiça, rota).

Graças à reforma de Sisto V — de quem se deve destacar pelo menos o vasto programa para a transformação urbanística e arquitetônica de Roma —, os papas usufruíram de um instrumento adequado para desenvolver uma ação a favor da aplicação das diretrizes tridentinas, capazes de fazer frente a exigências sempre novas que surgiam na realização de tal reforma. Por isso, na época que vai de Sisto V à Revolução Francesa foram instituídas outras congregações, mesmo temporárias, como a congregação *De auxiliis*, que funcionou do pontificado de Clemente VIII ao de Paulo V, para dirimir as questões sobre a graça debatidas entre a escola dos molinistas e a dos bañezianos (cap. 5, item 22.1). Entre as congregações que surgiram a seguir e que permaneceram em vida, a mais importante é *Propaganda fide*, constituída em 1622 por Gregório XV. Benemérita pelo apoio às missões na época moderna (cap. 7, itens 32.1-2), *Propaganda* foi também destinada a apoiar a atividade do clero, dos religiosos, do laicato católico nos territórios europeus que passaram para as Igrejas reformadas.

4. Do que foi exposto, conclui-se que de Pio IV a Sisto V, ou seja, por mais de um quarto de século, o papado se empenhou em aplicar o Concílio de Trento, traçando um percurso ao qual permaneceram fiéis os pontificados que se situam entre os séculos XVI e XVII, como se pode aliás intuir a partir dos três papas já mencionados, cujas intervenções de reforma são igualmente importantes. Por exemplo, **Clemente VIII**, papa de 1592 a 1605 (cuja contribuição para completar, com a sede de Bruxelas, a rede das nunciaturas já foi lembrada), teve de se haver com a revisão da tradução latina da Bíblia, tradução que remontava a São Jerônimo, denominada *Vulgata*. Sisto V já havia publicado uma revisão do texto, mas ele continha falhas, de modo que o texto foi depois revisto durante os três breves pontificados seguintes, de Urbano VII (1590), Gregório XIV (1590-1591) e Inocêncio IX (1591), para ser publicado no início do pontificado de Clemente VIII em 1592. Por isso, essa edição da *Vulgata*, que punha em prática o primeiro decreto dogmático do Tridentino e que se tornou a Bíblia oficial na Igreja católica, foi denominada sisto-clementina. Além disso, a partir de 1578 Roma preparou um novo ritual, com os ritos mais comuns em uso na Igreja católica, a partir dos da celebração dos sacramentos; publicado por **Paulo V** em 1614, o ***Rituale Romanum***, sem conseguir substituir os rituais diocesanos, tornou-se para eles um modelo que contribuiu para unificar e uniformizar a liturgia da Igreja católica.

Outro exemplo importante são as **beatificações e canonizações** por eles realizadas. Em 1609 Paulo V beatificou Inácio de Loyola, em 1610 canonizou Carlos Borromeo e em 1614, 1615 e 1619 beatificou respectivamente Teresa de Ávila, Filipe Neri e Francisco Xavier, os quais, junto com Inácio de Loyola, foram canonizados no dia 12 de março de 1622 por **Gregório XV** numa única celebração (à qual foi associado também Santo Isidoro o Agricultor, leigo espanhol que viveu entre os séculos XI e XII) "que superou em esplendor qualquer outra anterior" (Jedin, *La Controriforma*, 757). Com as beatificações e canonizações por eles realizadas, Paulo V e Gregório XV mostravam que, à distância de quase sessenta anos de seu encerramento, o cumprimento do Tridentino continuava a ser a estrela-guia para o papado, uma vez que propunham como modelos exemplares para a Igreja católica as grandes personalidades que tinham contribuído para a renovação católica e a aplicação do concílio.

17. A aplicação episcopal em relação à Itália

1. Como foi referido anteriormente, nos decretos de reforma o Concílio de Trento tinha dado a máxima responsabilidade aos bispos. Por isso, pôs nas mãos deles alguns **instrumentos**, relançando os sínodos provinciais (a serem convocados a cada três anos), os sínodos diocesanos (a serem convocados todo ano), as visitas pastorais (que deveriam ser realizadas no máximo dentro de um biênio); esses instrumentos permitiriam que as decisões conciliares chegassem até os diversos territórios da cristandade. De fato, os **sínodos provinciais** foram amplamente usados antes e durante o concílio para responder às primeiras ações da Reforma protestante (em Sens, na França, em 1528; em Colônia em 1536, ao qual se juntaram numerosos sínodos na área alemã em 1548; em Narbona, ainda na França, em 1551; em Canterbury em 1556 etc.); o mesmo aconteceu logo depois do encerramento do Tridentino, e entre os primeiros ocorridos naquela época merecem destaque, em 1564, os de Tarragona (Espanha) e Reims (França), e em 1565, os de Milão, Turim e Cambrai (França). Começava assim uma prática que afetará nos anos seguintes toda a cristandade.

Simultaneamente, numerosos bispos reuniram seu **sínodo diocesano**, do qual fizeram publicar estatutos inspirados no Concílio de Trento. Entre os primeiros devem ser lembrados o que foi convocado em Milão em 1564 pelo vigário-geral Nicolau Ormaneto, por ordem do arcebispo Carlos Borromeo, o de Verdun, graças ao zeloso bispo Nicole Psaume, o de Pavia em 1566, querido por Hipólito de'Rossi para introduzir a disciplina tridentina na própria diocese (em Pavia em 1564, tinha sido fundado um dos primeiros seminários). "A partir da legislação dos concílios provinciais e dos sínodos diocesanos, podemos ter certo número de testes sobre a entrada em vigor das reformas tridentinas. Precoce ou tardia, a data de inscrição deles traduz com bastante clareza o zelo das autoridades eclesiásticas ou a resistência do ambiente" (Venard, *Il concilio*, 358-359).

Quanto às **visitas pastorais**, foram apresentadas como obrigatórias nas cartas endereçadas por Pio V aos bispos, o que não só estimulou os bispos a realizá-las, como envolveu toda a classe clerical, ou seja, capítulos das catedrais e dos colegiados (que, na maioria das vezes, só com muita dificuldade é que se dobraram à visita do bispo), párocos (que delas se aproveitaram para fazer melhorar o próprio estatuto moral e material), religiosos, cujas isenções caíram diante do bispo que se apresentava *ut delegatus Apostolicae Sedis*, ou seja, com poderes concedidos pelo papa.

Para facilitar a ligação entre os bispos e Roma, no período seguinte ao Concílio de Trento deu-se o relançamento da visita dos bispos a Roma. Caído em desuso, tratava-se do antigo costume da ida dos bispos a Roma para venerar os túmulos dos Santos Pedro e Paulo (*visitatio ad limina apostolorum*, ou seja, "visita aos túmulos dos apóstolos Pedro e Paulo") e para render homenagem aos papas. Em dezembro de 1585, a **visita *ad limina*** recebeu de Sisto V um regulamento especial, segundo o qual os bispos italianos e da área adriática (Dalmácia e Grécia, por exemplo) deviam ir a Roma a cada três anos, os bispos da maior parte da Europa (em particular, das regiões imperiais, França, Espanha), a cada quatro anos; para os mais distantes, a visita *ad limina* era a cada cinco anos, e para os bispos do ultramar, a cada dez anos. Por ocasião da visita, devia-se apresentar um relatório sobre a situação da diocese (*relatio status dioecesis*), seguindo um esquema determinado. Com base nos relatórios recebidos, "que existiam em número cada vez maior a partir do fim do século XVI" (Jedin, *Gli inizi*, 608), a Cúria dava orientações em nome do papa, de modo que as disposições pontifícias se tornaram um fator permanente para a renovação da Igreja católica.

Esses instrumentos à disposição da ação dos bispos foram revigorados por uma melhor **seleção do episcopado**, pois em 1591, durante o breve pontificado de Gregório XIV, estabeleceram-se as modalidades da pesquisa informativa para os candidatos ao episcopado, encarregando-se para tal objetivo ou um núncio, ou um legado, ou o ordinário do interessado. Além de reunir informações sobre o candidato, examinadas depois em Roma durante um consistório (ou seja, na reunião dos cardeais com o papa), os núncios tinham a possibilidade de intervir, seja eliminando o pedido, seja persuadindo o príncipe a anular escolhas inoportunas. Em princípio, os critérios de seriedade para a nomeação dos bispos foram considerados; todavia, permaneceram em vigor outras lógicas, até bem diferentes. Por exemplo, contrariando nitidamente a proibição tridentina de acumular benefícios, Gregório XIII permitiu que Ernesto da Baviera, personalidade mundana mais que pastoral, possuísse cinco dioceses; isso dependeu do compromisso conseguido entre, de um lado, o interesse dinástico dos duques da Baviera, os Wittelsbach, que tinham a intenção de conseguir para os filhos mais novos prestigiosos e gordos encargos eclesiais, e, de outro, a garantia dada ao papa de que os territórios do Império norte-ocidentais permaneceriam católicos.

2. Nesse quadro de referência situa-se a ação de muitos bispos que tentaram aplicar o Concílio de Trento. Para abordar um campo de estudo vastíssimo, é possível percorrer dois caminhos de acesso: o que é dado por uma **sondagem** sobre algumas **dioceses italianas**, e o que apresenta a personalidade e as escolhas pastorais daquele que os contemporâneos e as gerações seguintes até nossos dias consideraram como o modelo do bispo tridentino, Carlos Borromeo. Quanto à primeira sondagem, com uma escolha totalmente empírica, passamos em resenha as dioceses italianas que iniciam com a letra "T", segundo a apresentação de uma obra geral, como *Le diocesi d'Italia*, publicada em três volumes em 2007-2008.

No **sul**, em Taranto, o arcebispo Marco Antônio Colonna (1563-1568), pertencendo, portanto, a uma das nobres famílias romanas e que tinha participado da fase final do Tridentino, fundou logo o seminário, um dos primeiros da Itália meridional. Mas foi sobretudo o arcebispo Lélio Brancaccio que, graças até a um longo episcopado (1574-1599), levou adiante as reformas desejadas pelo concílio. Seu empreendimento esteve cheio de dificuldades, porque se chocou com hábitos e privilégios enraizados no clero e no povo, inconciliáveis com as escolhas disciplinares e pastorais estabelecidas em Trento. Todavia, a diocese deixou-se envolver progressivamente pela renovação eclesial que influenciou a renovação social e civil. A organização de Brancaccio continuou com vários sínodos diocesanos celebrados no século XVII. Mas igualmente importante foi a presença dos jesuítas, que em 1622 fundaram um colégio em Taranto, e sobretudo foram importantes as "grandes figuras de bispos reformadores" (*Le dioccesi*, 1228), como Otávio Mirto Frangipani (1605-1612), o cardeal Bonifácio Caetani (1613-1618), o teatino Tomás Caracciolo (1637-1663), morto com fama de santidade, Francisco Pignatelli (1683-1703), depois arcebispo de Nápoles.

Ainda na Itália meridional, a diocese de Teano (sufragânea de Nápoles) não via bispos residentes desde a segunda metade do século XV; dispensados da Cúria romana, tiveram somente a intenção de coletar as rendas episcopais. Parece que as coisas mudaram depois do Concílio de Trento, pois do dominicano veronense Jerônimo Miguel Nichelosa, que entrou na diocese em 1557, ao barnabita milanês Otávio Boldoni (1661-1680), ou seja, por mais de cento e vinte anos, sucederam-se onze bispos, de cuja atividade pastoral pouco ou nada sabemos, mas que parecem ter respeitado a obrigação de residência. Um sinal da dificuldade no governo dessa diocese é a atormentada história do seminário: foi fundado em 1576 por obra do bispo Marincola, mas já em 1592 não existia mais, e somente em 1655, depois de numerosas tentativas frustradas, é que foi reaberto pelo bispo Paulo Squillante no convento dos eremitas agostinianos.

Na Sardenha, província de Sassari, a diocese de Ampurias e Civita, que a partir de 1621 teve como centro o colegiado de Tempio, estava em condições carentes, como se deduz do dado de que as rendas episcopais (ou seja, o conjunto dos bens destinados à manutenção do bispo) durante o século XVII eram as antepenúltimas da ilha, o que significa absolutamente muito pobre, pois a Sardenha era um dos territórios italianos mais atrasados. Outro dado vai nessa linha, ou seja, o censo de 1728, que atribui à diocese pouco mais de 19 mil habitantes. Apesar disso, quem reconstruiu em síntese sua história afirma que a partir de cerca de 1620 ficou garantida pelo colegiado de Tempio a identidade religiosa da região, expressa, "graças à difusão dos decretos de reforma tridentina" (*Le diocesi*, 1243), por um serviço religioso mais assíduo e decoroso.

Quanto a Téramo, na **Itália central**, a aplicação do concílio atrasou por causa da limitação dos poderes dos bispos. Por isso, por exemplo, Tiago Piccolomini (1553-1582), um sobrinho-neto de Pio II, não conseguiu a introdução dos jesuítas na diocese. Somente com o bispo Vicente Montesanto (1592-1608), que conseguiu recuperar os direitos de jurisdição espiritual e diversas propriedades usurpadas à Igreja e que foi constante no combate aos maus costumes e superstições, é que se realizaram as típicas medidas tridentinas. De fato, além de estabelecer as visitas pastorais, em 1596 celebrou um sínodo, "cujo princípio inspirador foi a *salus animarum*" (*Le diocesi*, 1249), ou seja, o princípio fundamental do Concílio de Trento. Sempre em obediência ao concílio, Montesanto instituiu o seminário. Seu sucessor, João Batista Visconti (1609-1638), caminhou na mesma direção, em particular graças a quatro visitas pastorais, à promoção da instrução religiosa do povo, à criação de um fundo para meninas pobres. Embora em Téramo houvesse muitas instituições religiosas (entre as quais oito casas religiosas, nove confrarias e um alojamento para os peregrinos), o poder dos bispos voltou a ficar corroído; um testemunho a respeito é a fraqueza do seminário, que a certa altura deixou de existir, uma vez que deveria ser novamente erigido em maio de 1674 pelo bispo José Armeni.

Embora na época não estivesse ainda unida a Termoli, deve-se mencionar a pequena diocese de Larino (Campobasso), pois o bispo Belisário Balduíno (1555-1591), veterano do Concílio de Trento, abriu o primeiríssimo seminário em 26 de janeiro de 1564. Outra pequena diocese, Terni, teve no bispo Múcio Calini (1566-1570) um pastor que, depois de ter participado do Tridentino, reorganizou-a nos cinco anos do seu episcopado, celebrando em 1567 um dos primeiros sínodos diocesanos pós-tridentinos. Para manter viva a renovação, foi de ajuda a chegada de novas Ordens religiosas na diocese, como os jesuítas e os carmelitas descalços.

Em 1572, na diocese de Terracina, havia apenas cerca de duzentos habitantes, consequência de sua localização nos arredores dos pântanos maláricos pontinos e da exposição às incursões bárbaras. Para pôr em prática a obrigação da residência estabelecida em Trento, a sede episcopal foi transferida de Terracina para Sezze, onde foi erigido o seminário. Além desses sinais da disponibilidade em aplicar o Tridentino, há o *relatio ad limina* do bispo Lucas Cardino, que remonta a 1590 e excepcionalmente escrito em italiano. Particular é também a escolha de celebrar os sínodos não na catedral, mas nos principais centros da diocese. Sempre em território do Lazio, Tivoli teve no longo episcopado de João A. Croce (1554-1595), que participou das últimas sessões do concílio, a realização das reformas tridentinas, graças aos sínodos de 1565 e 1585, às quatro visitas pastorais e ao relançamento das confrarias; já o seminário começou muito mais tarde (1647), por iniciativa do cardeal Júlio Roma.

Embora não por tão longo tempo, ainda demorou até o início do século XVII (1608) para que houvesse um seminário na diocese de Todi, graças ao bispo Marcelo Lante. Ele interrompeu a série de bispos da família Cesi (da qual provém Frederico, o fundador da Academia dos Linces) que governou a diocese de 1523 a 1606. Entre eles, Ângelo Cesi governou por quarenta anos (1566-1606) e teve muito trabalho para a aplicação do Tridentino com o sínodo de 1568 (cujas constituições publicou oito anos depois), a inauguração das reuniões mensais do clero (1597), a construção do palácio episcopal, a restauração da catedral. Tolentino viu-se numa situação semelhante à de Terracina, pois no dia 10 de dezembro de 1586 Sisto V restabeleceu a sede episcopal e a uniu à de Macerata; é nessa situação que nos decênios após Trento, nas duas dioceses, sucederam-se numerosas visitas pastorais, além de sínodos. Também nesse caso, a abertura do seminário foi muito tardia, porque ocorreu em 1653.

3. Deslocando-nos para o **norte da Itália**, na primeira metade do século XVI (1513) Turim passou de sufragânea de Milão a arquidiocese, com Ivrea e Mondovi como sufragâneas próprias; além disso, por quase todo aquele período (entre 1515 e 1549) teve como bispo o cardeal Inocêncio Cibo, jamais presente na sede. Todavia, dividindo em dois esse longo episcopado, houve o episcopado exemplar de Cláudio Seyssel (1517-1520), jurista e diplomático a serviço da França e dos Saboia, precursor, a partir do respeito da residência, da reforma tridentina, à maneira de bispos, como Mateus Giberti em Verona, Nicolau de Cusa em Bressanone, e, como já lembrado no item anterior, Santo Antonino em Florença.

Dada essa situação anterior, no ano do encerramento do concílio o duque Emanuel Filiberto transferiu de Chambéry para Turim a capital do ducado e aproveitou a sede vacante para requisitar como residência própria o palácio episcopal, tanto que até 1777 o arcebispo de Turim não terá uma moradia fixa. Por outro lado, o duque, que governou até 1580, e o seu sucessor Carlos Emanuel I, no poder até 1630, se interessaram muito pela reforma tridentina; assim, apoiaram os arcebispos Jerônimo della Rovere (1564-1592) e Carlos Broglia (1592-1617). O primeiro celebrou diversos sínodos, inclusive o provincial de 1565, que decidiu pela fundação do seminário, aberto dois anos depois. O segundo celebrou pelo menos sete sínodos, acompanhou uma visita pastoral para toda a diocese, que reorganizou (como tinha feito São Carlos em Milão) em vinte e uma vigarias forâneas. Para os vales alpinos ocupados pelos valdenses que passaram para o protestantismo (cap. 5, Inserção 1 – *Os valdenses na Itália*), enviou numerosas missões de jesuítas e capuchinhos, enquanto para renovar a vida cristã dos fiéis recorreu aos mendicantes reformados (capuchinhos e agostinianos descalços) e aos clérigos regulares, especialmente jesuítas e barnabitas, chamados à diocese pelos próprios duques.

Não distante de Turim, durante o século XVI a Igreja de Tortona teve sucessivamente três bispos da família bresciana dos Gambara. Antes mesmo que se abrisse o Tridentino, Humberto, cardeal e diplomata a serviço da Santa Sé, não presente, portanto, na diocese, autorizou o vigário-geral a fazer visita pastoral em algumas paróquias; além disso, reconheceu o nascimento da congregação dos "padres reformados", de Francisco Corneglia. Em 1548, o bispo-cardeal renunciou à diocese a favor do sobrinho César, o qual intensificou a ação pastoral: começou em 1554, com a ajuda dos padres reformados e de alguns sacerdotes brescianos, a visita pastoral a partir da catedral, e em 1565 instituiu o seminário, confiando-o aos mesmos padres reformados. Além disso, o bispo César promulgou editos para a reforma do clero diocesano e dos fiéis, teve muito que fazer para reduzir os abusos das Ordens religiosas, promulgou pelo menos um sínodo e deu início à construção da catedral e do palácio episcopal. O sucessor, Maffeo Gambara, continuou a reforma tridentina, em particular com o sínodo de 1595, cujas atas e cujos decretos foram publicados, oferecendo o primeiro quadro completo da organização diocesana. Na primeira metade do século XVII, a realização dos decretos tridentinos continuou mediante as visitas pastorais e os sínodos, bem como com a aplicação das medidas já estabelecidas; isso garantiu que a renovação tridentina perdurasse.

Passando do oeste para o leste da Itália, encontram-se as dioceses de Trento e de Treviso. No primeiro caso, a visita pastoral de 1579-1581 e o sínodo de 1593 "fixaram os trilhos para o caminho da diocese nos dois séculos seguintes" (*Le diocesi*, 1302); note-se que tudo isso aconteceu durante o episcopado do bispo-príncipe Luís Madruzzo (1567-1600), que, embora trabalhando na Cúria em Roma como cardeal perito das regiões alemãs, continuou a seguir de perto a diocese onde agiam o seu vigário-geral e prelados e religiosos de sua confiança.

Quanto a Treviso, o bispo Jorge Corner, tendo participado do concílio e permanecendo em relação com Carlos Borromeo, "inaugurou para a diocese um novo período pastoral" (*Le diocesi*, 1309), com as típicas escolhas tridentinas, inclusive a fundação do seminário, cujas escolas, do fim do século XVII até os primeiros anos no século XX, foram abertas também aos rapazes e jovens não destinados ao sacerdócio, como ocorreu, por exemplo, nas sedes de Milão e Monza, onde os meninos e jovens daquelas cidades tinham a possibilidade de frequentar aquelas escolas (cf. também a parte final da Inserção 2 – *A aplicação do cânon tridentino sobre os seminários*). Em Treviso, a assimilação dessas escolhas ocorreu lentamente, seja pelo laxismo moral e a ignorância religiosa da população, seja pelo controle exercido sobre a Igreja por parte da República de Veneza (da atribuição dos benefícios à administração das confrarias, do não respeito das imunidades das pessoas e dos lugares eclesiásticos à falta de liberdade nas relações com Roma, para chegar à nomeação de bispos, que até o final do século XVIII foram todos de origem veneziana). A renovação passou pelas três vias, ou seja, o zelo do clero, uma catequese capilar, a atividade das confrarias.

No extremo leste, a diocese de Trieste encontrava-se numa situação de indisponibilidade em relação à reforma tridentina, pois boa parte do clero era ignorante e concubinária, dedicada ao álcool e a práticas supersticiosas; isso abriu as portas ao protestantismo, maciçamente presente nas regiões vizinhas da Carniola e da Estíria, pertencentes ao arquiducado da Áustria. Um dos casos mais clamorosos ocorridos na região foi o do bispo de Capodistria, Pier Paolo Vergerio, que, como já lembrado (cap. 3, item 14.1), passou à Reforma. Mas, graças à presença do colégio dos jesuítas (1619), aos capuchinhos e também ao apoio dos arquiduques da Áustria, a situação mudou, de modo que os bispos do século XVII, intensificando a catequese (baseada no texto de Canísio), a pregação, os quaresmais e as confrarias, viram a diocese recuperada ao catolicismo. Mas não viram a fundação do seminário, embora o clero tenha se reerguido da crise do século anterior, ainda que continuando a ter um teor de vida muito pobre.

4. Todos os episcopados e dioceses passados em resenha indicam que por toda parte a ação dos bispos e as Igrejas locais foram modificadas pelo Tridentino mediante diferentes graus de assimilação, com tempos próprios para cada situação local e para cada episcopado, com condicionamentos ora positivos, ora negativos dos fatores culturais, sociais, políticos e econômicos. **Carlos Borromeo e a diocese de Milão** dão testemunho de uma das mais eficazes e orgânicas modalidades de aplicação do Concílio de Trento, tanto que com sua atividade pastoral Borromeo "não é somente milanês, mas uma pedra angular da Igreja universal moderna" (Bendiscioli, cit. in Rimoldi, 457).

Da **biografia** de Carlos Borromeo sabemos que nasceu em Arona no dia 2 de outubro de 1538, último dos filhos homens da nobre família Borromeo. Como filho mais novo, foi destinado à carreira eclesiástica, segundo os cânones da época, o que o levou a receber a tonsura aos sete anos de idade e a se tornar, cinco anos mais tarde, abade comendatário (apropriando-se dos bens da abadia sem se comprometer diretamente no governo dela) dos Santos Gratiniano e Felino de Arona, com o acréscimo em 1558 de outras duas comendas. Ele, portanto, favoreceu duas chagas da Igreja de então, ou seja, o acúmulo de benefícios e consequentemente o não respeito do dever de residência. Além disso, nos anos da juventude não teve nenhum contato com as expressões da renovação em andamento na Igreja, ou seja, "permaneceu completamente estranho ao mundo da reforma católica" (Alberigo, 101). Entrementes, de 1552 a 1559 completou os estudos jurídicos em Pavia, coroados com o doutorado *in utroque iure*, ou seja, em ambos os direitos, civil e eclesiástico. Nesses anos, demonstrou ter uma personalidade tão confiável no governo e na administração da própria casa paviana quanto consciencios, realizando sempre, por exemplo, a obrigação da leitura do breviário. A primeira característica ficou clara no ano anterior à formatura, quando morreu o pai Giberto, pois "não foi o irmão maior Frederico, que servia como militar, mas foi Carlos que assumiu os interesses da família, pagou a servidão e arranjou dinheiro para o irmão. O sentido prático e o interesse pelos particulares foram sempre uma característica de toda a sua vida" (Jedin, *Carlo Borromeo*, 6).

Poucas semanas depois de ter se formado em direito, ou seja, no dia 25 de dezembro de 1559, o cardeal Gianangelo Medici, que aliás não era parente da homônima família florentina, foi inesperadamente eleito papa, com o nome de Pio IV. Por ser ele irmão de Margarida Medici, mãe de Carlos Borromeo, quis ter a seu lado o jovem sobrinho de vinte e dois anos, criando-o cardeal e seu braço direito, na qualidade de "cardeal-sobrinho". Para lhe garantir um elevado teor de vida, o tio papa concedeu-lhe uma dúzia de abadias como comenda e outros títulos e encargos que rendiam cifras bem consideráveis; entre esses encargos, em 1560 houve também a nomeação de administrador da arquidiocese de Milão. Com essas escolhas, o novo papa mostrava estar alheio à renovação introduzida com vigor em Roma pelo predecessor Paulo IV (item 15.3). Carlos deixou-se envolver por esse andamento, a ponto de se circundar por um serviço de cento e cinquenta pessoas que se vestiam de veludo negro, bem como de ter como entretenimento preferido a caça, para a qual arranjava cães apropriados junto ao núncio na corte imperial, Zacarias Delfino. Sempre nessa linha, fundou, em abril de 1562, a "Academia das noites vaticanas", para incentivar a cultura humanístico-literária, que dera esplendor ao papado renascentista.

Na prática, essa foi a última escolha que atendeu a orientação que até então marcara uma vida decerto moralmente irrepreensível, mas que nunca se inserira de fato na renovação em andamento em muitas partes da Igreja católica e que o Concílio de Trento estava definitivamente conquistando. Precisamente por ter seguido de perto, como cardeal-sobrinho, os trabalhos conciliares reabertos em janeiro de 1562 para o terceiro e último período, foi o que constituiu para ele o "divisor de águas, ou seja, o ponto de não retorno da **evolução romana**" (Alberigo, 126), mediante a qual ele, de eclesiástico de tipo renascentista, se tornou um bispo totalmente dedicado ao bem da Igreja. Essa evolução foi propiciada por diversos encontros, entre os quais o encontro com alguns jesuítas (como o Pe. Ribeira, que se prontificou a dirigir nos *Exercícios espirituais* o jovem cardeal, às vésperas dele receber, em julho de 1563, a ordenação sacerdotal), o encontro com o "Pellegrino" (provavelmente o sacerdote bresciano, de ambiente teatino, Alexandre Pellegrini) e sobretudo o encontro com o bispo português de Braga, Bartolomeu de Martyribus.

O prelado português chegara a Roma entre o fim de setembro e início de outubro de 1563 proveniente de Trento (portanto, quando já haviam sido aprovados os importantes decretos da XXIII sessão referente ao episcopado e aos seminários), com a fama de homem espiritual, de partidário da reforma da Igreja e defensor da dignidade e dos deveres dos bispos, como tinha feito durante as discussões conciliares. Carlos não só promoveu a impressão do pequeno tratado *Stimulus pastorum*, escrito por de Martyribus, como foi o primeiro a se sentir interpelado por aquele "estímulo dos pastores", que já no título qualificava a missão do bispo como missão pastoral, ou seja, como realização da *cura animarum* que é o coração dos decretos de reforma do Tridentino.

No conjunto desses elementos, assume uma adequada dimensão a morte do irmão Frederico, chamado também ele a Roma pelo tio papa como capitão-geral das armadas pontifícias. Ocorrida no dia 19 de novembro de 1562, essa morte não deve ser considerada, como tradicionalmente afirmam os estudos sobre São Carlos, o aspecto decisivo da evolução indicada, mas somente um momento de um amadurecimento progressivo, acelerado pelo biênio da celebração do concílio. Com a morte do irmão, último irmão sobrevivente da sua família, Carlos tinha de decidir entre ser o continuador da estirpe ou se comprometer com a Igreja. Com a ajuda do confessor, um frade franciscano, decidiu pela segunda escolha de vida, de modo que, depois da lembrada ordenação sacerdotal, houve a ordenação episcopal no dia 7 de dezembro de 1563 (aniversário da ordenação de Santo Ambrósio e a três dias do encerramento do Concílio de Trento), para receber depois, no dia 12 de maio de 1564, a nomeação oficial a arcebispo de Milão. Já anteriormente Borromeo tinha se preocupado com a diocese da qual era administrador desde 1560, graças à ligação com o vigário-geral André Ruperto (por exemplo, em junho de 1563 enviou a Milão os primeiros três jesuítas, guiados pelo Pe. Bento Palmio). Uma vez **consagrado bispo**, ele passou de um interesse a um envolvimento total.

Forçado por Pio IV a permanecer em Roma para continuar sua tarefa de braço direito do papa e para secundar a realização das decisões do Tridentino (do item anterior conhecemos, por exemplo, o papel desempenhado pela redação do *Catechismus ad parochos*), deu ao novo vigário-geral de Milão, Nicolau Ormaneto, o encargo de pôr em prática, entre outras, duas escolhas de qualidade, ou seja, a convocação de um sínodo diocesano (29-31 de agosto de 1564) e a abertura do seminário, ocorrida no dia 10 de dezembro de 1564. No dia 23 de setembro do ano seguinte, realizou a entrada oficial em Milão como arcebispo, para depois estar presente no primeiro sínodo provincial (15 de outubro a 3 de novembro), cujos decretos foram aprovados pelo papa e difundidos em seis mil cópias para além das fronteiras da província eclesiástica milanesa. Depois de ter realizado uma missão diplomática em Trento, teve de voltar a Roma para assistir o tio papa moribundo.

Somente depois da eleição do novo papa Pio V é que a partir do dia 5 de abril de 1566 Borromeo pôde residir permanentemente na diocese de Milão, consagrando-se sem qualquer impedimento à atividade pastoral. Sempre em linha com as diretrizes tridentinas, imediatamente, no dia 22 de junho de 1566, proclamou a visita pastoral. Até a morte, ocorrida no dia 3 de novembro de 1584, Carlos Borromeo, enraizando-se numa vida interior cada vez mais profunda (que, embora não seja especificamente abordada nestas páginas, deveria ser estudada com atenção), não deixou de se prodigalizar em sua **ação pastoral**. Ela — se quisermos tentar resumi-la em algumas sintéticas linhas, que aliás não conseguem demonstrar completamente sua riqueza — se constitui de **sete orientações**, como se deduz do estudo de Antônio Rimoldi, citado na bibliografia.

5. A primeira se refere às **intervenções estruturais**, pois Carlos Borromeo dividiu a cidade de Milão em seis "portas" e o resto da diocese em seis "regiões", dentro das quais reuniu as *freguesias* e os vicariatos forâneos,

transferindo a sede central de algumas *freguesias*; além disso, na cidade suprimiu trinta paróquias (de cem tornaram-se setenta); no condado permaneceram pouco mais de sessenta *freguesias*-vicariatos forâneos, mas, por outro lado, aumentaram as paróquias, até cerca de seiscentos e oitenta, de tal maneira que ficassem com acesso mais fácil para os fiéis. Na chefia da primeira série de circunscrições estavam alguns prefeitos, e da segunda, diversos vigários forâneos, todos eclesiásticos de confiança do arcebispo. Essa reestruturação ajudou a realização das duas diretrizes tridentinas importantes, porque tornou mais racional a preparação e a realização da visita pastoral (São Carlos visitou pessoalmente pelo menos uma vez todas as paróquias e em algumas áreas voltou mais vezes, como nos Três Vales suíços, visitados cinco vezes). Por sua vez, a visita pastoral permitia conhecer bem a situação da diocese, e assim tornar frutuosa a aplicação da segunda diretriz tridentina, a dos sínodos diocesanos, celebrados onze vezes durante o episcopado de São Carlos; a eficácia deles dependeu do fato de os sínodos terem tomado decisões com base num efetivo conhecimento da diocese.

Aqui se insere a segunda orientação do episcopado de São Carlos, o da **legislação eclesiástica**. Antes de tudo, há os decretos dos onze sínodos diocesanos, a serem completados com os ainda mais importantes decretos dos seis sínodos provinciais (a importância está no fato de que o que foi ali estabelecido referiu-se a dezessete dioceses sufragâneas). Os decretos sinodais ofereceram as diretrizes que tornam significativa a pastoral organizada por São Carlos para a própria diocese e para as dioceses sufragâneas, como a obrigação de os párocos compilarem os registros dos batismos, dos matrimônios, dos mortos. A legislação é constituída também por decretos que os párocos deviam ler do púlpito uma ou mais vezes por ano, por regras e instruções que diziam respeito a vários âmbitos e sujeitos, como a disciplina da família do arcebispo, os oblatos instituídos por São Carlos, o seminário, as monjas, as escolas da doutrina cristã, o Colégio de Brera e assim por diante. Tiveram uma influência duradoura sobre a arquitetura religiosa da Igreja católica as *Instructiones fabricae et supellectilis ecclesiasticae* publicadas em 1577 (cap. 7, item 33.2).

Foram muitas as cartas pastorais nas quais se encontram de novo muitos assuntos diferentes, como a oração em família, a recitação do rosário, as Quarenta horas, o jubileu de 1575 estendido a Milão no ano seguinte, o corte da barba dos eclesiásticos (*de barba radenda*), a peste de 1576-1577 e suas consequências; a esse último evento referem-se dois textos muito importantes, ou seja, o *Memoriale*, em que o arcebispo exorta os milaneses a fazer memória do que acontecera para aprender o ensino que Deus queria transmitir por meio da peste, e o *Libretto dei ricordi*, dedicado à vida cristã em família e em todos os contextos sociais e civis (como as oficinas e lojas). Além disso, foram redigidas tabelas que iam das atividades da cúria à administração da diocese, ao regulamento para o desenvolvimento dos sínodos diocesanos e provinciais. Assim, foi se acumulando um material imenso, depois recolhido pela primeira vez em 1582 nas *Acta Ecclesiae Mediolanensis*. Elas foram de novo publicadas de maneira mais completa em 1599, e a partir de então foram publicadas outras edições, até a que contém três volumes, com documentos dos sucessivos episcopados milaneses, organizadas por Aquiles Ratti entre 1890 e 1897. As *Acta Ecclesiae Mediolanensis* tornaram-se o principal canal graças ao qual a organização pastoral de São Carlos fez escola, tornando exemplar na Itália e no exterior seu modo de aplicar o concílio tridentino.

Como antecipado, o arcebispo de Milão pôs na chefia das novas circunscrições seus homens de confiança. Mais em geral, confiou — e é a terceira orientação do seu episcopado — em **eclesiásticos preparados e confiáveis** para um governo pastoral que, como mostram as temáticas de sua legislação, interveio em todos os setores. No início, ele não podia dispor de personalidades de inteligência adequada entre o clero ambrosiano, e assim, graças aos conhecimentos pessoais adquiridos como cardeal-sobrinho, cercou-se de eclesiásticos extradiocesanos. Por exemplo, o vigário-geral Ormaneto provinha da diocese de Verona, uma Igreja que se tornara sensível à Reforma católica devido ao episcopado do já mencionado Mateus Giberti. Outro exemplo vem do mais importante colaborador nas visitas pastorais: o jesuíta Leonetto Chiavone (Clavone). Ainda nesse âmbito, Carlos Borromeo apoiou a visita apostólica à diocese (1575-1576) de dom Ragazzoni, bispo de Novara (depois de Bérgamo), de modo a ter outra possibilidade para conhecer a real situação do território (por sua vez, São Carlos desempenhou a tarefa de visitador apostólico para as dioceses de Cremona, Novara, Lodi, Bérgamo, Vigevano, Pavia, e iniciou em 1584 a visita da diocese de Vercelli).

O exemplo mais vistoso de colaboração por parte de eclesiásticos extradiocesanos refere-se a uma das escolhas tipicamente tridentinas, ou seja, o seminário, uma vez que nos primeiros quinze anos (1564-1579) ele foi confiado aos jesuítas. E precisamente em muitos padres saídos da nova instituição desejada por Trento, o arcebispo encontrou homens bem formados nos quais podia confiar e que reuniu num grupo especial a ele ligado por voto de obediência. Desse modo, surgiu a congregação dos oblatos de Santo Ambrósio (dos Santos Ambrósio e Carlos a partir de 1610, ano da canonização do arcebispo de Milão). Tendo seu início em 1578, já no início do ano seguinte os oblatos eram noventa (setenta eram ainda alunos do seminário), subindo para cento e cinquenta e oito no fim do episcopado de São Carlos. Entre os encargos importantes a eles confiados esteve, a partir de 1579, a direção do seminário.

Chega-se assim à quarta linha que estamos identificando, ou seja, a que foi dedicada à **educação do clero e do laicato**. O arcebispo tinha grande zelo pelo seminário, garantindo à nova instituição uma base econômica segura, graças sobretudo aos muitos bens que chegavam ao seminário provindos dos humilhados, Ordem supressa por Pio V em 1571. Além disso, para uma proposta educativa eficaz São Carlos compôs regras especiais (embora um regulamento unitário existirá somente em 1599, depois aperfeiçoado em 1618, durante o longo episcopado de Frederico Borromeo) e projetou mais sedes. Na cidade de Milão, ao Seminário maior, com cursos de estudos regulares, estavam agregadas as sedes da "Canônica", com um currículo mais simples para os menos dotados, e o chamado de Santa Maria Fulcorina, que durou poucos anos. Ainda em Milão, foi instituído o Colégio helvético para formar padres provenientes dos territórios suíços ou adjacentes para o ministério, para onde voltariam com o intuito de exercer o cuidado das almas. Para a Suíça, São Carlos fez três viagens a fim de incrementar, como *Protector Helvetiae*, a reforma tridentina. No condado, uma sede para jovens clérigos foi estabelecida em Somasca, guiada pelos clérigos regulares que assumiram o nome daquela localidade (somascos), para ser depois transferida (1579) para Celana, perto de Sotto il Monte.

São Carlos pensou em fundar outros seminários em algumas regiões estratégicas da vasta diocese, mas conseguiu dar início somente a outra sede junto ao santuário de Santa Maria della Noce, de Inverigo (1582); seus projetos serão realizados por seus sucessores, primeiro por Gaspar Visconti (1584-1595), depois por Frederico Borromeo (1595-1631) e finalmente por César Monti. Com esse último, em 1638 a rede dos seminários atingiu uma organização que durou pouco menos de um século e meio, garantindo a formação de cerca de quatrocentos e cinquenta alunos: o Seminário maior e a "Canônica" em Milão; as sedes de Celana, Monza, Pollegio (Três vales suíços) e Arona no condado, aos quais deve-se juntar o Colégio helvético. A breve referência ao completo desenvolvimento da rede dos seminários é um indicador importante da continuidade no tempo — para além de São Carlos e graças ao empenho de seus sucessores — do enfoque pastoral dado à diocese de Milão mediante a aplicação do Tridentino.

O arcebispo Borromeo promoveu não somente a preparação ao sacerdócio, mas insistiu sobre a formação dos que já haviam sido ordenados. Para tanto, instituiu as **congregações mensais do clero**. Durante essas congregações, presididas pelos vigários forâneos no condado e pelos prefeitos na cidade, refletia-se sobre as temáticas pastorais e sobre os casos de moral a serem tratados durante a confissão sacramental; o arcebispo emitiu as *Advertências aos confessores*, um texto que contribuirá para difundir na Igreja católica um enfoque rigorista no âmbito moral e sacramental, como ocorreu na França em meados do século XVII (cap. 5, itens 22.2-3). Além disso, Antônio Rimoldi destaca que o seminário de Milão serviu em alguns casos como lugar "de reeducação do clero, de modo particular de párocos ineptos, ignorantes ou pouco virtuosos" (Rimoldi, 421). O arcebispo recorreu também a meios fortes, pois para os padres que apresentavam lacunas morais graves estava prevista a utilização da prisão arquiepiscopal. E assim como interveio para elevar o próprio clero diocesano, que no fim do episcopado chegava a três mil e setenta e seis pessoas (inclusive os seminaristas e os *incedentes in habitu clericali*, ou seja, os que portavam o hábito clerical), igualmente fez — mas sobre esse ponto não podemos nos deter aqui — com os religiosos e as religiosas, maciçamente presentes na diocese.

O cuidado para a formação atingiu também os leigos, valorizando o que já existia, como as **escolas da doutrina cristã**, fundadas por Castellino de Castello, e as muitas **confrarias**. Às primeiras já nos referimos antes (item 16.1 e, além disso, a Inserção 1 – *As companhias e as escolas da doutrina cristã*); das segundas bastará lembrar as quatro principais tipologias, ou seja, as confrarias paroquiais do Santíssimo Sacramento; as confrarias do Rosário (em relação às primeiras, tinham uma dimensão mais doméstica); as confrarias dos disciplinados, de caráter mais elitista, com uma capela ou igreja própria e nem sempre inseridas num contexto paroquial; as confrarias assistenciais. Essa classificação não exaure a riqueza de tais agremiações; por exemplo, delas não fazem parte três confrarias tipicamente femininas, duas das quais com sede junto à igreja do Santo Sepulcro (*congregação das mulheres do oratório do sepulcro e congregação sob o título de Santa Ana*), a terceira com sede junto à catedral (*congregação da Assunção*). Para perceber as dimensões das confrarias, deve-se observar que por volta do fim do episcopado de São Carlos, ou seja, em 1583, as do Santíssimo Sacramento eram quinhentas e cinquenta e seis em toda a diocese (precisamente naquele ano reunidas na *companhia geral do Santíssimo Sacramento*); ainda naquela época, as confrarias do Rosário eram cento e trinta. Para formar o laicato contribuíram outras propostas que existiam antes da chegada de Carlos Borromeo a Milão, entre as quais se destacam as Quarenta Horas, para cujo êxito contribuíram os barnabitas que, como se sabe (cap. 2, item 7.2), tiveram origem na cidade de Milão.

Não podendo nos deter sobre outras contribuições para a formação do clero e do laicato (como os colégios presentes em Milão; dentre eles, em primeiro lugar o dos jesuítas em Brera, que era casa central dos humilhados e que passou em 1572 à Companhia de Jesus, graças à bula *Dum intra mentis nostrae* que o arcebispo conseguiu do papa Gregório XIII), pode-se apenas acenar à quinta orientação da pastoral de São Carlos, estreitamente ligada à anterior, ou seja, a tentativa de dar à **vida pública explícitas referências cristãs**. Retomando os títulos das cartas pastorais acima referidas, damo-nos conta de como o arcebispo visava a dar dimensão social e civil à vida cristã, até fazer com que Milão se tornasse uma "cidade de Deus", como ficou demonstrado por ocasião da peste. Então, montou em todas as encruzilhadas das principais estradas altares de madeira para ali celebrar a missa, a fim de que o povo, obrigado a permanecer em casa, pudesse, todavia, participar da oração comum. Depois, quando a peste já estava cessando, decidiu implantar sobre altas colunas, sempre nas principais encruzilhadas, algumas cruzes com o Cristo crucificado, até que em 1581 chegaram a dezenove. Confiadas às companhias da cruz, instituídas em 1578, essas cruzes tornaram-se lugares de oração noturna para cada uma das zonas de Milão e pontos de partida, todas as sextas-feiras à noite, para as procissões em direção à catedral de Milão.

6. Essa reforma, ampla, incisiva, incessante, provocou **desentendimentos e oposições**, quer dentro da Igreja, quer com as autoridades leigas, ou seja, o governador e o senado milaneses. Tratou-se de uma constante, a ponto de constituir a sexta linha do episcopado de São Carlos, com alguns momentos cruciais. O primeiro foi em 1566 quando explodiu a controvérsia sobre os limites da ação das forças armadas a serviço da cúria milanesa, com a prisão de seu chefe (o "bargello") e o recurso a Roma das duas partes litigantes. Em 1568 os motivos de atrito foram causados pela publicação da bula *In coena Domini*, na qual se defendiam as imunidades e a jurisdição eclesiástica (cap. 5, item

20.3). Em 1569 houve a primeira rebelião dos cônegos da igreja de Santa Maria della Scala por ocasião da visita do arcebispo que queria reformá-los, depois o atentado à vida do arcebispo por parte dos humilhados. Com efeito, Carlos Borromeo fora encarregado por Pio V de reformar aquela Ordem que, surgida por volta do fim do século XII (vol. II, cap. 6, item 25.4), tinha se tornado materialmente muito rica, mas espiritual e moralmente decaída. Os humilhados se rebelaram até chegar ao atentado perpetrado por frei Jerônimo Donato, chamado o Farina, o qual disparou um tiro de arcabuz contra o arcebispo, que ficou ileso, enquanto estava em oração na capela do arcebispado. No ano seguinte, Farina e cúmplices foram executados, apesar da clemência pedida por São Carlos. Enfim, em 1571 os humilhados, como já lembrado, foram suprimidos e boa parte dos bens deles constituiu a fundação econômica do seminário.

Um quarto momento de desencontro deu-se em 1573, depois da chegada do novo governador espanhol Luis de Requeséns. Esse último tomou medidas contra a jurisdição eclesiástica, e São Carlos respondeu com a excomunhão; somente a intervenção de Gregório XIII é que impediu que o conflito assumisse tons ainda mais dramáticos. Um último choque ocorreu após a peste de 1576-1577, quando, de um lado, houve negociações diplomáticas diretas entre a Espanha e a Santa Sé para reconsiderar globalmente as questões jurisdicionais de interesse da Espanha na Itália, enquanto, de outro, em 1579 Carlos Borromeo foi a Roma, para ganhar o apoio de Gregório XIII; ao mesmo tempo, o barnabita Carlos Bascapé (um dos homens de confiança do arcebispo, tornar-se-ia bispo de Novara e escreveria uma biografia de São Carlos) foi enviado em missão secreta a Madri para entabular negociação com Filipe II. A partir daquele momento, tudo o que havia criado atrito entre os dois poderes pôde encontrar um ponto de equilíbrio, embora permanecendo não resolvidas as questões de fundo.

Um terreno sobre o qual as duas partes estiveram de acordo — e que constitui a sétima diretriz da ação do arcebispo de Milão — foram as **medidas contra a Reforma protestante**. Por exemplo, Carlos Borromeo obrigou os párocos a indicar ao bispo ou ao inquisidor quais pessoas eram heréticas ou até mesmo suspeitas a respeito. Por sua vez, tinha à disposição a visita pastoral, que normalmente previa uma pesquisa especial para verificar se havia heréticos, usurários, concubinários. Além disso, pediu que as autoridades políticas e os magistrados não só — como geralmente fizeram — eliminassem qualquer relação com os heréticos, mas também impedissem os cidadãos milaneses de se dirigirem aos países onde se difundia a heresia ou pelo menos mantivessem sob controle quem, sobretudo por motivos de comércio, tinha de ter contatos com as regiões passadas para a Reforma. Em todo caso, para o arcebispo era dever das autoridades e dos magistrados dar forte apoio aos tribunais da Inquisição, os quais aliás, por estarem trabalhando dentro da diocese, não deviam passar por cima da autoridade do arcebispo, que se considerava o primeiro responsável pelo controle doutrinal.

Entre outras medidas, foram promulgadas por São Carlos algumas normas "fortemente restritivas" (Rimoldi, 545) em matéria de imprensa, mas ele ficou atento também ao fenômeno da bruxaria, a propósito da qual são significativos dois atos situados no início e no fim do seu episcopado. Entre os decretos do primeiro sínodo provincial (1565), havia sanções rigorosas para quem praticava artes mágicas, envenenamentos, adivinhações, pactos com o demônio, até chegar à excomunhão para quem, mediante semelhantes práticas, impedia os matrimônios. Em 1583, Carlos Borromeo fez uma visita ao vale Mesolcina, obtendo a abjuração de cento e trinta mulheres consideradas bruxas; dez delas não se arrependeram e, portanto, foram condenadas à fogueira, assim como antes, durante seu episcopado, tinham sido enviados à fogueira quatro heréticos. Todavia, São Carlos teve a convicção fundamental de que a causa principal da heresia eram as carências da vida cristã dos fiéis, e sobretudo do clero; por isso, as medidas repressivas por ele adotadas eram apenas a outra face da moeda em relação às escolhas a favor da formação do clero e dos leigos, pedra angular da sua organização pastoral.

18. Uma panorâmica europeia da aplicação tridentina

1. Com uma panorâmica sobre os diversos episcopados da Europa que se empenharam nos séculos XVI e XVII em aplicar o concílio, completamos o ensaio sobre alguns bispos e dioceses italianas e sobre a atenção especial reservada ao bispo considerado modelo para a aplicação do Tridentino. Mais do que dito no item anterior, essa averiguação permitirá encontrar outros sujeitos além dos bispos, bem como diversos dinamismos graças aos quais teve início a renovação tridentina.

Uma **diferença** já se encontra na **aceitação dos decretos tridentinos**. Na França, o cardeal de Lorena, Carlos de Guisa, um dos protagonistas do terceiro período do Concílio de Trento, com o apoio da faculdade de teologia de Paris e mediante a convocação do sínodo provincial de Reims (1564), procurou fazer com que fossem aceitos oficialmente os decretos em todo o reino da França. Para não comprometer as relações com os huguenotes, ou seja, os reformados franceses, a rainha Catarina de Medici não aceitou essa proposta. O posicionamento da rainha encontrou o consenso quer dos juristas que defendiam a tradição galicana, quer de boa parte dos capítulos das catedrais voltados a proteger suas prerrogativas diante das mudanças impostas pelo concílio. Posteriormente os reis Henrique III e Henrique IV, apesar das solicitações dos papas, mantiveram a atitude, de modo que os decretos tridentinos não foram oficialmente acolhidos no reino da França.

Na Espanha, criou-se uma situação oposta, pois já no dia 12 de julho de 1564 Filipe II declarou os decretos de Trento como lei de Estado, "sem nenhuma limitação (contrariamente ao que às vezes foi escrito)" (Milhou, 596) — como na *Storia della Chiesa* dirigida por Jedin, onde se refere a cláusula restritiva "sem prejuízo algum dos direitos régios" (cit. in Jedin, *Il papato*, 616), especificando alguns desses direitos (o *placet* régio para as ordens papais, a autonomia da Inquisição espanhola, a possibilidade de os leigos recorrerem ao poder estatal diante de medidas eclesiásticas, o patronato das colônias). Um ano mais tarde, porém, a cláusula "salvo os direitos de Sua Majestade" (cit. in Venard, *La Francia*, 419) foi inserida na lei estatal, graças à qual os decretos foram aceitos nos Países Baixos espanhóis. Nesse caso, a governadora Margarida de Parma tinha ouvido o parecer dos conselhos provinciais, os quais, aprovando em bloco os decretos dogmáticos, tinham, porém, feito reservas aos da reforma, diferentemente dos bispos que foram favoráveis a todas as decisões tridentinas.

A tríplice modalidade diante do acolhimento dos decretos tridentinos (aceitá-los inteiramente, acolhê-los com limitações, rejeitá-los) indica que a **aplicação do concílio** tinha a ver com três diferentes situações e com outros tantos **diferentes desdobramentos** sobre os quais nos detemos agora.

Na **França**, em quinze anos o clero pôs-se em sintonia com o Tridentino, pois em Melun em 1579 a assembleia do clero, ou seja, o organismo de representação de todo o clero francês (cap. 5, item 20.1), graças também ao encorajamento do núncio, formulou um programa de reformas explicitamente inspirado no Concílio de Trento e nos sínodos de Milão. No ano seguinte, na ordem de Blois e no edito de Melun, o rei Henrique III acolheu as principais reformas tridentinas; assim, embora sem aceitar oficialmente os decretos do concílio o Estado francês apoiou as reformas dos bispos que neles se inspiravam. Graças a isso, de 1581 a 1590, realizaram-se sínodos provinciais em oito das dezoito províncias eclesiásticas e muitos sínodos diocesanos. Uma tendência que durou por vinte anos, ou seja, até o último da série dos sínodos provinciais, realizado em Narbona em 1609.

De grande interesse são os relatórios escritos pelos bispos franceses entre 1598 e 1613, por ocasião das visitas *ad limina*; quem os estudou chegou à conclusão de que eles "consideram a legislação tridentina como um dado aceito, que [os bispos, N. do R. italiano] fazem passar explícita ou implicitamente no governo de suas dioceses" (Venard, *La Francia*, 443). Isso significa que o Concílio de Trento era tido como modelo de referência pelos bispos franceses, embora houvesse ainda muito a ser feito, como mostra o caso dos seminários, uma das decisões significativas do Tridentino: nos primeiros anos do século XVII eram quinze, diante das cento e oito dioceses francesas.

Se, de um lado, as guerras de religião entre huguenotes e católicos, que terminaram com o edito de Nantes de 1598 (cap. 5, item 23.1), dificultaram o desdobramento das decisões sinodais, de outro, havia forças novas em apoio da renovação da Igreja na França. Entre elas, devem ser lembrados antes de tudo os jesuítas, que em 1590 já tinham constituído três províncias (Paris, Lião e Toulouse, cada uma com um noviciado), com cerca de vinte colégios. As publicações e a atividade de pregação deles tiveram influência especialmente sobre as camadas mais elevadas. Os capuchinhos foram igualmente ativos, com um apostolado entre os soldados e entre as pessoas em geral, com uma proposta de vida espiritual afetiva que conseguiu envolver o povo, como ocorreu com a difusão das Quarenta Horas. Uma ajuda veio também da renovação espiritual promovida por alguns círculos elitistas, como o que se reuniu em Paris em torno de *madame* Acarie, que juntou personalidades como o jesuíta Coton, o capuchino Bento Canfield e Pierre de Berulle; o círculo recebeu algumas visitas de Francisco de Sales. Entre as diversas escolhas amadurecidas, houve a de acolher as primeiras carmelitas reformadas que Berulle fora contatar pessoalmente na Espanha.

Berulle é personagem exemplar da renovação então em andamento; proveniente de uma família de classe alta, estudou no colégio dos jesuítas de Paris, cultivando a espiritualidade aprendida no círculo da Acarie, que ele apresentou no *Breve discurso da abnegação interior* (1597). Ordenado padre, tornou-se o primeiro superior das carmelitas descalças, até amadurecer a decisão de fundar em 1611 o oratório, com o objetivo de reformar o clero não somente sob o aspecto disciplinar, mas em primeiro lugar na formação espiritual e teológica. Além disso, ele trará uma contribuição decisiva ao orientar Vicente de Paulo a se consagrar à instrução popular, à caridade para com os mais necessitados e à reforma do clero. É significativo que personalidades como Berulle, Vicente de Paulo (aos quais se acrescente Adrien Bourdoise) tenham se empenhado na formação do clero, suprindo a escassez de seminários, uma das carências mais vistosas da obra dos bispos franceses para a aplicação do Tridentino (cf. Inserção 2 – *A aplicação do cânon tridentino sobre os seminários*).

2. Passando da França para a **Espanha**, convém observar logo que a aceitação imediata dos decretos tridentinos por parte do rei Filipe II, já lembrada, significou algo totalmente diferente de uma pacífica aplicação dos decretos. Por exemplo, os capítulos das catedrais e dos colegiados normalmente defenderam suas tradicionais autonomias, com a consequência de opor impedimentos aos bispos que procuravam aplicar o Tridentino. Uma observação semelhante vale para um bom número de Ordens religiosas. Por outro lado, tanto na Espanha, como em Portugal, houve bispos que não respeitaram o dever de residência para se porem a serviço da corte, como era o caso de quem estava comprometido com a administração da Inquisição (cap. 5, item 23.6). Todavia, isso nem sempre levou ao esquecimento das obrigações episcopais, como mostra Juan de Ribera, arcebispo de Valencia a partir de 1568; por dois anos ele teve o encargo de vice-rei sem comprometer seu serviço a favor da Igreja, a ponto de fundar a nova Ordem religiosa das monjas agostinianas descalças.

Os reis da Espanha, Filipe II (1556-1598) e Filipe III (1598-1621), apoiaram sob muitos aspectos a renovação da Igreja espanhola, que já estava em andamento antes do Tridentino graças a diversas contribuições, que vão do Humanismo espanhol à espiritualidade enraizada na *devotio moderna* (que aliás gerou expressões condenadas pela Inquisição, como os *alumbrados*), às novas fundações carmelitas, também elas vistas com suspeita durante algum tempo (cap. 2, itens 6.2-3 e 7.1); essa renovação teve no século XVI a máxima expressão, tanto que aquele período constituiu a parte central do que foi denominado como "século de ouro". Mas enquanto apoiavam a Igreja, os soberanos espanhóis reivindicavam a própria autoridade sobre a Igreja e sobre os bispos (todos por nomeação régia), o que contrariava as diretrizes do Concílio de Trento. Por isso, durante o reinado de Filipe II o papado "travou uma longa batalha"

(Wright, 230) para conseguir que os bispos espanhóis fossem pessoalmente a Roma para a visita *ad limina*, pois isso podia ser um modo de afrouxar os vínculos com o soberano. Todavia, sobretudo pelos obstáculos postos pelo rei, Roma teve de se resignar com essa prática que se tornara habitual na Espanha e com o fato de os bispos enviarem procuradores escolhidos entre os cônegos da catedral. Outro caso frequente de delegação era o das visitas pastorais previstas pelo Tridentino: justamente porque realizadas por um delegado, acentuaram mais o aspecto jurídico que o propriamente pastoral. Em muitos casos, os relatórios dessas visitas eram lidos pelo vigário ou por outros ministros diocesanos. Isso não significa que continuaram a haver visitas pastorais verdadeiras, durante as quais os bispos administravam a crisma e pregavam. Avaliando esse quadro variegado, irredutível a uma leitura unitária, pode-se afirmar que os bispos espanhóis certamente mantiveram muitas das tradições da Igreja espanhola anteriores ao concílio, embora "não tenha sido vivido por eles de modo igualmente evidente" (Wright, 234) um compromisso pastoral renovado pelos ideais tridentinos.

O mosteiro de São Lourenço do Escorial "é particularmente revelador da complexidade [...] do catolicismo espanhol da época" (Milhou, 598). Construído por vontade de Filipe II entre 1563 e 1584, exprime a disponibilidade do soberano em servir a Igreja, pois o mosteiro tinha a função de um seminário, acumulava inúmeras relíquias, tinha a igreja no centro, na qual o Santíssimo Sacramento era sempre exposto e sempre visível dos aposentos de Filipe II. Mas ao mesmo tempo o Escorial manifestava o controle que o soberano exercia sobre a Igreja, pois de seus aposentos o rei era capaz de avaliar o serviço litúrgico, e de forma mais geral intervinha diretamente na vida do mosteiro; era considerado pelos monges jeronimitas quase um "vice-Deus na terra", segundo as palavras de frei José de Sigüenza, o monge autor da crônica da fundação do Escorial. Essa construção era ao mesmo tempo um mosteiro e um palácio concebido como um panteão para exaltar a monarquia dos Habsburgos da Espanha.

3. Depois de terem acolhido o concílio com a reserva já lembrada, nos **Países Baixos espanhóis** os arquiduques colaboraram com sua aplicação, na convicção de que o catolicismo era um fator essencial de identidade nacional daqueles territórios. Que eles fizessem questão da identidade católica de Flandres confirma-se indiretamente pela escolha feita pelas populações ao norte do país, as quais encontraram no calvinismo um dos elementos de identidade na revolta armada iniciada em 1566-1568; tendo durado oitenta anos, no início do século XVII provocou a constituição das Províncias Unidas, autônomas em relação ao domínio espanhol e oficialmente reconhecidas como tais em 1648 com a paz de Vestfália (cap. 5, item 23.2). Dada essa situação, os Países Baixos espanhóis estabeleceram uma relação tão estreita com Roma como não havia nenhuma outra em toda a cristandade europeia; a já lembrada abertura da nunciatura em Bruxelas em 1596 foi posta como garantia dessa forte ligação.

Por parte deles, os arquiduques foram muito cautelosos na nomeação dos bispos, numa região que a partir de 1559 viu reorganizadas as próprias dioceses em três províncias eclesiásticas, duas das quais, Cambrai (com quatro dioceses sufragâneas) e Malinas (da qual dependiam seis dioceses), permaneceram nos Países Baixos espanhóis, enquanto a província eclesiástica de Utrecht, com outras cinco sedes, depois da já lembrada revolta armada, passou a fazer parte das Províncias Unidas. O principado eclesiástico de Liège, porém, continuou a ter como metropolita o príncipe-arcebispo de Colônia. O sínodo provincial de Cambrai (realizado na cidade de Mons em 1586) e o de Malinas de 1607 (a distância temporal um do outro dependeu das guerras em andamento, sendo que o território de Malinas fazia fronteira com as Províncias Unidas) adaptaram os decretos tridentinos às situações locais, "inspirando-se no modelo de Milão" (Venard, *La Francia*, 428) e deixando que as decisões dos dois sínodos fossem ulteriormente adaptadas nos numerosos sínodos diocesanos.

Entre as decisões mais importantes estava uma sobre os seminários: para a província eclesiástica de Cambrai, pensou-se em instituir um deles em Douai para as cinco dioceses. Para a província eclesiástica de Malinas, porém, foi decidido que toda diocese tivesse um seminário próprio; também Liège teve um seminário diocesano. Mais do que os seminários, para melhorar a situação do clero diocesano foi de ajuda uma série de medidas referentes aos capítulos e aos párocos. Em particular, foi solicitado a esses últimos que se empenhassem na catequese e na pregação e que tivessem uma conduta de vida digna de seu estado, exigida também de quem tinha algum benefício que não previa a *cura animarum*. Graças a essas orientações, em meio século, como mostram as decisões do sínodo de Cambrai de 1631, houve um notável progresso entre o clero, a respeito do qual Roma era constantemente informada graças aos relatórios das visitas *ad limina*.

O papel principal na renovação da Igreja católica nos Países Baixos espanhóis foi exercido sobretudo pelas Ordens religiosas masculinas e femininas, explicitamente apoiadas pelos arquiduques. Com efeito, eles favorecem a abertura de muitas casas religiosas de jesuítas, capuchinhos e capuchinhas, franciscanos recoletos, dominicanos reformados, carmelitanos descalços e carmelitanas descalças, clarissas, agostinianos e assim por diante, apesar da resistência das autoridades municipais. Desse modo, houve à disposição muitos pregadores e confessores, bem como comunidades religiosas dedicadas ao ensino e à assistência hospitalar.

Os jesuítas, em especial, tiveram um crescimento extraordinário; basta pensar que em 1626 uma das duas províncias em que estavam divididos, a da língua flamenga (a outra era de língua francesa), contava com dezesseis colégios, quatro casas residenciais e um noviciado, para um total de 1.574 religiosos (contra os 2.156 da França, os 2.283 da Alemanha e os 2.962 da Espanha). Os jesuítas tiveram um papel preponderante em toda a vida intelectual e espiritual do país. Tudo isso explica por que foram os jesuítas belgas que publicaram em 1640 a *Imago primi saeculi*, para celebrar o primeiro século da Companhia de Jesus.

Criou-se assim um terreno favorável para a formação de fiéis cada vez mais devotos do Santíssimo Sacramento: as procissões em sua honra envolviam todas as camadas das cidades. O mesmo vale para a devoção mariana, com a valorização de alguns santuários, como Nossa Senhora de Loos, Nossa Senhora de Hal, Nossa Senhora de Montaigu, que a partir de alguns fatos milagrosos tornaram-se destinos de peregrinações. As confrarias encontraram por toda parte adesões de homens, e sobretudo de mulheres, com o cultivo de uma vida espiritual, moral e sacramental mais profunda. Enfim, nos Países Baixos espanhóis criou-se algo semelhante ao que São Carlos conseguiu realizar na diocese de Milão. Essa comparação é ainda mais pertinente se se pensa nas escolas dominicais organizadas a partir dos anos oitenta do século XVI, sobretudo para os meninos e meninas mais pobres; com efeito, elas tiveram como modelo explícito as escolas de doutrina cristã de Milão (cap. 4, item 16.1).

4. Também nos **territórios de língua alemã** houve uma ligação estreita entre elementos religiosos e políticos na renovação da Igreja após o Tridentino. Ainda que breve, uma reconstrução terá de lidar com situações muito diferentes, devido ao fracionamento territorial (dizia-se que no Império havia tantas instituições estatais quanto os dias de um ano). Por exemplo, os três duques **Wittelsbach** no poder da Baviera por um século (Alberto V, de 1550 a 1579,

Guilherme V, de 1579 a 1597, Maximiliano I, de 1597 a 1651) empenharam-se em aplicar o concílio, chamando os jesuítas desde 1556. Além disso, obrigaram todos os funcionários a subscrever a profissão de fé tridentina e constituíram um conselho eclesiástico formado por teólogos e leigos. Tinha a tarefa de examinar os candidatos aos benefícios, de supervisionar as universidades e as bibliotecas, realizar as visitas ao clero e às comunidades religiosas, ou seja, muitas medidas que o Concílio de Trento tinha confiado aos bispos; por outro lado, o conselho eclesiástico tinha uma função análoga à prevista para o poder político na Igreja luterana.

Temos, portanto, de lidar com uma aplicação não totalmente alinhada com o concílio, e que sob alguns aspectos o contradiz, como se deduz do seguinte episódio ao qual aliás já se fez referência no início do item anterior. Ernesto de Wittelsbach, filho do duque Alberto V, tornou-se sucessivamente bispo de Frising e Hildescheim, bem como arcebispo eleitor de Colônia (cargo que daí em diante, até 1761, ficará reservado a um filho mais novo dos Wittelsbach). Esse acúmulo de benefícios (aos quais se juntaram as sedes de Liège e de Münster) anulava o que Trento tinha estabelecido sobre o dever de residência dos bispos, mas foi considerado por Gregório XIII — que naquele contexto abriu em Colônia uma nunciatura — o "único meio para salvar o catolicismo alemão" (Vogler, 355).

Os **Habsburgos**, que constituíam outra importante dinastia católica da árca alcmã, viam-se numa dupla situação. No que diz respeito ao Império, quem esteve à sua frente de 1576 a 1612, ou seja, Rodolfo II, não conseguiu tomar medidas favoráveis à reforma da Igreja católica. Já no que se refere à Áustria, o arquiduque Carlos, que em 1572 e em 1578 prometera aos protestantes um tratamento igual ao dos católicos (cap. 3, item 11.1), ajudou no assentamento dos jesuítas (que já tinham colégios em Viena e em Innsbruck) em Graz, onde constituíram um importante centro para a recatolização da Estíria; outros colégios surgiram em Klagenfurt (Caríntia), Linz (Áustria superior), Judenburg (Burgenland), Leoben, Hall e em outras cidades. Também as universidades de Viena e de Praga foram progressiva e parcialmente confiadas aos jesuítas; além disso, eles transformaram em universidade suas escolas de Graz e de Innsbruck.

Anteriormente, ou seja, a partir dos anos cinquenta do século XVI, um núncio tinha começado a residir regularmente em Viena; também em Graz, em 1580 foi instituída uma nunciatura (que permaneceu viva até 1622), com a explícita tarefa de impedir que na Estíria, na Caríntia, na Eslovênia e em cidades como Gorizia, Trieste e Fiume os protestantes levassem a melhor, pois dali — e esse era o temor do papado — ficaria aberta a porta para a difusão deles na Itália. Com o passar dos anos, os núncios se tornaram um motor da reforma eclesial. Ainda por volta de 1580, Melchior Klesl, vigário-geral do bispo de Passau para os territórios austríacos, deu início a uma atividade infatigável na Áustria inferior e na Áustria superior (que então faziam parte da diocese de Passau), seja contra os abusos presentes na Igreja católica (como o clero concubinário), seja contra a presença dos protestantes. Tendo se tornado bispo de Viena em 1598, Klesl continuou na mesma atividade pastoral, levada adiante também por seu sucessor Anton Wolfradt, bispo de Viena de 1631 a 1639 (tenha-se presente, porém, que Klesl, por desentendimentos com o imperador Fernando II, da metade de 1618 ao início de 1628 esteve longe de Viena, primeiro preso no Tirol, e depois obrigado a ficar em Roma). Contemporaneamente, no arquiducado da Áustria uma mesma obra era levada adiante pelos bispos Brenner e Eberlein em Seckau, Sagstetter em Gurk, Stobäus em Lavant, "todos exemplos do bispo ideal tridentino" (Hersche, 205).

Quando em 1590 o arquiduque Fernando substituiu o pai Carlos, havia as condições para que se conseguisse com sucesso cancelar oficialmente, com a ajuda das armas, a presença protestante na Estíria e na Caríntia e restabelecer o culto católico. Feito isso, o campo foi liberado para uma atuação cada vez mais ampla do Tridentino, para a qual, entre outros, contribuíram os capuchinhos. O que foi realizado entre o fim do século XVI e o início do século XVII na Áustria, Fernando II tentará repeti-lo como imperador, dando início a um processo que deu origem à Guerra dos Trinta Anos (1618-1648). Todavia, na maior parte do território imperial não conseguiu o que lhe fora possível na Áustria (cap. 5, item 23.2).

Nos **territórios imperiais**, além de Melchior Klesl e seus confrades austríacos destacaram-se outros **bispos** disponíveis à renovação eclesial, como Cristof Andreas von Spaur, bispo-príncipe de Bressanone de 1600 a 1613, cognominado "o grande reformador do bispado" (cit. in Vogler, 356), ou Martin von Schaumburg, quem na diocese de Eichstätt (1560-1590) fez voltar o papel do bispo à sua plenitude graças à utilização dos instrumentos previstos pelo concílio, como as visitas pastorais. O bispo-príncipe Júlio Echter (1574-1617) reorganizou toda a vida eclesial na diocese de Würzburg, criando um seminário e uma universidade, emanando decretos em assuntos litúrgicos, sacramentais e morais. Em Colônia, durante a primeira metade do século XVII, o príncipe-arcebispo Fernando da Baviera pôs em prática a típica linha de conduta do bispo tridentino, com as visitas pastorais, os sínodos, a renovação litúrgica (publicando um breviário especial e um missal); além disso, introduziu novas Ordens religiosas não só em Colônia, mas também em Liège, Hildesheim e Münster, que ele conseguiu ganhar de volta ao catolicismo. Como já ocorrera no século anterior com outro Wittelsbach, também nesse caso Ernesto teve de se dobrar a uma escolha contrária a Trento (o acúmulo de benefícios), para salvaguardar a sobrevivência da Igreja católica no território imperial. Em linhas gerais, nos territórios imperiais somente depois de 1600 é que aparece uma nova geração de bispos convencidos do ideal tridentino, e por isso capazes de guiar a renovação da Igreja, como fizeram Hausen em Regensburg (1600-1613) e Gebeck em Frising (1618-1651).

Ainda em linhas gerais, o papado defendeu de perto o que ocorrera no Império, como testemunham as três nunciaturas surgidas em Colônia, Graz e Lucerna, durante o pontificado de Gregório XIII (item 16.2), e a instituição do Colégio germânico-húngaro em Roma, onde foram educados muitos futuros bispos das áreas imperiais. Além disso, o que foi observado para o ducado da Áustria estende-se a todo o Império, ou seja, que os jesuítas e os capuchinhos desempenharam um papel importante, os primeiros sobretudo como educadores em seus colégios (que de fato substituíram os seminários para a formação do clero), os outros, graças sobretudo à pregação popular. Avaliando em geral o que foi descrito anteriormente, pode-se afirmar que a aplicação do Tridentino nos territórios alemães, embora encontrando a disponibilidade de diversos bispos, confrontou-se com as numerosas particularidades territoriais, com a presença das comunidades reformadas, e registrou um atraso em relação às outras áreas em que a Igreja católica era majoritária. Quando em 1618 teve início a Guerra dos Trinta Anos, um novo obstáculo bloqueou o acesso ao caminho iniciado para a renovação tridentina.

5. Enquanto na **Suíça** "a reforma tridentina é principalmente obra de Carlos Borromeo, da nunciatura e das Ordens religiosas" (Vogler, 368), na **Polônia** — onde estavam presentes os protestantes, os calvinistas (que tinham caído nas graças dos grandes proprietários de terra e da nobreza) e grupos radicais, como os antitrinitários (socinianos) — já antes da conclusão do Concílio de Trento, ou seja, por ocasião do sínodo provincial de 1551, os representantes do capítulo da Cracóvia intervieram em relação aos bispos, acusando-os de

favorecer a Reforma. Além disso, foi lançado um apelo para que se tomassem providências enérgicas contra os protestantes e se pusessem em prática iniciativas para renovar a Igreja católica. O acontecimento mais importante do sínodo de 1551 foi, porém, o encargo dado ao arcebispo de Vármia, Estanislau Hosio, de elaborar uma confissão de fé católica (*Confessio catholicae fidei*), que foi uma exposição aprofundada da dogmática católica dirigida também aos reformados e que, publicada e traduzida em muitas línguas, teve grande importância em toda a Igreja católica. Também graças a esse escrito, o arcebispo de Vármia tornou-se o chefe inconteste da Igreja católica polonesa e obteve a confiança do papado, a ponto de receber a nomeação de legado pontifício na última fase do Concílio de Trento (item 15.4).

Dez anos depois, no sínodo provincial de 1561, guiado pelo primaz Jan Przerębski, foi desenhado um vasto programa de reformas e, sobretudo, foi proposta a elevação do nível de instrução do clero. Antecipando em dois anos a deliberação do Tridentino, o sínodo obrigou os bispos a instituir o que depois foram os seminários. Todavia, a reforma prevista pelo sínodo de 1561 não foi realizada, tanto por causa do desaparecimento de Przerębski como pela falta de zelo reformador na maioria dos bispos poloneses (inclusive o novo primaz Jakub Uchański); como senadores do reino, eles eram de nobre extração e por isso visavam aos interesses de suas famílias, as quais, por sua vez, em muitos casos tinham alguma ligação com a Reforma protestante. Quando o concílio foi encerrado, ficou claro que na Polônia o terreno estava pronto para aceitar a reforma tridentina; era preciso, porém, esperar "uma nova geração de bispos, de diferente formação e realmente dispostos a pô-la em prática" (Müller, 115).

Devido ao fato de que os capítulos das catedrais, especialmente dos de Gniezno e Cracóvia, se abriram cada vez mais à renovação, graças à atividade dos jesuítas, introduzidos na Polônia por Hosio em 1564 (basta dizer que de seis seminários fundados até o fim do século XVI, cinco eram dirigidos por eles), ao apoio dado pelos núncios, a disponibilidade para aplicar os decretos tridentinos foi se ampliando até serem oficialmente aceitos na Polônia em 1577; era um sinal de que agora também o soberano estava pronto a apoiar fortemente a realização do concílio. Tendo se tornado rei dez anos depois, Sigismundo III cumpriu a escolha decisiva de aplicar o Tridentino, começando por nomear bispos disponíveis ao compromisso pastoral, de modo que graças a eles a reforma tridentina se tornou realidade. Contextualmente, o rei evitou nomear não católicos para os altos cargos do Estado.

Desde então a convocação dos sínodos provinciais tornou-se cada vez mais frequente e as visitas pastorais foram as características da atividade episcopal. Outras decisões nessa direção foram a fundação dos primeiros seminários diocesanos, o revigoramento da disciplina do clero, o controle sobre os fiéis, a nova importância dada aos decanatos e o aperfeiçoamento de sua rede, a modernização da organização diocesana (no final dessa obra, ou seja, na metade do século XVII, a organização eclesiástica polonesa compreendia dezenove dioceses, das quais dezoito faziam parte das duas províncias eclesiásticas de Gniezno e Leopoli). A tudo isso uniu-se a reivindicação de edifícios de culto e de alfaias paroquiais que tinham passado para as mãos protestantes. Seguiu-se depois um sério empenho na catequese, com o explícito destaque daquilo que diferenciava a Igreja católica das comunidades reformadas.

A renovação pastoral iniciada no fim dos anos oitenta do século XVI produziu um duplo resultado: de um lado, a "crescente adesão às práticas religiosas", com um enraizamento na cultura local "de modo que a difusão delas não fosse apenas o resultado de obrigações e de controles formais", que aliás foram consistentes; de outro, a sensibilidade para formar "a consciência e as atitudes das pessoas" (Müller, 120.121). Tudo isso teve múltiplas expressões, sendo as confrarias uma das mais importantes, para cuja promoção trabalharam sobretudo as Ordens religiosas, atentas a fundá-las não somente nas próprias casas, mas também nas paróquias. Por exemplo, os dominicanos promoveram as confrarias do rosário, os carmelitas, as dos escapulários e das consolações da Bem-aventurada Virgem, os bernardinos, as confrarias da Imaculada Conceição, bem como, a partir de 1581, as confrarias de Santa Ana, "cujo objetivo era combater o protestantismo e de modo especial os socinianos" (Litak, 210). Um papel importante foi desempenhado pelas mais de cem confrarias ou congregações marianas, nas quais se reuniam os jovens estudantes leigos dos colégios jesuítas; à juventude universitária foi destinada a confraria de São Luís. Havia também confrarias próprias de cada classe social, como a da Assunta, que recebia somente jovens nobres, ao passo que a de Santo Isidoro o Agricultor (canonizado, como já foi referido, em 1622, junto com os santos exemplares da renovação católica Teresa de Ávila, Filipe Neri, Inácio de Loyola e Francisco Xavier) reunia os camponeses. Os diversos religiosos difundiram as confrarias dedicadas aos santos das respectivas Ordens, contribuindo desse modo para o desenvolvimento do seu culto na Polônia. Mediante as confrarias, as Ordens conseguiram controlar e guiar o desenvolvimento da religiosidade popular.

Entre as diversas Ordens religiosas, os jesuítas deram uma contribuição capital para a renovação da religiosidade na Polônia. A eles se deve a volta de cerca de metade das igrejas dos protestantes para os católicos. Além disso, os jesuítas não só educaram nos colégios de Poznam, Braunsberg, Wilma, Polock e Lublino uma nova elite de sacerdotes e de leigos, mas ampliaram a base popular da Igreja católica mediante as missões populares. É sintomático o trabalho feito por dois jesuítas, Wujek e Skarga; o primeiro publicou uma tradução polonesa da Bíblia e um livro de devoção usado por três séculos; o segundo desempenhou uma intensa atividade de pregador e escritor, cujo fruto foi também um livro (intitulado *Sobre o governo e a unidade da Igreja de Deus sob um só Pastor e o cisma grego*), que punha em confronto a vigorosa retomada da Igreja católica na Polônia com o declínio da Igreja ortodoxa, sobretudo nas vizinhas Lituânia e Ucrânia. Esse texto tinha ligação direta com a união de Brest (1596), graças à qual um grupo de ortodoxos ucranianos (chamados rutenos), guiados pelos bispos de Luck e de Wladimir, voltou à plena comunhão com a Igreja católica (cap. 7, item 29.3). Mas o texto de Skarga era também uma daquelas contribuições graças às quais o catolicismo tridentino ia se tornando um componente básico da identidade nacional polaca.

Inserção 2
A aplicação do cânon tridentino sobre os seminários

No cânon *Cum adolescentium aetas*, o XVIII do decreto de reforma da XXIII sessão (15 de julho de 1563), o Concílio de Trento tinha delineado para os bispos uma nova instituição para a formação do sacerdócio denominada "seminário". Na Itália, nos quarenta anos seguintes ao Tridentino, a grande maioria dos bispos se comprometeu, segundo um calendário diferenciado, a fundar um seminário, como se vê na pesquisa feita nos itens 17.2-3 deste capítulo; a seguir, porém, várias dioceses tiveram dificuldade de levar adiante essa gestão. Na Espanha, entre 1565 e 1610 surgiram vinte e três seminários num total de cinquenta e cinco dioceses, mas num exame mais aprofundado observa-se que o que foi iniciado não teve desenvolvimento, ou que se tratava de simples escolas de gramática.

Na França, até o início do século XVII existiram quinze seminários, um número irrelevante em relação às cento e oito dioceses. A situação mudou em meados do século, graças não tanto à ação dos bispos quanto à de algumas companhias de padres seculares, como os Padres da doutrina cristã de César de Bus (1592), o Oratório de Berulle (1611), a Companhia de São Nicolau de Chardonnet de

Adrien Bourdoise (1612), os lazaristas de São Vicente de Paulo (1625), a Companhia de São Sulpício de Jean-Jacques Olier (1641), a Companhia de Jesus e de Maria de João Eudes (1645). Recebiam em seus seminários jovens que tinham terminado os estudos, para os preparar para as Ordens sagradas, imprimindo neles uma espiritualidade e uma sensibilidade pastoral característica, depois denominada "escola francesa". Às vésperas da Revolução Francesa, quando todas as dioceses tinham pelo menos o seminário maior (em muitas tinham sido introduzidos também os seminários menores), a "escola francesa" administrava mais de cento e trinta, os padres diocesanos cerca de trinta, enquanto outras famílias religiosas dirigiam doze.

Nos Países Baixos foi instituído um seminário provincial em Douai, na província eclesiástica de Cambrai, com vinte lugares para os clérigos da arquidiocese e doze para os clérigos das quatro dioceses sufragâneas. Em Liège e na província eclesiástica de Malinas, havia seminários diocesanos associados, na maioria das vezes, para as escolas, aos colégios dos jesuítas, enquanto os alunos do seminário provincial de Douai frequentavam os cursos universitários. Na Europa central, os primeiros seminários nasceram em 1564 em Eichstätt para a Alemanha e em Poznan para a Polônia (no fim do século XVI eram seis, dos quais cinco dirigidos pelos jesuítas), ao passo que a Hungria tinha um em 1567. Todavia, para a Europa central, o Colégio germânico-húngaro de Roma, surgido em 1580 durante o pontificado de Gregório XIII, teve mais importância do que os próprios seminários diocesanos. Além disso, nos territórios imperiais aqueles que se preparavam para se tornar padres frequentavam de preferência os colégios da Companhia de Jesus. Quanto aos clérigos húngaros, a partir de 1624 foi aberto para eles em Viena o *Collegium Pazmaneum*, do nome do arcebispo de Esztergom e primaz da Hungria Péter Pázmány, e pouco depois surgiram três seminários no território húngaro.

A panorâmica europeia evidencia as dificuldades e a falta de uniformidade na aplicação do cânon *Cum adolescentium aetas*. Está unido a isso o fato de que nos seminários se formou somente uma minoria dos candidatos ao sacerdócio, como se vê em algumas amostragens no território italiano. Na pequena diocese calabresa de Gerace, em 1593 havia duzentos e cinquenta sacerdotes e duzentos e sessenta e um clérigos, mas o seminário podia comportar somente doze. A província de Como, uma diocese de porte médio, no final do século XVI tinha várias centenas de sacerdotes, enquanto seu seminário tinha apenas doze lugares; aliás, esse seminário teve vida difícil, uma vez que, aberto em 1573 e fechado quatro anos depois por falta de financiamento, foi reaberto em 1598 para permanecer ativo até 1629, quando o Colégio Gallio, administrado pelos somascos, tornou-se de fato o seminário da Igreja de Como; e assim ficou até 1740, quando foi de novo aberto um seminário propriamente diocesano. Uma grande cidade como Roma mostra a mesma tendência, pois no fim do século XVI para cerca de mil e trezentos padres diocesanos havia cento e oitenta lugares nos seminários (o seminário romano e outras seis pequenas instituições, entre as quais o Colégio Capranica). Também um seminário como o de Milão, estruturado em mais sedes (duas na cidade e quatro na diocese) e com notável capacidade de hospedagem (quatrocentos e trinta alunos, aos quais se deve acrescentar alguns dos cinquenta lugares reservados no Colégio helvético, destinado à formação de padres para a Suíça e territórios adjacentes, em contato direto com as comunidades reformadas), podia garantir a formação de trinta a quarenta por cento dos clérigos da diocese no momento do seu máximo desenvolvimento, ou seja, na metade do século XVIII.

À luz do que foi exposto, cabe perguntar onde a maioria dos clérigos recebia a própria formação. Ainda em relação à Itália, existiam as escolas dos mosteiros e dos conventos; os colégios dos clérigos regulares — os jesuítas em primeiro lugar — e depois os somascos e os barnabitas; as universidades; as escolas públicas e as academias científico-literárias; as escolas mantidas localmente por sacerdotes cultos empenhados no cuidado das almas e de boa conduta. Frequentemente, o seminário tinha laços com alguns desses itinerários formativos, pois para as aulas de muitas e importantes disciplinas os seminaristas dirigiam-se às escolas dos jesuítas, somascos, agostinianos, dominicanos, franciscanos. Para a formação dogmática e moral, acontecia também de os aspirantes ao ministério usufruírem das aulas dadas semanalmente para o clero pelo cônego teólogo e pelo cônego penitencieiro da catedral ou por sacerdotes com igual qualificação.

Não era raro o caso, já assinalado nos itens 17.3 e 17.5 para Treviso e Monza (uma das sedes do seminário de Milão), da presença nas escolas do seminário de meninos e jovens não orientados para o sacerdócio, bem como verdadeiros alunos externos, tanto nos grandes seminários (em Gênova, no seminário romano, no Colégio helvético de Milão, no seminário patriarcal de Veneza) quanto nos pequenos, como Gerace e Varallo (Novara). Xenio Toscani observa que a presença de alunos leigos "impõe reconsiderar o 'tópos' [...] da 'separação' da formação dos clérigos, que aconteceria 'longe' da perigosa convivência com jovens leigos" (*Anais de história da educação*, 297). Tal seminário caracterizado pela "separação" será o resultado de uma evolução secular. No século XVIII, os seminários tiveram um relançamento, como demonstram, por exemplo, as medidas adotadas por Bento XIII (1724-1730) a favor dos seminários, com uma bula específica endereçada aos bispos italianos e com a criação de uma congregação romana especial (cap. 5, item 21.1); como — outro exemplo — ocorreu nos territórios habsbúrgicos, onde por volta de 1785 surgiu também um novo gênero de instituto, ou seja, os seminários gerais (cap. 6, item 26.3); em sua primeira encíclica, de 1775, Pio VI deteve-se na importância dos seminários (cap. 6, item 27.3). No século XIX, os seminários transformaram-se progressivamente em instituição exclusiva para a formação ao sacerdócio. No século XX, sob a guia da Santa Sé, especialmente durante os pontificados de Pio X (1903-1914) e Pio XI (1922-1939), difundiu-se na Igreja católica o modelo borromaico de seminário, caracterizado por uma separação do "mundo", ou seja, das distrações que, como se julgava, impediam que os clérigos assimilassem bem a proposta educativa.

Nota bibliográfica

Anamnesis. In: Mayeur, J.-M. et al. (dir.). *Storia del cristianesimo*. Roma: Borla-Città Nuova, 2005, v. 14, 723 (verbete *Seminari* do índice analítico, graças ao qual se encontram nos volumes da obra as partes dedicadas à história dos seminários).
Annali di storia dell'educazione e delle istituzioni scolastiche, 7 (2000) 9-307 (Bréscia: Editrice La Scuola).
Guasco, M. *La formazione del clero*. Milão: Jaca Book, 2000.
Toscani, X. *Il clero lombardo dall'Ancien Régime alla Restaurazione*. Bolonha: il Mulino, 1979.

19. A identidade da Igreja tridentina

Segundo Marc Venard, um dos historiadores a quem nos referimos para conhecer a primeira aplicação do Concílio de Trento, aquele período "foi tão decisivo quanto os decretos conciliares, ao fixar as novas características da Igreja católica" (Venard, *Il concilio*, 361). Em particular, para o historiador francês acabaram se delineando três traços que caracterizaram o rosto da Igreja tridentina: "**romano**", "**clerical**" e "**popular**".

1. A primeira característica, portanto, é a romana, pois, graças à aplicação dos decretos do concílio, a autoridade da **Santa Sé**, sua ação no âmbito universal e sua capacidade de intervenção nas Igrejas locais reforçaram-se de modo significativo. Textos como o catecismo, o missal, o breviário, redigidos ou revistos sob os cuidados do papado, foram instrumentos fundamentais para a aplicação do concílio e o desenvolvimento da Igreja católica. Por meio das congregações romanas, o governo pontifício seguiu todos os principais aspectos da Igreja católica, do doutrinal (Santo Ofício e Índice) à liturgia (congregação dos ritos), às missões (*Propaganda fide*), enquanto congregações especiais tratavam do que se referia aos bispos, à interpretação do concílio, às Ordens religiosas. O papado influiu na aplicação do concílio em grande parte dos territórios europeus, graças às nunciaturas, pois os núncios se fizeram propagadores dos decretos junto aos príncipes e aos episcopados locais, chegando às vezes, como ocorreu em Colônia com o núncio Bonomi, a presidir um sínodo provincial.

Graças ao relançamento do antigo uso das visitas *ad limina*, a Santa Sé teve a possibilidade de um conhecimento pormenorizado e sempre atualizado sobre o estado da catolicidade mediante os relatórios entregues naquela ocasião pelos bispos ou por seus procuradores. De um lado, isso foi altamente pedagógico para os bispos, pois foram estimulados a residir em suas dioceses para melhor conhecê-las; além disso, para avaliar se corria bem a própria ação pastoral, foram periodicamente convidados a verificar suas atividades. De outro lado, as visitas *ad limina*, segundo a afirmação de Venard, "revelaram-se um instrumento muito eficaz de homogeneização do corpo episcopal e de centralização romana" (Venard, *Il concilio*, 363). Mas o que foi lembrado acima a propósito dos obstáculos interpostos por Filipe II às viagens dos bispos espanhóis a Roma convida a pôr em discussão essa afirmação. É, porém, indiscutível o papel desempenhado pela cidade de Roma como modelo de referência quer intelectual (com o Colégio romano dos jesuítas e com os diversos colégios nacionais, muitos dos quais remontam a Gregório XIII), quer artístico, com seus edifícios sagrados e profanos, tanto renascentistas, como barrocos (cap. 7, item 33.2). Definitivamente, a aplicação do Concílio de Trento, além de ter sido determinada pela Santa Sé, constituiu uma passagem decisiva para que o papado assumisse o papel proeminente que manteve até hoje na Igreja católica, papel que foi e continua a ser motivo de discussão sobretudo no que diz respeito às relações de Roma com as Igrejas locais e com as Igrejas não cristãs.

2. *De per si*, o concílio tinha escolhido os **bispos** como protagonistas principais da renovação da Igreja; com efeito, deles dependia o êxito do cerne da reforma tridentina, ou seja, a *cura animarum*. O que foi exposto neste capítulo torna aceitável a observação segundo a qual "é incontestável que, quanto ao sentido das responsabilidades religiosas, os bispos do fim do século XVI são, em média, melhores que seus predecessores do período anterior ao concílio" (Venard, *Il concilio*, 363). Se se pensa no que foi referido sobre o episcopado espanhol ou a respeito de alguns prelados das regiões imperiais, alguns bispos continuaram a permanecer abaixo da média. Se nos dois itens anteriores encontramos numerosos bispos animados por sincero zelo pastoral, sem dúvida alguns tiveram nítido destaque acima dos outros. Acima de todos, São Carlos. Da geração contemporânea do Tridentino destacaram-se os já lembrados

Bartolomeu de Martyribus, bispo de Braga, e Estanislau Hosio, bispo de Vármia. Entre os contemporâneos de São Carlos, destaca-se o arcebispo de Bolonha, Gabriel Paleotti, o qual adotou escolhas pastorais que o diferenciaram parcialmente do arcebispo de Milão, como a de valorizar quanto possível as estruturas tradicionais da Igreja de Bolonha, diferentemente de Borromeo, que modificou a estrutura da diocese de Milão. Outros bispos que chamaram a atenção de seus confrades foram Francisco de Sales e Péter Pázmány, esse último decisivo, graças também ao apoio dos nobres proprietários de terras (magnatas), no revigoramento na primeira metade do século XVII da Igreja católica no reino da Hungria, onde era muito forte o calvinismo. Aliás, a partir da metade do século XVI o território húngaro viu-se dividido em três partes (habsbúrgica, otomana, filoturca) com uma população de diferentes etnias, ou seja, húngara, valaca e saxã; criou-se uma intrincada situação confessional, sobre a qual se encontrará pistas no capítulo conclusivo do livro (cap. 7, item 29.1).

Bispos dedicados à *cura animarum*, ou seja, ao ministério pastoral, arrastaram o **clero diocesano** a essa dedicação. E se os seminários também tentaram decolar, a formação ao sacerdócio se tornou melhor. A grande maioria do clero, dos cônegos, párocos e capelães adquiriu uma conduta moral digna do próprio estado de vida. Houve reavaliação sistemática do clero paroquial, procurando garantir aos párocos a formação espiritual e cultural, rendimentos suficientes e estabilidade da residência paroquial. Os sínodos e as visitas pastorais tiveram como primeira referência os párocos, estimulando-os ao ministério pastoral. A guarda dos registros paroquiais (referentes aos batismos, matrimônios, mortos) permitiu-lhes um conhecimento mais profundo dos fiéis a eles confiados, reforçando sua autoridade.

Também ao **clero regular** foi confiado um lugar considerável na Igreja pós-tridentina, tanto que num território como os Países Baixos espanhóis foram os religiosos que guiaram a renovação católica. Como já foi mostrado várias vezes, os jesuítas exerceram um apostolado multiforme (colégios e seminários, pregação, reflexão teológica e pesquisa científica, confissão e direção de consciência, missões populares e missões extraeuropeias), com incidência tal que se poderia afirmar "que todo o catolicismo moderno esteve marcado intelectual e espiritualmente pelos jesuítas" (Venard, *Il concilio*, 364). Igualmente ativos foram os capuchinhos, bem como as novas famílias religiosas constituídas pelos clérigos regulares. Embora com dificuldade, a vida religiosa feminina procurou empreender novos caminhos que a desvinculassem da obrigação de clausura (cap. 2, item 7.3). À luz do papel dos bispos, do clero diocesano, dos religiosos e das religiosas, Venard define "clerical" a segunda característica da Igreja tridentina. Uma definição que, como soa, poderia pôr na sombra a terceira característica da Igreja tridentina.

3. A terceira característica é a popular. Em particular, o Concílio de Trento fora ao encontro da **religiosidade popular**, aprovando o culto das relíquias, das imagens e dos santos, devidamente purificado. Os bispos, o clero e os religiosos puseram-se no caminho aberto pelos decretos tridentinos e procuraram eliminar aspectos supersticiosos da piedade dos fiéis, promover formas de culto tradicionais, educar os leigos, valorizar em muitos casos tanto as já existentes escolas de doutrina, como as experimentadas agregações leigas, principalmente as confrarias. O que foi descrito a propósito da diocese de Milão e o que foi referido sobre a situação dos Países Baixos espanhóis e da Igreja polonesa poderiam ser o início de um vasto estudo sobre o espaço dado ao culto da Virgem Maria, de São José e sobretudo da eucaristia, com as procissões eucarísticas, as Quarenta Horas, a comunhão mais frequente. Para promover esse último aspecto, muito se empenharam os jesuítas, em particular com as congregações marianas, nas quais os confrades eram estimulados à comunhão (e, portanto, à confissão) mensal, se não até mesmo quinzenal (é bom lembrar que em meados do século XVI eram raras as pessoas devotas que comungavam mais de quatro vezes ao ano). Na maioria das vezes, as diversas formas de devoção tiveram como típicas expressões de suporte as peregrinações e as indulgências.

Como fundamento disso tudo, a hierarquia católica se empenhou muito em garantir um sólido conhecimento da fé e dos deveres da vida cristã, mediante a **catequese**, levada adiante de maneira sistemática e capilar, com o resultado de que "o catecismo foi o grande empreendimento de aculturação cristã dos tempos modernos" e que "na passagem do século XVI para o século XVII, o catolicismo moderno realizou um verdadeiro processo de aculturação" (Venard, *Il concilio*, 366.367). Isso levou a uma formação básica da população impregnada de religiosidade, acompanhada, para os mais jovens, dos rudimentos da alfabetização que acontecia durante o ensino do catecismo.

Uma Igreja romana, clerical, popular; seria essa a identidade da Igreja católica depois da primeira aplicação do Tridentino, correspondente ao período que vai do encerramento do concílio aos anos 1620/1630. Com efeito, muito do que foi lembrado nos itens anteriores encontra-se nas três características agora indicadas, embora haja a exigência de mais acréscimos, como o de ter sempre presente que, para serem aplicados, os decretos tridentinos tiveram necessidade da contribuição das autoridades estatais. A Igreja tridentina caracterizou-se pela simbiose com os Estados de opção confessional católica. Teríamos de acrescentar também que a renovação tridentina se adaptou às diferentes situações territoriais.

4. Vemo-nos, portanto, diante de muitas e diferentes facetas que não se reduzem a um só ponto de vista, como acontece em vez disso num **filão historiográfico** que vem de longe. De fato, remete pelo menos ao servita Paulo Sarpi, autor da *Istoria del Concilio Tridentino*, publicada em Londres em 1619, o qual interpreta o concílio como um instrumento utilizado pelo papado para impedir uma efetiva reforma da Igreja e para confirmar de outra parte o próprio domínio absoluto sobre a Igreja católica.

Entre os historiadores mais recentes que cultivaram semelhante perspectiva, está João Miccoli, que em meados dos anos setenta do século XX, referindo-se à situação italiana, apresentou a renovação da cristandade italiana entre os séculos XV e XVI como o resultado dos movimentos evangélicos, ou seja, os que foram apresentados no capítulo anterior como "espirituais" e "reformados" (cap. 3, item 14.1), os quais, todavia, considerados ligados à Reforma protestante, sofreram a partir dos anos quarenta do século XVI a repressão da autoridade eclesiástica, encabeçada pelo papado. Esse último forjou a Inquisição romana como instrumento por excelência da atividade repressiva, forçando para esse objetivo até mesmo o Tridentino: "É inútil reafirmar que os fundamentos da situação religiosa e eclesiástica daqueles decênios foram lançados, mais que em Trento, alhures, ou seja, na Cúria, na repressão duríssima feita pela Inquisição, na drástica reafirmação do primado romano em contraposição a toda ambição de excessiva liberdade conciliar, na obra capilar e minuciosa de restauração católica" (Miccoli, 1071).

À distância de vinte anos, Máximo Firpo confirmou explicitamente essa perspectiva historiográfica: "As páginas de Miccoli […], com firmeza de princípios ideais e de rigor historiográfico, […] subtraem-se aos engodos (que aliás tinham seduzido por algum tempo o próprio Cantimori) da jediniana reforma católica. Miccoli reconstrói com clareza, ressaltando sempre os filões e as matrizes de longa duração histórica, o precoce delinear-se da Contrarreforma, destinada em breve tempo a se tornar 'a única via oficial da Igreja' (p. 1024)" (Firpo, 371).

No fundo, de Sarpi até Miccoli e Firpo permaneceu viva entre um bom número de historiadores uma interpretação unívoca do Concílio de Trento e da sua aplicação, uma interpretação que **privilegiou** o termo "**Contrarreforma**". À luz do que foi apresentado neste capítulo, essa interpretação exclui muitas riquezas do quadro que começou a emergir. De fato, o concílio ofereceu propostas que se contrapunham à Reforma, especialmente no âmbito doutrinal: desse modo, foram bloqueadas as tentativas de acordo com os reformados, cuja última expressão acontecera na vigília do concílio, ou seja, em 1541 na dieta de Regensburg, mediante o compromisso da "dupla justificação" (cap. 3, item 10.6). Todavia, o Tridentino apresentou contribuições originais, reconhecendo e beneficiando o que já se praticava para a renovação da Igreja católica, relançando instrumentos tradicionais para o cuidado pastoral e a educação cristã, oferecendo linhas fundamentais que guiaram o crescimento do catolicismo. Depois do concílio, o papado certamente levou adiante uma tarefa e assumiu um papel central e fundamental na Igreja católica, mas não exclusivo, dado que houve bispos igualmente importantes e decisivos para a primeira aplicação dos decretos tridentinos. Além disso, tenha-se presente o papel desempenhado pelo poder político, havendo até casos nos quais, como aconteceu no ducado da Baviera, os instrumentos do governo pastoral pensados em Trento para os bispos viram-se nas mãos do poder político (no caso, os Wittelsbach, mediante um conselho eclesiástico). Muitas nunciaturas realizaram uma obra para se opor à Reforma protestante, mas ao mesmo tempo deram apoio aos bispos empenhados na renovação tridentina.

Tudo isso e mais ainda, como a evolução das Inquisições modernas (cap. 5, item 23.6), escapa à categoria historiográfica da Contrarreforma e constitui em seu todo uma **realidade originalíssima**. Por isso, Ronnie Po-chia Hsia fez bem ao intitular seu estudo sobre a Igreja católica de 1540 a 1770 como *The World of Catholic Renewal (O mundo da renovação católica)*. E quão difícil seja situar-se nessa perspectiva atesta-o o fato de a edição italiana da obra ter sido intitulada *La Controariforma*, desqualificando com o subtítulo o título originário.

Mais em geral, conhecer de perto a história do Concílio de Trento e de sua primeira aplicação significa assumir conscientemente as duas categorias historiográficas de Reforma católica e Contrarreforma (cap. 2, item 5). Sozinhas não bastam para explicar a rica, complexa e dinâmica situação histórica que precedeu, acompanhou e veio após o Concílio de Trento. Com razão, Paula

Vismara convida a integrar essas duas categorias historiográficas, que tiveram o mérito de criar o quadro de referência para fecundas pesquisas históricas, com outras categorias interpretativas, como "confessionalização", "cristianização", "modernização", "disciplinamento social" (Vismara, 160). Desse modo, poderemos nos orientar cada vez melhor para pesquisar "o mundo da renovação católica", de qual ainda há muito por explorar.

Bibliografia

Fonte

COD = ALBERIGO, G. et al. (orgs.). *Conciliorum Oecumenicorum Decreta*. Bolonha: EDB, 1991.

Estudos

ALBERIGO, G. Da Carlo Borromeo all'episcopato post-tridentino. In: JEDIN, H.;
ALBERIGO, G. *Il tipo ideale di vescovo secondo la Riforma cattolica*. Bréscia: Morcelliana, 1985, 99-189.
ALBERIGO, G.; ROGGER, I. (orgs.). *Il Concilio di Trento nella prospettiva del terzo millennio*. Bréscia: Morcelliana, 1997.
BLET, P. *Histoire de la Représentation Diplomatique du Saint Siège, des origines à l'aube du XIX siècle*. Cidade do Vaticano: Archivio Vaticano, 1982.
BUZZI, F. *Il Concilio di Trento (1545-1563)*. Milão: Glossa, 1995.
FIRPO, M. Crisi e restaurazione religiosa nel Cinquecento. *Rivista di Storia e Letteratura Religiosa* 32 (1996/2) 367-379.
HERSCHE, P. Religiosità popolare e riforme giuseppine. In: VACCARO, L. (org.). *Storia religiosa dell'Austria*. Milão-Gazzada: Centro Ambrosiano-Fondazione Ambrosiana Paolo VI, 1997, v. 4: Europa ricerche, 199-222.
ISERLOH, E. La Riforma protestante. In: JEDIN, H. (dir.). *Riforma e Controriforma*. Milão: Jaca Book, 1985, v. 6: Storia della Chiesa, 4-510.
JEDIN, H. *Breve storia dei concili*. Roma-Bréscia: Herder-Morcelliana, [7]1986, 127-164.
_____. *Carlo Borromeo*. Roma: Istituto della enciclopedia italiana, 1970.
_____. Gli inizi e la progressiva affermazione della Riforma cattolica fino al 1563. In: _____ (dir.). *Riforma e Controriforma*. Milão: Jaca Book, 1985, v. 6: Storia della Chiesa, 518-598.

_____. Il papato e l'attuazione del Tridentino (1565-1605). In: _____ (dir.). *Riforma e Controriforma*. Milão: Jaca Book, 1985, v. 6: Storia della Chiesa, 599-645.

_____. La Controriforma europea e l'Assolutismo confessionale (1605-1655). In: _____ (dir). *Riforma e Controriforma*. Milão: Jaca Book, 1985, v. 6: Storia della Chiesa, 751-789.

_____. *Storia del Concilio di Trento*. Bréscia: Morcelliana, 1949-1979, 4 vol. (em 5 tomos).

LITAK, S. L'epoca della svolta (1525-1648). In: KLOCZOWSKI, J. (org.). *Storia del cristianesimo in Polonia*. Bolonha: CSEO, 1980, 175-218.

MEZZADRI. L; TAGLIAFERRI, M; GUERRIERO, E. (dir.). *Le diocesi d'Italia*. Cinisello Balsamo: San Paolo, 2008, v. 3, 1225-1333.

MICCOLI, G. La storia religiosa. In: *Dalla caduta dell'Impero romano al secolo XVIII*. Turim: Einaudi, 1974, v. 2/1: Storia d'Italia, 431-1079.

MILHOU, A. La penisola iberica. In: MAYEUR, J.-M. et al. (dir.). *Il tempo delle confessioni (1530-1620/30)*. Roma: Borla-Città Nuova, 2001, v. 8: Storia del cristianesimo, 562-625.

MÜLLER, W. La Riforma in Polonia. In: VACCARO, L. (dir.). *Storia religiosa della Polonia*. Milão-Gazzada: La Casa di Matriona-Fondazione Ambrosiana Paolo VI, 1985, v. 15, Ricerche, 109-124.

PO-CHIA HSIA, R. *La Controriforma. Il mondo del rinnovamento cattolico (1540-1770)*. Bolonha: il Mulino, 2001.

RIMOLDI, A. L'età dei Borromeo (1560-1631). In: CAPRIOLI, A.; RIMOLDI, A.; VACCARO, L. (orgs.). *Diocesi di Milano, 2*. Bréscia-Gazzada: Editrice La Scuola-Fondazione Ambrosiana Paolo VI, 1990, v. 10: Storia Religiosa della Lombardia, 389-466.

VENARD, M. Il concilio Lateranene V e il Tridentino. In: ALBERIGO, G. (org.). *Storia dei concili ecumenici*. Bréscia: Queriniana, 323-368.

_____. La Francia e i Paesi Bassi. In: MAYEUR, J.-M. et al. (dir.). *Il tempo delle confessioni (1530-1620/30)*. Roma: Borla-Città Nuova, 2001, v. 8: Storia del cristianesimo, 382-447.

_____; VOGLER, B. Le forme colletive della vita religiosa. In: MAYEUR, J.-M. et al. (dir.). *Il tempo delle confessioni (1530-1620/30)*. Roma: Borla-Città Nuova, 2001, v. 8: Storia del cristianesimo, 866-930.

VISMARA, P. Il cattolicesimo dalla "Riforma cattolica" all'Assolutismo illuminato. In: FILORAMO, G.; MENOZZI, D. (orgs.). *Storia del cristianesimo*. Roma-Bari: Laterza, 1997, 151-290.

VOGLER, B. L'area germanica, elvetica e scandinava. In: MAYEUR, J.-M. et al. (dir.). *Il tempo delle confessioni (1530-1620/30)*. Roma: Borla-Città Nuova, 2001, v. 8: Storia del cristianesimo, 338-381.

Wright, A. D. I vescovi spagnoli e l'applicazione della riforma tridentina (1570 ca-1620 ca). In: Vaccaro, L. (org.). *Storia religiosa dell'Austria*. Milão-Gazzada: Centro Ambrosiano-Fondazione Ambrosiana Paolo VI, 1998, v. 5: Europa ricerche, 217-254.

Zardin, D. Borromeo, Carlo, santo (1538-1584). In: *Dizionario della Chiesa ambrosiana*. Milão: NED, 1987, v. 1, 457-466.

capítulo quinto
A Igreja na época do Absolutismo

20. As estruturas do Absolutismo em perspectiva eclesial

A aplicação do Concílio de Trento ocorreu nas condições sociais, civis, econômicas, políticas e culturais qualificadas pela historiografia com os termos Absolutismo e *Ancien Régime*; neste item reserva-se atenção específica a essas estruturas fundamentais mediante duas abordagens. A primeira detém-se em dois modelos sociais e estatais de Absolutismo, ao passo que a segunda identifica seus elementos fundamentais. Os dois modelos de Estado e sociedade são o francês e o habsbúrgico, escolhidos seja porque são o quadro no qual situar diversos episódios deste e do próximo capítulo, seja porque o segundo está mais em continuidade com o passado em razão do predomínio da fragmentação (típica do feudalismo medieval), ao passo que o primeiro, embora conservando muitos elementos de fragmentação, está mais aberto a desenvolvimentos futuros tendentes à constituição de um Estado e uma sociedade unitários (típico da época moderna). Tratando-se de modelos, são apenas indicativos para conhecer uma realidade complexa e variada.

1. O **Absolutismo francês** configura-se graças a **quatro sujeitos principais**. O primeiro é o **rei**, no qual se reconhecia um caráter sagrado e que tinha em si mesmo a plenitude dos poderes do Estado. Os dois aspectos se cruzam, porque a plenitude de poder do soberano dependia de suas ligações com Deus, considerado origem de todo poder. Isso significava que o rei era considerado um dom de Deus para o povo francês, convicção acentuada com

Luís XIV, o *rei Sol*, concebido depois de vinte e dois anos de matrimônio estéril de Luís XIII e Ana da Áustria, de modo que ao nascer em 1638 foi chamado de *Louis Dieudonné*. A sucessão ao trono caminhava na mesma linha, porque não sendo eletiva e vedada a uma mulher e aos estrangeiros dizia respeito somente aos homens da parentela mais próxima do soberano falecido; desse modo, julgava-se preservar os poderes do Estado presentes por dom divino num rei, uma vez que passavam integralmente para o novo soberano, como se o Estado se encontrasse no sangue do rei, e por meio do sangue passasse íntegro de rei a rei. Isso explica por que são atribuídas a Luís XIV duas afirmações conhecidas: "eu sou o Estado" e, sem se contradizer de modo algum, "eu morro, mas o Estado permanece". A sacralidade do rei da França confirmava-se no início de um novo reino, quando, na catedral de Reims, o rei não só era coroado, mas também ungido com o crisma que estava contido, assim se julgava, na ampola trazida por um anjo para o batismo de Clóvis ocorrido em 496. Tendo sido consagrado, os bispos consideravam-no como um confrade, defensor da Igreja da França e com direitos sobre a Igreja, como a assim chamada "regalia" (item 22.5). Além disso, o poder taumatúrgico era um componente significativo da concepção real, bem estudada por Marc Bloch num texto publicado no original francês em 1924, com o qual foi inaugurado o método de fundir a pesquisa histórica com as ciências humanas, como a psicologia, a antropologia, a sociologia (tradução italiana: *I re taumaturghi*, Turim, Einaudi, 1973); mediante eventos públicos de "cura", especialmente da doença da pele (a escrofulose), os soberanos franceses tornavam concretamente perceptível à população a sacralidade de sua pessoa e dinastia.

Igualmente concretas eram as referências da plenitude de poder do rei da França, pois podia criar as leis, fazer justiça, distribuir os vários ofícios, promover a paz e a guerra, estabelecer e recolher os impostos, porquanto proprietário de todos os bens do reino, que ele devia utilizar não para objetivos pessoais, mas para o bem da nação. Exceto o poder de criar as leis, jamais pedido a alguma pessoa ou grupo, de fato, os poderes reais exclusivos não eram administrados exclusivamente pelo rei. Em especial, o exercício de fazer justiça foi delegado aos **parlamentos** (chamados significativamente de "cours souveraines").

Esses últimos, quinze em toda a França, com jurisdição sobre um determinado território e com o parlamento de Paris em primeiro lugar, são o segundo sujeito do Absolutismo francês. Os parlamentares tinham duas prerrogativas, ou seja, julgar em primeira instância algumas causas particulares importantes e receber os apelos dos tribunais menores e, em segundo lugar, verificar se uma lei estabelecida pelo rei respeitava os costumes do reino. Entre as matérias tratadas pelos parlamentos estavam as eclesiásticas, para as quais eram tidas como referência as "**liberdades galicanas**", constituídas principalmente por dois aspectos: as liberdades *in temporalibus*, segundo as quais o papa não podia intervir em nenhuma questão temporal referente ao reino da França; as liberdades *in spiritualibus*, segundo as quais o papa, embora gozando da plenitude dos poderes espirituais, podia intervir na França somente em conformidade com os antigos cânones e das tradições da Igreja galicana.

Esse segundo aspecto foi ampliado, uma vez que, mediante uma série de medidas jurídicas, os parlamentos se interessaram também pelas questões da Igreja galicana. Graças aos "casos reais", eles avaliavam se algumas causas nas quais o clero estava envolvido diziam respeito ao direito civil, subtraindo-os aos tribunais eclesiásticos. Outra medida, muito usada era o chamado "apelo por abuso", que permitia apelar para um parlamento diante de uma sentença de um juiz eclesiástico (na Espanha isso correspondia ao "recurso de fuerza", a ser feito diante do Conselho de Castela). Uma terceira medida era a distinção entre "detentor e requerente"; embora admitindo que a última decisão a encaminhar a quem movia uma ação (o requerente) coubesse à Igreja, uma sentença provisória era dada pelos parlamentos franceses referente àquele que possuía o direito posto em questão.

O conhecimento dos primeiros dois sujeitos já estabeleceu farta comparação com o terceiro sujeito do Absolutismo francês, ou seja, o **clero**, que tinha uma parte tão relevante a ponto de constituir a primeira das três ordens ou estados em que estavam classificados os súditos franceses. Enquanto as outras duas ordens, ou seja, a nobreza e o "povo", quer dizer, a burguesia urbana e a rural, tinham uma representação própria somente durante a convocação dos estados gerais por parte do rei (após o Concílio de Trento isso ocorreu duas vezes, em 1614 e em 1788, depois se transformaram em constituinte revolucionária: vol. IV, cap. 1, item 2.1), o clero tinha um organismo próprio, autônomo e permanente, ou seja, **as assembleias do clero** da França. Sua origem remonta à reunião de Melun (1579), quando foram estabelecidos os contratos dos dízimos e a soma (chamada "dom gratuito") a ser entregue ao rei para financiar as guerras religiosas contra os huguenotes (item 23.1).

Ordinariamente, as assembleias do clero reuniam-se a cada cinco anos. No fim de cada decênio (1630, 1640 etc.) realizavam-se as "pequenas assembleias", formadas por dois representantes para cada uma das dezoito províncias eclesiásticas (um bispo e um prelado, que podia ser um cônego ou um pároco), enquanto no meio de cada decênio (1635, 1645 etc.) eram convocadas as "grandes assembleias", nas quais os representantes de cada província subiam para quatro. Além das ordinárias houve outras, como ocorreu em 1681-1682 para a assembleia extraordinária, na qual foram redigidos os quatro artigos da Igreja galicana (item 22.6). Das questões financeiras originárias, a competência das assembleias se ampliou a todas as principais problemáticas que afetaram a Igreja da França entre os séculos XVII e XVIII, classificadas em três tipologias: os assuntos de religião (a fé, os protestantes, os jansenistas, os livros suspeitos etc.); a jurisdição eclesiástica (conflitos com os parlamentares, os religiosos, os capítulos); os interesses temporais do clero (isenções fiscais, direitos do dízimo etc.).

Mediante as atas das assembleias do clero, é possível reconstruir a posição do clero com relação às **liberdades da Igreja galicana**. O primeiro aspecto (*in temporalibus*) registrou uma evolução: depois de tê-la rejeitado várias vezes, a partir de 1663 o clero francês aceitou a posição do parlamento, no contexto da ruptura diplomática entre Luís XIV e o papa Alexandre VII, e ao tornar próprias as afirmações contidas nos seis artigos redigidos naquele mesmo ano pela Sorbonne, reconheceu a absoluta independência do rei diante do papa no âmbito temporal. Para o segundo aspecto (*in spiritualibus*), o clero da França considerou que a intervenção dos papas na Igreja francesa devia em todo caso respeitar os usos galicanos e os antigos cânones; um respeito que o clero pediu também ao rei e aos parlamentos.

Referência constante das liberdades galicanas, seja *in temporalibus*, seja *in spiritualibus*, o **papado** é o quarto sujeito do Absolutismo francês. Para se relacionar com os outros três sujeitos, seguiu preferencialmente a teoria do poder indireto, segundo a qual cabe ao papa a plenitude do poder espiritual, ao passo que todo Estado legítimo goza de plena soberania temporal. O Estado, porém, é inferior à Igreja, seja pela origem diversa, seja pela diferente finalidade, terrena para o Estado e eterna para a Igreja. Por isso, a máxima autoridade eclesial, ou seja, o papa, deve intervir todas as vezes que o Estado prejudica a Igreja. Esse enfoque, que defendia também a infalibilidade pessoal do papa, não foi aceito pelos parlamentos (em 1610 e em 1614 o parlamento de Paris condenou os dois textos clássicos que apoiavam o poder indireto, ou seja, o *Tractatus de potestate summi pontificis in rebus temporalibus*, de Belarmino, e a *Defensio fidei*, de Suárez) e criou problemas para o rei, pondo em discussão os caracteres sagrados; todavia, a posição filoinfalibilista na França teve um bom número de aderentes, como as Ordens religiosas — na frente de todas a dos jesuítas —, os "devotos" (entre os quais se destacara Vicente de Paulo, João Eudes, Jean-Jacques Olier, Adrien Bourdoise), alguns expoentes da corte, além de grupos eclesiais, como a Companhia do Santo Sacramento (item 21.5). Também isso é preciso ter presente para conhecer a variedade dos componentes do Absolutismo francês.

2. O **modelo habsbúrgico de Absolutismo** é ainda mais variado a partir das diferentes entidades estatais, das quais as principais eram os reinos da Boêmia e da Hungria e o arquiducado da Áustria. Concentrando-nos unicamente sobre esse último, parece "uma **mixórdia de territórios** diferentes e díspares, mantidos juntos pedaço por pedaço, de qualquer jeito [...] um informe e maltrapilho 'domínio'" (Evans, 210.213). Sob o ponto de vista político, a Áustria inferior e a superior, que faziam parte da única diocese de Passau (que aliás tinha a própria sede na Baviera), eram bem diferentes. De fato, a primeira região tinha a capital em Viena (que aliás, na perspectiva eclesial, constituía uma diocese autônoma), ao passo que a segunda região desenvolveu usos e costumes próprios, com uma lei consuetudinária própria, tendo Linz como sede para a reunião (*Tag*, ou seja, dieta) das classes sociais (*Stände*), muitas das quais apoiaram a Reforma para acentuar a autonomia em relação aos Habsburgos. Isso vale também para a Estíria, a Caríntia e a Carniola (com as respectivas capitais em Graz, Klagenfurt e Lubiana) e explica a ação contrarreformista feita por Fernando II, apoiado pelas forças eclesiais, como a nunciatura que atuava em Graz de 1580 a 1622. Ao sul do arquiducado, no Adriático, havia pequenas mas bem autônomas entidades territoriais, como o condado da Ístria. Na região alpina, o Tirol, região estratégica de passagem entre a Itália e as zonas alemãs, brilhava por sua autonomia (Innsbruck era o terceiro centro político do arquiducado, depois de Viena e Graz) e pelo bairrismo, uma vez que todo o vale era cioso das próprias prerrogativas.

Para tornar mais intrincada a situação, havia **os principados eclesiásticos**; assim, além do fato de que, sob o ponto de vista da jurisdição eclesiástica, como se viu para Passau, os territórios austríacos dependiam de bispos que não tinham a sede no arquiducado (Salisburgo, Passau, Constança, Coira, Trento, Aquileia, Györ), nesse território havia um bom número de *enclaves* cuja jurisdição temporal estava nas mãos de alguns bispos-príncipes. Tomemos o caso do arcebispo de Salisburgo: como príncipe, era soberano de Gröbming (na Estíria) e de Sachsenburg, Althofen, Hüttenberg, Friesach (na Caríntia). De modo semelhante, o bispo de Freising era soberano na Waidhofen sobre o Ybbs (na Áustria inferior), Gross-Enzersdorf (nos arredores de Viena), Innichen (no Tirol) e Bischoflack (na Carniola). A fragmentação era acentuada por dois aspectos típicos da Igreja católica, uma vez que o clero regular não se referia aos bispos, mas aos próprios superiores (que na maioria das vezes se encontravam em Roma), e além disso as fronteiras territoriais eclesiásticas (diocesanas) não correspondiam às civis. Mais único do que raro era o caso das pequenas dioceses de Gurk, Seckau e Lavant, cujos titulares, junto com o de Chiemsee, na Baviera, recebiam a instituição canônica não do papa, mas do arcebispo de Salisburgo (constituíam as chamadas "dioceses privadas", *Eigenbistümer*, em alemão).

Havia **outros elementos de complexidade**, como as paróquias dependentes do soberano habsbúrgico e de famílias nobres que, como *Vogten* (advogados-patronos), nomeavam párocos e se empenhavam no financiamento; ou como os bispos, os capítulos, as abadias, às vezes os párocos proprietários de amplas propriedades fundiárias sobre as quais exerciam poderes temporais, como exigir impostos, pagar tributos ao soberano, recrutar soldados em caso de guerra. Como grandes proprietários de terra, bispos e abades podiam ter lugar e voto nas dietas regionais (*Landestag*), o que os obrigava a pagar os impostos estabelecidos para as classes sociais; além disso, os impostos fixados pelo soberano para organizar a defesa contra os turcos estavam a cargo exclusivo do clero. À luz de tudo isso, vale a observação geral de que "a Igreja [...] estava tão envolvida com todas as suas instituições no poder temporal, que em todas as regiões era um elemento integrante da constituição, da economia, da sociedade ou da cultura" (Klingenstein, 155-156).

Como elemento integrante dos territórios habsbúrgicos austríacos, a **Igreja** teve uma importante evolução, porque de fator de fragmentação tornou-se cada vez mais (embora não exclusivamente) **agente de unificação**. Isso se deu sobretudo graças ao alto clero e à religiosidade popular. No primeiro caso, os eclesiásticos provenientes da nobreza ocuparam os postos mais importantes das Igrejas dos territórios austríacos, ou seja, as sedes episcopais e capitulares, as abadias, fortalecendo mais a aliança entre Habsburgo e famílias nobres, integradas no exercício do poder temporal central, de modo a separá-las da

Reforma. As Ordens mendicantes e os jesuítas foram apoiados em sua missão por doações da nobreza, atenuando (o que não quer dizer interrompendo) os vínculos com Roma, em favor do poder central dos Habsburgos.

Mais incisivo no combate à fragmentação foi provavelmente o papel da religiosidade popular, graças às missões ao povo — nas quais se distinguiram o capuchinho Procópio Templin (morto em 1690) e o agostiniano Abraão de Santa Clara (morto em 1709) —, às peregrinações, às obras arquitetônicas e artísticas. Essas últimas deram uniformidade à paisagem, como está bem expresso no dito "Österreich *ist Klösterreich*". Por exemplo, as mais importantes cidades austríacas caracterizaram-se pelas *Pestensäulen*, as colunas votivas erguidas como proteção contra a peste, quase sempre em honra da Trindade. Um papel particular teve a devoção aos santos, em primeiro lugar a Nossa Senhora, honrada como padroeira nacional da Áustria nos santuários de Maria-Taferl, de Maria-Dreieichen, de Maria-Rasing e alhures, todas metas de peregrinações. Em 1675, São José foi honrado junto com Maria como especial padroeiro da Áustria. São Leopoldo, um margrave de Babenberg que viveu no século XII, foi muito venerado a partir do mosteiro por ele fundado em Klosterneuburg (perto de Viena), pondo-se em destaque que em sua pessoa se fundiam virtudes espirituais e políticas. Isso ocorreu sobretudo com Leopoldo I (durante seu reinado, os turcos foram derrotados sob as muralhas de Viena em 1683) e Carlos VI (o pai de Maria Teresa), hábeis em reinterpretar a capacidade taumatúrgica do soberano francês, uma vez que os Habsburgos julgaram ter recebido de Deus a capacidade "de ter salvado, durante a Contrarreforma, da doença da pluralidade religiosa os próprios territórios" (Dell'Orto, *Concezione*, 57). Também desse modo a Igreja unificou a população austríaca, agregando-a em torno dos Habsburgos.

3. No Absolutismo francês e no habsbúrgico emergiram **elementos comuns** válidos para qualquer Estado e sociedade absolutista. Dois estão ligados entre si, ou seja, o **conceito sagrado da soberania** e a **identificação entre Estado e soberano**. Esses dois elementos tinham raízes na tríplice convicção de origem antiga-medieval de que o Deus cristão era a origem de todo poder (quer eclesiástico e espiritual, quer civil e temporal), que a finalidade de qualquer episódio histórico era ultraterrena e que a religião era a base segura sobre a qual fundamentar cada Estado e cada sociedade. Entre os séculos XVI e XVII, esse último aspecto entrou em crise com as guerras religiosas (itens 23.1-2), contribuindo para a reflexão sobre a origem do poder. Como parece claro nos territórios habsbúrgicos, durante o século XVIII esse processo desembocará na dessacralização da soberania e na tolerância religiosa (cap. 6, itens 26.2-3). Uma crise latente estava também subjacente à identificação entre Estado e soberano, porque se idealmente um rei, como Luís XIV, afirmou ser o Estado, outras forças contribuíram de fato para a formação do Estado e da sociedade francesa. Por exemplo, por ocasião do registro das leis os parlamentos podiam apresentar cinco ou seis queixas sobre a inconstitucionalidade de uma lei, o que, com o andar do tempo e como mostra o episódio jansenista (itens 22.2-4 e cap. 6, item 24), prejudicou os poderes do rei (embora esse último tivesse a faculdade de obrigar o parlamento a promulgar uma lei; nesse caso, dizia-se que uma lei era promulgada em *lit de justice*). Se aliás se conhecessem de perto outros sujeitos sociais do reino da França, nos daríamos conta de que a identificação idealmente mantida entre soberano e Estado era muitas vezes posta em discussão nos fatos. Nos territórios austríacos percebe-se isso de maneira ainda mais acentuada, porque "de fato o poder dos Habsburgos foi rompido" (Klingenstein, 156) pelas classes sociais (*Stände*), pelas constituições particulares das diversas regiões (*Länder*), pelos diversos sujeitos eclesiais. Semelhantes observações valem para qualquer forma de soberania, desmentindo a imagem divulgada do Absolutismo como um regime desvinculado de qualquer limite, despótico e totalitário.

Um terceiro elemento constante do Absolutismo é o **papel desempenhado na Igreja pelo soberano**, bem como por outros **poderes leigos**. Além de remeter ao que foi exposto acima a propósito do rei da França e do arquiduque da Áustria, temos de ter presente uma **série de direitos** codificados pela ciência jurídica: o *direito de proteção*, mediante o qual o soberano era avalista da pureza da fé, como ocorreu para a Inquisição espanhola (item 23.1); o *direito de exclusividade*, graças ao qual o soberano vetava uma nomeação eclesial — a aplicação mais importante aconteceu por ocasião dos conclaves, durante os quais os cardeais dependentes das coroas católicas impediram a eleição de um candidato não benquisto pelo próprio soberano. Mediante o *direito de reforma*, o soberano tinha a faculdade de introduzir mudanças consideradas necessárias para eliminar da Igreja os abusos. Além disso, o *direito de inspeção* dava a faculdade de controlar e limitar as relações seja com a Santa Sé, seja entre os religiosos locais e seus superiores residentes no exterior; mais, era possível ao soberano suprimir entidades eclesiásticas consideradas não necessárias e ter controle sobre os votos dos religiosos. Um direito importante era o *placet* ou *exequatur*, graças ao qual os documentos das cúrias diocesanas e da Cúria romana eram submetidos ao *nihil obstat* estatal.

O direito com o qual os soberanos católicos mais influíam na Igreja era o de *nomeação para as dioceses*, que com o passar do tempo se ampliou cada vez mais, como na Espanha, dado que o direito de nomeação se estendeu à América Latina e às Filipinas (cap. 2, item 8.1 e cap. 7, itens 30.1 e 30.4), e na França, onde quase todos os bispos eram de nomeação real, segundo a concordata de 1516 estabelecida em Bolonha entre Leão X e Francisco I. Em todo caso, as nomeações deviam receber a instituição canônica, ou seja, serem confirmadas por uma bula papal; tanto que na chancelaria pontifícia estava previsto para cada soberano católico um formulário especial: *ad nominationem Regis Christianissimi* (para o rei da França); *ad presentationem Regis Catholici* (para o rei da Espanha nos territórios espanhóis); *ad nominationem Regis Catholici* (para o rei da Espanha nos Países Baixos espanhóis); *ad supplicationem Regis Poloniae; ad nominationem Imperatoris qua Regis Hungariae*. Subjacente a essa última fórmula havia o fato de no Império os bispos não serem nomeados pelo imperador, mas eleitos pelos capítulos das catedrais. Ao direito de nomeação por parte dos soberanos juntava-se o direito de patronato, com o qual os poderes leigos locais nomeavam para cargos eclesiásticos inferiores, como os canonicatos, as paróquias, as capelanias.

Um quarto elemento comum a todas as formas de Absolutismo são **as classes sociais**, identificadas por determinadas **funções** exercidas a favor do Estado, às quais correspondiam determinados **privilégios**. A classificação social mais simples era a francesa, com três ordens ou status, diferentes em suas três funções fundamentais: assegurar o culto divino por parte do clero (a finalidade religiosa do Estado tornava essa função a mais importante, e por isso o clero formava a primeira ordem ou status), assegurar a defesa por parte da nobreza (originariamente com as armas por parte dos cavaleiros, depois com outras contribuições próprias dos nobres, como a de ajudar o rei em seu governo), assegurar a manutenção do Estado mediante o trabalho por parte do resto da população francesa. Os privilégios garantidos a cada ordem reconheciam publicamente a função desempenhada e, ao mesmo tempo, ofereciam as garantias para desenvolvê-la. Mais complexa era a classificação social em outros territórios; o conhecimento da composição das dietas regionais do arquiducado da Áustria, e mais ainda das dietas imperiais, permitiria entender por que nas áreas alemãs as classes sociais eram muito mais e tinham uma hierarquia diferente.

A propósito desse último aspecto, há uma ilustração do século XVIII que representa a estratificação social de Estado italiano não bem identificado. Dentro de uma pirâmide invertida dividida em oito faixas encontram-se em ordem decrescente: ministros, militares, eclesiásticos, nobres, cidadãos medianos e várias profissões — negociantes, artistas, agricultores (cf. F. Venturi, *Settecento riformatore. L'Italia dei lumi [1764-1790]*, Turim, Einaudi, 1987, ilustração em sobrecapa). Acima da pirâmide social, a soberania, representada por uma coroa. Portanto, nesse caso o clero é a terceira ordem, e a nobreza, a quarta, ao passo que aos primeiros dois lugares estão os ministros e os militares, sinal de que ia se constituindo um Estado modernamente entendido, com uma burocracia e um exército, tendente a ser unitário e centralizador, no qual as referências religiosas são secundárias.

Qualquer que fosse o lugar hierárquico na escala social, em todo Estado e sociedade do Absolutismo a classe social do clero tinha uma colocação precisa, por causa das funções específicas e dos privilégios particulares que lhe eram reconhecidos. É esse o último elemento geral a ser aprofundado, esclarecendo que a **função** cultual do **clero** se desdobrou em outras três direções: a cultural (do fato originário de que para celebrar um culto era preciso ser instruído), a educativa (era preciso formar os ministros do culto), a assistencial (o autêntico culto cristão é o amor fraterno, fruto da caridade, o amor divino). Assim, no que diz respeito à cultura a grande parte das bibliotecas era eclesiástica, e os autores dos livros em sua grande parte eram clérigos, assim como eram clérigos muitos cientistas (por exemplo, Copérnico conseguiu ter as garantias econômicas para desempenhar a própria atividade graças aos proventos do canonicato de Frauenberg). Padres e religiosos foram os educadores da população católica por excelência, tanto de humilde condição como abastada, mediante a catequese (escolas da doutrina cristã), as missões ao povo, os colégios e os estabelecimentos de ensino. A essas modalidades, teríamos de acrescentar muitas outras intervenções educativas, como a influência formativa exercida na produção artística (da qual o clero desempenhava em muitos casos a função de comitente), nas celebrações litúrgicas e sacramentais (pensemos na formação das consciências mediante o sacramento da penitência), nas confrarias. Pouco conhecido mas muito importante foi o apoio moral e espiritual dos capelães dos exércitos, como ocorreu com as tropas que combateram os turcos em Viena entre 1682 e

1683; quem os motivava eram sobretudo os capuchinhos, guiados por Marco de Aviano. A assistência sanitária estava nas mãos das famílias religiosas, como se via nas pestilências. Nessas ocasiões, eram os religiosos, em primeiro lugar os capuchinhos, que organizavam o socorro. É significativo que estruturas que recuperavam os doentes de peste, como os "lazaretos", tivessem normalmente no centro uma capela (lembremo-nos da cuidadosa reconstrução histórica da peste feita por Manzoni em *I promessi sposi*).

Diante dessas funções, era reconhecida ao clero uma **série de privilégios**, denominados também de imunidades e reagrupados pela ciência jurídica em três categorias. Antes de tudo, havia as chamadas imunidades reais (do latim *res*), com a isenção das taxas e a inalienabilidade dos bens da Igreja. Em segundo lugar, havia as imunidades locais, com o direito de asilo das igrejas e dos edifícios anexos, livres da polícia e da jurisdição estatal. Havia, enfim, as imunidades pessoais, graças às quais os clérigos estavam livres do alistamento militar e eram julgados por tribunais eclesiásticos.

O fato de a **bula *In coena Domini*** ser publicada todos os anos pelo papa na Quinta-feira Santa, atualizando as imunidades e as condenações para quem não as respeitava, indica que os privilégios do clero eram sempre postos em discussão. Além disso, havia imunidades que eram respeitadas só parcialmente, como se viu a propósito da situação do clero austríaco inserido nas dietas regionais, obrigado a pagar os tributos do mesmo modo como outras classes sociais ali presentes. Mais, a imunidade real subtraía ao comércio uma quantidade ingente de patrimônio imóvel, enquanto a imunidade local e a pessoal eram um obstáculo à justiça e à ordem social garantidas pelo Estado. Como entre os séculos XVII e XVIII todos os Estados europeus, segundo ritmos diferentes, se voltaram decididamente para a formação de Estados centralizados, todas essas tensões se aguçaram e uma série de críticas e ataques foram feitos aos privilégios do clero e da Igreja (cap. 6, itens 25.2 e 26).

21. Desenvolvimentos da herança tridentina

1. Conhecido melhor o contexto em que se situou a Igreja tridentina, esta volta agora a ser tema específico de pesquisa, considerando-a na tríplice caracterização identificada no fim do capítulo anterior como Igreja romana, clerical e popular. O **caráter romano** restabelece os contatos com **Gregório XV**, encontrado no fim das páginas dedicadas à aplicação papal do Tridentino (cap. 4, item 16). Durante seu breve pontificado (1621-1623), canonizou quatro santos exemplares para a renovação da Igreja católica, ou seja, Teresa de Ávila, Inácio de Loyola, Filipe Neri e Francisco Xavier, e instituiu a congregação de *Propaganda fide*, para melhor coordenar a atividade missionária, subtraindo-a o mais possível à Espanha e a Portugal e dirigindo-a também para as regiões europeias passadas para a Reforma. Seu sucessor, **Urbano VIII** (1623-1644), com o qual aconteceu a condenação de Galileu (Inserção 2 – *Os gêneros de conhecimento no âmbito cosmológico no episódio de Galileu Galilei*), reformou tanto os procedimentos de canonização como o breviário, aperfeiçoando o que tinha feito Pio V, mas diferentemente desse papa deixou espaço ao nepotismo. **Inocêncio X** (1644-1655) suprimiu os conventos italianos onde a vida religiosa estava em decadência e não aceitou a paz de Vestfália (1648), com a qual, no fim da Guerra dos Trinta Anos no Império, ao lado do catolicismo e do luteranismo foi reconhecido também o calvinismo (item 23.2).

Os papas da segunda parte do século XVII retomaram um dos objetivos não conseguidos pelo Concílio de Trento, ou seja, a unificação das potências cristãs contra o avanço turco. **Alexandre VII** (1655-1667), primeiro, e **Clemente IX** e **Clemente X**, depois, criaram as premissas para o que aconteceu com **Inocêncio XI** (1676-1689). Graças à mediação de seus núncios, ajudou a aliança entre as forças imperiais e as polonesas, garantindo subsídios para a defesa contra os turcos. Desse modo, formou-se uma armada de poloneses, austríacos, alemães e italianos guiada por João Sobieski, que no dia 12 de setembro de 1683 livrou Viena do assédio turco (cap. 7, item 28.3). O estandarte do grande sultão enviado a Roma como despojo de guerra foi pendurado no portal da basílica de São Pedro.

A basílica, consagrada durante o pontificado de Urbano VIII, constituiu o vértice do aumento de construções em Roma, que já em andamento pelo Renascimento tornou a cidade centro de atração para a Igreja católica. O "centro do centro" é a praça diante da basílica de São Pedro. Entre 1656 e 1667, ocupando na prática todo o pontificado de Alexandre VII, Gian Lorenzo Bernini (1598-1680) trabalhou para dar à praça o rosto que ainda hoje vemos, um verdadeiro abraço que acolhe a todos aqueles que chegam a Roma. O obelisco posto na praça e diante da basílica tem precisamente o nome do papa Alexandre VII.

Enquanto a Roma sagrada se expandia, criaram-se em torno das embaixadas de Roma autênticos bairros de má reputação. Inocêncio XI interveio energicamente para que eles fossem desfeitos, e com o mesmo estilo agiu contra o nepotismo, que consistia em promover interesses da própria família de origem (fossem os Barberini para Urbano VIII, os Pamphili para Inocêncio X, os Chigi para Alexandre VII). Se seu sucessor **Alexandre VIII** (1689-1691) não foi condescendente com semelhante reforma moral, a ela aderiu, porém, **Inocêncio XII** (1691-1700), que lutou contra a corrupção presente na administração romana e criou uma congregação especial para favorecer a disciplina das Ordens religiosas. Por isso, se todos os papas do século XVII adotaram medidas para ajudar na renovação da Igreja, teve-se com Inocêncio XI um salto de qualidade moral e espiritual que realinhou o papado aos papas dos primeiros decênios da aplicação do Tridentino (cap. 4, item 16).

Na primeira metade do século XVIII, quem esteve em **plena sintonia com o Concílio de Trento** foi o terceiro papa (depois de Clemente XI e Inocêncio XIII), **Bento XIII**, eleito aos setenta e cinco anos em 1724. No ano seguinte à sua eleição, valorizou o jubileu a fim de que os fiéis de Roma e os peregrinos fizessem uma autêntica experiência religiosa. Ainda no ano de 1725 foi o primeiro entre os papas como bispos de Roma a obedecer à prescrição tridentina de convocar um sínodo provincial. O sínodo romano insistiu sobre as típicas medidas tridentinas: observância da obrigação da residência por parte dos bispos e dos párocos; necessidade das visitas pastorais diocesanas e de uma convocação regular dos sínodos provinciais e diocesanos; predomínio do ofício eclesiástico em relação ao relativo benefício, cujas rendas deviam ser corretamente administradas; instrução religiosa do clero e atividade catequética para a formação dos fiéis. A essas indicações acrescentaram-se diretrizes para o controle da moralidade e da religiosidade pública. Logo depois do sínodo, Bento XIII publicou duas bulas, uma que se referia às imunidades eclesiásticas, a outra dirigida aos bispos italianos sobre a obrigação de fundar os seminários, para os quais instituiu na Cúria uma congregação especial. Esse papa plenamente tridentino (morto em 1730, depois de seis anos de pontificado) teve a grande limitação de não saber administrar os assuntos de política internacional e a administração interna do Estado pontifício, deixando-os nas mãos de homens de confiança, originários do território de Benevento.

2. Nessa cidade, antes de ser eleito papa, Pierfrancesco (depois, como dominicano, Vicente Maria) Orsini tinha exercido um ministério episcopal de quase quarenta anos (1686-1724); também como papa, Bento XIII continuou a ser responsável pela arquidiocese na qualidade de administrador apostólico. Anteriormente fora bispo em Siponto (1675-1680), atualmente juntada a Manfredonia, na Puglia, e em Cesena (1680-1686), onde se distinguiu pelas visitas pastorais, pelos sínodos diocesanos, pelo respeito da residência, pela severa vigilância sobre o clero e pela reorganização do patrimônio eclesiástico. Em Siponto inaugurou um novo seminário e em Cesena incrementou a atividade catequética mediante as missões populares confiadas a pregadores que fez vir de Nápoles. Em Benevento realizou tais obras a ponto de ser chamado de *alter conditor urbis*, o segundo fundador da cidade, por ter reconstruído igrejas e edifícios na cidade e em toda a arquidiocese depois dos terremotos de 1688 e 1702. Além de permanecer fiel às escolhas tridentinas de Siponto e de Cesena, pondo empenho particular na reforma do clero, tratou de questões sociais (criação de depósitos de alimentos para os necessitados e hospitais) e defendeu os direitos eclesiásticos contra as autoridades civis. Além disso, como arcebispo procurou influir sobre as dioceses da província eclesiástica, e para isso convocou sínodos provinciais. Definitivamente, com um bispo como Orsini revivem, à distância de um século, as escolhas e o estilo dos bispos que tinham se empenhando na primeira aplicação do Tridentino.

Cabe a pergunta se ele foi uma exceção ou não. Para abordar essa questão — aprofundando o **caráter clerical da Igreja tridentina** — fazemos, analogamente ao que foi feito no capítulo anterior (cap. 4, itens 17.2-3), uma **pesquisa sobre os bispos italianos** com o mesmo método, ou seja, com consulta ao dicionário *Le diocese d'Italia* para as dioceses que começam com a letra "B". Ao **sul**, a pugliesa Bisceglie, por ter paróquias e clero diocesano carentes (o seminário remonta apenas ao século XVIII), teve em mira as comunidades religiosas, as confrarias, as missões jesuíticas. Entre o fim do século XVII e o início do século XVIII houve no sul dois bispos que se destacaram, José Crispino (1685-1690), e por mais de trinta anos, Pompeu Sarnelli (1692-1724), que se destaca também como homem de estudo. Quanto ao primeiro, bispo de Bisceglie depois de ter sido secretário do arcebispo de Nápoles, Innico Caracciolo (outro exemplo de autêntico pastor), para ser em seguida (1690-1721) bispo de Amélia, na Úmbria, devemos deixar claro que foi autor de diversas obras pastorais, duas das quais são eloquentes já no título, ou seja, *O bom bispo* (dedicado significativamente a Inocêncio XI) e o *Tratado da visita pastoral*.

Ainda na Puglia, Brindisi teve em geral episcopados muito breves, mas quase todos "de cunho tridentino" (*Le diocesi*, 242). Os bispos defenderam os direitos de sua Igreja, quer perante as autoridades locais, quer no capítulo da catedral. Também aí os bispos se apoiaram não tanto nas paróquias e no clero diocesano, mas nos religiosos. Na primeira parte do século XVII, João Falces, com um episcopado excepcionalmente longevo (1605-1636), convocou nove sínodos diocesanos. Esse bispo, além de ter fundado diversos montepios, instituiu em 1608 o seminário que, relançado várias vezes por seus sucessores, estabilizou-se somente em meados do século XVIII, com um edifício que ficou pronto somente em 1744, depois de quase vinte e cinco anos do lançamento da primeira pedra.

A mais importante diocese pugliesa, Bari, teve a característica de ter episcopados predominantemente de origem nobre napolitana, o que faria supor que se encontrava diante de eclesiásticos com interesses sobretudo das próprias famílias, mais políticos que pastorais. Na realidade, essa suposição se desfaz diante dos fatos. Por exemplo, o prestigioso nome dos Caracciolo (dos quais provém o Innico, que sendo arcebispo de Nápoles tornou-se modelo do bispo Crispino) deu dois bispos seguidos, ao primeiro dos quais, Décio (1606-1613), se deve a instituição do seminário. Como acontecia muitas vezes na Itália do sul, na diocese a organização eclesiástica tinha três referências: uma densa rede de mosteiros e conventos (especialmente dominicanos e franciscanos), uma série igualmente imponente de confrarias, uma organização paroquial particular. Essa última, com efeito, envolvia o capítulo da catedral administradora da ação pastoral da cidade, ao passo que no condado as paróquias formavam as igrejas com um fundo comum, sem prebendas individuais [chiese ricettizie], um tipo de organização paroquial comum no reino de Nápoles, com forte controle leigo, a renda subdividida por todo o clero paroquial, ação pastoral solidária. Em geral, esse sistema é avaliado de forma negativa, mas no caso de Bari parece ter tido um resultado satisfatório.

As dioceses calabresas experimentaram as mais agudas dificuldades, e é assim que aparece Belcastro (Catanzaro), em tão mau estado que os bispos preferiram quase sempre residir em Roma ou em Nápoles ou em seus lugares de origem, contrariando uma das mais importantes diretrizes tridentinas e deixando as dioceses em estado de abandono. Além disso, sempre que possível o bispo optava por outra sede; tanto é verdade que na passagem entre os séculos XVI e XVII (1595-1615) houve sete bispos. Dois bispos depois desse período, dom Jerônimo Ricciulli (1616-1626) e dom Bartolomeu Gizio (1633-1639), tentaram inverter a rota; por exemplo, o segundo levou a termo a instituição do seminário, mas sem resultados duradouros, até porque dois terremotos (1638 e 1645) reduziram a ruínas a catedral e o palácio episcopal.

Voltando-nos para as **zonas centrais** da Itália, na pequena Bertinoro, na Romagna, a organização fiel a Trento dada por João André Caligari (1579-1613) foi continuada pelos sucessores. Perto de Bertinoro está a diocese de Bolonha, a qual logo depois do Concílio de Trento fora guiada por mais de trinta anos (1566-1597) por Gabriel Paleotti, um dos modelos de bispos tridentinos. Depois dele "o século XVII bolonhês se insere na lenta decadência do papel episcopal" (*Le diocesi*, 210), para dela sair com o longo episcopado de Tiago Boncompagni (1690-1731). Este, eleito depois de seis anos de sede vacante, enfocou uma pastoral que se remetia aos cânones tridentinos. Em particular, valorizou a figura de Gabriel Paleotti, empenhou-se na visita pastoral, incrementou a pregação e as missões ao povo como formas privilegiadas de educar na fé cristã. Uma opção de qualidade foi a de convocar os párocos para a missão deles, como atesta uma carta escrita a eles em 1697. Boncompagni abriu o caminho a seu sucessor Próspero Lambertini que, como se verá, deixou uma profunda marca não só na Igreja de Bolonha, mas em toda a catolicidade, quando se tornou o papa Bento XIV em 1740 (cap. 6, item 27.1).

Em Bérgamo, na **Itália setentrional**, o episcopado de Gregório Barbarigo (1657-1664) envolveu clero e laicato na aplicação dos decretos tridentinos, imprimindo uma guinada na diocese. Os dois sucessores de Barbarigo (que passou para Pádua, onde continuou por mais de trinta anos no mesmo estilo pastoral, até se tornar, por sua vez, modelo de bispo tridentino) deram continuidade sistemática às iniciativas por ele levadas adiante, de modo que até o início do século XVIII certamente teve continuidade em Bérgamo a orientação assumida em meados do século XVII. O conhecimento de Gregório Barbarigo permite uma importante digressão. Ele leu *O bom bispo*, de dom Crispino, a ele enviado pelo próprio autor, sobre o qual, além do já lembrado Innico Caracciolo, influiu também o arcebispo de Benevento, Orsini, ou seja, o futuro Bento XIII. Convém constatar essas ligações porque mostram como bispos italianos importantes foram solidários entre si, embora não tendo à disposição, como os bispos franceses com as assembleias do clero, uma forma institucional unitária.

Uma diocese hoje em território italiano, mas então na área alemã, é Bressanone, onde, como era típico para o Império, os bispos eram ao mesmo tempo príncipes. Os do século XVII "conseguiram formar sacerdotes dignos, dando início a uma renovação da vida religiosa" (*Le diocesi*, 225). Mas somente na primeira parte do século seguinte, durante o longo episcopado de Ignaz von Künigl (1702-1747), graças sobretudo às missões populares permanentes dos jesuítas, é que o principado eclesiástico teve tal desenvolvimento, que a partir de então o território assumiu a qualificação de *Heiliges Land Tirol* (Tirol, terra santa). Também na diocese de Bréscia, ainda que em meio a dificuldades políticas e sociais, prosseguiu no século XVII a renovação tridentina. Foram dois os aspectos emergentes, ou seja, um notável esforço edilício e a difusão de uma das mais importantes expressões da Reforma católica, os clérigos regulares, em particular os jesuítas, os somascos, os teatinos. Também em Bréscia, todavia, a situação melhorou mais no século seguinte com a elevação cultural do clero e da população, até o feliz resultado oferecido pelo episcopado do cardeal Ângelo Maria Querini (1725-1755).

Durante o século XVII e a primeira parte do século XVIII, em Belluno os bispos convocaram periodicamente sínodos e realizaram repetidamente visitas pastorais "com substancial acompanhamento de colaboradores" (*Le diocesi*, 161), o que indica que pelo menos uma parte do clero diocesano era de boa qualidade. Isso é notável, se pensarmos que por ocasião da chegada de Júlio Berlendis, bispo por quase toda a segunda metade do século XVII (1653-1693), havia um clero "geralmente bronco — a caça era uma paixão maior do que a leitura e a meditação" (Benzoni, *Berlendis, Giulio*, in *Dizionario biografico degli Italiani*, 9, p. 115), com graves faltas morais em alguns casos. Para enfrentar essa situação, Berlendis qualificou o seminário, escrevendo um regulamento, tomando parte nos exames dos alunos e enviando os melhores para completar os estudos na Universidade de Pádua. De família abastada, Berlendis investiu muito de seus capitais a favor da diocese. Outra escolha que qualificou o seminário é a de dom João Francisco Bembo (1693-1720), que confiou a direção e o ensino aos somascos. Outras Ordens religiosas enriqueceram a diocese, como os capuchinhos, presentes em Belluno desde 1605 (para o triênio 1670-1672 a direção deles foi dada a Marco de Aviano, que dez anos mais tarde estará ocupado no apoio às armadas imperiais contra os turcos), e como os jesuítas, que chegaram um século depois, em 1703, e deram início ao colégio em 1714. Dois obstáculos estiveram sempre diante dos bispos de Belluno: a autoridade secular da República de Veneza, que teve em mira os direitos patrimoniais das rendas episcopais; mas sobretudo o capítulo da catedral, cujos cônegos defenderam as próprias prerrogativas, como o direito de prover a toda uma série de nomeações, inclusive as de muitos padres com trabalho pastoral em cidades e dioceses. Os cônegos chegaram a se opor tanto aos decretos sinodais sobre a disciplina do clero como a algumas importantes iniciativas pastorais do bispo, como o financiamento do seminário ou a reorganização da ação pastoral na cidade.

Ao término da pesquisa, percebe-se que só a longo prazo e com tempos e ritmos próprios de cada diocese é que o **Concílio de Trento** foi tido como **referência** pelos bispos e pelas dioceses examinadas. Além disso, parece que se confirma o que a historiografia mostrou sobre os bispos italianos entre os séculos XVII e XVIII, ou seja, que "no período compreendido entre os anos sessenta do século XVII e os anos cinquenta do século seguinte confrontamo-nos [...] com um número extraordinariamente alto (sobretudo em relação aos cinquenta anos anteriores) de bispos culturalmente instruídos, moralmente dignos, profundamente empenhados na ação pastoral, e sobretudo conscientes e orgulhos da importância do ofício de que estavam revestidos" (Donati, 363).

3. Se o que foi identificado para o episcopado italiano valesse para todo o episcopado católico, o adjetivo "clerical" com relação à Igreja tridentina seria mais bem esclarecido por "episcopal", pondo-se assim em linha com a opção de Trento de confiar aos bispos a realização da opção pastoral lá amadurecida. Na realidade, o **episcopado católico não foi homogêneo**. As vicissitudes do jansenismo e do galicanismo farão com que sejam conhecidos outros aspectos da mentalidade e da atividade do episcopado francês (item 22 e cap. 6, item 24). Deixando de levar em consideração os bispos de um território até importante para a Igreja católica, ou seja, a Península Ibérica, parece que nos **bispos poloneses** a relação com o concílio tenha afrouxado, pois a partir dos anos trinta e quarenta do século XVII em muitas dioceses polonesas a renovação tridentina "dá lugar gradualmente à administração normal. Como data simbólica [...], podemos tomar o ano de 1643, quando foi convocado o último sínodo provincial" (Müller, 119), que fora um dos instrumentos, no século anterior, para pôr a Igreja polonesa nos trilhos da reforma tridentina (cap. 4, item 18.5).

No episcopado da **área alemã**, depois da série de bispos autenticamente tridentinos que trabalhavam entre o fim do século XVI e o início do século XVII, o modelo de bispo mudaria, a ponto de se falar não de "bispo tridentino", mas de "bispo barroco". Com isso, pretende-se ressaltar que na guia do comportamento daqueles eclesiásticos não estavam tanto os critérios eclesiásticos, mas os da mentalidade contemporânea — caracterizada por uma cultura definida precisamente como barroca; de fato, grande parte deles se deixou atrair mais pelos cânones próprios de um príncipe do que pelos de um pastor. Assim, as prerrogativas de príncipe, que quase todos os bispos possuíam por serem chefes de principados eclesiásticos, não só não foram postas a serviço do ministério pastoral, como o obnubilaram. Seguindo o retrato que deles dá Peter Hersche, revela-se que esses bispos tiveram sim uma boa cultura geral, mas com pouco estudo de teologia. O Tridentino não era habitualmente negado, mas bem pouco se fazia para pô-lo em prática, pois esse tipo de bispo convocava raramente os sínodos e de modo ainda mais raro ia a Roma para a visita *ad limina*; como visto, isso vale também para os bispos espanhóis (cap. 4, item 18.2). As visitas pastorais, por exemplo, raramente eram feitas pelo bispo-príncipe, que as confiava a seus colaboradores, junto com o restante trabalho pastoral.

Por serem príncipes do Império, esses bispos alemães tinham muitos interesses de tipo profano e davam espaço aos aspectos de visibilidade e representação, investindo os recursos econômicos nas artes figurativas, na música, no teatro, entregando-se a um lazer típico da nobreza, ou seja, a caça; uma vez que eram nobres, prestavam também atenção à fortuna da própria família. Além disso, as missões diplomáticas, bem como o acúmulo de benefícios de outras dioceses os obrigavam a se ausentarem de suas sedes por períodos prolongados, faltando, portanto, ao dever de residência. Com o tempo, os limites religiosos dos bispos e dos arcebispos-príncipes tiveram influência sobre o clero e sobre os fiéis, a ponto de se tornar um tanto duvidosa a real existência de "uma Igreja tridentina dos séculos XVII e XVIII nas zonas alemãs" (Hersche, 206). Portanto, o assim chamado "bispo barroco" não só poria em discussão o caráter clerical da Igreja tridentina, mas a sua própria presença dentro do Império.

Mas o que se viu para uma área do Império, ou seja, o Tirol, desmente o que já foi afirmado, pois ali, sobretudo a partir dos primeiros decênios do século XVIII, a religiosidade impregnou toda a região. Além de mostrar pelo menos uma exceção do que foi dito sobre o episcopado alemão, o principado eclesiástico de Bressanone lembra um fator que jamais deixou de estar presente no Império, ou seja, os religiosos, jesuítas à frente, disponíveis a cultivar a herança tridentina. Como já lembrado alhures, a educação católica foi garantida sobretudo por eles, como mostram os colégios dos jesuítas que, assim como para os jovens leigos, tornaram-se referência para a formação ao sacerdócio, substituindo em muitas dioceses os seminários até a metade do século XVIII.

Tendo presente a contribuição das Ordens religiosas, junto com a dos vigários gerais e dos bispos auxiliares, ter-se-á uma visão mais completa do que foi a Igreja tridentina na área alemã, duvidando menos da sua efetiva consistência.

4. Bem visível nas regiões alemãs, o papel das **Ordens religiosas** a favor da renovação tridentina vale para toda a Igreja católica. Isso não quer dizer que a vida religiosa não tenha nunca se contraposto à aplicação do concílio. A esse propósito, pensemos no instituto da comenda, que permitia que um clérigo secular assumisse a guia de uma comunidade religiosa na qualidade de abade. A comenda continuou por longo tempo, mesmo depois de Trento, enfraquecendo a vida de muitas comunidades religiosas. Todavia, também nessas sombras brilhou a luz da renovação, como ocorreu com o cardeal de La Rochefoucauld, abade comendatário do mosteiro dos cônegos regulares de Sainte Geneviève em Paris; ele promoveu a reforma daquele mosteiro para dele fazer o ponto de partida da congregação da França, à qual aderiram outras comunidades de cônegos regulares. O caso mais conhecido de abade comendatário reformador é o de Armand-Jean de Rancé, que teve como comenda a abadia cisterciense da Trappa, posta como exemplo de rigorosa observância enquanto foi abade efetivo (1664-1700) e ponto de partida do que se tornou a congregação dos trapistas.

Avaliando em conjunto a contribuição das Ordens religiosas, constata-se sua grande incidência. Portanto, se quisermos identificar os traços "clericais" da Igreja tridentina, é sobretudo para elas, bem como para os bispos, que se deve olhar, mais do que para o **clero secular (diocesano)**. Esse último parece seguir a certa distância os bispos e os religiosos na promoção da reforma tridentina. E por diversos motivos. Um é certamente a dificuldade de manter em vida a instituição pensada em Trento para formar o clero, ou seja, os seminários, como tantos testemunhos reunidos neste capítulo e no anterior mostraram. Outra dificuldade está ligada à atribuição dos benefícios, os quais, geridos em muitos casos pelos leigos mediante o patronato, estavam submetidos a lógicas não eclesiais, influenciando diretamente no abaixamento do nível do clero diocesano. Outra dificuldade vem do fato de que muitos que pertenciam à classe clerical recebiam a investidura dos benefícios (portanto, o sustento econômico) sem um correspondente encargo pastoral, vindo depois a ser concretamente empregados como preceptores ou muitas vezes também administradores em alguma família nobre. Em diversas regiões italianas esses clérigos eram chamados "abades"; pertencentes de direito à classe eclesial, pouco ou nada tinham a ver com o compromisso pastoral e já seria muito se levavam uma vida moralmente digna.

Da **diferença qualitativa** existente entre clero religioso e boa parte do clero secular é um testemunho convincente o que diz respeito aos responsáveis pela educação ao sacerdócio. Dois dados já são conhecidos: na quase totalidade das dioceses alemãs foram os jesuítas, pelo menos até meados do século XVIII; em Belluno, para qualificar o seminário no início do século XVIII o bispo chamou os somascos para dirigir o instituto e ali ensinar. Ainda mais interessante é o que ocorreu na França, onde as mais importantes escolas de formação dos futuros padres foram iniciadas por sacerdotes diocesanos, os quais, para manter elevado o perfil de formação de suas instituições, não puderam afinal deixar de dar vida a novas famílias religiosas. Assim, em 1625 Vicente de Paulo fundou os padres (chamados também de "senhores") da missão, em 1642 Jean-Jacques Olier instituiu os sulpicianos, nome que deriva da paróquia de São Sulpício, de onde teve início aquela tradição educativa específica. E é significativo que o seminário que entre todos mais realizou as expectativas do Concílio de Trento, o que foi fundado em Milão por São Carlos, foi guiado, sim, por padres diocesanos ambrosianos, mas com uma fisionomia afim à dos religiosos, constituindo a congregação dos oblatos, com uma regra própria, uma casa de referência (anexa à igreja do Santo Sepulcro), um preposto próprio, uma ligação particular com o arcebispo de Milão mediante o voto de obediência. Tudo isso confirma que o aspecto clerical da Igreja tridentina no período compreendido entre o século XVII e os primeiros decênios do século XVIII deve muito aos bispos, igualmente aos religiosos e menos ao clero diocesano.

5. Quanto ao **caráter "popular"** da Igreja tridentina, ele é encontrado no tipo de religiosidade que marcou a Igreja católica depois do Concílio de Trento. Saverio Xeres apresentou num quadro geral as "**devoções populares no modelo tridentino**", dando destaque a quatro elementos fundamentais, ou seja, as linhas-guia, os sujeitos envolvidos, os instrumentos e as expressões da religiosidade popular. As **linhas-guia** são duas: a primeira se refere à diretriz tridentina de acabar com os abusos voltados à magia e ao paganismo, a fim de valorizar a devoção popular como componente da formação dos fiéis católicos (cap. 4, item 15.2). Daí partia a segunda linha-guia, a que dava espaço à educação. Por isso, a religiosidade popular adequou-se às capacidades dos simples fiéis, envolvendo os sentidos (incenso para o olfato, as imagens, as cenografias,

os diversos manufaturados, como as cruzes, os dosséis, os relicários para a vista, os cantos para o ouvido) e oferecendo formas de oração acessíveis a todos, porque repetitivas e capazes de manter desperta a imaginação, como o rosário com a sequência de *ave-marias* e com os seus "mistérios" dedicados a momentos da vida de Jesus e de Nossa Senhora.

Graças a esse gênero de sutilezas, a educação promovida pela religiosidade popular teve em mira dois objetivos. Antes de tudo a interiorização dos princípios e dos valores que deviam ser próprios do fiel católico, de modo a criar um hábito virtuoso que por sua vez se manifestava externamente com um comportamento bem preciso, como o de se ajoelhar ou de se recolher onde quer que fosse em determinados momentos do dia ao toque dos sinos (o chamado *Angelus*), ou o de prestar reverência todas as vezes que se encontrava uma pessoa eclesiástica ou se passava perto de um sinal sagrado (capela, nicho, imagem).

O outro objetivo foi o de "cobrir todas as modalidades da existência" (Vismara, 210), com o duplo eixo espacial e temporal. Os lugares da vida cotidiana foram marcados por toda uma série de lembranças do sagrado, uma vez que as cidades, que já eram ricas a tal propósito, ficaram ainda mais densas de igrejas e oratórios. Ainda nas cidades, foram colocados nichos e efígies ao longo das ruas, e sobretudo nas encruzilhadas das mais importantes vias (a esse propósito, em Roma puseram-se colunas e alguns obeliscos, cristianizando antigos monumentos pagãos). Os campos ficaram constelados de sinais sagrados, de crucifixos, pequenas capelas, nichos, estátuas, pinturas murais sagradas. Na maior parte dos casos, as procissões seguiam ao longo de um trajeto que era marcado, tanto nas cidades, como nos campos, pelos sinais religiosos mencionados. Para a linha temporal, ditando os ritmos do ano havia o calendário litúrgico; tanto é verdade que em meados do século XVIII as festas de preceito em toda a Igreja católica eram trinta e cinco, todas reconhecidas pela autoridade civil, às quais se juntavam festas territoriais, diocesanas, citadinas, paroquiais. Pode-se afirmar assim que a "cidade de Deus" projetada para Milão pelo bispo tridentino exemplar, Carlos Borromeo (cap. 4, item 17.5), foi um projeto difundido por toda a Igreja católica europeia até meados do século XVIII, quando os chamados soberanos iluministas o puseram em discussão (cap. 6, itens 26.3 e 26.5).

Essas linhas-guia da religiosidade popular foram levadas adiante **por diversos sujeitos**, bispos em primeiro lugar, com as visitas pastorais e os sínodos. Os decretos sinodais ocuparam-se constantemente com a religiosidade popular e seria importante estudar se com o passar das gerações as intervenções promocionais foram melhores do que as do controle e da repressão. Quem deu aos bispos mão forte para semelhante obra foi sobretudo o clero religioso, mais bem preparado que o clero secular, embora os párocos fossem constantemente chamados a dar apoio às diretrizes dos bispos. As Ordens religiosas tradicionais, sobretudo as mendicantes, deram continuidade às devoções medievais, como mostra a prática do rosário apoiada pelos dominicanos. Os religiosos de fundação mais recente desenvolveram práticas anteriores, como aconteceu com os barnabitas e os capuchinhos a respeito da adoração eucarística. Os jesuítas criaram as congregações marianas, conseguindo misturar aspectos próprios da sua espiritualidade, como a oração mental, com a valorização da oração do rosário.

Outros exemplos referiram-se às missões ao povo, geridas em grande parte pelos religiosos, embora tenha havido alguns grupos de padres diocesanos que se especializaram em realizá-las, como a partir de 1715 os oblatos missionários de Rho em Milão. Se os momentos substanciais das missões ao povo eram a pregação, a instrução catequética, a confissão sacramental — e isso *de per si* não tem nada a ver com a devoção popular —, todavia os missionários recorriam também agora às práticas devocionais; habitualmente, por exemplo, no início de uma missão as pessoas se reuniam em torno dos pregadores para entrar processionalmente na igreja, seguindo a cruz. Os missionários utilizaram muito as imagens, convencidos — como afirmava no fim do século XVI o jesuíta Luís Richeome — de que o povo aprecia mais "os traços e a silhueta de uma imagem" do que as sutilezas de um "discurso bem articulado" (cit. in Dompnier, 290). Um dos missionários jesuítas de mais prestígio, Paulo Segneri *senior*, que trabalhou entre 1655 e 1690 nas zonas rurais da Itália central e setentrional, abriu caminho não só para as imagens ou para as procissões com as cruzes, mas também para outras sutilezas (como a de entrelaçar um diálogo com uma caveira), de modo a criar um forte envolvimento emotivo, calcando a mão no que suscitava medo.

Contrariamente ao que poderia parecer, os leigos não foram simples destinatários da proposta religiosa, mas para ela contribuíram ativamente. A esse propósito, os historiadores se perguntam se no período pós-tridentino tenha sido ou não inculcado no leigo um estilo clerical. Comumente dá-se uma resposta positiva. Todavia há testemunhos históricos em sentido contrário, como o que nos dá a Companhia do Santo Sacramento, de Paris, no decênio de participação do nobre Gaston de Renty (1639-1649). Aí eclesiásticos e leigos se encontravam juntos, e é significativo que o conselho diretivo, formado por superior, diretor, seis conselheiros, um secretário, fosse composto indiferentemente de eclesiásticos e de leigos, exceto o diretor, que devia ser um eclesiástico. Ainda mais significativa é a indicação de que o superior, aquele, portanto, que era o responsável último, fosse preferivelmente escolhido entre os leigos, porque — assim afirma uma memória do fim do século XVII referente à Companhia — "habitualmente têm mais conhecimento dos assuntos temporais do que os eclesiásticos" (cit. in Ghielmi, XLIII), o que mostra que a Companhia tinha claras finalidades sociais, para cuja consecução eram preferíveis os leigos, dos quais se reconhece a importância e se identifica uma especificidade em relação ao clero.

Das linhas-guia e dos sujeitos da religiosidade popular já emergiram os **instrumentos** que contribuíram para formá-la; assim, basta lembrá-los. São as visitas pastorais, durante as quais um bispo controlava e eventualmente corrigia a religiosidade dos fiéis; sobretudo, porém, encorajando-os. São os sínodos, nos quais o bispo com o seu clero avaliava o teor religioso da diocese, emanando algumas diretrizes. As missões populares tiveram o papel fundamental realçado pelas anotações dadas anteriormente, bem como foram determinantes as confrarias, sobretudo as de tipo devocional. Outros instrumentos a serem relacionados são as formas de oração adaptadas a todos (como o rosário), as imagens e o aparato cenográfico utilizado em várias circunstâncias, das procissões às missões e à liturgia.

Quanto às **expressões** da religiosidade popular — o quarto e último elemento fundamental — elas se identificam com uma série de devoções que se afirmam na Igreja tridentina: a devoção à Paixão, à eucaristia, à Virgem, aos santos, sobretudo aos padroeiros (do lugar, das profissões, dos estados de vida), ao anjo da guarda. Aprofundam-se aqui as duas primeiras devoções. Graças à Paixão, os fiéis se voltavam ao coração do cristianismo, ou seja, à centralidade de Cristo e da redenção, mediante o investimento do sentimento mais do que o do intelecto, como ocorreu com a prática da *via crucis*. Na Itália, distinguiu-se o frade menor Leonardo do Porto de São Maurício (da localidade onde nasceu, atualmente anexada à cidade de Impéria), que pregou muitas missões populares na primeira parte do século XVIII. É esse o período de máxima difusão da *via crucis*; tanto que nos territórios alemães se tornou "a devoção por excelência do cristão católico" (Châtellier, 130). Eram também envolventes as procissões, que em quase todas as localidades se faziam uma vez ao ano com o crucifixo, como ocorria (e continua a ocorrer) em Como, onde era grande essa devoção, considerando o crucifixo uma doação de um grupo de peregrinos vindos de Roma ou em viagem para lá no fim da Idade Média.

No Estado de Milão havia a procissão do *Entierro*, derivada provavelmente da Espanha e patrocinada pelos nobres e por algumas Ordens religiosas, inclusive jesuítas. A procissão, organizada por uma confraria apropriada, era uma espécie de "funeral", pois era criado um clima fúnebre com vários expedientes, como a hora noturna, as vestes negras, o tom dos instrumentos musicais, os sinais da paixão. Também os sagrados montes, evocando a experiência da subida ao Calvário, fazem parte da devoção à cruz. Como já referido, muitas missões populares abriam-se com uma procissão guiada pela cruz; ao término de uma missão, a cruz voltava a ser protagonista, pois os missionários a plantavam no centro da aldeia ou no cimo da colina que a dominava, como sinal permanente do que fora a missão, com a eficaz relação entre a transformação da paisagem com a transformação da vida causada pela missão. Esse tipo de modificação topográfica registrou-se depois da peste da época de São Carlos, quando nos cruzamentos dos mais importantes caminhos de Milão foram colocadas colunas encimadas por cruzes (cap. 4, item 17.5).

Entre todas as devoções, a eucarística teve maior continuidade com as devoções dos séculos anteriores, pois na Idade Média atribuía-se uma eficácia terapêutica à exposição visual da eucaristia, e no início da era moderna teve muito sucesso a chamada "comunhão ocular", na consideração de que olhar para a hóstia equivalia a receber o sacramento eucarístico (cap. 1, item 4.3). O aspecto próprio da piedade popular medieval foi redimensionado em favor da recuperação do centro da fé cristã, ou seja, da eucaristia como presença real do Senhor e comunhão entre os homens. As Quarenta Horas pretendiam exprimir sobretudo o primeiro aspecto, ao passo que a festa de *Corpus Domini* ressaltava sobretudo o segundo, especialmente graças a uma procissão específica, que era a mais solene de todas elas. Todos estavam envolvidos, seja como fiéis da Igreja, seja enquanto membros de uma sociedade; tanto assim que reconstruir uma procissão de *Corpus Domini* numa cidade permitiria identificar os principais grupos sociais daquela cidade e sua evolução no tempo. A devoção eucarística contribuiu para valorizar o altar central e o tabernáculo das igrejas, com a obrigação fixada pela autoridade eclesiástica de manter ao lado do último uma lâmpada constantemente acesa.

Outras duas intervenções da autoridade eclesiástica sobre a devoção eucarística merecem ser ressaltadas. As Quarenta Horas, inicialmente colocadas no contexto do Tríduo pascal para reviver os dois dias (precisamente cerca de quarenta horas) nos quais o corpo de Jesus permaneceu no sepulcro, num primeiro momento foram transferidas para a vigília da Semana Santa e depois para pouco antes da Quaresma, como alternativa para o clima de dissipação do carnaval. Justamente para que a alternativa fosse apetecível, foram incentivados os recursos para adereços, luminárias, exterioridades cênicas, com realizações muito imponentes. Uma segunda intervenção da autoridade eclesiástica afetou a prática, muito difundida entre a população dos campos, de expor a eucaristia para evitar que o granizo não prejudicasse a colheita. Essa prática não foi proibida, mas mantida sob controle para evitar qualquer superstição.

6. A herança tridentina cultivada durante o Absolutismo mostra tais e tantas riquezas e variedades que parecem contidas e expressas de maneira **somente orientativa pelos adjetivos "romana", "clerical" e "popular"**. Quanto mais adentramos o conhecimento histórico, mais os dois segundos adjetivos se enriquecem e se esclarecem. Por exemplo, o adjetivo "clerical" fica prenhe da contribuição das Ordens religiosas, do amadurecimento pastoral de boa parte do episcopado, com a necessidade de conhecer melhor quais gerações (tanto sob o ponto de vista cronológico, como nacional) de bispos investiram a vida toda na *cura animarum*. O clero diocesano parece ter sido deficitário em relação aos bispos e aos religiosos; mas isso poderia ser mais bem avaliado se o nosso conhecimento sobre os párocos chegasse a um nível de suficiência hoje ainda não abonada pelas pesquisas históricas.

Quanto ao caráter "popular" da Igreja tridentina, é preciso observar em primeiro lugar que a religiosidade e as devoções depois do Tridentino envolveram, além das faixas populares, muitos outros sujeitos eclesiais e sociais. Por isso, alguns preferem falar de "religião de todos" mais que de "religiosidade popular" (Vismara, 217). Em todo caso, é certo que a Igreja tridentina conseguiu plasmar as classes sociais mais simples, as populares, e assim é legítimo falar de caráter "popular" dessa Igreja. Esse caráter lhe deu uma tonalidade muito original que deveria ser mais aprofundada. Seria bom, portanto, reservar ao povo cristão da Igreja tridentina um conhecimento pelo menos igual ao habitualmente reservado ao papado, que é amplamente conhecido, e aos eclesiásticos, entre os quais são mais conhecidos os bispos e as Ordens religiosas, ao passo que muito menos se sabe dos párocos e da restante parte do clero.

22. O primeiro jansenismo e o galicanismo do século XVII

1. O Concílio de Trento tinha apresentado **a justificação**, rejeitando antes de tudo a que era comumente considerada a tese protestante segundo a qual o homem se tornaria justo porque considerado tal por Deus (justiça imputada); portanto, de positivo o Tridentino afirmava que a ação justificante de Deus comporta uma real transformação do homem pecador (justiça inerente). A graça era a ajuda oferecida por Deus para sustentar o processo de justificação do homem (por isso se falava de graça preveniente, concomitante, subsequente e assim por diante). Sem explicitá-la, o enfoque agostiniano deixou no pano de fundo dos decretos tridentinos a concepção fundamental da graça, ou seja, o que é realizado por Deus em Jesus Cristo a favor do homem. Mais que explicitar o que o concílio tinha deixado implícito (ou seja, a graça entendida cristologicamente), a **reflexão teológica pós-Tridentina** enrijeceu esse enfoque, assumindo a graça e a liberdade como concorrentes uma da outra, esforçando-se por entender "no processo da salvação, 'quanto' atribuir à liberdade humana e 'quanto' reconhecer como da graça" (Buzzi, 154-155).

Justamente no ano do encerramento do Concílio de Trento (1563), o professor da Universidade de Lovaina, nos Países Baixos espanhóis, Miguel **Baio** (dando nome à *questão baiana*) tornou público o próprio enfoque que absolutizava a ação da graça no homem, diminuindo o papel da liberdade humana, uma vez que, por causa do pecado original, a natureza humana estaria totalmente corrompida, incapaz, portanto, de oferecer uma real colaboração à ação de Deus. Com a bula *Ex omnibus afflictionibus*, de 1567, Pio V condenou setenta e nove proposições de Baio (DS 1901-1979.1980*); a condenação de Pio V foi confirmada por Gregório XIII (1580). Baio submeteu-se aos dois pronunciamentos papais. Vinte anos mais tarde, em 1587, convencida de ter de defender a doutrina agostiniana da graça e fundamentando-se num método histórico-filológico, a faculdade teológica de Lovaina, com a contribuição de Baio, censurou trinta e cinco teses do jesuíta Leonardo **Lessius**, professor no colégio de Lovaina.

Essas disputas foram obnubiladas por outra, a que a partir do livro do jesuíta Luís de **Molina**, publicado em Lisboa em 1588, viu a contraposição da Companhia de Jesus aos dominicanos, que tinham como iniciador Domingos **Bañez**. O nó da disputa eram duas teses defendidas por Molina: *de per si* a graça não é eficaz, mas pelo livre consentimento da vontade; Deus concede a graça aos predestinados no momento em que sabe que estarão disponíveis para recebê-la, como um príncipe — assim exemplificava Molina — "que dá os cavalos àqueles que prevê os montarão para atingir a meta que tem em vista" (Brodrick, 255), ficando os cavaleiros com a liberdade de agir de outro modo. Estando em conflito duas importantes Ordens religiosas, Roma também foi envolvida. Por ordem de Clemente VIII, em 1598 foi instituída uma **congregação** especial chamada *De auxiliis divinae gratiae* ("Sobre as ajudas da graça divina"), indicando que tudo girava em torno do modo de considerar a graça enquanto ajuda para a salvação do homem. Os debates duraram até 1607, ano em que Paulo V decidiu suspendê-los, sem chegar a nenhuma conclusão, mas pedindo que as duas partes se abstivessem de qualquer condenação recíproca. Em 1611 o Santo Ofício obrigou que fossem submetidos a prévia aprovação os escritos sobre a doutrina da graça.

Tendo ficado em aberto a questão da graça, muitos deram contribuição com reflexão própria, inclusive **Jansênio** (Cornelis Jansen), aluno da Universidade de Lovaina e que nessa universidade tinha aprendido o método e o gosto da abordagem direta dos textos patrísticos, sobretudo agostinianos. De 1611 a 1616 passou um período de estudo na França, onde partilhou sua paixão por Santo Agostinho com Jean Duvergier de Hauranne, conhecido como abade de **Saint-Cyran**, do nome da abadia que recebera como comenda. Tendo retornado a seus territórios, Jansênio formou-se em teologia em 1617 e se tornou professor em Lovaina. Naqueles anos, estimulado pelas discussões mantidas nas vizinhas Províncias Unidas com o sínodo calvinista de Dordrecht (item 23.5), teve a decisiva intuição para o próprio enfoque teológico: há dois tipos de graça, a de Adão e a de Cristo; a primeira, que caracteriza o estado de inocência (*pré-lapsário*, ou seja, antes da queda ou antes da expulsão do Éden), é uma ajuda para pôr em movimento a liberdade a fim de escolher o bem, ao passo que a segunda, que caracteriza o estado que se seguiu ao pecado original (*pós-lapsário*), ao curar a liberdade a atrai irresistivelmente para o bem. Jansênio comunicou sua descoberta a Duvergier, e daí em diante os dois mantiveram correspondência cifrada, com a qual o professor de Lovaina mantinha o amigo atualizado sobre a composição de uma obra que, com fundamento nos textos de Agostinho, organizaria numa doutrina coerente as questões referentes à graça.

Ao mesmo tempo, Jansênio se ocupou com a atividade política, guiando, por exemplo, em 1624 uma delegação à Espanha com a exigência de afastar os jesuítas da Universidade de Lovaina. Em 1635, durante o assédio da cidade por parte das tropas franco-holandesas, participou ativamente da defesa e escreveu o libelo *Mars Gallicus* contra Luís XIII e a favor da coroa espanhola. Também por causa disso, no ano seguinte foi nomeado bispo de Ypres, onde exerceu exemplarmente, como verdadeiro pastor tridentino, o próprio ministério até 1638, quando morreu de peste. Antes de sua morte, tinha encarregado dois colegas seus de Lovaina de publicar o texto ao qual tinha dedicado grande parte da vida, o **Augustinus**, publicado, portanto, postumamente em 1640, e dividido em três partes: a primeira com a análise das opiniões pelagianas e semipelagianas, e as outras duas com a interpretação dos textos de Agostinho amadurecida nos anos de estudo. Denunciado pelos jesuítas, o *Augustinus* suscitou polêmicas nos Países Baixos espanhóis, e mais ainda na França.

Aí o abade de Saint-Cyran, o grande amigo de Jansênio, tinha se tornado um importante personagem, estreitando relações com Pierre de Berulle, Vicente de Paulo e Adrien Bourdoise. Todavia, a partir de 1630 granjeou diversos inimigos (sobretudo entre os jesuítas) até chegar a se desentender com o cardeal Richelieu, o primeiro ministro de Luís XIII. Contra ele foram feitas diversas acusações, como a de sua influência sobre as monjas cistercienses de **Port-Royal**, a partir da abadessa, de quem era confessor, madre Angélica Arnauld. Tendo sido transferido do vale de Chevreuse para o centro de Paris em 1625-1626, Port-Royal voltou ao lugar de origem em 1648; por isso, havia duas casas, a segunda chamada Port-Royal des Champs, à qual se juntou uma preexistente comunidade de religiosos dedicados à penitência. Graças à ligação com o mosteiro cisterciense, Saint-Cyran entrou em relação com uma das mais importantes famílias de Paris, os Arnauld, uma vez que no mosteiro viveram cinco irmãs e seis sobrinhos da abadessa. Saint-Cyran conheceu também outros componentes da família, como Antoine Le Maistre **Arnauld**, advogado e conselheiro de Estado, que em 1637 inaugurou a experiência dos religiosos de Port-Royal. Sobretudo, teve a oportunidade de ter como filho espiritual o doutor da Sorbonne Antoine Arnauld, que seria personagem decisivo para o sucesso do jansenismo francês.

2. Bem cedo, em torno de Port-Royal criou-se um grupo de simpatizantes das classes mais em vista, inclusive expoentes da cultura, como Hugo Grócio, eclesiásticos, entre os quais alguns doutores da Sorbonne, bispos, como os de Gondi (tio e sobrinho se sucederam na sede de Paris entre 1622 e 1662) e Potier de Beauvais (capelão da rainha Ana da Áustria), bem como personalidades

ligadas à corte. Também advogados e juristas do parlamento de Paris aderiram a esse movimento e contribuíram para lhe dar uma tonalidade política, constituindo um partido acusado por Richelieu de comprometer a ordem pública. Além disso, eram conhecidas as relações entre Saint-Cyran e Jansênio, autor do libelo antifrancês *Mars Gallicus*. Tudo isso explica a prisão de Saint-Cyran no castelo de Vincennes ocorrida em maio de 1638, ano da morte de Jansênio e do nascimento de Luís XIV. Na prisão, ele leu o *Augustinus*, ordenando aos seus que defendessem a obra. Quando Richelieu caiu em dezembro de 1642, deixou Vincennes, mas com a saúde arruinada morreu no ano seguinte, quando o *Augustinus* recebeu uma primeira condenação, não por seu conteúdo específico, mas por ter reproposto teses censuradas em documentos pontifícios anteriores (bula *In eminenti*, de Urbano VIII).

Naquele mesmo ano de 1643, Antoine Arnauld publicou um texto que para os jansenistas se tornou tão importante quanto o *Augustinus*. Intitulado **La fréquente communion**, afirmava que para ter acesso à comunhão eucarística era necessário celebrar o sacramento da penitência, deixando-se inspirar pela prática antiga, quando a absolvição era precedida por séria satisfação dos pecados. Querendo propor uma prática sacramentária mais rigorosa, fazia-se também apelo às *Advertências aos confessores*, de Carlos Borromeo (cap. 4, item 17.5). Se já nos últimos meses de vida Saint-Cyran aprovou o livro de Antoine Arnauld, outros, como Vicente de Paulo (convicto antijansenista), o criticaram, temendo que teria se distanciado da prática dos sacramentos. A obra, todavia, foi publicada com a aprovação de quinze bispos franceses, aos quais com o tempo se uniram muitos outros, sinal de que o livro vinha ao encontro de uma exigência generalizada.

A grande maioria dos bispos, porém, rejeitou o *Augustinus*, como se viu claramente oito anos depois em 1651, quando — depois de uma decisão amadurecida dentro da assembleia do clero do ano anterior — de cento e quinze bispos franceses oitenta e cinco assinaram uma carta ao papa Inocêncio X, a fim de que condenasse a obra, tendo como referência **sete proposições** preparadas em 1649 pelos teólogos da Sorbonne. Tendo substituído Richelieu como primeiro ministro, o cardeal Mazzarino defendeu a iniciativa, porque julgava que os jansenistas tinham apoiado a Fronda (1648-1652), durante a qual a corte, tendo à frente a rainha-mãe Ana da Áustria e o jovem Luís XIV, foi obrigada a fugir de Paris. Todavia, onze bispos se opuseram ao envolvimento de Roma, afirmando que segundo as liberdades galicanas cabia ao episcopado francês julgar em primeira instância uma questão de tal relevância para a Igreja da França. Pelas ligações com os jansenistas e em nome do galicanismo, os ambientes parlamentares procuraram bloquear, mas sem sucesso, o envio a Roma das sete proposições da Sorbonne. Contudo, deram forte apoio ao pequeno grupo de bispos contestadores.

Para realizar a solicitação de condenação do *Augustinus* proposta pela corte e pela maioria dos bispos franceses, Inocêncio X constituiu uma comissão especial, que trabalhou por dois anos (1651-1653), enquanto continuavam as polêmicas na França. O trabalho da comissão romana traduziu-se na **bula Cum occasione**, datada de 31 de maio e publicada em Roma no dia 9 de junho de 1653. Foram acatados os primeiros cinco dos sete artigos da Sorbonne, mediante a condenação das seguintes teses: 1) os mandamentos são impossíveis de serem observados pelos justos quando lhes falta a graça; 2) no atual estado não se resiste à graça; 3) para ter méritos ou deméritos é suficiente estar isento da constrição (essa afirmação torna-se compreensível se se tem presente a diferença entre graça *pré-lapsária* e graça *pós-lapsária*); 4) é herético afirmar que se pode resistir à graça; 5) é semipelagiano afirmar que Cristo morreu por todos os homens. Cada uma dessas afirmações recebeu censuras precisas (DS 2001-2007).

Apesar do empenho direto da corte, onde Luís XIV, de quinze anos, começava a ter papel relevante, e do primeiro ministro Mazzarino, e apesar da disponibilidade de grande parte do episcopado em aderir à condenação papal (segundo o núncio em Paris, Nicolau Guidi de Bagno, cento e oito bispos publicaram logo a bula em suas dioceses), os jansenistas, o parlamento de Paris e outros parlamentos se opuseram, não só com a panfletagem, mas principalmente por meio de duas estratégias. Em primeiro lugar — dado que somente a primeira das cinco proposições se encontrava literalmente no *Augustinus* —, foi adotada uma hábil linha de defesa mediante a **distinção entre direito e fato**, com a afirmação de que: *de direito*, as cinco afirmações tinham certamente um significado herético e, portanto, tinham de ser condenadas; todavia, *de fato*, elas nem eram de Jansênio nem refletiam seu verdadeiro pensamento, o qual era ortodoxo, uma vez que propunha o mesmo pensamento de Santo Agostinho. **Quatro bispos**, ou seja, os de Beauvais, Pamiers, Alet e Angers (esse último era Henri Arnauld, irmão de Antoine), explicitamente jansenistas, publicaram a *Cum occasione* acompanhando-a com uma carta pastoral na qual se afirmava a distinção entre direito e fato. Outra estratégia para se opor à bula foi o **apelo às liberdades galicanas**, segundo as quais uma questão semelhante devia ser enfrentada não pelo papa, mas pelos responsáveis da Igreja francesa: **os parlamentos** foram os paladinos dessa posição, a qual também teve o consenso de alguns bispos.

3. Diante de tal aceitação da condenação do *Augustinus*, Inocêncio X, com o breve *Ex litteris* (1654), e seu sucessor Alexandre VII, com a bula *Ad sacram* (1656), declararam que as cinco afirmações referidas na *Cum occasione* tinham de ser atribuídas a Jansênio e segundo o sentido dado por ele. Por ocasião desses pronunciamentos, **a polêmica em Paris** teve o tom elevado graças à publicação entre 1656 e 1657 de dezoito cartas, nas quais, mediante a ficção literária de deixar informado um amigo residente na província a respeito do que acontecia na cidade (daí o nome de *Provinciais*), o autor anônimo primeiro apresentou as questões teológicas levantadas pelo *Augustinus* para depois passar às questões morais e sacramentais ligadas à publicação de *La fréquente communion* de Antoine Arnauld. Sob o anonimato escondia-se um dos homens mais geniais da época, Blaise Pascal, que, graças ao grande sucesso obtido pelas *Provinciais*, conseguiu fazer com que fosse amplamente conhecido o enfoque moral e sacramental jansenista. Um enfoque que, como se viu para o livro de Arnauld, respondia à exigência de muitos pastores, bispos e párocos, desejosos de modificar o enfoque moral e a prática sacramental "de que os jesuítas tinham sido não os únicos decerto, mas sem dúvida os mais ativos promotores nos primeiros decênios do século XVII" (Quantin, 356).

Quanto à moral, os jesuítas promoveram o probabilismo, um sistema moral que, na dúvida sobre a aplicação de uma norma, é permitido optar por uma opinião provável, quer dizer, defendida por alguns teólogos, embora ela seja menos provável, ou seja, receba menos consensos que a oposta; graças a sutis distinções, essa doutrina diminuiu ou deixou de lado toda uma série de obrigações morais e religiosas, ampliando de tal modo as concessões (até cair no laxismo) que foi pedido por muitos que houvesse reação ao probabilismo. Quanto à prática sacramental, para valorizar a eficácia dos sacramentos, contra sua desvalorização por parte da Reforma protestante, e para encorajar a frequente prática sacramental tinham se tornado cada vez menos rígidas as condições para ter acesso a ela (suficiência da atrição em relação à contrição, recepção da absolvição sem nenhuma satisfação prévia, comunhão sacramental logo depois de ter sido absolvido). Precisamente porque ofereciam uma alternativa a esses pontos de vista, *La fréquente communion* e as *Provinciais* tiveram ampla aceitação até por quem não era jansenista, diferentemente do que ocorrera para o *Augustinus*.

Na **assembleia do clero de 1655-1657** encontra-se exatamente esse diferente posicionamento. De fato, com a reimpressão das *Advertências aos confessores*, de Carlos Borromeo, por parte da assembleia, estava oficialmente aprovado o enfoque favorável à severidade no âmbito moral e sacramental. A visão rigorista se desenvolveu mais, tanto que outra assembleia do clero, a de 1700, condenou solenemente cento e vinte e uma teses da "moral relaxada" e obrigou a abandonar o probabilismo a favor do probabiliorismo, o enfoque moral que visava seguir sempre a opinião mais provável. Também o papado seguiu essa orientação com uma série de teses condenadas pelo Santo Ofício sob Alexandre VII (1665-1666), e sobretudo Inocêncio XI (1679), definindo-as como "errores doctrinae moralis laxioris" (DS 2021-2065.2101-2167). Quanto à condenação do *Augustinus*, porém, ela foi confirmada pela assembleia do clero de 1655-1657 mediante a composição de **um formulário** que todos os eclesiásticos deviam assinar, empenhando-se em aceitar a bula *Cum occasione* sem nenhuma restrição, sobretudo a fundamentada na distinção entre direito e fato. Além disso, a assembleia declarou realizar os antigos cânones, porque o formulário pedia para aceitar documentos papais que confirmavam as decisões dos bispos franceses. Definitivamente, o formulário respeitava plenamente as liberdades galicanas *in spiritualibus*.

Totalmente diferente foi o parecer do parlamento de Paris, que se pronunciou por meio do advogado geral Denis Talon. Como no fim de 1657 o jovem Luís XIV, em acordo com Mazzarino, tinha ordenado em "lit de justice" (ou seja, de maneira obrigatória) ao parlamento que registrasse a bula *Ad sacram*, de modo a transformá-la em lei do reino, Talon fez um discurso para dar destaque aos erros da bula e criticar a legitimidade do papa para intervir, afirmando que somente o rei era o avalista da decisão tomada, porque os soberanos velavam pela fé do próprio povo, tendo eles recebido uma unção real equiparável à sacerdotal. O núncio em Paris, Célio Piccolomini, conseguiu convencer o rei a censurar o advogado geral, sem enfraquecer, porém, a aliança entre jansenistas e parlamentos, revigorada pelo modo de entender as liberdades galicanas, assim como fez Denis Talon em nome de muitos colegas seus.

Tendo sido ineficazes diversas medidas antijansenistas adotadas pela coroa, foi proposta por muitos a hipótese de envolver Alexandre VII para confirmar solenemente o formulário. Luís XIV assumiu com firmeza o comando (em março de 1661 morrera Mazzarino, e desde então não foi nomeado nenhum primeiro ministro), manteve essa iniciativa, pedindo ao papa uma bula que incluísse o formulário, de modo a torná-lo lei de Estado mediante o registro nos parlamentos. As solicitações se transformaram em realidade graças à bula *Regiminis Apostolici* de 15 de fevereiro de 1665 (DS 2020), registrada pelo parlamento de Paris no fim de abril. De novo, Talon expressou diversas reservas, dando outro testemunho do apoio dos ambientes parlamentares aos jansenistas, que tiveram mais coragem ainda. Em particular, os quatro bispos jansenistas de Alet, Pamiers, Angers e Beauvais publicaram o formulário com uma carta pastoral que reafirmava a distinção entre direito e fato; outros expoentes do clero tiveram comportamento análogo.

4. Então, papa, rei e maioria dos bispos franceses, depois de negociações ocorridas entre Roma e Paris e dentro da Cúria romana, na primeira parte de 1667 decidiram **processar os quatro bispos jansenistas** mediante um tribunal formado por nove bispos franceses que trabalhavam como juízes delegados, ou seja, comissários de Alexandre VII; era uma fórmula pensada em respeito às liberdades galicanas. No mês de maio, o núncio Roberti, criado cardeal, deixou Paris e contemporaneamente morreu Alexandre VII. Seu sucessor, Clemente IX, renovou a delegação aos nove bispos-juízes, enquanto na França os jansenistas influenciaram tanto a opinião pública que dezenove bispos, guiados pelo arcebispo de Sens, Gondrin, tomaram a defesa de seus quatro confrades, escrevendo uma carta ao novo papa e ao rei. Eles defenderam as razões deles, quer evidenciando o zelo pastoral de seus quatro confrades (na carta ao papa), quer mostrando (na carta ao rei) que o tribunal instituído por Roma era contrário à prática prevista pela tradição galicana. Uma minoria de bispos, portanto, tinha um modo diferente de interpretar as liberdades galicanas em relação à maioria do episcopado, a ponto de os tornar solidários com os jansenistas e os parlamentos.

O novo núncio na França, Pedro **Bargellini**, que chegara a Paris em março de 1668, tinha diante de si uma **missão delicada**. Em Roma, ele tinha recebido a orientação de dar efeito ao processo contra os quatro bispos jansenistas. Tendo sondado, porém, o terreno nos primeiros meses de sua permanência na França, apresentou a Roma a contraproposta do ministro do exterior francês, Hugues de Lionne, favorável a uma conciliação. Graças à mediação dos três bispos Vialart de Châlons, d'Estrées de Laon e Gondrin de Sens, a proposta de de Lionne concretizou-se num acordo, marcado, todavia, por uma série de ambiguidades, seja nas negociações, seja no resultado final; em particular, de Lionne manteve uma comunicação epistolar direta com o secretário de Estado em Roma e com outros cardeais da Cúria romana, criando um canal paralelo e independente daquele do núncio. Assim, em setembro de 1668 os quatro bispos jansenistas assinaram o formulário, mas com uma nota explicativa, inserida nas atas e mantida em segredo, que afirmava a distinção entre fato e direito. No início de janeiro de 1669, Clemente IX, apesar da advertência de uma comissão especial do Santo Ofício instituída pelo próprio papa para orientá-lo sobre o que fazer, enviou um breve "para se congratular 'com a verdadeira e perfeita obediência com que assinastes sinceramente o formulário' — depois de muita reflexão, esse 'sinceramente' tinha substituído um 'pura e simplesmente' que os quatro bispos não poderiam ter aceito" (Quantin, 355).

Definitivamente, a conciliação não significou de modo algum a solução da questão jansenista, como tinham entendido alguns protagonistas daqueles fatos. Por exemplo, o jesuíta Annat, confessor do rei, num relatório ao prepósito geral Oliva afirmou que "uma paz desse tipo é pior que todas as guerras", ao passo que o cardeal Albizzi (depois de ter contribuído para preparar a *Cum occasione*, tinha participado da comissão especial do Santo Ofício desejada por Clemente IX) rejeitou a ação do núncio Bargellini: "Os erros que cometeu esse bom homem são notáveis [...] e que superficialidade ele teve, ou seja, a de receber apenas a assinatura dos quatro bispos, sem se certificar do conteúdo da ata anexa" (cit. in Blet, *Louis* XIV/2, 144). Uma recente reconstrução do que aconteceu entre 1668 e 1669 considera que tudo foi "uma obra-de-arte de diplomacia" que "encerra o episódio, com satisfação geral" (Cotret, 337): afirmações insustentáveis à luz da reconstrução oferecida e do testemunho dos contemporâneos daqueles acontecimentos.

A conciliação conseguida inaugurou a "**paz clementina**", ou seja, um período de cerca de trinta anos nos quais os jansenistas tiveram livre cidadania na França, gozando de relativa calma — relativa porque se adotaram algumas medidas punitivas em relação a eles, como a expulsão em 1679 das colegiais e das postulantes de Port-Royal des Champs e a proibição absoluta de receber noviças, e como a fuga de Antoine Arnauld para os Países Baixos espanhóis, onde em 1685 o encontrou o oratoriano Pasquier Quesnel; este organizou uma rede clandestina, dando início a um movimento de dimensões europeias (cap. 6, item 24.2). Durante a "paz clementina", os jansenistas na França também se revigoraram graças a importantes contribuições culturais, como as traduções em francês da Escritura e dos Padres; ainda em francês foram publicadas suas obras espirituais, que desse modo puderam atingir um público cada vez mais amplo, em particular feminino. Entre os textos de alto nível cultural devem ser lembrados os *Pensamentos* de Pascal publicados em 1670, a edição dos textos de Santo Agostinho feita pelos beneditinos da congregação de São Mauro (maurinos), as pesquisas sobre a Igreja antiga de Le Nain de Tillemont (*Mémoires pour servir à l'histoire ecclésiastique des six premiers siècles*, 1693-1712), as cartas de Leão Magno editadas por Quesnel e as de Inocêncio III publicadas por Étienne Baluze.

5. Estabelecida a "paz clementina", as relações entre Igreja, reino da França e Santa Sé ficaram perturbadas pela **questão da "regalia"**. Entendia-se com esse termo o direito reservado ao rei, durante a vacância de uma diocese, de se apropriar das rendas que cabiam ao bispo (regalia *in temporalibus*) e de nomear para benefícios sem trabalho pastoral, na prática os canonicatos (regalia *in spiritualibus*). A questão surgiu depois do **apelo dirigido ao papa** por dois dos quatro bispos jansenistas, Pavillon de Alet e Caulet de Pamiers. Diferentemente do que ocorrera para a questão jansenista, eles foram ouvidos por Inocêncio XI, quando lhe pediram em 1677 que impedisse Luís XIV de estender a regalia às suas dioceses. Os dois bispos citados defendiam a tradicional interpretação episcopal da regalia: ela se referiria somente aos territórios originais da coroa, ou seja, a França do norte. Os parlamentos, porém, tinham outro modo de ver: para eles a regalia estendia-se sobre todos os domínios progressivamente adquiridos pela coroa. Entre 1673 e 1675 Luís XIV adotou a interpretação parlamentar, estendendo a regalia aos territórios meridionais do reino (onde se encontravam as pequenas dioceses de Alet e Pamiers), embora apenas no aspecto espiritual, porque em 1641 Luís XIII tinha renunciado ao temporal. Então o rei, a conselho de Richelieu, tinha recompensado os bispos dos sacrifícios financeiros feitos por eles a favor da coroa e que tinham sido utilizados também para a luta contra os huguenotes (item 23.3).

O acolhimento do apelo por parte de **Inocêncio XI**, além de depender de sua benevolência para com os jansenistas, como o eram os dois bispos solicitantes, refletia suas convicções de tipo hierocrático, que o levaram a fazer valer a autoridade do papa diante dos soberanos e na cristandade, como ocorreu quando impôs que fossem destruídos os bairros que tinham se formado em torno das embaixadas em Roma, cuja extraterritorialidade tinha se ampliado em demasia, ou como aconteceu com a vitória das armadas cristãs contra os turcos em Viena em 1683 (item 21.1 e cap. 7, item 28.3). As mesmas convicções eram partilhadas por dom Agostinho Favoriti, secretário das cifras (o setor da secretaria de Estado para os despachos cifrados) e também secretário de uma congregação especial sobre a regalia. A ele se devem três breves de cunho apocalíptico endereçados ao rei com solicitação de desistir de estender a regalia.

Apesar de tudo, **Luís XIV** procurou usar a **via diplomática**, nomeando em junho de 1680 um embaixador extraordinário em Roma (o cardeal César d'Estrées, que alguns anos antes estivera entre os mediadores da "paz clementina") para que obtivesse um indulto do papa para exercer a regalia em todo o reino, retratando-se com isso da teoria parlamentar sobre a qual tinham se fundamentado as decisões de 1673 e 1675. Também para manter aberto o canal diplomático, o rei rejeitou tanto a hipótese de convocar um concílio nacional proposta pela assembleia do clero de 1680 como a proposta do **arcebispo** de Reims, Maurice **Le Tellier** (filho do grão-chanceler e irmão do ministro da guerra), de fazer intervir o clero da França como mediador entre Paris e Roma. Mas o endurecimento romano e a incapacidade de d'Estrées enfraqueceram a solução diplomática, abrindo as portas ao envolvimento do clero. As relações entre Roma e Paris complicaram-se pelo fato de que, tendo morrido o núncio Pompeu Varese no fim de 1678, a nunciatura foi administrada nos quatro anos seguintes não pelo núncio, mas pelo auditor Lauri.

Assim, o que o arcebispo de Reims tinha pedido em vão em 1680, obteve-o no ano seguinte, também graças ao apoio dos dois conselheiros eclesiásticos de Luís XIV, o arcebispo de Paris, de Harlay, e o confessor do rei, o jesuíta La Chaize. Depois de outras negociações para superar as indecisões do rei, no dia 9 de novembro de 1681 foi aberta uma **assembleia extraordinária do clero** (formada por quatro representantes para cada uma das dezoito províncias eclesiásticas), com a missa e a homilia feitas pelo mais douto entre os bispos da França, Jacques-Bénigne Bossuet. Depois se formaram oito comissões, das quais as mais importantes foram a primeira e a última.

6. A primeira comissão examinou a questão da **regalia**. Guiada pelo arcebispo de Reims, Le Tellier, propôs **um compromisso** segundo o qual as nomeações por parte do rei a benefícios que comportavam jurisdição espiritual (decanos de um capítulo, arquidiácono, teólogos capitulares, penitencieiros) tornar-se-iam efetivas somente depois da obtenção de tal jurisdição pelos vigários capitulares, que faziam as vezes do bispo no período de sede vacante. O compromisso, examinado por uma comissão especial nomeada por Luís XIV, na qual alguns parlamentares fizeram algumas críticas, foi aceito para ser transformado em janeiro de 1682 em edito real. Naquela ocasião, o rei se impôs sobre o parlamento "o qual unanimemente muito se ressente ao ver violado pela absoluta vontade do rei [...] o seu antigo direito de ser o único juiz nessa matéria", como escreveu o então embaixador veneziano em Paris, Sebastião Foscarini (cit. in Blet, *Les Assemblées*, 300). Definitivamente, de um lado, o compromisso sobre a regalia conseguia limitar um direito do rei sobre a Igreja da França, e, de outro, negar o modo de entendê-lo por parte dos parlamentos, reforçando a ligação entre o clero e o rei, com prejuízo dos parlamentos. Mas Inocêncio XI declarou insuficiente o compromisso e não saiu de sua posição inicial, pedindo de novo a explícita retratação da extensão da regalia.

A oitava comissão teve a tarefa de fixar os princípios de referência nas relações entre os poderes, ou seja, na prática, de oferecer a interpretação oficial da Igreja francesa sobre as liberdades galicanas, as *in temporalibus* e as *in spiritualibus*. A comissão considerou como referência seis proposições da Sorbonne que remontavam a 1663, quando se deu uma ruptura diplomática entre Alexandre VII e Luís XIV (incidente provocado pelas guardas pontifícias em relação à embaixada francesa em Roma); parecera, então, que chegara o momento de fixar uma vez por todas os princípios que deviam regular as relações do papado com a França, quer sob o perfil temporal-político, quer sob o espiritual-eclesial. Com a assembleia extraordinária de 1681-1682, apresentara-se uma situação ainda mais favorável do que a de vinte anos antes, como recordara no início dos trabalhos o chanceler da Sorbonne, Nicolas Coquelin.

De fato, a oitava comissão elaborou os artigos que se tornaram **os quatro artigos da Igreja galicana**, segundo os quais: 1) o poder dos reis (e não só do rei da França) não está submetido ao controle do papa; o papa não pode depor os príncipes e não pode dispensar os súditos do juramento de fidelidade ao soberano; necessária para a manutenção da tranquilidade pública, essa doutrina está de acordo com a Palavra de Deus; 2) vale o estabelecido pelo Concílio de Constança sobre a autoridade dos concílios gerais, ou seja, a superioridade da autoridade deles em relação a qualquer outra, inclusive a do papa; 3) o papa deve utilizar o próprio poder apostólico regulando-se pelos cânones, pelas regras e pelos usos aceitos na Igreja francesa; 4) o papa, que tem o primeiro lugar nas questões de fé, pode expressar um juízo válido para sempre nesse âmbito somente depois de ter obtido o consentimento de toda a Igreja (*nec tamen irreformabile esse iudicium nisi Ecclesiae consensus accesserit*) (DS 2281-2284), não gozando, portanto, da infalibilidade pessoal, como será dogmaticamente estabelecida pelo Vaticano I (vol. IV, cap. 4, item 26) na constituição *Pastor Aeternus* — onde se encontra exatamente o oposto do quarto artigo, porquanto se afirma que as definições papais são irreformáveis *ex sese, non autem ex consensu Ecclesiae* (DS 3074).

Apresentados à assembleia no dia 17 de março de 1682, depois de dois dias os quatro artigos receberam a forma definitiva, para serem confirmados pelo rei mediante um edito, registrado no parlamento de Paris no dia 23 de março, tornando-se desse modo lei de Estado. A rapidez dessas passagens dependeu quase certamente da notícia difundida em Paris de que o papa estava preparando uma bula de interdito sobre a regalia. Ora, num momento de tão alta tensão, os **quatro artigos** constituiriam o **quadro de referência nas relações com Roma**. Na realidade, Inocêncio XI simplesmente enviou a Paris o breve *Paternae charitati* que anulava todos os atos da assembleia extraordinária no que se referia à regalia. Os quatro artigos separaram ainda mais as duas partes. A situação piorou devido a uma série de **decisões de contraposição**, apesar de nesse ínterim Luís XIV ter feito algumas escolhas favoráveis a Roma, como o apoio às negociações que levaram à vitória sobre os turcos em Viena (setembro de 1683) e a revogação em outubro de 1685 do edito de Nantes (item 23.3).

Se, de um lado, Inocêncio XI se recusou a enviar as bulas de instituição canônica a todos os que tinham participado da assembleia extraordinária do clero, Luís XIV, por sua vez, não pediu nenhuma bula de confirmação para todos os bispos por ele nomeados; desse modo, até o fim do pontificado de Inocêncio XI (falecido no dia 12 de agosto de 1689) cerca de quarenta bispos, embora tendo sido nomeados pelo rei, não puderam administrar canonicamente as próprias dioceses. Enquanto Inocêncio XI em 1688, para se opor ao candidato que defendia os interesses franceses, cardeal Fürstenberg, concedia ao jovem de apenas dezessete anos Clemente Wittelsbach da Baviera a dispensa para ser eleito arcebispo de Colônia (contradizendo a linha geral do próprio pontificado para o relançamento da aplicação do Tridentino), nesse mesmo ano Luís XIV ocupou as propriedades pontifícias de Avinhão.

7. Jamais se chegou, porém, a uma verdadeira ruptura, porque nenhuma das duas partes queria chegar a esse extremo. Por isso, durante o sucessivo

breve pontificado de Alexandre VIII (1689-1691) houve **concessões recíprocas**, e as relações voltaram a se normalizar. Foram notáveis os passos dados pelo rei, como a destruição do bairro da embaixada francesa em Roma e a restituição de Avinhão; sobretudo, Luís XIV voltou a solicitar as bulas de confirmação para os bispos por ele nomeados. Pouco antes de morrer, Alexandre VIII ordenou a publicação do breve *Inter multiplices*, no qual eram declarados nulos, não ocorridos, inválidos, sem valor, totalmente isentos de consequências e de efeitos todos os atos, decretos, editos, confirmações (seja da autoridade espiritual, seja da temporal) vinculados à questão da regalia e dos quatro artigos (DS 2285). A doutrina expressa por esses quatro últimos não foi, todavia, censurada. Na embaixada francesa em Roma comentou-se assim essa medida: "Tendo sido reparada essa suposta honra da Santa Sé, o papa que será eleito ver-se-á mais livre para conciliar o resto do assunto" (cit. in Blet, *Les Assemblées*, 528).

Tratou-se de uma previsão justa, porque com Inocêncio XII (1691-1700) permaneceu **tacitamente em vigor o compromisso** pensado em 1682 para a regalia. No que diz respeito aos quatro artigos, Luís XIV (que devia enfrentar uma guerra europeia e que, portanto, tinha mais necessidade do que nunca da concórdia com Roma) se empenhou em não fazer executar o edito com os quatro artigos. Além disso, os signatários dos quatro artigos nomeados para sedes episcopais subscreveram uma espécie de retratação, para cuja redação foram necessárias longas negociações. Todavia, **a doutrina** contida nos **quatro artigos permaneceu em vigor**; os bispos franceses encontraram neles a apresentação sintética da própria identidade e da identidade da Igreja francesa e a eles se referiram para regulamentar as relações entre os poderes no reino e na Igreja da França.

O que originou, preparou, realizou e seguiu a assembleia extraordinária de 1681-1682, bem como a primeira fase do jansenismo e os elementos principais do modelo social e político do Absolutismo francês (item 20.1), dão uma imagem diferente do **galicanismo do século XVII**, bem mais articulada da que é dada pela grande maioria dos manuais e dos verbetes das enciclopédias, que apresentam a Igreja galicana como sujeita ao rei. É preciso que uma realidade original como o galicanismo do século XVII seja abordada de modo adequado, para cuja incompreensão contribuiu também a transformação por que passaram a Igreja, o clero e o Estado francês nos séculos XVIII e XIX. Nesses dois séculos continuou-se a falar de galicanismo para indicar sinteticamente a Igreja e o clero da França em suas identidades e na relação com o Estado e o papado; mas com a mesma palavra se indicavam situações eclesiais, sociais e políticas profundamente diferentes em relação às que tinham marcado o século de Luís XIV.

23. Consequências e evolução da pluralidade confessional

A presença de uma pluralidade de confissões e de Igrejas cristãs depois da Reforma protestante é uma das características originais do Absolutismo. Para começar a conhecê-la e entendê-la, vamos tratar de três aspectos dessa originalidade: as guerras de religião; os contextos sociais, as contribuições culturais, as escolhas políticas em que amadureceu a tolerância religiosa; a Inquisição romana.

1. Entre os territórios marcados pelos conflitos confessionais, ou seja, pelas **guerras de religião**, destacaram-se, na segunda parte do século XVI, o reino da França e, nos cinquenta anos seguintes, o Império, com a Guerra dos Trinta Anos (1618-1648). No reino da **França**, a Reforma calvinista difundiu-se graças a cerca de oitenta pastores enviados de Genebra a partir de 1555. Depois de ter agido na clandestinidade para escapar ao tribunal especial (denominado *Chambre ardente*) criado pelo rei Henrique II, saíram da clandestinidade, por ocasião do primeiro sínodo francês (1559), com os representantes de cinquenta comunidades e alguns delegados genebreses. Naquele ano morreu Henrique II, dando a um grupo de nobres e de expoentes da corte a possibilidade de se declararem publicamente a favor do calvinismo. De imediato, a escolha confessional associou-se a ambições políticas por parte da nobreza em relação ao poder real, como se notou durante o breve reino de Francisco II (1559-1560), quando os calvinistas tentaram sujeitar o jovem rei mediante um golpe de mão no castelo de Amboise. A tentativa fracassou e custou a vida de muitos calvinistas, que a partir de então se denominaram "**huguenotes**" (nome que deriva provavelmente de *Eidgenossen*, termo alemão que significa "confederados"). Para impedir o golpe agiram a rainha-mãe, Catarina de Medici, os irmãos Guisa e o chanceler Miguel de L'Hôspital, defensores da confissão e da Igreja católica, e ao mesmo tempo guardas da descendência real, a ponto de tomar nas mãos as rédeas do Estado para proteger o poder de Carlos IX, que em 1560 era um menino de nove anos e ocupou o trono até 1574.

No ano seguinte, houve em Poissy um colóquio de religião guiado, para os calvinistas, pelo teólogo genebrino Teodoro de Beza e, para os católicos, pelo geral dos jesuítas, Laynez, e pelo cardeal de Lorena, o qual terá um papel de primeiro plano no terceiro período do Concílio de Trento (cap. 4, item 15.4). A tentativa de acordo teológico fracassou, e por **mais de vinte anos** entre as duas partes **alternaram-se conflitos e concessões** aos huguenotes. Entre essas últimas, foi importante o edito de St. Germain-en-Laye (1562), depois do qual os huguenotes realizaram sínodos, celebraram cultos públicos fora das cidades e cultos domésticos na cidade, para depois ver concedido aos nobres, no edito de Amboise (1563), a permissão de celebrar o culto calvinista numa só cidade para cada circunscrição administrativa (chamada *baillage*), com exceção de Paris; a paz de St. Germain (1570) ampliou o número das localidades disponíveis ao culto reformado e estabeleceu as premissas para conceder aos huguenotes uma série de baluartes defensivos, ao passo que a paz de Beaulieu (1576) estabeleceu o livre exercício da religião calvinista para todo o reino, com exclusão de Paris.

Entrementes, uma série de choques armados, dois dos quais de particular relevância, tinha evidenciado o predomínio dos interesses políticos sobre os confessionais. Na noite entre 23 e 24 de agosto de 1572 ("**noite de São Bartolomeu**") foram mortos só em Paris, segundo o cálculo de Erwin Iserloh, de três mil a quatro mil huguenotes, presentes na cidade para o matrimônio entre o huguenote Henrique de Navarra e Margarida de Valois, irmã do rei. A carnificina, que continuou por várias semanas nas províncias, foi coordenada pelos Guisa e promovida pela rainha-mãe, Catarina de Medici, por ciúme da influência exercida pelo huguenote almirante Coligny sobre Carlos IX. Embora Gregório XIII não estivesse diretamente envolvido, deu um consentimento solene com a celebração do *Te Deum* e tomando parte numa função de agradecimento, na igreja de São Luís dos Franceses, a igreja nacional francesa de Roma (onde se conservam três obras-primas de Caravaggio: a vocação, a inspiração e o martírio de São Mateus).

Entre 1585 e 1589, o conflito entrou na **fase decisiva**, girando em torno do rei Henrique III (1574-1589), de Henrique de Guisa e de Henrique de Navarra, os dois últimos expoentes de ponta respectivamente da Liga católica e dos huguenotes (é a chamada "Guerra dos três Henriques"). Quando em 1588 morreu o duque de Alençon, irmão e herdeiro de Henrique III, houve a possibilidade concreta de que a França passasse para as mãos de um soberano huguenote, ou seja, Henrique de Navarra, que correspondia às características exigidas para a sucessão ao trono francês (item 20.1), e que uns quinze anos antes tinha se casado com Margarida de Valois, ocasionando a "noite de São Bartolomeu". Para esconjurar essa eventualidade, Sisto V declarou-o herético recidivo e sem qualquer direito ao trono. O rei Henrique III, sem se comprometer nem com os huguenotes nem com a Liga católica, criou inimizade sobretudo com essa última; tanto que, depois da morte por ele encomendada de Henrique de Guisa e do cardeal Luís de Guisa, foi por sua vez assassinado no dia 1º de agosto de 1589 pelo dominicano Jacques Clément, corroborado pelo fato de que a Sorbonne tinha declarado livres do juramento de fidelidade os súditos do rei. Com realismo político, **Henrique IV** de Navarra, designado herdeiro pelo rei moribundo, aproximou-se dos católicos, até que no dia 25 de julho de 1593, em St. Denis, junto aos túmulos dos reis da França, abjurou o calvinismo ("Paris vale bem uma missa", teria dito). No outono do ano seguinte, Clemente VIII concedeu ao rei a absolvição da condenação que lhe fora infligida por Sisto V.

Em 1598, Henrique IV levou a cabo a política de pacificação, dirigindo-se dessa vez a seus ex-correligionários, regularizando, mediante o **edito de Nantes**, as concessões que tinham obtido nos decênios anteriores. O rei estabeleceu que: 1) a religião católica era a religião do reino; 2) devia ser restabelecido o culto católico onde fora proibido e deviam ser restituídos às igrejas católicas os bens de que tinham sido espoliadas; 3) os huguenotes gozavam de plena liberdade de consciência; 4) a liberdade de culto, porém, era regulada segundo complexas modalidades; 5) os huguenotes podiam ser admitidos a todos os cargos do Estado; 6) tribunais mistos, confiados igualmente a católicos e huguenotes, deviam resolver as pendências referentes às duas partes; 7) deixavam-se mais de cem cidades de refúgio, entre as quais cinquenta e uma praças-fortes, inclusive o porto de La Rochelle.

As duas primeiras disposições do edito de Nantes adaptavam à França o princípio do *cuius regio et eius religio*, estabelecido para o Império na paz de Augsburg de 1555 (cap. 3, item 10.6). Por isso, o edito é expressão não da tolerância, mas de um compromisso político constituído por uma série de concessões aos huguenotes para garantir segurança e tranquilidade a um Estado que tinha dentro de si uma forte minoria pertencente a outra confissão religiosa em relação à escolhida pelo soberano (1-2 milhões de huguenotes num total de cerca de dezesseis milhões de franceses). Fora encontrado assim um ponto de equilíbrio numa situação de conflitos políticos e religiosos que durou quase quarenta anos.

2. Outra série de conflitos abriu-se **no Império** vinte anos mais tarde. Tudo começou em 1618, quando a nobreza calvinista da Boêmia se levantou contra os comissários do imperador Matias ("defenestração de Praga"). No ano seguinte, a nobreza boêmia recusou-se a reconhecer o novo imperador Fernando II como próprio rei e proclamou em seu lugar um calvinista, o eleitor palatino, genro do rei da Inglaterra Jaime I (1603-1625). À distância de um ano, no dia 8 de novembro de 1620 Fernando II derrotou os rebeldes junto à Montanha Branca. Tendo entrado em Praga, Fernando II anulou a "carta de Majestade", mediante a qual tinham sido anteriormente asseguradas à nobreza boêmia as liberdades religiosas e nacionais. O eleitor palatino foi expulso do Império e a dignidade eleitoral por ele possuída foi confiada aos Wittelsbach da Baviera, os quais de duques se tornaram príncipes eleitores. Foram esses os primeiros lances de um conflito que por sua duração é conhecido como **Guerra dos Trinta Anos (1618-1648)**, onde os interesses políticos prevaleceram sobre as orientações religiosas, como se deduz de uma série de fatos.

Em primeiro lugar, a católica França (que internamente estava combatendo os huguenotes calvinistas, a ponto de lhes tirar em 1628 o porto de La Rochelle) apoiou as armadas protestantes em luta contra os católicos Habsburgos. Em especial, Richelieu aliou-se ao rei da Suécia, Gustavo Adolfo, que estava obtendo sucessos no Império, inclusive invadir a Baviera e derrotar as tropas imperiais (guiadas por Wallenstein) em Lützen em novembro de 1632. Ali, porém, o rei da Suécia foi morto. Apesar da importante vitória obtida em setembro de 1634 pelos exércitos imperiais, no ano seguinte Fernando II assinou a paz de Praga, mostrando querer renunciar à reconquista religiosa e política do Império. A França, entretanto, tinha reforçado a própria política externa anti-habsbúrgica mediante a aliança com os holandeses (1630) na guerra em andamento desde 1566-1568 (a chamada "guerra dos oitenta anos": cap. 4, item 18.3). Ela tinha como objetivo a autonomia dos territórios setentrionais dos Países Baixos (que quiseram se distinguir também sob o perfil confessional, optando pelo calvinismo) em relação às regiões meridionais, sob o domínio espanhol e de opção confessional católica. O apoio francês durou muito tempo, tanto que em 1635 Luís XIII enviou ao governador dos Países Baixos espanhóis, o cardeal-infante Fernando de Habsburgo, uma solene declaração de guerra. É nessa ocasião que Jansênio escreveu o *Mars Gallicus* (item 22.1).

Em meio a esses acontecimentos está outro testemunho significativo do predomínio dos interesses políticos. Tanto da parte imperial, como da espanhola, os Habsburgos solicitaram a Urbano VIII que enviasse um legado pontifício a Luís XIII para dissuadi-lo de fazer aliança com os protestantes. Tendo o papa se recusado a pôr em prática essa estratégia, as potências habsbúrgicas concordaram em fazer um protesto público, ocorrido no consistório de 8 de março de 1632, por meio do cardeal Gaspar Borja, embaixador do rei da Espanha; o cardeal Borja, fazendo-se porta-voz do partido espanhol, acusou publicamente o papa de ser responsável, com sua indiferença, pela ruína do catolicismo na Alemanha. Tratava-se de uma verdadeira conjuração, à qual o papa reagiu energicamente, afastando de Roma todos os cardeais envolvidos. Uma intervenção semelhante retornou por volta de 1640, quando o papa foi de novo solicitado a condenar o rei da França e o seu primeiro ministro Richelieu, que apoiavam os holandeses. O papa devolveu ao remetente a solicitação, lembrando que as censuras de seus antecessores tinham sido ineficazes — as de Clemente VII (1533-1534) contra Henrique VIII da Inglaterra, de Pio V (1570) contra Elizabeth I, de Sisto V (1585) contra Henrique IV da França e de Paulo V (1605) contra Veneza — e que também os Habsburgos eram passíveis de censuras por terem ajudado os huguenotes e por terem concedido aos protestantes a paz de Praga em 1635.

Esse último acordo criou as premissas para as negociações que tinham por objetivo trazer de volta a paz em todo o Império. Passaram-se, porém, mais de dez anos, durante os quais agiu também a diplomacia pontifícia, pois somente em 1648 é que se chegou a uma série de acordos estipulados em Münster (para os representantes das potências católicas) e em Osnabrück (para os representantes das potências protestantes). Da região em que se encontram as duas cidades, os tratados receberam o nome geral de **paz de Vestfália**. Além de reconhecer a existência das Províncias Unidas (pondo fim às lutas pela independência da Espanha iniciadas oitenta anos antes), foi fixada uma série de medidas para regular a situação confessional do Império, das quais as principais estabeleceram que o ano de 1624 seria o ano de referência, pois os territórios que até então tinham permanecido católicos continuaram a estar ligados à Igreja romana, ao passo que as terras anexadas pelos príncipes protestantes antes daquela data passavam definitivamente para o protestantismo; o calvinismo tornava-se religião de Estado junto com o catolicismo e o luteranismo; um soberano podia se converter a uma das três confissões, desde que garantisse com leis especiais o respeito pela eventual diferente confissão dos súditos; haveria distinção entre *exercitium religionis publicum* (reservado à Igreja oficial e financiado pelo Estado), *exercitium religionis privatum* (Igrejas e ministros deviam se autofinanciar) e *exercitium religionis domesticum* (culto a ser mantido somente nas casas); Augsburg era uma "cidade mista" (por exemplo, seus magistrados deviam ser metade católicos e metade luteranos); Osnabrück tinha um estatuto especial, pois o bispo-príncipe devia ser alternativamente católico e luterano (nos documentos da Cúria romana falou-se a respeito de "*scelerata alternativa*").

Como acontecera para o edito de Nantes, também a paz de Vestfália manteve como referência o princípio do *cuius regio et eius religio*: sancionado em Augsburg em 1555 para a confissão católica e a protestante, estendia-se agora também ao calvinismo; como em Nantes, anunciou-se uma série de concessões para as confissões diferentes da escolhida pelo soberano.

3. Foi diferente, porém, a evolução entre o estabelecido em Nantes e em Vestfália, pois as condições postas no segundo caso com o passar do tempo favoreceram a tolerância religiosa; o que não ocorreu **depois do edito de Nantes**. De fato, trinta anos depois de seu estabelecimento foi subtraído aos huguenotes um bom número de concessões, como indica a já lembrada conquista de La Rochelle em 1628 por parte das tropas guiadas pelo primeiro ministro Richelieu. Nos primeiros anos do reino de Luís XIV parece ter havido uma inversão de tendência, sobretudo porque os huguenotes tinham permanecido fiéis à coroa na Fronda de 1648-1652 (item 22.2). Por isso, as assembleias do clero de 1650 e de 1660 protestaram, obtendo a demolição de uma centena de templos huguenotes graças à intervenção dos comissários do rei. Desde então começou uma política que visou ao restabelecimento da unidade confessional, utilizando também medidas coercitivas, como as "dragonadas". Postas em prática por várias vezes a partir de 1681, essas últimas obrigaram os huguenotes a dar hospedagem aos destacamentos do corpo militar dos dragões. Na teoria, tratava-se de uma forma de taxação, mas na realidade os soldados cometeram violências de todo tipo e muitos huguenotes, aterrorizados, abjuraram o calvinismo. Em 1681, somente na diocese de Poitiers, trinta e três mil huguenotes foram declarados convertidos. Em 1685, depois das "dragonadas", nas regiões do Poitou, Aunis e Saintonge, do Bern, da Guyenne, da Languedoc, do Delfinado e do Vivarais (na prática, toda a faixa centro-meridional da França), foi notado grande número de conversões ao catolicismo. Naquele ano, Luís XIV levou a cabo a longa operação anti-huguenote iniciada com Richelieu, com a **revogação do edito** concedido em Nantes em 1598 por Henrique IV.

No preâmbulo do decreto de revogação, Luís XIV afirmava que a grande parte dos súditos huguenotes tinha abraçado a religião católica. Como consequência desse dado de fato, o 1º artigo suprimia e revogava tudo o que fora concedido por Henrique IV em Nantes em 1598. Por isso, todos os templos huguenotes que se encontravam na França deviam ser imediatamente destruídos. Os artigos 2 e 3 aboliam qualquer possibilidade de celebrar o culto calvinista. Os artigos 4-6 diziam respeito aos pastores calvinistas: aqueles que não tivessem se convertido deviam deixar o reino dentro de quinze dias, sob pena de ir para a cadeia; porém, os pastores que aceitassem a conversão ao catolicismo receberiam uma pensão. O artigo 7 suprimia as escolas calvinistas, enquanto o artigo 8 estabelecia (contrariamente ao que fora decidido alguns meses antes) que os filhos dos huguenotes seriam batizados pelos padres católicos. Os artigos 9-10 proibiam os huguenotes de deixarem o reino da França. O artigo 11 confirmava o que já fora estabelecido em 1680, ou seja, a proibição de os católicos passarem para o calvinismo. Enfim, o número conclusivo reafirmava a liberdade de consciência para os huguenotes que permanecessem ligados à sua confissão religiosa.

O edito de 1685 foi uma tentativa de conciliar a eliminação da Igreja calvinista (abolição dos pastores, impossibilidade de educar, proibição de celebrar o culto) e a manutenção dos súditos franceses ex-huguenotes, integrando-os na Igreja católica. Essa operação não teve sucesso, porque cerca de duzentos mil huguenotes emigraram para a Inglaterra, para as Províncias Unidas, para o Império e para a Suíça, levando para esses países suas riquezas e seus talentos, com prejuízo para a França. A volta ao respeito integral ao *cuius regio et eius religio* teve, portanto, um custo muito elevado para o Estado francês.

4. De outro gênero foram os **desdobramentos da paz de Vestfália**, pois os territórios imperiais "católicos, calvinistas e luteranos viviam lado a lado, uma vez que já não se discutia mais, depois da terrível experiência da Guerra dos Trinta Anos, sobre impedir com a violência missionária e militar a circulação e a conversão dos indivíduos" (Brambilla, 242). Embora não tenha havido uma evolução linear, múltiplas relações comerciais, culturais e religiosas entre os pertencentes a diversas confissões provocaram, todavia, o enfraquecimento e a **crise do princípio de uma única confissão e Igreja** em cada Estado.

Quanto às relações comerciais, um caso exemplar é o de Hamburgo, de opção confessional luterana e sede de um importante porto. Aí a autoridade citadina permitiu o domicílio de minorias religiosas de católicos, calvinistas e judeus (cada uma contava de mil a quatro mil aderentes) a fim de favorecer as atividades comerciais e financeiras. Uma opção que foi vitoriosa, uma vez que os habitantes passaram dos vinte mil em 1550 aos sessenta mil em 1680. Em particular, para os católicos de Hamburgo, o local de culto privado era constituído pela capela do residente imperial na cidade, ao passo que os ricos mercadores judeus praticavam o culto dentro de uma casa privada usada como sinagoga. Muito especial foi a situação em que acabaram se vendo os calvinistas: desde o início do século XVII gozaram da proteção do vizinho condado de Altona, já que essa última, para promover o desenvolvimento do próprio porto em concorrência com o de Hamburgo, tinha concedido a liberdade de culto a todas as confissões. Por isso, os calvinistas adotaram um duplo regime: em Hamburgo tinham as reuniões em casas privadas, com leituras bíblicas e oração dos salmos; na vizinha Altona realizavam os batismos e os outros ritos públicos e sacramentais.

Os territórios imperiais ofereceram uma contribuição cultural fundamental graças ao aperfeiçoamento da reflexão sobre a lei natural presente em cada ser humano, a prescindir de suas convicções religiosas e éticas. Na origem dessa organização estão sobretudo o pensador de origem holandesa Hugo Grócio (1583-1645) e os ingleses Tomás Hobbes (1588-1679) e John Locke (1632-1704). Os alemães Christian Thomasius (1655-1728) e Christian Wolff (1679-1754) sistematizaram o que é conhecido como "jusnaturalismo", decisivo para superar a concepção sagrada do Estado e da sociedade (item 20.3). De fato, o jusnaturalismo introduziu uma crítica radical ao princípio *cuius regio et eius religio*, mostrando mediante a argumentação que não é a escolha religiosa, mas a lei natural o fundamento sobre o qual construir o Estado e a sociedade.

Sob o ponto de vista religioso, uma contribuição significativa, embora difícil por causa das oposições encontradas, veio do **pietismo**, um movimento que promoveu a piedade interior, a vida moral e a tolerância em relação aos que professavam doutrinas diferentes. Esse movimento surgiu nas Províncias Unidas a partir de 1666, graças à obra de Jean de Labadie (ex-jesuíta francês que passou para o calvinismo) e a Anna Maria van Schurman, mulher de excepcionais dotes intelectuais e por isso denominada "Minerva holandesa". Em pouco tempo, chegou ao noroeste da Alemanha de fé calvinista. Dali, por volta de 1670 passou para o âmbito luterano graças a Philipp Jacob Spener, que fundou os chamados *collegia pietatis* "para ler a Bíblia, orar e discutir o sermão dominical" (Campi, 90); tendo se tornado famoso por sua obra religiosa, Spener foi chamado a Dresden como capelão da corte da Saxônia, o mais prestigioso cargo eclesiástico da Alemanha luterana. Todavia, o príncipe eleitor e os responsáveis pela ortodoxia luterana a ele se opuseram, como ocorreu em Berlim, por parte do eleitor de Brandemburgo, Frederico de Hohenzollern, futuro rei da Prússia. Mas, graças a Augusto Hermann Francke, chamado por Spener para ensinar na Universidade de Halle, o movimento se reforçou mediante algumas instituições educativas e sociais, como uma escola elementar popular, uma escola latina para estudantes de extração burguesa, um *Pedagogium* para a formação técnico-científica e literária da nobreza, um orfanato, asilos para os pobres e as viúvas, internatos para estudantes e um colégio para preparar para as missões no Oriente. No *Pedagogium* estudou o conde Nikolaus Ludwig von Zinzendorf (1700-1760), que em 1722 acolheu um grupo de exilados morávios pertencentes à antiga comunidade hussita, dando vida na alta Lusácia (fronteira entre Alemanha e República Checa) à colônia de Herrnhut ("proteção do Senhor"), onde vigoravam princípios pacifistas, igualitários, humanitários e o fervor religioso era regulado por sólida organização.

5. Os pietistas realizaram missões no exterior, estabelecendo-se também nas colônias inglesas da **América do Norte**, inserindo a própria mensagem de tolerância numa realidade que se tornou cada vez mais sensível a esse ideal. *De per si*, cada leva migratória tendia a importar da Europa os modelos eclesiais e socioculturais do país de proveniência, preservando a identidade étnica também mediante a opção confessional. Todavia, como observa Giacomo Martina, houve algumas exceções, uma vez que os estatutos de Providence (1632), de Rhode Island (1641), de Maryland (1649) e da Pensilvânia (1682), favoreceram uma pluralidade de Igrejas. Sobretudo essa última colônia, que assume o nome do quaker William Penn, tornou-se "a arca de refúgio para os perseguidos por causa da religião" (Campi, 104), aos quais se juntaram muitos refugiados políticos europeus. Essa orientação tornou-se uniforme com o *Great Awakening* ("Grande despertar"), ou seja, uma renovação religiosa, moral, social, que a partir de 1741-1742 se refletiu em todas as treze colônias da América do Norte e que levou os pertencentes às diversas Igrejas, entre as quais se destacaram os quakers (do inglês *quakers*, "trêmulos", pelas manifestações extáticas que aconteciam durante suas assembleias de oração) e os batistas (ambos de matriz anglicana, como se verá mais adiante), a frequentar as mesmas reuniões e a

colaborar entre si. Em alguns decênios a tolerância religiosa amadureceu na promoção da **liberdade em matéria religiosa**, acompanhada pela separação do Estado por parte da Igreja, como foi enfim codificado em 1791, com a primeira das emendas à constituição federal de 1787.

Entrementes, outros progressos a favor da tolerância tinham sido feitos na Inglaterra e nas Províncias Unidas. Na **Inglaterra**, os progressos tiveram um andamento impreciso. Durante a época de Cromwell (1649-1658), com o exílio da monarquia e a perseguição dos anglicanos, favoreceram-se os puritanos, surgidos na época de Elizabeth I com a intenção de "purificar" a Igreja anglicana dos resíduos de catolicismo (convém lembrar que em 1620 um grupo de puritanos zarpara com a *Mayflower* para a América do Norte, para realizar ali o que lhes era proibido na Inglaterra). Além disso, uma relativa liberdade para diversas comunidades religiosas (exclusive os católicos e os socinianos; para esses últimos, cf. cap. 3, item 14.2) favoreceu o nascimento dos quakers e dos batistas. Dois anos depois da morte de Cromwell, a monarquia foi restaurada na pessoa de Carlos II Stuart, e consequentemente a Igreja anglicana foi restabelecida como Igreja de Estado, com a adoção de medidas intolerantes contra as outras comunidades religiosas reformadas (particularmente contra os quakers e os batistas, alguns dos quais emigraram para a América do Norte). Porém, para os católicos (eram 2% da população) o rei e o seu sucessor, o irmão Jaime II (1685-1688), adotaram uma série de medidas tão favoráveis a ponto de criar uma oposição crescente por parte do parlamento e da Igreja anglicana, até solicitar a intervenção militar de Guilherme III de Orange, marido de Maria Stuart, irmã de Jaime II, e *stadhouder*, ou seja, o máximo cargo político e militar das Províncias Unidas.

Com um exército recrutado entre as populações reformadas da Europa, Guilherme III de Orange desembarcou na Inglaterra em novembro de 1688 e enviou Jaime II para o exílio na França. Entre rei e parlamento criou-se uma nova ordem constitucional ("**revolução gloriosa**"), graças à qual o reconfirmado princípio da Igreja anglicana como Igreja de Estado vinha acompanhado pelo **reconhecimento jurídico** e pela **liberdade de culto para os grupos religiosos dissidentes**, inclusive os huguenotes que tinham deixado a França depois da revogação do edito de Nantes; foram excluídos os católicos, os judeus, os socinianos (esses pequenos grupos confessionais eram considerados dissidentes ainda no século XVIII). Nessa linha, em 1695 foi introduzida uma **liberdade de imprensa** quase ilimitada, a qual contribuiu para desenvolver o tipo de Estado e de sociedade que fora teorizado por John Locke (morto em 1704), criando "um clima de debate e de pesquisa que não se encontra em nenhum outro país europeu da época, com exceção das Províncias Unidas" (Campi, 107-108). O Iluminismo, defensor da tolerância, teve aqui uma das suas raízes (cap. 6, item 25.3).

Para compreender o que foi agora afirmado sobre as **Províncias Unidas**, é necessário voltar a 1618, ou seja, a meio século do início da guerra pela independência da Espanha e ao início da Guerra dos Trinta Anos, quando o **sínodo de Dordrecht** tomou posição sobre atitudes de **intolerância** com uma decisão vinculante sobre o modo de entender a predestinação, tema principal da teologia reformada e motivo de desentendimento entre duas escolas no âmbito calvinista. A primeira, guiada por Jacob Arminius, afirmava que o homem contribui com a fé para a própria salvação, à qual está destinado por Deus; a outra escola teológica, guiada por François Gomar, afirmava que a fé é expressão da predestinação, pois é um dom de Deus para quem está predestinado à salvação desde a eternidade, ou seja, antes mesmo da queda do gênero humano em Adão (predestinação em sentido *supralapsário*). O sínodo de Dordrecht estabeleceu que essa segunda posição se alinhava com a genuína doutrina calvinista, condenando a outra; era assim aprovada uma versão rigorista do calvinismo, com prejuízo de uma versão moderada. À condenação doutrinal seguiram-se medidas disciplinares contra os arminianos, como ocorreu com Hugo Grócio, condenado à prisão perpétua, da qual fugiu em 1621, indo para Paris.

Com o sínodo de Dordrecht, do qual participaram calvinistas provenientes de várias regiões da Europa (portanto, suas decisões tiveram valor internacional), sob o ponto de vista confessional as Províncias Unidas pareciam se encaminhar para a intolerância. Na realidade, em alguns anos comunidades gomaristas e arminianas coexistiram, e com o passar do tempo a **coexistência** se ampliou para **outras confissões** e comunidades; tanto que em 1764 um visitante de Rotterdam e de Amsterdam escreveu: "Esta cidade [Rotterdam] parece-me a mais agradável da Holanda. [...] Há cerca de oito mil católicos e duas igrejas de jansenistas muito bonitas... Há igrejas públicas dos ingleses, ou seja, episcopais, dos escoceses, ou seja, presbiterianos, dos franceses, ou seja, huguenotes, e dos judeus. Há também na cidade muitos anabatistas. [...] Contam-se em Amsterdam quarenta mil católicos e dois mil jansenistas. Toda a população [*sic!*] será de trezentas mil almas. As casas dos reformadores têm em geral um L esculpido na porta. Os quakers, anabatistas e algumas outras seitas são toleradas à maneira dos católicos, ou seja, com culto privado. Os luteranos, porém, têm culto público. [...]. Estive na igreja católica dos padres carmelitas franceses, que é muito bonita. O púlpito está escondido sob o supedâneo do altar, e quando se deve pregar sai fora por meio de uma máquina" (cit. in Vanysacker, 99-100).

Essa situação foi o resultado de uma escolha inovadora feita pela república das Províncias Unidas, que como primeiro Estado da cristandade europeia renunciou à unidade confessional, ou seja, não defendeu uma determinada Igreja, a calvinista, com prejuízo de outras confissões, embora sendo o calvinismo a confissão religiosa escolhida pelo Estado. Willem Frijhoff afirma que nas Províncias Unidas "o poder político está sempre separado do religioso; é verdade que a Igreja reformada ocupa uma posição particular, mas não consegue convencer o Estado a se identificar com seus ideais e interesses, nem retomar sem objeções suas normas de comportamento na vida pública" (Frijhoff, 69). Isso criou os pressupostos para a pluralidade confessional que se firmou com clareza cada vez maior desde os últimos decênios do século XVII, segundo uma articulação histórica bem reconstruída pelo estudo de Frijhoff, citado na bibliografia.

Inserção 1
Os valdenses na Itália

Na Itália, o catolicismo foi intolerante em relação a personalidades e grupos ligados à Reforma protestante (cap. 3, item 14 e itens 23.6-7 deste capítulo); todavia, um grupo conseguiu manter uma presença significativa no solo italiano, o dos valdenses. Nascidos no âmbito dos movimentos pauperistas medievais, foram condenados como heréticos com a decretal *Ad abolendam*, publicada pelo papa Lúcio III, em 1184 (vol. II, cap. 7, item 30.3). Os valdenses, porém, continuaram a pregação itinerante, fazendo prosélitos sobretudo no sul da França, na Itália setentrional, nas zonas de Metz e Estrasburgo, em Flandres. Além disso, percorreram os vales do Reno e do Danúbio e chegaram a Gasconha, Borgonha e Champagne. A difusão deles foi favorecida pela atividade mercantil por eles praticada. Sofreram ferozes perseguições, especialmente durante a repressão anti-herética de Inocêncio III (1198-1216), que levou ao desaparecimento deles da Áustria, Alemanha, França e Espanha. Na Boêmia, os valdenses uniram-se depois aos hussitas (cap. 1, item 3.2) em meados do século XV.

Na Itália, além dos núcleos piemonteses e lombardos, no início do século XIV existiam também algumas presenças consistentes na Calábria, mas o grupo destinado a resistir com mais tenacidade foi o que se reuniu desde o século XIII em alguns vales mais retirados dos Alpes Cócios (nas vertentes francesa e piemontesa). Bem recebidos no início pelos senhores locais, a partir de 1220 foram tratados com crescente hostilidade, até as repressões de 1370-1378 e de 1487, as quais, todavia, não apagaram a presença valdense nos vales. Em 1526, os sobreviventes iniciaram os contatos com a Reforma até a adesão formal ocorrida numa solene reunião realizada no dia 12 de setembro de 1532 em Chanforan, junto a Angrogna, da qual participaram todos os ministros valdenses (os "barba") dos vales e das comunidades calabresas, e os três reformadores suíços Guilherme Farel, Antoine Saunier e Pierre Olivier Robert. O sínodo decidiu dar início ao culto público reformado, proibiu a simulação (ou seja, a participação exterior nos ritos católicos) e definiu uma profissão de fé na qual se aceitavam substancialmente a doutrina reformada sobre a predestinação, o valor das boas obras, o juramento, a confissão dos pecados somente a Deus, o repouso dominical, o matrimônio permitido também aos "barba" (assemelhados aos pastores) e o reconhecimento de apenas dois sacramentos, batismo e "santa ceia". Decidiu-se pela primeira tradução completa em francês da Bíblia. O movimento valdense tornou-se um componente essencial para o desenvolvimento de um protestantismo italiano e foi considerado um posto avançado projetado em direção ao coração do mundo católico.

A adesão à Reforma marcou também o início de um longo e difícil tempo de perseguição. Uma primeira onda rebentou a partir de 1545: as comunidades provençais e calabresas foram destruídas e dispersas. No Piemonte, o jovem duque da Saboia, Emanuel Filiberto, tendo recuperado seus domínios graças ao tratado de Cateau-Cambrésis de 1559, a partir do ano seguinte procurou fazer voltar à fé católica também seus súditos valdenses, alternando concessões e pressões militares, mas eles se opuseram com infatigável resistência, o que obrigou o duque a conceder (5 de junho de 1561) certa tolerância com o culto valdense, embora com limitações em relação aos locais em que tinham se estabelecido. Seguiu-se um período de tranquilidade quase secular: os valdenses puderam se organizar e se reunir em sínodos; neles se delineou uma aproximação às posições do calvinismo rigorista.

A segunda onda, longa e sangrenta, tem a moldura do contexto dos conflitos de religião europeus do século XVII (itens 23.2-3). Desde 1653 aumentou a pressão militar sobre os vales Pellice e Germanasca, onde havia assentamentos de comunidades valdenses, até que entre 25 e 27 de abril de 1655 (14-17 de abril, segundo o calendário juliano à época ainda vigente nos países protestantes, os dias da Páscoa) as tropas dos Saboia puseram em debandada a guerrilha valdense e se entregaram ao massacre; foram as chamadas "Páscoas piemontesas", cujos episódios, narrados por uma testemunha ocular, o embaixador inglês Samuel Morland, deixaram indignada a opinião pública europeia. Apesar disso, o conflito continuou sem exclusão de golpes de ambas as partes, até a publicação por parte do duque Vitório Amadeu I das "patentes de graça" (Pinerolo, 18 de agosto de 1655).

A situação tornou-se novamente crítica sob Vitório Amadeu II. Inicialmente aliado da França, imitou sua repressão antiprotestante. Em janeiro de 1686, também no ducado da Saboia foi proibida a confissão protestante e os vales foram ocupados militarmente. Toda a população protestante, cerca de catorze mil pessoas, foi submetida a ações militares e presa em várias localidades. Mais de duas mil pessoas — homens, mulheres e crianças — perderam a vida nas operações militares ou pelas privações da prisão.

Graças ao novo rei inglês, Guilherme de Orange (item 23.5), foi organizada uma expedição para trazer de volta os valdenses exilados na Suíça. Atravessando os territórios hostis do ducado, uma pequena comunidade conseguiu retornar à residência original; o empreendimento é lembrado como a "gloriosa repatriação" de 16-17 de agosto de 1689. No ano seguinte, o duque da Saboia rompeu a aliança com a França para se alinhar com a Liga de Augsburg, promovida justamente por Guilherme de Orange; por isso, Vitório Amadeu II teve de cessar com as hostilidades, e enfim emanar um edito de tolerância (23 de maio de 1694) que permitia o assentamento e a liberdade de culto para os valdenses numa limitada área montanhosa, com pesadas restrições à liberdade de movimento e à atividade econômica; eles não podiam ter acesso às carreiras públicas nem praticar seu culto fora do reduzido perímetro de seus vales.

Constituiu-se assim um "gueto alpino", uma espécie de "reserva" nos confins extremos, geográficos e econômicos do reino dos Saboia, onde os valdenses viviam em condições de grande pobreza. Por conseguinte, a chegada dos franceses em 1795 foi acolhida com entusiasmo. O governo napoleônico concedeu plena liberdade de culto. Embora restabelecesse o regime de discriminação para protestantes e judeus piemonteses, a Restauração nada pôde contra o clima que agora era outro: os próprios católicos piemonteses (Gioberti, d'Azeglio) já discutiam abertamente a concessão de plenos direitos aos valdenses. As *Cartas Patentes*, de Carlos Alberto (17 de fevereiro de 1848), sancionaram a total emancipação.

Entrementes, a partir de 1822 desenvolvera-se também no Vale Pellice um movimento de *despertar* (na esteira do *revival* do protestantismo anglo-saxão) que influenciou significativamente a organização das Igrejas com base local e o desenvolvimento do culto. No decorrer desses anos, um general inglês que tinha combatido em Waterloo, Charles Beckwith, ficou impressionado com as condições de vida dos valdenses e conseguiu fazer confluir uma grande quantidade de ajuda financeira das Igrejas europeias para os vales destinada à construção de escolas elementares e de novos locais de culto. Beckwith levou sobretudo os valdenses a compreender que deviam se tornar definitivamente "italianos", sair do gueto, renunciando à tranquilidade que ele garantia, entrar nas cidades, imprimir literatura em italiano e reduzir o peso do francês como língua do culto e da vida comunitária.

A Igreja valdense continuaria a se expandir também fora do Piemonte até a primeira Guerra mundial, construindo escolas e centros de assistência ao lado dos locais de culto. O advento do fascismo e a concordata de 1929 entre o reino da Itália e a Igreja católica detiveram o desenvolvimento da Igreja valdense até a chegada da República (1946), e enfim até a reorganização do protestantismo italiano, que levaria em 1967 ao nascimento da *Federação das Igrejas evangélicas na Itália* e ao pacto de união estipulado em 1974 com as Igrejas metodistas italianas. Deu-se em fevereiro de 1984 a assinatura do Acordo entre o Estado e a União das Igrejas valdenses e metodistas.

Nota bibliográfica

BOUCHARD, G. *I valdesi e l'Italia. Prospettive d'una vocazione*. Turim: Claudiana, 1988.
MERLO, G. G. *Valdo l'eretico di Lione*. Turim: Claudiana, 2010.
SANTINI, L. *Il valdismo ieri e oggi*. Turim: Claudiana, 1965.

6. No quadro histórico que foi traçado até aqui emergiram alguns instrumentos utilizados por diversas autoridades diante da pluralidade religiosa, ou seja, as decisões do sínodo de Dordrecht entre duas diferentes versões do calvinismo; as medidas adotadas contra os vários grupos dissidentes na Inglaterra de Carlos II e Jaime II; as intervenções do governo saxão com relação ao pietismo; os meios coercitivos e violentos empregados contra os huguenotes e as queixas das assembleias do clero da França; as medidas adotadas por Fernando II em relação à nobreza boêmia calvinista, semelhantes às já empregadas por ele nos anos 1598-1602 para a recatolização de boa parte do arquiducado da Áustria. Retornando à França, é bom lembrar que em meados do século XVI Henrique II tinha criado a *Chambre ardente*. Muitos outros instrumentos poderiam ser recuperados dentro das diversas Igrejas da Reforma, como a instituição dos anciãos na Genebra de Calvino, as medidas tomadas contra os católicos ingleses por Elizabeth I (e, antes ainda, houve as providências de Maria Tudor contra os aderentes da Reforma) e as adotadas pelos soberanos escandinavos (cap. III). Também se deveria voltar à ação de muitos bispos tridentinos; por exemplo, quando foram apresentadas as diretrizes pela pastoral de Carlos Borromeo; essa última dizia respeito precisamente às medidas anti-heréticas (cap. 4, item 17.6). Nesse contexto, no qual cada Igreja e cada Estado tinha instrumentos de proteção da escolha confessional unívoca, situa-se uma das instituições mais conhecidas da Igreja católica na época moderna, a Inquisição romana. Ela não deve ser confundida nem com a Inquisição que se formou na época medieval entre o fim do século XII e a primeira parte do século XIII (vol. II, cap. 7, item 30.4), nem com a **Inquisição espanhola** e a **Inquisição portuguesa**.

A Inquisição espanhola, que os reis da Espanha conseguiram do papa Sisto IV em 1478, está ligada à fase final da *Reconquista*, com a qual o reino da Espanha (que a partir de 1469 se tornou um único Estado graças ao matrimônio de Fernando de Aragão com Isabel de Castela) se estendeu até o extremo sul da Península Ibérica (o ato final é a ocupação de Granada em 1492). Isso envolveu a integração de judeus e árabes, muitos dos quais, sob diversos tipos de pressão, se converteram ao catolicismo, constituindo os "novos cristãos", divididos por sua vez em *marranos*, se de origem judaica, e *mouriscos*, se de origem árabe. A tarefa originária da Inquisição espanhola foi a de exercer vigilância rigorosa sobre os "novos cristãos", verificando a genuinidade da conversão deles. A seguir, a Inquisição espanhola ampliou as próprias competências, tornando-se um dos tribunais da coroa, com um conselho supremo em Madri (com presidente e membros diretamente nomeados pelo rei), uns quinze tribunais locais, outros nas colônias americanas (vice-reinos da Nova Espanha e do Peru), na Sicília e na Sardenha. A Inquisição espanhola teve presença temporária durante a primeira metade do século XVII em Portugal, anexado à Espanha de 1580 a 1640.

Por outro lado, Portugal já tinha uma Inquisição própria, concedida em 1536 pelo papa Paulo III ao rei João III, com finalidade semelhante à da Inquisição espanhola, ou seja, o controle dos judeus convertidos ao catolicismo, e organizada, em analogia com a espanhola, com um Conselho central, três sedes distritais na pátria (Lisboa, Évora e Coimbra) e uma nos territórios coloniais (Goa, na Índia); todavia, a partir das três sedes portuguesas eram feitas visitas inquisitoriais no Brasil, na África e na Índia. Também ela diversificou as próprias intervenções em relação à finalidade original de controle dos "novos cristãos". No século XVIII, tanto em relação à Inquisição espanhola, quanto à portuguesa, foram realizadas medidas de reforma e se anunciou sua abolição, que chegou definitivamente em 1821 em Portugal e em 1834 na Espanha.

Quanto à **Inquisição romana** (muitas vezes chamada também de "Santo Ofício"), sua origem remonta à decisão de Paulo III de nomear com a bula *Licet ab initio* de 1542 seis cardeais "super negotio fidei Commissarios et Inquisitores Generales et generalissimos" (cit. in *Bullarum, Privilegiorum ac Diplomatum*

Romanorum Pontificum Amplissima Collectio, 4/1, Roma, 1745, 211), ou seja, comissários e inquisidores gerais em matéria de fé, dotados de autoridade papal e, portanto, com jurisdição e faculdades amplíssimas, para fazer frente à difusão da Reforma protestante em toda a cristandade. Com efeito, sobretudo por vontade de Paulo IV (1555-1559) e Pio V (1566-1572), nos primeiros decênios a Inquisição desenvolveu uma atividade agressiva em relação à Reforma protestante e dentro da Igreja católica, a ponto de tomar o lugar, momentaneamente com Paulo IV, do Concílio de Trento (cap. 4, item 15.3) e de ser completada por Pio V com a congregação do Índice (1571), voltada a verificar a ortodoxia dos livros. Sisto V a adotou como referência para a reforma da Cúria romana de 1588 (cap. 4, item 16.3).

Todavia, a Inquisição não implantou todos os poderes previstos pela bula de fundação, porque os tribunais inquisitoriais surgiram somente na Itália, e aí nem sequer tiveram uma difusão geral, uma vez que na Sicília e na Sardenha era ativa a Inquisição espanhola; no exterior, o Santo Ofício utilizou outros canais, como os núncios ou os eclesiásticos que gozavam da confiança de Roma. Além disso, nas situações locais a Inquisição romana desempenhou uma atividade nada hegemônica. André Del Col estudou bem o que ocorreu na República de Veneza na segunda metade do século XVI, identificando as **linhas estruturais** da Inquisição", considerando-as sobretudo "como típicas mas não exclusivamente da situação italiana do século XVI, salvo obviamente verificações mais pontuais" (Del Col, *Problemi e metodi*, 557).

Na prática, diferentemente do que ocorreu para a Inquisição espanhola, agiam na Inquisição romana dois tipos de juízes da fé: o bispo (ou o vigário-geral), com poder ordinário para a própria diocese; o inquisidor, com poder delegado do papa. Se no fim do século XVI as normas canônicas previam como juízes preponderantes os inquisidores, por outro lado os bispos continuaram a considerar, também nos séculos seguintes, o controle e a repressão da heresia como tarefas incluídas na visita pastoral. Tirando da Inquisição romana a exclusividade de competência em assuntos doutrinais, havia a presença de uma pluralidade de juízes inquisitoriais no território, que iam do núncio aos capítulos, às abadias, aos arquidiáconos e até às próprias autoridades seculares. Isso implicava uma pluralidade de procedimentos, bem como o fato de a atividade da Inquisição ser apoiada, mas também controlada e condicionada pela autoridade estatal. Para completar essas linhas estruturais, havia as relações entre a congregação do Santo Ofício e as sedes periféricas, mediante cartas constantemente enviadas a Roma pelos juízes locais e instruções que eram expedidas aos tribunais periféricos pelo Santo Ofício.

Essa congregação romana era formada pelos cardeais inquisidores, que, diretamente designados pelo pontífice, deviam desempenhar a tarefa (*officium*) de decidir e controlar tudo o que dizia respeito aos assuntos da fé (*negotium fidei*), reunindo-se em assembleia (*congregatio*), sem entrar ordinariamente em contato com o direto interessado no processo inquisitorial. Além dos cardeais inquisidores, o Santo Ofício previa outras duas funções: os consultores, peritos em matéria doutrinal, provenientes em sua maioria das Ordens religiosas; os oficiais, ou seja, aqueles que administravam as questões da congregação. Entre eles, havia antes de tudo o assessor, normalmente um padre secular, que preparava as questões a serem tratadas durante as reuniões dos cardeais e presidia a assembleia dos consultores. Havia, além disso, o comissário-geral, que ajudava o assessor, preparando e instruindo as causas. Um terceiro oficial era o procurador fiscal, que tinha a função de acusador e velava pelo respeito das leis eclesiásticas. O tabelião, enfim, redigia as atas. O número dos cardeais inquisidores não era fixo e sua presença nas reuniões variava, ao passo que o trabalho ordinário era levado adiante por um pequeno grupo de quatro a seis eclesiásticos.

7. Dos elementos estruturais se intuem as duas principais **perspectivas de estudo e de interpretação** da Inquisição romana. A primeira perspectiva (que tem entre os historiadores de referência John Tedeschi) é a **jurídica**, e considera a Inquisição romana um dos tribunais da época do Absolutismo; foram estudados o papel de controle exercido pelo Santo Ofício sobre os tribunais locais (papel sobretudo de vigilância, a fim de não se cometerem abusos), os componentes típicos da busca, do processo, das modalidades de avaliações, das decisões inquisitoriais. Chegou-se assim ao balanço geral de que, em comparação com os outros tribunais, a Inquisição romana teria se distinguido pelo notável respeito das leis então vigentes e pelas garantias dadas aos imputados. Mesmo sob o ponto de vista jurídico, isso não quer dizer que a Inquisição romana não tivesse limites, sendo o maior deles o da dependência de um só homem, ou seja, do papa, que podia abusar de tal instrumento; foi o que ocorreu com Paulo IV, e igualmente com Urbano VIII, no caso Galileu, como mostra a detalhada reconstrução histórica de Sérgio Pagano, presente no livro citado na Inserção 2 – *Os gêneros de conhecimento no âmbito cosmológico no episódio de Galileu Galilei.*

Identificado o limite fundamental da Inquisição romana, pode-se resumir seu trabalho com o seguinte adágio: "mais suspeitas que processos, mais processos que condenações, mais condenações ou reintegrações que fogueiras". Quanto a essas últimas, eis alguns dados que emergem dos estudos de Tedeschi: de 1551 a 1647 o tribunal de Aquileia-Concórdia executou quatro imputados entre mil processos; em Milão, as execuções capitais por heresia na segunda metade do século XVI foram doze (com base, porém, em documentação incompleta); em Veneza, entre 1553 e 1588 houve catorze execuções capitais (por afogamento), mais quatro mortes no cárcere e quatro extradições para Roma de condenados à morte; em Modena, em 1567 houve uma só execução capital; nas mais de duzentas sentenças registradas junto ao Santo Ofício para os anos 1580-1582, a fogueira está em três casos; nos registros romanos da arquiconfraria de San Giovanni Decollato, cuja função era a de acompanhar espiritualmente os condenados, são noventa e sete as sentenças capitais estabelecidas pelo Santo Ofício na cidade de Roma entre 1542 e 1761. Concluindo, "somente um pequeno percentual de processos acabava numa condenação capital" (Tedeschi, 85).

A segunda perspectiva de estudo da Inquisição romana considera seu papel para a formação do tecido **social e eclesial** italiano entre os séculos XVI e XVII. O subtítulo do livro de Adriano Prosperi citado na bibliografia é significativo: os inquisidores na Itália devem ser postos no mesmo plano dos pregadores das missões populares e dos ministros do sacramento da penitência, pois junto com eles tiveram um papel determinante em plasmar a mentalidade da população italiana, fazendo, porém, segundo a linha historiográfica referente a Prosperi, bloqueio e distorção para um autêntico desenvolvimento religioso, cultural e civil. Se essa avaliação tiver de ser discutida, deve-se manter aberta a perspectiva da qual ela nasce, que é a de considerar que a Inquisição romana "fazia parte da vida religiosa", mas também cultural e civil, "normal, e que era até o coração da vida religiosa", civil e cultural, enquanto "nossos clichês historiográficos a relegaram ao limbo da extraordinariedade, excepcionalidade e singularidade, removendo da nossa consciência histórica os aspectos ordinários deles" (Del Col, *Problemi e metodi*, 560). De modo que a Inquisição, de excepcional instrumento de controle, como deveria ter sido segundo a bula de fundação, transformou-se num elemento constitutivo para o desenvolvimento da Igreja e da sociedade italiana do fim do século XVI à primeira metade do século XVIII.

De fato, entre 1588 e meados do século XVII a Inquisição romana ampliou o próprio raio de ação, chegando ao ápice da própria atividade mediante o controle exercido sobre as minorias religiosas (valdenses, cristãos ortodoxos, judeus), sobre os intelectuais, sobre a imprensa. A Inquisição voltou depois sua atenção para a cultura popular e para a bruxaria e verificou a bondade de supostas manifestações de santidade. Nessa fase, a atividade inquisitorial estendeu sua competência a vários delitos, como a blasfêmia, a bigamia, a sedução das penitentes por parte dos confessores (*sollicitatio ad turpia*). O Santo Ofício interessou-se também por questões doutrinais não somente italianas, como mostra a primeira fase do jansenismo (itens 22.1-4).

Da metade do século XVII até 1740 os tribunais inquisitoriais tiveram de lidar com os valdenses dos vales piemonteses, quando eles sofreram um duro ataque militar, mantiveram sob controle a difusão do fenômeno das conversões e batismos forçados dos judeus no Estado da Igreja, prosseguiram a ofensiva contra a bruxaria e a magia, e contra a santidade espontânea e mística (em especial, houve a repressão do movimento pelagiano em Valcamonica). A Inquisição processou igualmente ateístas e maçons. Com esses últimos acenos se chega à época iluminista, quando, assim como a espanhola e portuguesa, também a Inquisição romana foi contestada, com o progressivo fechamento dos tribunais periféricos, enquanto se manteve sempre ativo o Santo Ofício de Roma.

Inserção 2
Os gêneros de conhecimento no âmbito cosmológico no episódio de Galileu Galilei

Graças às descobertas realizadas em 1609-1610 com as lunetas e tornadas públicas em 1610 com o *Sidereus nuncius* (a existência de miríades de estrelas não visíveis a olho nu, a presença de quatro planetas em torno de Júpiter, a superfície montanhosa da lua), Galileu Galilei (1564-1642) passou a fazer parte explicitamente do grupo de matemáticos que a partir do século XVI procuraram superar a tradicional distinção entre a tarefa do filósofo, a quem competiria o estudo da natureza efetiva dos fenômenos celestes, e a do matemático, que se limitaria a utilizar hipóteses de cálculo astronômico para prever a posição futura dos astros. Para Galileu isso significou afirmar o valor do sistema copernicano (conhecido aos homens de cultura havia mais de sessenta anos, ao ser publicado o *De Revolutionibus Orbium Coelestium*, de Copérnico, em Nuremberg em 1543, com dedicação ao papa Paulo III), ou seja, que realmente o sol era imóvel no centro do cosmo, ao passo que os planetas e a terra giravam em torno dele, sendo que a terra tinha movimento diurno sobre o próprio eixo. Isso suscitou uma dupla reação. De um lado, a dos filósofos aristotélicos, que viram postos em discussão não somente aspectos essenciais de seu sistema cosmológico geocêntrico, mas também sua exclusiva competência para explicar os fenômenos físicos; de outro, a dos teólogos, que, tanto no âmbito católico como no protestante, defendiam uma cosmologia bíblica dependente do geocentrismo aristotélico-ptolomaico.

Além de encontrar apoio no matemático do imperador, Johannes Kepler, em 1611 Galileu teve uma calorosa acolhida em Roma por parte dos matemáticos-astrônomos jesuítas do Colégio romano. Eles reconheceram publicamente na presença do próprio Galileu o fundamento de suas descobertas, sem, contudo, se alinhar abertamente a favor do heliocentrismo, por não quererem entrar em conflito com seus confrades filósofos e teólogos que, ao defender o aristotelismo, adotavam o sistema cosmológico geocêntrico.

Tendo voltado a Florença, Galileu viu filósofos aristotélicos e teólogos utilizarem a Escritura contra o heliocentrismo por ele defendido. Em resposta, por sugestão de alguns eclesiásticos, o cientista propôs que se interpretassem as passagens bíblicas referentes a questões cosmológicas mediante o tradicional princípio da acomodação, ou seja, as afirmações cosmológicas da Escritura utilizam a linguagem do próprio tempo, adaptando-a ao povo simples; para perceber o sentido profundo daquelas afirmações era preciso, porém, adequá-las aos conhecimentos oferecidos pelos astrônomos, como ele mostrou tanto na carta a seu discípulo Bento Castelli de 1613 como na que foi endereçada à grã-duquesa Cristina de Lorena em 1615 (ambas circularam manuscritas, e a segunda foi impressa em 1636).

Nesses mesmos anos, o carmelitano Paulo Antônio Foscarini enriqueceu o debate com uma *Carta* endereçada ao geral da sua Ordem (Nápoles, 1615) e num escrito latino que fez circular em Roma. Afirmava que pelo fato de a cosmologia bíblica não entrar em matérias de fé, os critérios hermenêuticos que se tornaram oficiais pelo Tridentino com o decreto sobre a Escritura (COD, 664) não devem ser aplicados às afirmações geocêntricas, com a obrigação de seguir a interpretação comum dos Padres da Igreja e dos teólogos; antes — e aí Foscarini confirmava a indicação de Galileu — era preciso reinterpretar as afirmações bíblicas em harmonia com as novas descobertas astronômicas.

Nesse debate inseriu-se o Santo Ofício, que em fevereiro e março de 1615 tinha recebido dos dominicanos florentinos Nicolau Lorini e Tomás Caccini algumas denúncias contra Galileu; em especial, Caccini afirmou que em Florença era notória a adesão de Galileu ao heliocentrismo, uma doutrina que devia ser considerada contrária à fé. Houve uma série de indagações e debates, com o envolvimento pessoal do próprio papa Paulo V e com um papel de destaque por parte do teólogo e cardeal Roberto Belarmino. Entrementes, Galileu tinha se dirigido a Roma para apoiar uma campanha a favor do copernicanismo (sendo ele desde 1611 membro da academia dos Linces, podia contar com importantes apoios romanos). Enfim, houve um posicionamento oficial por parte da Santa Sé. No dia 5 de março de 1616 um decreto da congregação do Índice indicava a doutrina copernicana como falsa e totalmente contrária à Escritura. Seguiram-se algumas medidas disciplinares: a condenação da *Carta* de Foscarini que tentava conciliar heliocentrismo e Escritura; a inclusão no Índice, com pedido de correções, do *De Revolutionibus Orbium Coelestium*, de Copérnico, e dos *Commentaria in Job*, de Diego de Zuñiga (publicado em Toledo em 1584); a proibição de todas as obras que afirmavam o copernicanismo como o único sistema correspondente à realidade. Nessas circunstâncias, Galileu recebeu de forma reservada uma admoestação por parte do cardeal Belarmino (encarregado pelo papa Paulo V), a fim de que se abstivesse de ensinar e de defender a posição copernicana, mantendo-a apenas como "hipótese de trabalho".

Então, com o decreto de 5 de março de 1616 foram rejeitadas as tentativas de promover o heliocentrismo em substituição ao geocentrismo, com o que se seguia a respeito das relações entre os vários gêneros de conhecimento (teológico, filosófico, matemático-astronômico). Por outro lado, o geocentrismo bíblico não foi oficialmente declarado matéria de fé, como teria desejado o dominicano Caccini. Todavia, dentro da congregação do Santo Ofício (sem haver, portanto, um destaque público e oficial) essa última posição acabou prevalecendo, pois no dia 24 de fevereiro de 1616 as duas afirmações fundamentais do sistema copernicano foram qualificadas como inaceitáveis: a primeira (centralidade e imobilidade do sol) como absurda sob o ponto de vista filosófico e formalmente herética; a segunda (movimento da terra ao redor do sol e rotação da terra sobre si mesma) como absurda sob o ponto de vista filosófico e pelo menos errônea quanto à fé.

Em 1633 Galileu Galilei foi obrigado a ir a Roma para ser processado pelo Santo Ofício. Foram diversos os fatores que causaram esse processo, que teve como motivo oficial a publicação ocorrida em 1632 do *Diálogo sobre os dois máximos sistemas do mundo*, no qual se afirmava a realidade do sistema copernicano, com descrédito do sistema aristotélico-ptolomaico; Galileu foi acusado de não ter respeitado quer a admoestação de Belarmino de 1616, quer as condições postas pelo mestre do palácio sagrado, ou seja, o teólogo oficial do papa, para a concessão do *imprimatur*; além disso, foi acusado de ter ofuscado, se não desprezado, o assunto caro a Urbano VIII (expressamente por ele exposto várias vezes a Galileu) de que somente Deus é que conheceria as leis da natureza. Mas o fator decisivo foram os desentendimentos internos na Cúria romana (como o que se manifestou por ocasião do consistório de março de 1632, durante a Guerra dos Trinta Anos; item 23.2) que condicionaram Urbano VIII, o qual em vez de procurar entender as problemáticas levantadas por Galileu, favoreceu a condenação dele.

Por isso, o papa deu valor oficial ao que fora estabelecido no Santo Ofício de 1616, pois foi sobre aquelas afirmações que se fundou a abjuração a que Galileu foi submetido. Ainda por vontade do papa, deu-se a esse ato a máxima publicidade, com o envio de cópias para serem difundidas a mais de vinte e quatro inquisidores espalhados pela Itália setentrional e central e aos núncios de Nápoles, Florença, Veneza, Viena, França, Flandres, Colônia, Polônia, Suíça e Espanha. Assim, "ao condenar Galileu à abjuração e fazendo conhecer o resultado da sua causa aos doutos da Itália e da Europa, Urbano VIII reforçava a censura teológica aplicada ao heliocentrismo, fazendo do geocentrismo bíblico um objeto de fé" (Beretta, 639).

Nota bibliográfica

BERETTA, F. Galileo Galilei. In: PROSPERI, A. (dir.). *Dizionario storico dell'Inquisizione*. Pisa: Edizioni della Normale, 2010, v. 2, 636-640.

FANTOLI, A. *Galileo. Per il copernicanesimo e per la chiesa*. Cidade do Vaticano: Specola Vaticana-Libreria Editrice Vaticana, ²1997.

PAGANO, S. (ed.). *I documenti vaticani del processo di Galileo Galilei (1611-1741)*. Cidade do Vaticano: Archivio Segreto Vaticano, 2009.

Bibliografia

Fontes

COD = ALBERIGO, G. et al. (orgs.). *Conciliorum Oecumenicorum Decreta*. Bolonha: EDB, 1991.

DS = DENZINGER H.; SCHÖNMETZER, A. (orgs.). *Enchiridion Symbolorum definitionum et declarationum*. Barcelona-Friburg im Breisgau-Roma: Herder, ³⁶1976.

Estudos

BLET, P. *Le Clergé du Grand Siècle en ses Assemblées (1615-1717)*. Paris: Les Éditions du Cerf, 1995.

_____. *Les Assemblées du clergé et Louis XIV de 1670 à 1693*. Roma: Libreria editrice dell'Università Gregoriana, 1972.

_____. Louis XIV et les Papes aux prises avec le Jansénisme. *Archivum Historiae Pontificiae*, 31 (1993) 109-192 (citado com Blet, *Louis XIV/1*).

_____. Louis XIV et les Papes aux prises avec le Jansénisme. (Suite, 1665-1669). *Archivum Historiae Pontificiae*, 32 (1994) 65-148 (citado com Blet, *Louis XIV/2*).

BRAMBILLA, E. Il giuseppinismo e il suo influsso in Lombardia: battesimi e diritti civili dalla Riforma protestante all'Editto di tolleranza del 1781. In: VACCARO, L. (org.) *Storia religiosa dell'Austria*. Milão-Gazzada: Centro Ambrosiano-Fondazione Ambrosiana Paolo VI, 1997, v. 4: Europa ricerche, 223-251.

BRODRICK, J. S. *Roberto Bellarmino*. Milão: Àncora, 1965.

BUZZI, F. *Il Concilio di Trento (1545-1563)*. Milão: Glossa, 1995.

CAMPI, E. Nascita e sviluppi del protestantesimo (secoli XVI-XVIII). In: *Storia del cristianesimo*. Bari: Editori Laterza, 1997, v. 3: L'età moderna, 3-150.

CHÂTELLIER, L. *La religione dei poveri*. Milão: Garzanti, 1994.

COTTRET, M. La controversia giansenista. In: MAYEUR, J.-M. et al. (dir.). *Histoire du christianisme*. Roma: Borla-Città Nuova, 2003, v. 9: L'Età della ragione (1620/30-1750), 319-372.

DEL COL, A. *L'Inquisizione in Italia. Dal XII al XXI secolo*. Milão: Mondadori, 2006.

_____. Problemi e metodi attuali di storia istituzionale dell'Inquisizione romana. *Annali di Storia moderna e contemporanea*, 6 (2000) 549-560.

DELL'ORTO, U. Concezione e ruolo dei sovrani asburgici alla luce della nunziatura a Vienna di Giuseppe Garampi (1776-1785). *Communio*, 144 (1995) 50-71.

_____. Giansenismo e gallicanesimo nelle ricerche di Pierre Blet. *La Scuola Cattolica* 142 (2014) 587-612 (do qual são utilizados os primeiros três parágrafos).

DE ROSA, G. *Chiesa e religione popolare nel Mezzogiorno*. Roma-Bari: Laterza, 1978, 103-143.

DOMPNIER, B. Continuità della riforma cattolica. In: MAYEUR, J.-M. et al. (dir.). *Storia del cristianesimo*. Roma: Borla-Città Nuova, 2003, v. 9: L'Età della ragione (1620/30-1750), 195-318.

DONATI, C. Vescovi e diocesi d'Italia dall'età post-tridentina alla caduta dell'antico regime. In: ROSA, M. (org.). *Clero e società nell'Italia moderna*. Roma-Bari: Laterza, ²1997, 321-389.

EVANS, M. J. W. *Felix Austria. L'ascesa della monarchia absburgica: 1550-1770*. Bolonha: il Mulino, 1981.

FRIJHOFF, W. Le Province Unite. In: MAYEUR, J.-M. et al. (dir.). *Storia del cristianesimo*. Roma: Borla-Città Nuova, 2003, v. 9: L'Età della ragione (1620/30-1750), 68-80.

GHIELMI, M. P. Introduzione. In: SAINT-SURE, J. B. *Vita di Gaston de Renty. Un modello di cristiano perfetto*. Milão: Glossa, 2007, v. 30: Sapientia, XI-XCII.

HERSCHE, P. Religiosità popolare e riforme giuseppine. In: VACCARO, L. (org.). *Storia religiosa dell'Austria*. Milão-Gazzada: Centro Ambrosiano-Fondazione Ambrosiana Paolo VI, 1997, v. 4: Europa ricerche, 199-222.

KLINGENSTEIN, G. Le radici del riformismo asburgico. In: VACCARO, L. (org.). *Storia religiosa dell'Austria*. Milão-Gazzada: Centro Ambrosiano-Fondazione Ambrosiana Paolo VI, 1997, v. 4: Europa ricerche, 143-168.

MEZZADRI, L.; TAGLIAFERRI, M.; GUERRIERO, E. (dir.). *Le diocesi d'Italia*. Cinisello Balsamo: San Paolo, 2008, v. 2, 149-244.

MARTINA, G. *L'età dell'Assolutismo*. Bréscia: Morcelliana, 1994, v. 2: Storia della Chiesa da Lutero ai nostri giorni.

MAYAUD, P.-N. Les "Fuit Congregatio Sancti Officii in... coram..." de 1611 à 1642. *Archivum Historiae Pontificiae*, 30 (1992) 231-289.

MOUSNIER, R. *Parigi capitale nell'età di Richelieu e di Mazzarino*. Bolonha: il Mulino, 1983.

MÜLLER, W. La Riforma in Polonia. In: VACCARO, L. (org.). *Storia religiosa della Polonia*. Milão-Gazzada: La Casa di Matriona-Fondazione Ambrosiana Paolo VI, 1985, 109-124.

PROSPERI, A. (dir.). *Dizionario storico dell'Inquisizione*. Pisa: Edizioni della Normale, 2010, 4 vol.

_____. *Tribunali della coscienza. Inquisitori, confessori, missionari*. Turim: Einaudi, 1996.

QUANTIN, J.-L. Giansenisti e rigoristi. In: VACCARO, L. (org.). *Storia religiosa della Francia*. Europa ricerche, 17. Milão-Gazzada: Centro Ambrosiano-Fondazione Ambrosiana Paolo VI, 2013, v. 2, 345-372.

TEDESCHI, J. *Il giudice e l'eretico. Studi sull'Inquisizione romana*. Milão: Vita e Pensiero, 1997.

VANYSACKER, D. *Cardinal Giuseppe Garampi (1725-1792): an Enlightened Ultramontane*. Bruxelas-Roma: Istituto Storico Belga di Roma, 1995.

VISMARA, P. Il cattolicesimo dalla "Riforma cattolica" all'Assolutismo illuminato. In: FILORAMO, G.; MENOZZI, D. (orgs.). *Storia del cristianesimo*. Roma-Bari: Laterza, 1997, v. 3, 151-290.

XERES, S. Devozioni popolari nel modello tridentino. In: SERVIZIO NAZIONALE PER IL PROGETTO CULTURALE. Cattolicesimo popolare, devozioni e progetto culturale. Atti del Seminario di studio, Roma 24-25 novembre 2000. *Notiziario del servizio nazionale per il progetto culturale*, 3 (julho 2001) 60-85.

capítulo sexto
A Igreja no século XVIII

24. O segundo jansenismo num contexto em transformação

1. Depois que a "paz clementina" tinha garantido uma relativa tranquilidade (cap. 5, item 22.4), o jansenismo voltou a ser motivo de desentendimento na França nos últimos anos do século XVII. O primeiro sinal importante manifestou-se entre 1695 e 1696, quando Antoine **de Noailles**, como bispo de Châlons, aprovou uma obra jansenista; depois, como arcebispo de Paris, condenou outra. A obra aprovada, que terá a seguir um papel fundamental, era o *Nouveau Testament en français avec des réflexions morale sur chaque verset*, do oratoriano Pasquier Quesnel, emigrado com Antoine Arnauld para os Países Baixos espanhóis, de onde tecia relações entre jansenistas esparsos pela Europa. Diante do posicionamento contraditório de Noailles, o libelo *Problème ecclésiastique* levantou a pergunta: em qual de Noailles acreditar, no bispo de Châlons ou no arcebispo de Paris? A pergunta reabriu as discussões sobre o jansenismo.

Contemporaneamente delineou-se uma questão afim, relativa à espiritualidade promovida pelo padre espanhol Miguel Molinos, preso em Roma em 1685 durante o pontificado de Inocêncio XI. Dois anos mais tarde, o Santo Ofício condenou sessenta e oito afirmações dele que tinham em comum a separação entre vida espiritual e vida moral: o "**quietismo**" — assim foi chamada essa doutrina — tendia à meta típica do cristianismo, ou seja, o amor desinteressado, indicando, porém, um caminho em contraste com a genuína tradição cristã, pois se desvalorizavam as decisões morais e o empenho do ser humano

(DS 2201-2269). É característica a quarta proposição condenada: "A atividade natural é inimiga da graça e impede quer a ação de Deus, quer a verdadeira perfeição: com efeito, Deus quer operar em nós, sem nós".

As ideias do quietismo difundiram-se também na França, graças a *madame* Guyon, rica viúva da alta sociedade orientada ao quietismo pelo barnabita La Combe, que em Roma tinha conhecido as ideias — talvez até mesmo a pessoa — de Molinos. Guyon conseguiu convencer as alunas do Colégio feminino de Saint-Cyr, fundado pela segunda esposa de Luís XIV, *madame* Maintenon, a qual pediu ao rei que fossem examinados os escritos de Guyon. Assim, entre julho de 1694 e março de 1695 uma comissão se reuniu por várias vezes na casa dos sulpicianos em Issy (periferia de Paris), sem chegar, porém, a uma decisão. Foram, por isso, interpelados os dois bispos mais doutos, ou seja, Jacques-Bénigne Bossuet e François Fénelon, esse último já em relação com Guyon e autor do *Explication des maximes des Saints*, que Bossuet tinha analisado criticamente nas *Instructions sur les états d'oraison*. Ambos enviaram a Inocêncio XII os próprios textos com uma carta de acompanhamento. Fénelon declarava que sua intenção era denunciar "a doutrina abominável dos quietistas" e oferecer um dicionário de mística como guia para impedir "as almas boas de ultrapassar os limites traçados por nossos pais" (cit. in Blet, 67). Também Luís XIV em julho de 1697 dirigiu-se por meio de uma carta ao papa para pedir, apoiado pelo parecer de teólogos consultados, a condenação do livro de Fénelon.

Apesar das repetidas solicitações do rei, Roma procedeu com cautela e somente depois de um ano e meio, em março de 1699, é que com o breve *Cum alias* foram censuradas vinte e três afirmações do livro de Fénelon, nenhuma, porém, como herética (DS 2351-2374). Luís XIV tinha se interessado pessoalmente pelo caso, porque temia que acontecesse de novo o que ocorrera com o *Augustinus* de Jansênio (cap. 5, itens 22.2-3), temor afastado pela imediata submissão por parte de Fénelon. O mesmo aconteceu nas dioceses francesas que acolheram o breve *Cum alias* durante os sínodos realizados para cada uma das dezoito províncias eclesiásticas, durante as quais os bispos declararam abertamente a convicção de trabalhar como executores de uma sentença pontifícia, mas exercendo com o papa seus direitos de juízes da fé, como foi confirmado pelo advogado geral do parlamento de Paris, quando, por ordem do rei, registrou o breve pontifício.

O êxito do quietismo na França oferece um duplo balanço. Em primeiro lugar, é outra peça para configurar o galicanismo no século XVII, com os bispos franceses atentos a reivindicar o próprio papel e a regulamentar o do papa, obtendo nesse caso o apoio dos ambientes parlamentares. Em segundo lugar, como afirma Jean-Robert Armogathe, a condenação de 1699 "marca a interrupção do maior movimento místico conhecido na Europa católica do século XVII" (cit. in Bertrand, 772). Um movimento que, portanto, poderia ter sido endereçado, como de fato Fénelon tentou fazer, ao núcleo da genuína experiência espiritual cristã; em vez disso, a condenação romana o bloqueou, empobrecendo a Igreja católica em relação às potencialidades daquele movimento.

Os episódios até agora expostos são normalmente indicados como "o parêntese quietista", pois por algum tempo passaram em segundo plano **os debates sobre o jansenismo** reiniciados em 1695-1696 e **definitivamente reabertos** em 1702 com um novo opúsculo, o *Cas de conscience*. O "caso de consciência" consistia nas convicções de um padre nas quais estava expressa a quintessência das orientações jansenistas, inclusive a distinção entre direito e fato no modo de acolher a condenação das cinco proposições do *Augustinus* presentes na bula *Cum occasione*. Em particular, no *Cas de conscience* afirmava-se que somente pela interpretação de direito (ou seja, que as proposições fossem heréticas) era necessário um assentimento de fé, ao passo que para a intepretação de fato (ou seja, que as proposições se encontrassem na obra de Jansênio e refletissem seu pensamento) era suficiente um silêncio respeitoso.

Justamente o "silêncio obsequioso" foi censurado numa nova bula, a *Vineam Domini* (DS 2390), publicada em 1705 por Clemente XI a pedido de Luís XIV, agora perto dos setenta anos e decidido a extirpar o jansenismo de uma vez por todas do seu reino. Por isso, ordenou a destruição de Port-Royal des Champs, um dos núcleos históricos do movimento, com a exumação dos cadáveres lá sepultados, para evitar futuras eventuais peregrinações. Além disso, apresentou ao parlamento de Paris a *Vineam Domini* para que fosse registrada e assim se tornasse lei de Estado. Isso, porém, deu aos juízes a oportunidade de criticar a intervenção do papa em nome das liberdades galicanas; uma crítica semelhante partiu da assembleia do clero daquele ano, embora no final os representantes do clero tenham acolhido a bula de Clemente XI. Todavia, no episcopado alguns agiram de outro modo, como o arcebispo de Paris, de Noailles, que tergiversou por seis anos.

As coisas se complicaram mais em 1710, quando saiu uma nova edição do ***Nouveau Testament* de Quesnel**, condenado dois anos antes pelo breve *Universi Dominici gregis*, e depois pelos bispos de Luçon e La Rochelle. Essa segunda condenação foi afixada em toda Paris, inclusive no palácio arquiepiscopal: de Noailles sentiu-se ridicularizado e desafiado, tendo ele, quinze anos antes como bispo de Châlons, aprovado aquele livro. Houve discussões intermináveis; tanto que Luís XIV ordenou a seu embaixador em Roma, o cardeal La Trémoille, que pedisse expressamente a Clemente XI a renovação da condenação de Quesnel, publicando dessa vez uma bula solene. O rei assim concluía a instrução a seu embaixador: "Eu vos repito de novo que ela será recebida com respeito pelos bispos do meu reino, de uma maneira uniforme e sem que nas cartas pastorais deles seja acrescentado alguma coisa que possa dar preocupação ao papa nem ferir sua santidade" (cit. in Blet, 384). Nessa passagem está um dos fios vermelhos da longa história do jansenismo na França: o entrelaçamento das liberdades galicanas com a distinção entre direito e fato tinha criado um mecanismo que, habilmente explorado pelos jansenistas e pelos parlamentares, permitia eludir as condenações romanas, encontrando além disso apoio em eclesiásticos que, embora sem defender o jansenismo, queriam o respeito das liberdades galicanas.

A resposta do papa à solicitação do rei concretizou-se em 1713 na condenação de cento e uma proposições do *Nouveau Testament*, mediante a **bula Unigenitus** (DS 2400-2502). Somente quarenta delas tratavam das temáticas originárias do jansenismo, ou seja, a graça e a predestinação, ao passo que as outras apresentavam os temas vindos à luz depois, como a exaltação da caridade sobre o medo, a preferência da contrição sobre a atrição, o rigorismo penitencial, a leitura da Bíblia em francês como alimento da espiritualidade dos leigos, uma liturgia mais participada, as críticas à autoridade eclesiástica. Desse modo, ampliaram-se os critérios de pertencimento ao jansenismo, de modo que essa outra condenação teve como resultado paradoxal favorecer a ampliação do movimento. Além disso, a falta de uma condenação específica para cada proposição incentivou as discussões sobre o valor a ser atribuído ao documento pontifício, e isso deu ocasião ao cardeal de Noailles de se distinguir como tenaz opositor da bula à frente de um grupo de nove bispos próximos de suas posições.

Mais ainda que no primeiro jansenismo, as reações à condenação de 1713 envolveram a opinião pública, enquanto o parlamento de Paris não deixou de fazer as costumeiras observações ao ato de registro da bula. Quando de Noailles publicou a bula com uma pastoral que defendia a distinção entre direito e fato (ao passo que a grande maioria dos bispos, ou seja, cento e dez ou cento e doze em cento e vinte e seis, aceitou a *Unigenitus* sem nenhuma restrição), Luís XIV decidiu utilizar um instrumento poderoso. Com o consentimento de Clemente XI, convocou um concílio nacional para a condenação dos bispos recalcitrantes. Mas a morte do rei (15 de setembro de 1715) fez ir por água abaixo o que tinha começado a preparar.

O herdeiro do trono era o bisneto Luís XV, uma criança de cinco anos. Por isso, o governo efetivo coube à regência, ou seja, a Filipe de Orléans, cujos poderes ficavam limitados pelo testamento do rei, preocupado com a imoralidade de Filipe. Como represália, esse último pediu ao parlamento de Paris que interpretasse o testamento de maneira favorável a ele, propondo em troca aos parlamentares a restituição do direito de queixa, ou seja, o direito de recusar o registro de leis estabelecidas pelo rei; mais, nomeou o cardeal de Noailles como presidente do conselho de consciência, que tinha competência sobre as questões eclesiásticas. Graças a essas duas escolhas houve um revigoramento dos jansenistas; tanto que em 1718 se declararam contrários à *Unigenitus* dezessete bispos, cerca de três mil padres e cerca de cento e cinquenta teólogos da Sorbonne. Ainda naquele ano, com o breve *Pastoralis officii*, Clemente XI excomungou aqueles que se opunham à *Unigenitus*, suscitando como resposta por parte do cardeal de Noailles o apelo tanto contra a *Unigenitus* quanto contra o breve papal. Por isso, os jansenistas foram chamados também de "**apelantes**"; a eles opunham-se os "**constitucionalistas**", ou seja, aqueles que tinham aceitado a constituição *Unigenitus*, publicada sob a forma de bula. Os apelantes eram numericamente fracos (jamais superaram os cinco por cento do clero francês), mas eram qualitativamente fortes, porquanto concentrados em Paris entre o clero secular e com alta percentagem de licenciados; quanto ao clero regular, os apelantes estavam presentes sobretudo entre as Ordens dedicadas à pesquisa e ao estudo, como os beneditinos de São Mauro e os oratorianos.

Como chefe do conselho de consciência, em 1720 o cardeal de Noailles foi substituído por dom Hércules **de Fleury**, preceptor de Luís XV, dando início a uma mudança de orientação que se tornou definitiva seis anos depois, quando Fleury se tornou cardeal e primeiro ministro do rei, cargo que manteve até a morte em 1743. Com intervenções propositais enfraqueceu a presença jansenista na Igreja da França, para depois acertar em 1727-1728 um golpe decisivo na adesão dos bispos. Um dos visados foi Jean Soanen, bispo de Senez, pequena diocese da Alta Provença alpina, processado por um sínodo provincial presidido pelo arcebispo de Embrum, Pierre-Paul Guerin de Tencin; no dia 20 de setembro de 1727 o bispo de Senez foi suspenso de todas as funções episcopais e sacerdotais e exilado na abadia de La Chaise-Dieu, onde morreu em 1740. Com um breve, Bento XIII (1724-1730) confirmou o juízo do sínodo provincial. Diante de tudo isso, no dia 11 de outubro de 1728 o arcebispo de Paris de Noailles, depois de várias indecisões, declarou aceitar sem reservas a *Unigenitus*; contemporaneamente outros sete bispos se submeteram e a partir de então **cessou oficialmente** o chamado "**jansenismo episcopal**".

2. Tendo de Noailles morrido no ano seguinte, seu sucessor, Vintimille, em estreita ligação com o primeiro ministro cardeal Fleury, começou a substituir os padres apelantes de Paris por padres defensores constitucionalistas. Para favorecer essa operação, exerceu pressões em relação aos detentores do direito de patronato sobre os respectivos benefícios, aos quais cabia a nomeação da maior parte dos párocos. Luís XV apoiou a iniciativa do arcebispo com uma declaração registrada pelo parlamento em "lit de justice", ou seja, sem nenhuma possibilidade de queixa: a *Unigenitus* tinha de ser considerada lei de Estado, todos os eclesiásticos deviam assinar o formulário, os bispos podiam recusar ordenar quem se opunha à *Unigenitus*; enfim, eram proibidos os "apelos por abuso" aos parlamentares.

Atingido por medidas extremas, por sua vez o **movimento jansenista radicalizou-se**. Por exemplo, sobre o túmulo de François de Pâris, um diácono apelante proveniente de uma família de parlamentares, aumentou o concurso de gente de várias extrações sociais (inclusive nobres), atraída por fenômenos de curas acompanhadas por convulsões espetaculares. Por problemas de ordem pública, em janeiro de 1732 a polícia fechou o cemitério de Saint-Médard, mas as reuniões continuaram clandestinamente em casas privadas, dando lugar por decênios, até cerca de 1760, também a atos violentos (algumas mulheres foram traspassadas por golpes de espada e alguns adeptos chegaram a se deixar realmente crucificar).

A maior parte dos jansenistas de extração clerical manteve-se longe de tais fenômenos e fez outras escolhas, menos clamorosas e mais eficazes, como a publicação a partir de janeiro de 1728 (o ano da submissão de todos os bispos à *Unigenitus*) das "**Nouvelles ecclésiastiques** ou mémoires pour servir à l'histoire de la Constitution *Unigenitus*", um jornal que, como diz o título, devia originariamente servir para explicar as consequências da *Unigenitus*. Impresso em seis mil exemplares, usufruiu de uma rede capilar de distribuidores e de vendedores, sem que a polícia nunca conseguisse desmascará-los. Com linguagem acessível, as "Nouvelles ecclésiastiques" criaram uma opinião pública interessada em questões que ultrapassaram as vicissitudes da *Unigenitus*. O jornal saía ininterruptamente toda semana e se difundiu não só em Paris e na França, mas também no exterior.

O sucesso internacional das "Nouvelles ecclésiastiques" ligou-se estreitamente ao centro de referência dos jansenistas esparsos pela Europa, a **Pequena Igreja de Utrecht**. Ela era herdeira quer dos jansenistas franceses refugiados nos Países Baixos, quer das simpatias jansenistas dos vigários apostólicos das Províncias Unidas Jan van Neercassel (1663-1686) e Pieter Codde (1689-1702), quer de algumas ideias presentes na Universidade de Lovaina, onde no início do século XVIII, graças ao ensinamento de Bernard Zeger van Espen, delinearam-se um direito canônico e uma eclesiologia jansenista (item 25.1).

Quanto à herança do jansenismo francês, um lance importante foi a prisão de Quesnel, ocorrida em Bruxelas em 1703, porque já então se mostrava a vastidão do movimento jansenista. Numa carta de 3 de junho de 1703 ao papa Clemente XI, o arcebispo de Malines contou que tinha mandado prender Quesnel e dois sócios seus e ter encontrado nos aposentos deles abundante material manuscrito e impresso. Segundo o arcebispo, os escritos atestavam "a coesa e muito extensa confederação desses homens; ela se estende não somente na Bélgica católica e na Holanda, mas também na França, na Inglaterra, na Itália e até na cidade de Roma" (cit. in Blet, 377); em outros termos, no início do século XVIII o jansenismo já era um **movimento internacional**. Depois de ter fugido do cárcere, Quesnel encontrou refúgio em Amsterdam junto à missão católica das Províncias Unidas, onde, graças à sensibilidade mostrada pelos vigários apostólicos acima lembrados, era ampla a disponibilidade em relação aos jansenistas franceses.

Por sua vez, os vigários apostólicos reforçaram o conflito já em andamento com Roma, até que em 1724 o capítulo da catedral de Utrecht elegeu como seu arcebispo Cornélio Steenhoven, consagrado pelo bispo apelante francês Varlet. Roma se recusou a confirmar a eleição e a consagração, e acabou pronunciando a excomunhão, que levou ao nascimento da cismática Pequena Igreja de Utrecht, com Haarlem e Deventer como sufragâneas. Cerca de quarenta anos mais tarde, a Pequena Igreja de Utrecht, depois de ter condenado no sínodo provincial de 1763 as posições extremistas do jansenista Pierre Leclerc e de ter reconhecido expressamente o primado de jurisdição do papa, envolvendo os bispos do Império, abriu negociações com Roma, que, no entanto, fracassaram. Alguns anos mais tarde, com Clemente XIV (1769-1774), foram feitas duas outras tentativas. A primeira, em 1769, foi logo abortada; quanto à segunda, quem a levou adiante foi o conde Gabriel Dupac de Bellegarde, que, ao encontrar particular apoio nos jansenistas presentes em Viena e nos territórios habsbúrgicos, dirigiu-se a Roma, onde lhe pareceu ter encontrado disponibilidade para a reconciliação na Cúria e no próprio papa. A morte de Clemente XIV em setembro de 1774 interrompeu as negociações, abafadas definitivamente com o novo papa Pio VI. Após o Vaticano I (1869-1870), a Pequena Igreja de Utrecht aderiu à Igreja veterocatólica, contrária à infalibilidade pontifícia solenemente declarada naquele concílio.

O acima lembrado conde Dupac de Bellegarde era personagem de primeira ordem, porque à sua casa de Utrecht chegavam os escritos dos correspondentes europeus das "Nouvelles ecclésiastiques", como ocorreu por uma dezena de anos (1768-1776) com o dominicano Pedro Gazzaniga, professor de teologia dogmática na faculdade teológica de Viena. Aí, o jornal, que tinha leitores entre os homens de cultura e de governo, estava presente na biblioteca da corte (*Lekturkabinett*); José II era um leitor habitual dos artigos sobre Viena, enquanto Maria Teresa parece "pelo menos ocasionalmente o tinha em mãos" (Hersche, 242). A "Wienerische Kirchenzeitung" ("Jornal eclesiástico de Viena") oferecia, traduzidos em alemão, extratos de artigos das "Nouvelles ecclésiastiques"; essas últimas, por sua vez, abrigavam artigos do jornal vienense. Desse modo, enquanto exercia a própria função de unidade europeia, o jornal jansenista inseria-se nas reformas em andamento, sobretudo no âmbito eclesiástico, nos territórios habsbúrgicos (itens 26.1-3). Semelhante observação vale em referência a outro leitor de alto nível, o grão-duque da Toscana, Pedro Leopoldo (filho de Maria Teresa e irmão de José II), que teve estreitas ligações com os jansenistas toscanos (item 26.5).

3. Ao criarem opinião pública na Europa, as "Nouvelles ecclésiastiques" tornaram-se influentes onde tinham nascido, ou seja, em Paris. Em meados do século XVIII, depois da morte do primeiro ministro cardeal De Fleury, a tarefa de aconselhar Luís XV para a nomeação dos bispos (em termos técnicos, tratava-se de assumir a "folha dos benefícios") foi confiada a Jean-François Boyer, considerado "um antijansenista aguerrido" (Quantin, 368). Ele escolheu para algumas sedes episcopais eclesiásticos semelhantes a ele; por exemplo,

Cristóvão de Beaumont, nomeado em 1746 como arcebispo de Paris; este, três anos mais tarde ordenou aos párocos e aos vigários que exigissem dos que pediam os sacramentos dos enfermos um certificado do confessor, atestando submissão à *Unigenitus*; sem o atestado, ou seja, os assim chamados "**bilhetes de confissão**", não se podia receber nem sacramentos nem funerais religiosos. Desde então multiplicaram-se as recusas dos sacramentos, mas também os "apelos por abuso" aos parlamentos e as manifestações populares a favor dos jansenistas mortos sem os sacramentos.

A situação levou decididamente o parlamento de Paris a uma nova atitude em relação aos jansenistas, sinal de **profunda mudança** em andamento. Se na época da *Cum occasione* e da *Unigenitus* o parlamento tinha se apoiado nas liberdades galicanas, agora interveio em nome da violação das consciências e da perturbação da ordem pública, com a prisão dos padres que recusavam os sacramentos, chegando até ao leilão dos bens deles e à prisão. A consequência foi a desestabilização de muitas paróquias, prolongada em alguns casos. Diante de uma situação cada vez mais caótica, Luís XV primeiro se alinhou com o arcebispo de Beaumont e depois cedeu diante do parlamento, o qual entre 1754 e 1764 exilou por três vezes o arcebispo. Na província, houve outros desentendimentos análogos, com a vitória dos parlamentos sobre os bispos. Na época do Absolutismo, a sociedade francesa jamais tinha sido tão sacudida em seus fundamentos, ou seja, nas relações entre o rei, os bispos e os parlamentos (cap. 5, item 20.1).

Outras tensões agravaram a situação, como as ligadas ao empreendimento editorial e cultural mais importante da França de meados do século XVIII, destinado a ter sucesso na Europa. No dia 18 de novembro de 1751, o padre de Prades defendeu a própria tese em teologia na Sorbonne, inspirando-se no *Discours préliminaire* com que d'Alembert tinha apresentado a *Encyclopédie*. No fim de janeiro de 1752 a faculdade teológica censurou as teses, e numa carta pastoral o arcebispo de Beaumont expôs os motivos da condenação, afirmando que se chegara a "um nível de incredulidade premeditado, combinado, apoiado, uma infinidade de características que revelam e anunciam a irreligião". Definitivamente, afirmava de Beaumont, as teses do padre de Prades são "contrárias à autoridade dos livros sagrados, anulam a certeza e a divindade dos milagres de Jesus Cristo, são favoráveis às impiedades dos filósofos materialistas, ímpias, blasfemas, errôneas e heréticas" (cit. in Julia, 404).

Ao condenar as teses apresentadas na Sorbonne, o arcebispo de Paris queria atingir as ideias dos enciclopedistas, ou seja, dos iluministas franceses, conhecidos pelo nome de *philosophes*. Uma ação semelhante foi contemporaneamente conduzida pelo conselho do rei, que emanou uma resolução para suprimir os primeiros dois volumes da *Encyclopédie*. Todavia, a decisão do conselho do rei não teve sequência, pois não foi revogado o privilégio régio às quatro livrarias que publicavam a *Encyclopédie*, e todo o projeto editorial chegou vários anos depois à sua conclusão, apesar da oposição eclesiástica.

Outra série de debates públicos levantados pela proposta de uma taxa (o *vingtième*) a ser paga pelo clero, passando por cima da imunidade real gozada pelos eclesiásticos, fez emergir a grande influência de que gozavam agora os iluministas reunidos em torno da *Encyclopédie*. Com efeito, por meio de muitos libelos eles puseram em discussão os privilégios do clero em geral e não só em matéria fiscal. Era outro ataque aos fundamentos da sociedade francesa do *Ancien Régime*, estruturada em três ordens ou estados, tendo cada uma funções e privilégios próprios (cap. 5, item 20.3).

Outro ataque aos fundamentos foi o apoio dos *philosophes* aos parlamentares nos conflitos causados pelos "bilhetes de confissão", pois contribuiu para dar corpo a uma crise institucional entre rei e parlamentos, uma vez que Luís XV ordenou em 1771 a supressão dos parlamentos para os substituir por novos tribunais chamados "parlamentos de Maupeou", do nome do enérgico chanceler do rei. Embora com a morte de Luís XV em 1774 os parlamentos tradicionais tivessem sido reintroduzidos, o longo conflito entre rei e parlamentares enfraqueceu ainda mais a sociedade francesa.

Jansenistas e iluministas franceses cruzaram-se em outro episódio desestabilizador, ou seja, a expulsão da Companhia de Jesus da França (1764), favorecida por ambas as partes (item 25.2). Tratou-se, porém, apenas de uma aliança tática: em outras ocasiões, os jansenistas, mostrando zelo igual ao do episcopado, denunciaram repetidamente os iluministas franceses, como ocorreu em 1762, quando o parlamento de Paris foi o primeiro a condenar o *Émile*, de Rousseau. Por outro lado, enquanto os bispos à De Beaumont, ou seja, antijansenistas, promoviam a devoção ao Sagrado Coração, os jansenistas a contestavam. Sempre em oposição aos bispos, defenderam as teses richeristas sobre os direitos dos párocos (item 25.1).

Em última análise, na segunda parte do século XVIII os jansenistas "minaram o *Ancien Régime* político e religioso" (Quantin, 370), para depois contribuir para abatê-lo completamente, quando as ideias por eles promovidas e a atitude por eles tomada entre 1788 e 1789 favoreceram a passagem dos estados gerais para a constituinte francesa (vol. IV, cap. 1, item 3.1). Mas os próprios jansenistas foram vítimas da queda do antigo regime e, em poucos decênios, desapareceram como movimento (é significativo que o jornal que os tinha notabilizado desde 1728, ou seja, as "Nouvelles ecclésiastiques", tenha terminado as publicações em 1803). Eles deixaram como herança aos séculos XIX e XX muitos elementos formados durante seu trajeto histórico, dos quais a maior parte é tema da primeira parte do item seguinte.

25. Um quadro religioso e eclesial variegado

1. Com o passar das gerações, o **movimento jansenista** assumiu **múltiplos caracteres**, redutíveis a algumas áreas de referência que serão agora objeto de estudo. Começamos assim a delinear o quadro religioso e eclesial do século XVIII.

Uma primeira área de referência do jansenismo do século XVIII é a **canônico-teológica**. Uma série de professores de diversas nacionalidades e gerações, unidos pelo vínculo que tinham com o movimento jansenista europeu, valorizou com diferentes acentos e nuanças a autoridade do concílio na Igreja, a dos bispos sobre as Ordens religiosas e a da Igreja nacional em relação ao papado; além disso, reconheceram à autoridade estatal (diferentemente dos jansenistas franceses) um papel específico e positivo para a renovação das instituições eclesiais. Um dos autores mais influentes — mas não de maneira absoluta, uma vez que não foi aceito por alguns jansenistas, entre os quais "muitos italianos" (Hersche, 213) — foi Bernard Zeger van Espen, falecido em 1728 em Amersfoort (Províncias Unidas) depois de ter sido obrigado por suas convicções a deixar a Universidade de Lovaina, onde tinha ensinado direito canônico desde 1675. Seu *Ius ecclesiasticum universum*, lido durante todo o século XVIII, contém a exposição mais orgânica e completa de sua doutrina. Nos últimos anos da sua vida tinha seguido de perto a formação da Pequena Igreja de Utrecht.

Uma segunda área de referência do jansenismo no século XVIII é a **pastoral**. Autores e educadores ligados a esse movimento promoveram melhor preparação e dedicação do clero ao ministério com a valorização do papel do pároco e das paróquias. Um dos textos mais incisivos nessa linha foi o *Pastor bonus*, que entre 1689 e 1785 teve "pelo menos doze edições" (*Lexikon für*

Theologie und Kirche, 7, Friburgo-Basileia-Viena, Herder, 1993-³2006, 1433) em várias nações. A obra teve influência sobre a reforma dos estudos teológicos em Viena; tanto que em 1777 se tornou o texto-base para o ensino da teologia pastoral, introduzida como nova matéria no renovado plano de estudos (item 26.2). Por suas orientações rigoristas na pastoral sacramentária, o *Pastor bonus* foi posto no Índice em 1767, mas isso não diminuiu a respeitabilidade desse texto na prática sacramentária e na teologia pastoral do século XIX. Para identificar o autor, é preciso ir de novo a Lovaina, porque, além de ter ensinado no seminário de Malines, lá foi professor por duas vezes, entre 1685 e 1706, Johannes Opstraet, que, depois do último ano de ensino, foi detido nos cárceres da cidade por pertencer ao jansenismo. Ainda no âmbito pastoral, teve grande difusão a *Exposition de la doctrine chrétienne ou instruction sur les principales vérités de la religion*, do jansenista francês François-Philippe Mésenguy (1677-1763); mesmo sendo muito ponderosa (seis volumes na edição original francesa) foi traduzida em alemão e em italiano. Note-se que a edição original surgiu em 1744 em Utrecht, longe da França e onde havia surgido a Pequena Igreja, centro de referência para o movimento jansenista europeu. A seguir, o texto de Mésenguy foi posto no Índice, ao passo que foi bem aceito pelos jansenistas italianos, a ponto de ser recomendado pelo sínodo de Pistoia de 1786 (item 26.5).

Numa terceira área do jansenismo, a **litúrgica**, abriram-se perspectivas destinadas a ir além do movimento; acima de tudo, a solicitação de maior envolvimento do povo na celebração da missa, graças especialmente à proclamação da Palavra de Deus em língua vernácula e à recitação do cânon em voz alta. Ainda a propósito das missas, foram adotadas medidas muito concretas, como, no caso dos jansenistas austríacos, "a batalha contra o sistema da oferta em dinheiro para a missa" (Hersche, 369). Muitas intervenções se referiram à "piedade barroca" ou "tridentina" (cap. 5, item 21.5 e cap. 7, item 33.4), com posicionamentos contra o rosário, o culto dos santos, a veneração de imagens, estátuas e relíquias, as procissões e as peregrinações, as *viae crucis*, a devoção ao Sagrado Coração difundida pelos jesuítas. Em muitos casos, os jansenistas diziam se reportar às diretivas do Concílio de Trento sobre a religiosidade popular, mas ao mesmo tempo se deixaram influenciar pela cultura iluminista que visava a um "cristianismo razoável" e "útil".

Uma quarta área de referência do jansenismo do século XVIII deu-se no âmbito **político**, com o apoio às reformas eclesiásticas promovidas pelos Estados, sobretudo na monarquia habsbúrgica, no grão-ducado da Toscana (item

26) e no reino da Espanha. Igualmente significativo é o papel desempenhado pelos jansenistas para a progressiva expulsão da Companhia de Jesus dos Estados católicos. Uma expressão particular do jansenismo político é a francesa: a coroa e o episcopado opuseram-se aos jansenistas de maneira compacta depois de 1728, ao passo que os parlamentos, especialmente os de Paris, os apoiaram. Teve origem aí a reflexão do parlamentar Gabriel-Nicolas Maultrot, que transformou profundamente o enfoque canônico-eclesiológico jansenista, "como conclusão de um longo e contraditório processo" (Rosa, *Politica*, 9). Com efeito, partindo da perspectiva eclesiológica, cara aos jansenistas franceses, que valorizava a figura do pároco, ele introduziu na Igreja orientações democráticas, para depois chegar a justificar a origem popular do poder do rei, como aparece na *Origine et étendue de la puissance royale*. Essa obra foi publicada em 1789, o ano em que os estados gerais se tornaram assembleia constituinte, dando início à Revolução Francesa. E durante a Revolução, as ideias de Maultrot encontraram efetivamente realização. Em particular, a constituição civil do clero organizou a Igreja francesa em bases democráticas, a partir do modo de escolha dos bispos e dos párocos, eleitos dentro dos departamentos (para os bispos) e dos municípios (para os párocos) por todos os cidadãos que tinham direito de voto, independentemente de seu credo religioso (vol. IV, cap. 1, item 2.4).

Os jansenistas franceses valorizaram os párocos não tanto inspirados por autores como van Espen, mas sim por uma perspectiva eclesiológica interna à tradição galicana, o "**richerismo**" ou "**paroquialismo**", que remontava a Edmond Richer, autor do século anterior. Seu *De ecclesiastica et politica potestate Libellus* fora publicado em 1611 e logo condenado pelos bispos da província eclesiástica de Sens; tanto que em 1612 Richer perdeu o próprio lugar na Sorbonne. A condenação dizia respeito sobretudo à concepção do clero, dado que os párocos seriam os sucessores dos setenta e dois discípulos (cf. Lc 10,1-24), como os bispos o são dos doze apóstolos e teriam ambos recebido o cuidado das almas por direito divino.

Segregado no século XVII, o richerismo teve um sucesso crescente no século seguinte, não só na França, mas em toda a Europa católica, a ponto de formar outra corrente do século XVIII religioso e eclesial. O richerismo contribuiu fortemente para formar uma mentalidade favorável ao papel do pároco e à função da paróquia, com as relativas consequências práticas, das quais as mais importantes devem ser reconhecidas nas reformas habsbúrgicas e leopoldinas (item 26).

Enquanto o richerismo ia se firmando, surgiu e rapidamente se solidificou outra proposta eclesiológica que em breve tempo exerceu grande influência: o **febronianismo**. O nome deriva de Justino Febrônio o pseudônimo sob o qual se escondia o bispo coadjutor de Treviri, Johan Nikolaus Hontheim, autor do *De statu ecclesiae et legitima potestate Romani Pontificis liber singularis ad reuniendos dissidentes in religione christiana compositus* (1763). Febrônio, além das ideias da tradição galicana — especialmente a reivindicação dos direitos dos bispos diante do papado —, retomava as teses do movimento jansenista, bem como as teorias canônicas que Hontheim aprendeu de van Espen, em Lovaina, combinadas quer com a tolerância então existente em muitas regiões do Império (cap. 5, item 23.4), quer com as teorias do direito natural cultivadas por Hontheim na Universidade de Leiden, cidade das Províncias Unidas. Enraizado nesse enfoque heterogêneo, *Febrônio*, visando à união das três confissões cristãs reconhecidas no Império (catolicismo, luteranismo e calvinismo), propunha-se a eliminar o que parecia ser o maior obstáculo a essa união, ou seja, a jurisdição do papa dentro do Império. Na realidade, o verdadeiro objetivo de *Febrônio* era a ampliação dos poderes dos arcebispos-príncipes de Treviri, Colônia, Mogúncia e Salisburgo (e não tanto dos bispos alemães ou dos bispos em geral).

Em um ano, Roma conseguiu identificar o autor da obra para depois condená-la em 1765, mas é significativo que de vinte e seis bispos alemães dezesseis tenham se recusado a publicar a condenação. Todavia, a Santa Sé não desistiu, até entabular negociações que foram concluídas com a retratação de Hontheim, que se tornou de conhecimento público no Natal de 1778 na sacristia da basílica de São Pedro, inaugurada justamente naquela circunstância. Aliás, dois anos depois, no fim de 1780, o bispo, já ancião, escreveu um comentário no qual desmentiu a própria retratação.

2. "Tais como são, fica bem claro nos escritos que dom Hontheim voltou para seu vômito; nem consigo ver como se possa oportunamente remediar essa recaída" (cit. in Dell'Orto, *La nunciatura*, 225). São palavras escritas em janeiro de 1781 pelo núncio em Viena, José Garampi, que tivera um papel importante na descoberta de Hontheim como autor da obra condenada e nas sucessivas negociações. O núncio em Viena manifestou a mesma insatisfação no ano seguinte pelo opúsculo de José Valentim Eybel *Was ist der Papst?* (*O que é o papa?*), uma publicação dos conteúdos do livro de Hontheim; um texto de notável repercussão, a ponto de ser traduzido em várias línguas, sobretudo porque foi publicado concomitantemente com a viagem de Pio VI a Viena (item 27.3).

Nas reformas eclesiásticas feitas na Áustria por José II se encontra a realização mais orgânica de uma quarta contribuição para o quadro religioso e eclesiástico do século XVIII. Trata-se do "**jurisdicionalismo**", nas suas formas mais agressivas chamado também de "regalismo" (em alemão, um termo afim é "Staatskirchentum"). Sob esses termos deve ser posta uma série de orientações e de posicionamentos dos Estados no âmbito eclesiástico e religioso.

Em primeiro lugar, os soberanos puseram em prática o progressivo abandono das concepções sagradas da própria autoridade (cap. 5, item 20.3). Como consequência dessa reviravolta, os direitos por eles tradicionalmente exercidos sobre a Igreja foram relidos como modalidades de exercício dos poderes próprios de um Estado. Dessacralização da soberania não significa, todavia, perda de qualquer referência ao sagrado; todos os soberanos católicos do século XVIII manifestaram uma adesão pessoal à fé.

A partir da dessacralização da soberania e do Estado, impôs-se um segundo aspecto do jurisdicionalismo, ou seja, a forte diminuição das competências da autoridade eclesial em favor da do Estado e do soberano. Isso significou sobretudo o controle cada vez mais exclusivo da autoridade política sobre nomeações para as sedes episcopais e a abolição das três imunidades gozadas pelo clero (cap. 5, item 20.3): "local", ou seja, o direito de asilo; "real", ou seja, a isenção do pagamento dos impostos; "pessoal", ou seja, a submissão somente aos tribunais eclesiásticos. À luz dessa dinâmica podem ser lidos os ataques feitos à Inquisição espanhola, portuguesa e romana, na segunda parte do século XVIII (cap. 5, item 23.6).

Ao serem abolidas as imunidades reais, foram confiscados muitos bens eclesiásticos: é a terceira orientação assumida pelo jurisdicionalismo. O confisco referiu-se em primeiro lugar aos terrenos pertencentes à Igreja, chamados também de "*mãos-mortas*", porque, sob o ponto de vista estatal, estavam indisponíveis para os planos agrícolas e comerciais projetados pelos governos. Na realidade, a propriedade fundiária eclesiástica, "embora conspícua no todo", tinha "uma extensão muito inferior àquela de que muitas vezes se falou" (Guerci, 389), como mostram alguns exemplos: na França, eram seis por cento do total; no reino de Nápoles, certamente menos de dois terços do que habitualmente lhe é atribuído; na Lombardia austríaca, pouco menos de um quarto; na Espanha, cerca de quinze por cento; na Áustria e na Boêmia (que continuavam como coração da monarquia habsbúrgica) era inferior à da nobreza, à qual pertenciam dois terços dos terrenos na Boêmia; na Polônia, por volta de 1770, o clero possuía nove por cento dos terrenos, a coroa, treze por cento e a nobreza, setenta e oito por cento. O confisco atingiu também os edifícios, com a contemporânea eliminação em muitos casos das famílias religiosas, como ocorreu nas diversas etapas que levaram à supressão da Companhia de Jesus, e de modo ainda mais clamoroso nas supressões desejadas por José II por volta de 1780. Esse último caso se destaca pela opção — feita também por outros soberanos e em outros Estados — de criar uma "caixa eclesiástica", na qual era depositado o montante confiscado para depois ser redistribuído — pelo menos na intenção — a pessoas e entidades da Igreja que prestavam serviços considerados mais úteis pelo Estado, como as paróquias e a nova instituição para a formação do clero, ou seja, os seminários gerais (item 26.3).

Outra orientação do jurisdicionalismo referiu-se aos pilares da estrutura social, como a educação e a assistência, subtraídos à responsabilidade da Igreja e postos sob a direção do Estado, que aliás continuou quase sempre a utilizar o pessoal posto à disposição pela Igreja. A alfabetização básica (as escolas elementares) gerida pelo Estado não significou na maioria das vezes senão a promoção das já existentes escolas de catecismo, respeitando sua estrutura fundamental, mas confiando sua condução ao pároco (onde ainda não ocorria); todavia, uma mudança muito importante aconteceu, porque em muitos casos a autoridade estatal obrigou a usar novos catecismos, caracterizados pelas afirmações antirromanas e jurisdicionalistas (cf. cap. 4, Inserção 1 – *As companhias e as escolas da doutrina cristã*). Outro exemplo se refere aos jesuítas, que tinham um papel preponderante no ensino superior: afastados dos colégios e das universidades, foram geralmente substituídos por religiosos e às vezes pelo clero secular.

Outra orientação do jurisdicionalismo foi a de as autoridades e os funcionários estatais projetarem e realizarem intervenções que, nas intenções de quem as faziam, desejavam melhorar importantes setores da Igreja e da religiosidade, como a liturgia, a piedade popular, a formação e a manutenção econômica do clero, o trabalho pastoral. Na maioria das vezes, ao quererem não abolir mas melhorar essas intervenções, como já referimos acima, encontraram inspiração e colaboração em eclesiásticos que se referiram a correntes reformadoras, como o jansenismo, o richerismo, o febronianismo, e à *Aufklärung* católica ("Catolicismo iluminado"), de que falaremos em breve.

A última orientação do jurisdicionalismo constitui a chave de leitura de todas as anteriores, porque a intenção não era a de eliminar a Igreja ou o cristianismo, mas de os pôr a serviço, como parte integrante e fundamental do Estado, o qual por sua vez se renovava em todos os seus aspectos, dos administrativos aos econômicos, dos culturais aos sociais.

Toda uma série de intervenções dos Estados católicos do século XVIII referiu-se à Companhia de Jesus, inclusive as intervenções já lembradas na terceira e quarta orientação do jurisdicionalismo. Trata-se de intervenções de tal importância que constituem uma contribuição ulterior à religiosidade e à Igreja do século XVIII; é o chamado "**antijesuitismo**", propiciado, na realidade, também por outros componentes, como já tivemos ocasião de ver, a propósito tanto do segundo jansenismo na França (item 24) como do aspecto político do jansenismo do século XVIII. As diversas facetas do antijesuitismo aparecem bem ao se seguir os trâmites dos eventos que prepararam a supressão da Companhia de Jesus.

O ponto de partida foi o posicionamento de Bento XIV sobre os "ritos chineses" (item 27.1 e cap. 7, item 32.2), com a bula *Ex quo singulari* (1742), interpretada como uma condenação da metodologia missionária de inculturação posta em prática pelos jesuítas na Ásia (cap. 7, item 31.4). Uns dez anos mais tarde, as *reducciones*, ou seja, a expressão original da atividade missionária jesuíta na América Latina, passaram a fazer parte do jogo de interesses políticos entre Espanha e Portugal. Com o tratado de Madri de 1750, as duas potências transferiram os territórios para leste do rio Uruguai do domínio espanhol para o português, obrigando os indígenas a emigrarem para outra parte. Nem os jesuítas nem os *guaranis* aceitaram o tratado, e como Portugal não se mostrou disponível a nenhum acordo, eclodiu a guerra guaranítica (1750-1756), com a derrota dos indígenas (cap. 7, item 32.3). Seguiu-se uma campanha difamatória movida contra a Companhia na Europa, que culminou numa série de processos.

Bento XIV em 1758 (último ano do seu pontificado), para frear as ações da corte de Lisboa e do ministro Carvalho, o marquês de Pombal, nomeou o cardeal português Saldanha como visitador e reformador dos jesuítas portugueses. O papa, em particular, atenuou o breve elaborado pelo cardeal Passionei, um antijesuíta, referente ao poder a ser dado ao visitador e reformador apostólico. Bento XIV teria desejado implementar uma reforma da organização interna da Companhia de Jesus, mas isso não foi possível, provavelmente devido ao condicionamento cada vez mais forte exercido dentro da Cúria romana por grupos que viam com bons olhos a ação antijesuítica em Portugal. Eles colaboraram na decisão que em outubro de 1759 levou à expulsão da Companhia de Jesus de Portugal; logo depois houve a expulsão dos territórios do padroado português (cap. 7, item 32.3).

Na França, *de per si* os jesuítas tinham tirado vantagem das medidas antijansenistas, pois em muitos casos substituíram nas universidades e nos seminários homens acusados de jansenismo; além disso, introduziram na Sorbonne teólogos de confiança e ajudaram os bispos nas polêmicas dos "bilhetes de confissão" (item 24.3). Mas tudo isso se revelou uma arma de dois gumes, pois especialmente nos ambientes parlamentares e entre os *philosophes* levantou-se contra eles um crescendo de vozes que tiveram como caixa de ressonância as "Nouvelles ecclésiastiques", às quais retorquiram as jesuíticas "Mémoires (Journal) de Trévoux", editadas de 1701 a 1762 por obra dos jesuítas do Colégio Louis-le-Grand, de Paris (aliás esse periódico ganhou a fama de fundamento e cientificidade nos debates culturais, tendo como colaboradores até Bossuet, Leibniz, Muratori e Scipione Maffei).

A polêmica antijesuítica — que na França e nas outras nações europeias foi alimentada pelo projeto de revisão do sistema educativo e escolar, pondo de lado o jesuítico — teve uma reviravolta no processo tentado junto ao parlamento de Aix en Provence. Aí, um grupo de credores pediu a condenação do Pe. Lavalette, superior-geral das missões das Antilhas, em razão de falência financeira na Martinica. Condenados, os jesuítas fizeram apelo ao parlamento de Paris, onde o caso passou de financeiro a político, porque o procurador-geral do parlamento de Paris submeteu a análise a bula *Regimini*, que em 1540 tinha reconhecido a existência da Companhia, julgando-a desrespeitosa em relação às liberdades galicanas. Essa sentença de agosto de 1762 foi o prelúdio para a dissolução da Ordem ocorrida em 1764, solicitada pelos jansenistas e pelos parlamentares e apresentada nos ambientes iluministas como uma "vitória da filosofia", segundo a expressão usada por d'Alembert (cit. in Rosa, *Politica*, 17).

O rei Luís XV ofereceu pouca resistência à supressão da Companhia, enquanto as demais monarquias bourbônicas, na Espanha, em Nápoles e em Parma, deram seu apoio à campanha antijesuítica. Sobretudo a coroa espanhola, que revigorara notavelmente o domínio sobre a Igreja com a concordata com Bento XIV de 1753 (item 27.1), teve em vista apropriar-se dos bens dos religiosos, e antes de tudo dos jesuítas, para realizar o projeto de reformas estatais promovido por funcionários, como Squillace, Campomanes, Aranda,

Floridablanca. O tradicional antagonismo dos bispos e dos párocos, bem como das Ordens mendicantes em relação à Companhia, defendeu essa manobra que se realizou plenamente em 1766 com a expulsão de cerca de oito mil jesuítas, aos quais se juntaram os que trabalhavam nos territórios do patronato espanhol (cap. 7, item 32.3); o mesmo destino tocou aos confrades de Nápoles em 1767 e de Parma em 1768, ano da expulsão também de Malta. No ano seguinte, ou seja, em janeiro de 1769, as três principais cortes bourbônicas (França, Espanha, Portugal) apresentaram ao papa Clemente XIII o pedido da supressão geral da Companhia de Jesus, depois que Maria Teresa e Frederico II tinham garantido sua neutralidade. Clemente XIII morreu um mês mais tarde, deixando ao sucessor a gestão dessa questão (item 27.3).

3. Os historiadores identificaram outro componente da religiosidade e da Igreja no século XVIII, chamando-o de *Aufklärung* católica, expressão habitualmente traduzida também por "**Catolicismo iluminado**" (a despeito da tradução literal que deveria ser a de "Iluminismo católico"); essa incerteza na denominação do fenômeno é indicativo de toda uma série de problemáticas.

Em primeiro lugar, pertenceriam à *Aufklärung* católica as personalidades que por diversas razões estavam ligadas à Igreja católica e, ao mesmo tempo, à cultura característica de seu tempo, denominada Iluminismo. Muitas delas estão presentes neste capítulo, entre as quais: Baldovinetti, Bertieri, João Bianchi, Boscovich, Bottari, Jerônimo Colloredo, Corsini, Garampi, Gazzaniga, Genovesi, Gerdil, Herberstein, Hontheim, Lambertini, Lami, Mamachi, Migazzi, Muratori, Passionei, de Prades, Querini, Rautenstrauch, de'Ricci, Tamburini, Zola. Ora — e esse é o primeiro problema — não é possível reunir todas essas pessoas sob algum denominador comum; antes, para muitos deles prevalecem mais as diferenças recíprocas, se não também as contraposições, do que semelhanças. Por isso, para além das duas referências gerais lembradas, é difícil fixar os traços peculiares do Catolicismo iluminado, que, portanto, devem ser continuamente reformulados de acordo com os contextos, com as personalidades e sobretudo com os tempos.

Outra série de problemas delineia-se ao seguirmos três das personalidades indicadas: Muratori, Lambertini e Garampi. **Luís Antônio Muratori** (1672-1750) deparou-se desde jovem com os escritos de Descartes, Spinoza, John Locke e dos jusnaturalistas Hugo Grócio, Tomás Hobbes, Samuel Pufendorf e com suas críticas, que tendiam à negação da revelação cristã, da fé como forma de conhecimento, dos dogmas fundamentais do cristianismo, da possibilidade dos milagres, da consistência das realidades espirituais, a favor do materialismo. Além disso, Muratori se formou num autêntico método histórico. Depois de um tirocínio de aperfeiçoamento na Ambrosiana de Milão (1694-1699), tendo sido ordenado sacerdote, voltou a Modena, dirigindo por dezessete anos a Biblioteca Estense. Multiplicou as relações com os homens de cultura na Itália e no exterior, com Leibniz, por exemplo. Entrou no cerne dos acontecimentos políticos e civis da época, como quando pôs à disposição a sua formação histórica para fazer valer os direitos da casa d'Este sobre Modena e Comacchio, no contexto da guerra de sucessão da Espanha (1700-1713/1715). Traçou as linhas mestras do desenvolvimento cultural italiano e da relação entre cultura e Igreja, entre fé e razão. Em particular, nos *Primi disegni della repubblica letteraria d'Italia* (Nápoles, 1703), formulou o projeto de uma grande academia com a adesão de todos os homens italianos de cultura (nela a orientação religiosa era determinante). Nas *Riflessioni sopra il buon gusto nelle scienze e nelle arti* (Veneza, 1708; Nápoles, 1715) e no *De ingeniorum moderatione in religionis negotio* (Paris, 1714) apresentou a consistência real dos conteúdos da revelação cristã, motivou a capacidade cognoscitiva da fé, defendeu o valor da tradição cristã e considerou legítimo o exame crítico de muitos aspectos do cristianismo, como as relíquias, os milagres, o culto dos santos.

A essas linhas mestras Muratori permaneceu fiel por toda a vida, aprofundando-as e enriquecendo-as. Isso ocorreu mediante uma inexaurível atividade de pesquisador e estudioso; devem ser lembrados pelo menos os *Rerum italicarum scriptores*, projetados em vinte e oito volumes, mina de documentos para a história da Itália de 500 a 1500, e as *Antiquitates Italicae Medii Aevi*, formadas por setenta e cinco dissertações sobre temáticas muito variadas da Idade Média italiana. Além disso, ele esteve bem inserido na cultura de sua época. Assim, fortalecido com o ministério pastoral direto realizado na principal paróquia de Modena de 1716 a 1733, reflete sobre o papel do pároco e da paróquia (a contribuição conclusiva é constituída pelo *Vita dell'umile servo di Dio Benedetto Giacobini, proposto di Varallo*, publicado em 1747). Dá diversos esclarecimentos sobre o nexo entre promoção humana e religiosidade popular, de modo que a purificação da segunda ajudasse a melhorar a primeira. Tanto o tratado *Della carità cristiana in quanto essa è amore del prossimo* (1723) quanto o *Della regolata divozion de'Cristiani*, de quase vinte e cinco anos mais tarde (1747), vão nessa linha.

O segundo texto vai mais longe ainda, com sua perspectiva fundamental de fazer corresponder a devoção exterior à interior, com a crítica ao rigorismo de cunho jansenista, o reconhecimento do papel dos *Exercícios* inacianos na Igreja católica moderna, a importância de uma liturgia e oração mais compreensíveis e participadas, além de formas de piedades respeitosas da ortodoxia, moderando o culto aos santos e a Nossa Senhora, controlando a religiosidade popular, diminuindo o número das festas. Essa última medida, motivada também pela melhor distribuição dos dias de trabalho, totalmente a favor dos pobres, inseriu-se numa discussão que teve tons polêmicos com o cardeal Ângelo Maria Querini e que amargurou Muratori, porquanto se disse que fora condenado por Bento XIV; mas o papa desmentiu pessoalmente os boatos e impôs silêncio sobre a questão das festas.

Com o *Il cristianesimo felice nelle missioni de'padri della Compagnia di Gesù nel Paraguai* (1743-1749), a apresentação das *reduções*, objeto de acusação por parte do antijesuitismo crescente, serviu para fazer refletir que a educação dos jovens (no caso dos indígenas, feita pelos religiosos e com motivações religiosas) era capaz de formar uma elite para guiar a sociedade, sem mudar as organizações políticas. Semelhante sensibilidade encontra-se no *Della pubblica felicità, oggetto de'buoni prìncipi*, o último texto de Muratori, que estimulava os soberanos a melhorar a agricultura, as manufaturas, o comércio, a instrução, a assistência, a justiça, mas no respeito das instituições políticas e civis existentes; de modo que o maior bem-estar da população devia ser acompanhado pela obediência dos súditos e não pela igualdade e pela liberdade, como muitos estavam propondo em meados do século XVIII, reportando-se, por exemplo, aos escritos de Locke. É também sintomático o posicionamento sobre a tolerância religiosa que ia se difundindo cada vez mais, mas que jamais foi aceita por Muratori; tanto assim que nos (1744), ele elogiou a decisão de Luís XIV de revogar o edito de Nantes (cap. 5, item 23.3).

A impressão deixada pela parte final da contribuição de Muratori é de que as raízes culturais que tinham permitido exercer um papel ativo e promocional nos debates culturais e civis da primeira parte do século XVIII puseram-no, digamos assim, na defensiva por volta da metade do século.

Essa impressão é confirmada pela segunda personalidade que desejamos agora considerar: **Próspero Lambertini** (1675-1758), o papa **Bento XIV**. Sintetizando o que será exposto mais adiante (item 27.1), Lambertini, como Muratori, esteve tão bem inserido na cultura a ponto de ter boas relações com homens como Voltaire e Genovesi e de ter visto um de seus estudos analisado pelas *Acta eruditorum* de Leipzig. Como Muratori, deixou-se levar pelos estímulos culturais, seja como membro da Cúria romana, seja como bispo de Ancona e de Bolonha (onde é claríssimo o relançamento do Tridentino), seja como papa. Mais ainda que Muratori, no último decênio de sua vida criticou várias vezes — chegando até mesmo a condená-las — importantes expressões culturais da sua época, dos escritos de Voltaire à maçonaria.

Detemo-nos com menos pressa numa terceira personalidade, a de **José Garampi** (1725-1792). Nascido em Rimini, teve também ele uma formação plenamente inserida no elã cultural do século XVIII, graças a seu mestre João Bianchi, um correspondente de Muratori: esse último exortou Bianchi a ajudar na formação do jovem aluno, o qual por sua vez encontrou Muratori em Modena no último ano de vida. Vice-guardião da Biblioteca Gambalunghiana de Rimini e membro da reconstituída Academia dos Linces em sua cidade natal, graças às viagens de estudo na Itália central, às primeiras publicações e à capacidade de unir perícia jurídica e arqueologia, fez-se conhecer e estimar pelo mundo cultural italiano.

No fim de 1746 transferiu-se para Roma a fim de continuar a própria formação. Aí frequentou a Academia eclesiástica, onde era professor o dominicano Tomás Maria Mamachi, para aprender com seriedade a história da Igreja, e conheceu de perto o grupo filojansenista que se reunia no palácio Corsini (conhecido como "Círculo do Archetto"), que tinha como expoentes máximos João Caetano Bottari e Pier Francesco Corsini, com a participação dos cardeais Passionei, Marefoschi, Orsi e Gerdil. Poucos dias antes da ordenação presbiteral (maio de 1749), apresentou a Bento XIV o tratado *De nummo argenteo Benedicti III. Pont. Max. Dissertatio in qua plura ad pontificiam historiam illustrandam, et Johannae Papisssae fabulam refellendam proferuntur* ("Dissertação sobre a moeda de prata de Bento III Pontífice Máximo, na qual se referem muitas coisas para esclarecer a história pontifícia e para desmascarar o mito da papisa Joana"). Além de receber uma lisonjeira resenha nas "Novelle letterarie" de Florença por parte do filojansenista João Lami, o tratado contribuiu para convencer Bento XIV a confiar a Garampi a responsabilidade do Arquivo Vaticano, que perdurou até 1772, acrescida da do Arquivo da basílica de São Pedro (1752) e do Castelo Santo Ângelo (1759).

A esse currículo que colocaria pacificamente Garampi na cultura da sua época junta-se outro totalmente diferente, documentável sinteticamente por uma carta escrita ao secretário de Estado, cardeal Torrigiani, no dia 6 de fevereiro de 1763 por ocasião de sua viagem pelas regiões do Império e à França: "Estou absolutamente convencido de que nosso maior interesse seria o de reunir homens de mérito de todas as nações e de empregá-los a refutar muitos livros que se publicam todos os dias, cheios ou de máximas e princípios falsos ou de calúnias contra nós [...]; dessa maneira, expandem-se e se levam a sério cada vez mais todas as invenções malignas de nossos inimigos" (cit. in Vanysacker, 109-110). Foi exatamente o que pôs em prática o próprio Garampi, que, num crescente empenho na atividade diplomática, culminada com a nunciatura em Viena (item 26.3), tornou-se uma referência para construir um consenso cultural e político, em sintonia com **dois posicionamentos** da **Santa Sé**.

Em primeiro lugar, em 1751 Bento XIV tinha confirmado a **condenação da maçonaria** feita treze anos antes por Clemente XII. Devido a motivos de ordem pública, essas condenações atingiram também o deísmo, que era a forma de religiosidade mantida e difundida na maior parte das lojas, nascido onde também a maçonaria tinha tido origem, ou seja, na Inglaterra. Aí o deísmo encontrou a própria inspiração, bem como em Locke, em Toland, Cooper, Collins, Tindal (todos eles foram chamados de *Free Thinkers*, "pensadores livres"). Embora não sendo um sistema religioso unitário, o deísmo teve algumas referências fundamentais comuns: como a depuração, em relação à Escritura, de tudo o que não está de acordo com a razão ("racionalidade do cristianismo"); a crítica da autoridade eclesiástica e o maior espaço dado ao livre exame nas matérias religiosas (isso levou a análogos posicionamentos com as autoridades políticas); a procura do que une as várias confissões cristãs em vista de uma tolerância cada vez maior; a promoção da moralidade, do bem-estar social e da concórdia civil. O resultado último dessas perspectivas leva à negação de uma religião revelada, substituída por uma "religião natural" (expressão já em uso no século XVIII), que de fato acaba sendo uma filantropia ("religião do homem").

O segundo posicionamento concretizou-se numa série de **condenações de textos do iluminismo francês**. Para contextualizá-las, é preciso voltar às teses do padre de Prades e aos "bilhetes de confissão", ou seja, a Paris do início dos anos cinquenta do século XVIII (item 24.3). A assembleia do clero que se reunira em 1750 tinha pedido ao rei Luís XV que condenasse os autores, os impressores e os vendedores "dos livros mais ímpios e dos libelos infames nos quais a religião é ultrajada" (cit. in Julia, 405) — expressões semelhantes retornarão a cada assembleia do clero, ou seja, a cada cinco anos. Depois das condenações amadurecidas no pontificado anterior de Bento XIV (item 27.1), as posições se enrijeceram sensivelmente por parte de Roma com as intervenções do Santo Ofício contra a *Encyclopédie* durante o pontificado de Clemente XIII. Em 1759, no início do pontificado desse papa, a obra por excelência do Iluminismo francês foi condenada pelo materialismo, pela disponibilidade ao ateísmo, pelo elogio da liberdade de pensar e de escrever, pela acusação de fanatismo movida contra a religião, pelos ataques lançados contra os dogmas, o culto, a jurisdição eclesiástica, o papa, o clero, os costumes da Igreja católica. Tal censura inspirou-se em duas fontes francesas: um livro publicado em Paris no ano anterior (*Préjugés légitimes contre l'Encyclopédie et Essai de réfutation de ce Dictionnaire*, do jansenista Chaumeix) e uma deliberação promulgada no início daquele ano, 1759, pelo advogado geral do parlamento de Paris.

A partir de 1759 seguiu-se uma condenação após outra do *De l'Esprit*, de Helvetius, a uma série de obras de iluministas franceses, como o *Émile*, de Rousseau, o *Dictionnaire philosophique*, de Voltaire, e em 1770 o *Système de la Nature*, de Holbach. A condenação dessa última obra é particularmente significativa. De um lado, unindo a obra de Holbach com as de Spinoza e Hobbes, o Santo Ofício remontava às origens do Iluminismo francês, indicando-as em duas personalidades de referência do pensamento amadurecido entre os séculos XVII e XVIII na Inglaterra e nas Províncias Unidas. De outro, na condenação do *Système*, dc Holbach, lança-se luz sobre o extremo resultado religioso a que chegou o Iluminismo — professado, porém, por um número restrito de iluministas —, ou seja, o ateísmo.

A dupla série de condenações dos anos cinquenta e sessenta do século XVIII não impediu que a maçonaria se difundisse, divulgando ao mesmo tempo o deísmo, bem como não impediu aos homens de cultura e aos católicos de alta posição na sociedade, inclusive eclesiásticos, fazer parte dela; tampouco impediu que os escritos dos *philosophes*, a partir da *Encyclopédie*, circulassem entre os homens de Igreja, nem impediu que as ideias deles passassem a fazer parte das reformas josefinas (itens 26.1-2). Temos de ter presente, porém, que o duplo posicionamento não era capaz — nem o queria ser — de chegar a todo o mundo cultural da segunda parte do século XVIII, que estamos acostumados a unir sob o único nome de **Iluminismo**, mas que não foi **de modo algum unitário**. Isso complica mais as tentativas de dar conteúdo bem definido ao Catolicismo iluminado.

4. Um último componente do quadro religioso e eclesiástico do século XVIII é a **religiosidade popular**, muitas vezes encontrada nestas páginas ao tratarmos do jurisdicionalismo, do jansenismo e da *Aufklärung* católica. Por outro lado, um bom número daqueles que trabalhavam no campo teve interesse de melhorar a religiosidade popular, como mostra um dos maiores pregadores ao povo do século XVIII, Afonso Maria de Ligório (1696-1787). Em sua pregação ele visou a apresentar o amor de Jesus pelo ser humano, convidando a uma atitude de confiança em Deus e na materna intercessão de Nossa Senhora. Santo Afonso continuou a se apoiar nos sentimentos da gente simples, para a qual compôs muitas pequenas canções, algumas das quais transmitidas de boca em boca e capazes de tocar o coração até das gerações atuais: "Tu desces das estrelas", a mais célebre dessas canções, é capaz ainda hoje de evocar o mistério do Natal. A atividade afonsiana das missões ao povo prolongou-se na congregação dos redentoristas por ele fundada em 1732. Igualmente aconteceu com Paulo da Cruz, o iniciador dos passionistas, aprovados por Bento XIV em 1741.

Exatamente vinte anos antes, na diocese de Milão, Jorge Maria Martinelli, pertencente aos oblatos dos Santos Ambrósio e Carlos, com alguns confrades no santuário da Madonna Addolorata de Rho, graças ao interesse e estímulo do arcebispo Erba Odescalchi, deu início a um colégio que constituiu o núcleo originário dos padres diocesanos especialmente preparados e dedicados às missões ao povo, conhecidos como "padres de Rho". Outra personalidade de destaque na Itália foi Leonardo do Porto de São Maurício, já lembrado antes, frade menor pertencente a um ramo reformado pouco depois da metade do século XVII; ele se dedicou tanto às missões ao povo que se tornou seu patrono. Da sua atividade depende o projeto da *via crucis*, que desde a primeira metade do século XVIII entrou de forma permanente na devoção popular católica.

Outra devoção que conquistou grande parte da Europa é a do Sagrado Coração, que começou a se firmar nos últimos decênios do século XVII graças às visões narradas por Santa Margarida Maria Alacoque. Foi hostilizada pelos jansenistas, que a consideravam carnal e material e, portanto, sujeita a superstição, enquanto a Santa Sé manifestava reserva e cautela em relação a essa devoção, a qual, todavia, teve a aceitação favorável a partir do pontificado de Clemente XIII (1758-1769), o papa sob cujo pontificado foram feitas, durante os anos sessenta daquele século, as condenações aos mais apreciados textos da cultura iluminista anticlerical, de orientação religiosa deísta e, em alguns casos, ateia.

No século XVIII recuperam-se duas das mais características expressões da piedade popular da Igreja tridentina, o **culto mariano** e as confrarias, as quais continuaram a ter extraordinário sucesso. Por exemplo, o santuário da Virgem Negra de Mariazell, na Estíria (à qual foi dado o título de *Magna Mater Austriae*), registrou em 1727 cento e oitenta e oito mil comunhões por parte dos peregrinos, e vinte anos depois tinham duplicado esse número, chegando a trezentas e setenta e três mil. Isso, e talvez mais ainda, se aplica a outro lugar de peregrinação a uma Virgem Negra, a polonesa de Czestochowa, e observações análogas valem para o santuário de Loreto, o mais conhecido entre os tantos lugares onde na Itália se venera uma efígie da Virgem Negra (por exemplo, o Sacro Monte de Varese). Se em Mariazell havia a "Grande Mãe da Áustria", a Imaculada foi proclamada "Primeira e Principal Padroeira" de Nápoles e do reino em 1748 (cit. in Guerci, 399). Santo Afonso desempenhou um papel importante a favor do culto mariano na Itália meridional, superando as críticas feitas por Muratori.

Em relação às **confrarias**, uma visão negativa foi partilhada tanto pelos jansenistas como pelos católicos iluminados, que as acusavam de esbanjar dinheiro, criar rivalidades nos diversos contextos sociais, incentivar a teatralidade nas manifestações devocionais. Em muitos casos, também os párocos não as viram com bons olhos, porque favoreciam a autonomia do laicato, acusado de invadir o campo de competência do clero paroquial. Isso não impediu que as confrarias se multiplicassem: em Gênova em 1751 eram duzentas, em Viena chegaram naqueles anos a cento e três e a mais de cem em Sevilha; em Florença eram duzentas e sessenta e quatro em 1785, ano em que foram supressas pelo grão-duque Pedro Leopoldo.

26. A política eclesiástica no Absolutismo iluminado: os dois reformismos habsbúrgicos

1. "Absolutismo iluminado" é uma **categoria historiográfica** utilizada para indicar os Estados e as sociedades absolutistas (cap. 5, item 20) transformadas graças aos estímulos provenientes da cultura do século XVIII, ou seja, do Iluminismo (que deve ser entendido segundo a complexidade lembrada no item anterior). Nessas transformações, a Igreja viu-se sempre implicada em suas estruturas e em seus expoentes, como ocorreu (para considerar somente

os Estados católicos com mais repercussões desse fenômeno) na Espanha, em Portugal, no reino de Nápoles, no ducado de Parma, na República veneziana, no grão-ducado da Toscana e na monarquia habsbúrgica. Essa última se destacava por amplidão e variedade de territórios estruturados em diversos blocos, cada qual com uma fisionomia constitucional própria, como os territórios hereditários austríacos e a Boêmia, o reino da Hungria, o reino da Croácia e da Eslovênia, o Banato, a Transilvânia, a Lombardia austríaca e os Países Baixos austríacos. Reserva-se à **monarquia habsbúrgica** um espaço específico, porque nela as reformas eclesiásticas tiveram uma amplidão e uma organicidade superiores a todas as outras. A atenção será posta principalmente sobre os territórios hereditários austríacos e a Boêmia, bem como sobre a Lombardia austríaca, porque foram o motor das reformas que depois se espalharam por outras partes.

Depois do Concílio de Trento, os territórios hereditários austríacos caracterizavam-se pelo peso dos poderes locais, que eram pelo menos iguais ao do soberano (diarquia), pelo fracionamento dos poderes quer temporais, quer eclesiásticos, e por uma religiosidade que funcionava como um elemento unificador (cap. 5, item 20.2). Nessa situação, durante o século XVIII aconteceram **modificações** cada vez mais **significativas**. Em primeiro lugar, difundiu-se a tese do atraso das nações católicas em relação às protestantes, dado que a partir da metade do século XVII essas últimas adquiriram a superioridade política e econômica, como foi o caso das potências marítimas inglesas e holandesas e, depois, da força militar da Prússia de Frederico II (no poder desde 1740). Isso levou à crítica de aspectos típicos do catolicismo, das excessivas festividades aos jejuns, das peregrinações à isenção do clero em relação aos impostos, considerando-se que nisso residiam as causas principais da inferioridade política e econômica.

Os homens de governo, em primeiro lugar os chanceleres Haugwitz e Kaunitz, puseram em prática uma série de reformas institucionais, respectivamente em 1748-1749 e em 1761. Quatro anos mais tarde, Kaunitz instituiu na Lombardia austríaca (escolhida como campo experimental) a Junta do Economato, que começou a taxar terrenos eclesiásticos inutilizados, para depois, com a "lei de amortização" de 1767, torná-los disponíveis mediante contratos facilitados e vendas; tudo em benefício da agricultura, das igrejas mais pobres e das instituições assistenciais. Com base no modelo da Junta do Economato da Lombardia, em 1769 surgiu na chancelaria boêmio-austríaca o *Consessus in publico-ecclesiasticis*.

A admiração pela Prússia de Frederico II estimulou os criptoprotestantes da Estíria, Caríntia, Boêmia e Morávia (remanescentes clandestinos nos territórios habsbúrgicos depois da forçada recatolização feita a partir de Fernando II [cap. 4, item 18.4]) a passar sob esse soberano. Para impedir a perda de súditos produtivos, a corte de Viena tornou-se disponível às negociações a favor da tolerância, que, aliás, em alguns territórios da monarquia já fora reconhecida ou estava para sê-lo (por exemplo, no reino da Hungria, onde eram permitidas as confissões luterana, calvinista e ortodoxa, na Galícia, Bucovina e Transilvânia). Para enfrentar os criptoprotestantes, por volta de 1750 imaginou-se outra possibilidade, ou seja, relançar na Estíria e na Caríntia a ação pastoral, incrementando a rede paroquial e melhorando a preparação dos párocos. Isso foi o prelúdio de intervenções sobre as estruturas da Igreja, a serem feitas em estreita ligação com as mudanças estruturais administrativas e políticas a que nos referimos.

Viena procurou o apoio de Roma, ou seja, do papa Bento XIV, que inicialmente se mostrou disponível, concordando com uma medida não de tipo estrutural, mas igualmente significativa, ou seja, uma primeira redução dos dias festivos. Contextualmente, Bento XIV aceitou o pedido de suprimir o antigo patriarcado de Aquileia, para criar em 1751 as duas arquidioceses de Udine e de Gorizia, e em 1757 estipulou uma concordata para a Lombardia austríaca. Mas o papa, por motivos não totalmente claros — provavelmente porque os pedidos lhe vieram não dos bispos e dos religiosos, mas da corte — recusou-se a concordar com um projeto mais amplo, que previa a reorganização dos mosteiros, um estipêndio único para todos os monges, um número máximo (dezenove) de monges para cada comunidade; previa sobretudo a alienação dos bens das confrarias e a utilização das riquezas em excesso das paróquias e dos mosteiros para a atividade pastoral em zonas pobres, a formação do clero, a instrução elementar e a assistência aos pobres. Não se chegou a um acordo entre as duas partes, quando Roma pediu para controlar a "caixa de religião", para intervir na distribuição dos fundos eclesiásticos e para controlar as listas para as taxas dos terrenos de propriedade da Igreja.

Algumas comissões específicas instituídas em Viena interessaram-se por outras questões referentes à Igreja: as comissões para a censura, para os estudos, para as pias fundações e o já citado *Consessus in publico-ecclesiasticis*, fundado em 1769. No último decênio do longo reino de Maria Teresa (1740-1780), ou seja, durante os anos 1770, o *Consessus* coordenou as disposições cada vez mais frequentes referentes às Ordens religiosas (como a elevação da idade da profissão religiosa, passando dos dezesseis para os vinte e quatro anos), a redução das festas e das peregrinações, a restrição das atividades das confrarias. Na prática, todas as medidas projetadas nos anos 1750, com a perspectiva de as atualizar com o apoio da Cúria romana, vinte anos depois foram administradas de fato exclusivamente pelo Estado habsbúrgico, exceto algumas, como outra redução das festas aprovada por Clemente XIV.

Nos novos organismos administrativos e políticos especializados trabalhavam leigos e eclesiásticos inspirados por **orientações heterogêneas**, do jansenismo ao febronianismo, das obras de Muratori a algumas ideias provenientes dos *philosophes*. Trata-se de um clima cultural particular, dificilmente determinável. A heterogeneidade das referências ideais corresponde à variedade dos sujeitos que se empenharam nas reformas, como se percebe num primeiro conhecimento quer do episcopado e do clero, quer daquele que por decênios teve um papel fundamental, ou seja, o chanceler da Corte e do Estado, Kaunitz, quer da imperatriz Maria Teresa e do imperador José II, todos eles protagonistas das mudanças em andamento, mas com motivações e estilos nada unívocos. Tudo isso permite assumir de maneira adequada — ou seja, não o ligando somente a José II — o termo "**josefismo**", utilizado para indicar em geral as reformas habsbúrgicas no âmbito eclesial e religioso.

2. Quanto ao **episcopado**, a partir do último quartel do século XVIII houve uma série de bispos disponíveis às reformas, tendo sido em grande parte influenciados na juventude pelas obras de Muratori ou pelo jansenismo reformista presente em Roma, quando tinham lá morado para a formação. Esses bispos fizeram reformas em suas dioceses por iniciativa própria, sobretudo relançando muitas opções do Tridentino, relidas à luz do novo clima cultural. A medida mais característica foi a fundação ou refundação de seminários. Depois que algumas fundações de caráter experimental suscitaram o interesse das pequenas dioceses de Gurk, Lavant, Seckau na Estíria e Caríntia, em 1758 o arcebispo Migazzi instituiu em Viena o próprio seminário, que se tornou o viveiro do jansenismo na Áustria. Pouco depois, o bispo de Passau, Thun, fundou também um seminário, estabelecendo na parte austríaca daquela vasta diocese (que da Baviera oriental se estendia até as proximidades de Viena) duas casas para acolher jovens clérigos; isso ocorreu também em Graz. Em 1764 Leopoldo von Spaur iniciou a construção de um seminário com cem lugares, em Gressanone. O último seminário construído naqueles anos foi o de Lubiana, desejado pelo bispo Herberstein, que nele introduziu uma sensibilidade na qual conviveram Iluminismo e jansenismo. Em Bressanone, assim como em Lubiana, a situação financeira dos seminários sempre foi precária; por isso, tanto Spaur como Herberstein pensaram em recorrer aos bens das confrarias, antecipando uma estratégia de José II.

Todos esses bispos encontraram acolhimento benévolo por parte do governo habsbúrgico, e alguns deles, junto com outros expoentes do clero, estiveram diretamente empenhados nas reformas estatais, como ocorreu para os estudos universitários e para a censura. A **reforma universitária** teve início em 1749 por obra de Gerard van Swieten, médico e bibliotecário imperial, ligado ao movimento jansenista. Entre 1752 e 1753 foram renovadas as faculdades de filosofia, de direito e de teologia, tendo passado essa última para o controle feito pelo arcebispo de Viena (até 1757 Johan Joseph Trautson, substituído por Migazzi, cardeal desde 1761) e na qual a partir de 1759 foram admitidos para o ensino da dogmática dois professores, um agostiniano e um dominicano, dando-se assim um passo decisivo para tirar dos jesuítas o controle do ensino teológico; entre os docentes distinguiram-se José Bertieri e Pedro Maria Gazzaniga. Para coordenar esses tipos de mudanças, foi instituída em 1760 uma comissão para os estudos (*Studienhofkommission*), solicitada por Migazzi e graças à qual podia-se favorecer a difusão das reformas vienenses em outras universidades da monarquia, situadas em Praga, Graz, Innsbruck, Friburgo em Brisgóvia (Breisgau), Tyrnau, depois Buda, Lovaina e Pavia. A supressão da Companhia de Jesus (1773) deu ensejo a outra evolução em andamento, de modo que entre 1774 e 1778, por obra do abade beneditino Franz Stephan Rautenstrauch, diretor da faculdade teológica, foram reformados os cinco anos do curso de teologia, com a introdução de novos ensinamentos, programas, manuais e professores.

O arcebispo de Viena trabalhou também para a **reforma da censura**, intimamente ligada à reforma universitária e, como ela, iniciada por van Swieten, que foi o presidente da comissão especial de 1751 a 1759. Foram introduzidas três novidades: a distinção das competências dos censores em referência às diversas matérias tratadas nos livros; a passagem da competência sobre as matérias teológicas dos jesuítas ao arcebispo de Viena (depois de dois séculos, foi assim posta em prática uma prescrição do Concílio de Trento); a introdução do critério de maioria. Por volta de 1765-1767, os textos que ampliavam os direitos do soberano sobre a Igreja, atacavam os direitos da Santa Sé e exaltavam os direitos dos párocos acima de qualquer outra autoridade eclesiástica acenderam ásperas discussões entre os membros da comissão. Também após esses debates, o cardeal Migazzi passou do apoio à oposição em relação às reformas (depois, outros eclesiásticos fizeram semelhante parábola) e em 1768 conseguiu convencer a imperatriz a abolir o princípio de maioria para as publicações em assunto doutrinal. A partir daquele momento, até a morte de Maria Teresa (ocorrida no fim de 1780), a censura teve cada vez mais um caráter restritivo e conservador.

    Se as reformas tiveram como promotores diretos muitos expoentes do clero e do episcopado, encontraram no **chanceler Kaunitz** um dos mais importantes inspiradores. Entre suas múltiplas intervenções, uma das mais lúcidas e sintéticas foi constituída pelas "Instruções secretas para a Junta do Economato" de Milão de 1768. Essas instruções afirmavam que cabe à autoridade eclesiástica apenas o que é "de instituição divina", que é "o que foi atribuído pelo próprio Jesus a seus apóstolos", ou seja, "somente as incumbências espirituais da pregação do Evangelho, da doutrina cristã, do culto divino, da administração dos sacramentos e da disciplina interna dos eclesiásticos". Tudo o que não faz parte desses conceitos depende da autoridade civil, que goza de um poder originário existente antes ainda do "estabelecimento da nossa santa religião" (expressão pela qual se compreende que Kaunitz não era um irreligioso). Dessa distinção de competências segue-se que a ação dos eclesiásticos no âmbito temporal é legítima somente "se [...] provém do consenso ou da voluntária concessão dos príncipes", os quais podem sempre mudar e revogar, em função da época e das circunstâncias, o que concederam, e isso vale também para a aplicação das "disposições dos concílios e dos cânones, não referentes a objetos puramente espirituais". Além disso, a autoridade eclesiástica não tem competência absoluta em matéria dogmática e disciplinar, porque para a autoridade civil é muito importante que os súditos professem verdades de fé "conforme o Evangelho" e que a disciplina da Igreja e o culto concorram "para as circunstâncias do bem público" (cit. in Rosa, *Politica*, 107-109). Graças a esse enfoque e graças à habilidade de Kaunitz ao proceder com firmeza e, ao mesmo tempo, com flexibilidade, tomou corpo nos anos setenta do século XVIII a série de reformas acima referidas.

    O chanceler foi um elemento de equilíbrio entre a imperatriz **Maria Teresa** e o imperador **José II**. Os dois soberanos estavam de acordo sobre a necessidade de se afastarem da tradicional concepção sagrada dos Habsburgos, uma vez que Maria Teresa se entendeu e se apresentou como mãe do seu povo, enquanto o filho José II se considerou o primeiro servidor do Estado. Estando de acordo sobre o modo de conceber a soberania, os dois se diferenciavam sobre o modo de pôr em prática as mudanças estatais e eclesiais. Ao contrário do filho, Maria Teresa estava disponível ao compromisso, e por isso confirmou várias vezes os privilégios à nobreza e às classes sociais, pondo assim um freio na criação de um Estado unitário e centralizado; além disso, era sensível ao acolhimento das solicitações dos eclesiásticos sobre o que podia se referir à fé católica. Em 1765 a imperatriz recomendou a seu outro filho, Pedro Leopoldo, próximo de assumir a direção do grão-ducado da Toscana, que "não permitisse a mínima interferência, qualquer que fosse, por parte da corte de Roma nos negócios de Estado", mas ao mesmo tempo aconselhou-o a se mostrar "bom filho, devoto ao santo padre sobre qualquer questão de religião e de dogma" (cit. in Dell'Orto, *Concezione*, 58), um esclarecimento que José II, bem como Kaunitz, teriam considerado supérfluo.

As diferenças entre Maria Teresa e José II referiam-se também a convicções que qualificaram o Iluminismo à medida que evoluía na segunda parte do século XVIII sob a ação dos *philosophes*. Já nos referimos às restrições em matéria de censura nos últimos anos de Maria Teresa; outro exemplo é o da tolerância. Como já foi dito, por volta de 1750 fora proposta na Estíria e na Caríntia a tolerância em relação aos criptoprotestantes. Nada foi feito, assim como nada aconteceu entre 1777 e 1780, quando José II e Kaunitz propuseram a concessão da tolerância na Morávia e na Boêmia. Primeiro Maria Teresa aceitou algumas pequenas concessões, mas depois não permitiu uma verdadeira tolerância, com um sofrimento interior expresso num bilhete confidencial endereçado a Kaunitz em fevereiro de 1780: "Minha consciência repugna um ato público geral, o qual me deva atar as mãos para o futuro e me obrigue a ignorar o que é meu primeiro dever", ou seja, de manter o catolicismo como única confissão de valor público (cit. in Dell'Orto, *La nunziatura*, 121).

3. Poucos meses depois, no dia 29 de novembro de 1780 a imperatriz morreu, e José II, ao ficar sozinho na direção da monarquia habsbúrgica, no ano seguinte ampliou os critérios da censura e concedeu a tolerância religiosa, dando início em grande estilo às reformas eclesiásticas e religiosas; com sua prudente firmeza, Kaunitz teve papel cada vez mais esquivo. José II, porém, pôs sua confiança num círculo de homens dispostos a métodos mais expeditos do que os do tempo de Maria Teresa e com os quais podia contar; mas eles não foram determinantes, porque foi a personalidade do imperador que marcou toda a reforma. Em dez anos de reinado (1780-1790), o imperador interessou-se, na prática, por todos os aspectos eclesiais e religiosos da monarquia habsbúrgica, com ação poderosa e orgânica, reduzida a **cinco setores**.

O primeiro é o das duas **liberdades** promovidas pelo Iluminismo dos *philosophes* (**imprensa e religião**), voltadas para objetivos bem determinados. A partir de fevereiro de 1781, o imperador deu à censura novas regras, com um teor liberal, considerando fundamental que, por meio de escritos de vários gêneros, a opinião pública fosse informada sobre as reformas, para torná-la disponível a aceitá-las. Para atingir as camadas populares, pôs-se o foco nas ilustrações impressas. Em 1783, ano das reformas litúrgicas e do direito matrimonial, bem como da introdução dos seminários gerais, circularam em Viena impressos com a representação alegórica das reformas eclesiásticas e religiosas; embora fossem caras, o povo corria numeroso a comprá-las. Testemunha desses fatos, o núncio Garampi comentou: "É incrível como esse povo fica ocupado e se entretém com a observação das imagens impressas e a contemplar as alusões simbólicas ou alegóricas. [...] Tudo o que antes se respeitava com reverente silêncio e docilidade, torna-se agora objeto da maior parte das conversas, até populares" (Dell'Orto, *La nunziatura*, 448). As gravuras alegóricas, portanto, não somente informavam, mas formavam uma opinião pública para pôr em discussão as tradições eclesiais. A seguir, a opinião pública se revoltou contra aquele que contribuiu para desenvolvê-la. Quando, a partir de 1787 e durante os últimos três anos de seu reinado, José II observou que mediante a liberdade de imprensa as reformas eram criticadas, reintroduziu critérios restritivos de censura.

Foi sobretudo para incrementar a economia e o comércio que José II concedeu entre outubro de 1781 e início de 1782 a tolerância religiosa, graças à qual no Estado habsbúrgico, oficialmente católico, foi aceito, em determinadas condições (por exemplo, templos e igrejas deviam ser sóbrios e sem sinos e campanários), o culto luterano, calvinista, ortodoxo e judaico, e os não católicos se tornaram cidadãos de pleno direito. Isso aconteceu mediante a concessão de uma série de editos ou "patentes" de tolerância, o que quer dizer que não se tratou de uma lei fundamental, mas "de uma graça do soberano, em teoria absolutamente revogável" (Michaud, 31). Além disso, não foram reconhecidas outras confissões, nem grupos religiosos dissidentes em relação às grandes confissões religiosas, como os hussitas na Boêmia (cap. 1, item 3.2), com o temor de que perturbassem a ordem pública. Foi esse também o motivo pelo qual no fim de 1785 José II ordenou que se fizessem sair do anonimato as lojas maçônicas. Note-se que naquele mesmo ano, agora no final de sua missão, o núncio Garampi interpretou a tolerância religiosa como premissa para substituir o cristianismo pelo deísmo: "Essa é a concórdia que comumente se promove hoje em dia [...] para assim dividir e oprimir a religião cristã. [...]. Estando ela enfraquecida, consideram que pouco deveriam se preocupar em extinguir as outras, a fim de substituir em seguida a religião revelada e o cristianismo pela religião natural" (cit. in Dell'Orto, *La nunziatura*, 443).

Uma segunda série de reformas eclesiásticas levou a subtrair à Santa Sé grande parte das **faculdades de dispensa dos impedimentos matrimoniais** para as confiar aos bispos. Desse modo, de um lado, criava-se um vínculo mais forte entre bispos e Estado habsbúrgico e se revigorava mediante os bispos a ligação dos súditos com o Estado. De outro lado, as faculdades reconhecidas aos bispos deviam facilitar a prática da nova legislação matrimonial qualificada pela distinção entre contrato civil e sacramento e pela precedência do contrato em relação ao sacramento. Cabia à autoridade eclesiástica interessar-se somente pelo aspecto sacramental, ao passo que o contrato era de exclusiva competência da autoridade temporal. Isso permitiu a essa última abolir alguns impedimentos matrimoniais e acrescentar outros, condicionando desse modo a celebração do sacramento. Além disso, com a legislação de José II foi dada a possibilidade de divórcio para os acatólicos (caso único para um Estado católico).

No terceiro gênero de reformas feitas por José II, referentes às **Ordens religiosas**, foram levadas adiante as medidas concebidas e guiadas sobretudo pelo chanceler Kaunitz durante o reinado de Maria Teresa. Foi diferente, porém, o modo de proceder: enquanto Kaunitz abordara caso a caso, José II adotou medidas gerais. Entre março e abril de 1781 impediu qualquer vínculo entre as Ordens religiosas presentes nos territórios habsbúrgicos e os superiores residentes no exterior, principalmente em Roma, enquanto por volta do fim daquele ano, após pesquisa feita no mosteiro cartuxo de Mauerbach, na Áustria inferior, foi publicado um decreto para a completa supressão das Ordens contemplativas, consideradas inúteis para o desenvolvimento social e econômico do Estado, segundo o modo de ver da maioria dos iluministas. Em quatro anos (de 1783 a 1787) foram supressas cerca de seiscentas e cinquenta casas religiosas. Paralelamente a essas supressões, vários religiosos passaram a assumir funções paroquiais e muitas propriedades foram vendidas a fim de constituir a "caixa de religião".

Essas opções unem-se ao quarto setor das reformas habsbúrgicas, o da **reorganização eclesiástica**, eixo em torno do qual girava todo o resto. Antes de tudo, foi criado um novo mapa diocesano que punha em prática, também nesse caso, medidas já tomadas durante os últimos anos de Maria Teresa para os territórios orientais da monarquia. Na prática, em 1784-1786 nos Estados hereditários (ou seja, quase toda a Áustria), na Boêmia, Morávia e Galícia, foram fundadas novas **dioceses** e transferidas várias sedes, seguindo o critério de harmonizar os limites da jurisdição eclesiástica com os limites da civil. Essa operação foi integrada pelo direito de conferir os benefícios eclesiásticos existentes na Lombardia austríaca, direito reconhecido ao imperador pela *Conventio amicabilis* (estipulada com Pio VI no início de 1784, por ocasião da viagem de José II a Roma e assim chamada porque o imperador quis evitar a palavra concordata, alusiva a privilégios papais). Para todas essas medidas o imperador e o papa conseguiram entrar em acordo. Isso resultou em contratendência a todas as outras medidas, porque quando o papa estendeu a mão ao imperador para se deixar envolver na reforma geral, indo pessoalmente a Viena em março-abril de 1782, não teve a resposta esperada (item 27.3).

No quadro da reorganização diocesana situa-se a redistribuição das **paróquias**. Também nesse caso José II retomou, estendendo-os a quase toda a monarquia, os planos que Maria Teresa tinha imaginado principalmente para a Caríntia e a Estíria, zonas de alta concentração dos protestantes. Mas o imperador deu a essa operação um valor bem superior, porque considerou a paróquia como célula do Estado e os párocos como alguns de seus primeiros funcionários, dando a elas e a eles uma importância semelhante à concedida no richerismo (item 25.1; embora não esteja clara a relação entre richerismo e josefismo). Como já foi antecipado, os bens confiscados pelas supressões religiosas acabaram na assim chamada "caixa de religião" (*Religionsfond*), que tinha o objetivo de financiar as paróquias recém-fundadas e pagar o clero paroquial, inclusive vigários, em cujas fileiras foi introduzida boa parte dos religiosos das casas e congregações supressas.

O *Religionsfond* financiou também os **seminários gerais**, a instituição que devia formar os futuros párocos, os quais, além de bons pastores das almas, teriam de ser também dóceis súditos e zelosos funcionários. Com efeito, José II via nos párocos a "correia de transmissão" capaz de fazer com que a população recebesse as diretivas da corte, dos dicastérios vienenses e dos governos provinciais. Instituídos em Viena, Praga, Leopoli, Presburgo, Innsbruck, Graz, Olomouc, Pavia e Lovaina, os seminários gerais foram verdadeiras instituições estatais, subtraídos à autoridade dos bispos e guiadas por educadores sob a dependência direta do Estado. Os estudantes de cada seminário geral frequentavam as universidades ou os liceus presentes nas respectivas cidades; escolas que por sua vez já tinham sido completamente reformadas durante o reino de Maria Teresa.

Os seminários gerais são um exemplo dos paradoxos produzidos pelas ideias heterogêneas que constituíram o clima cultural em que se realizou a atividade reformadora de Viena. Com efeito, apresentavam-se, de um lado, como o cumprimento das aspirações tridentinas que levaram muitos bispos reformadores a fundar seus próprios seminários entre os anos sessenta e setenta do século XVIII. Por outro lado, esse objetivo era atingido pelo esvaziamento de significado das medidas do Tridentino, o qual quisera confiar aos bispos mediante os seminários a formação do próprio clero. Tenha-se presente, porém, o caso do seminário geral de Pavia (1786-1791), guiado, por escolha positiva do governo habsbúrgico, pelos oblatos dos Santos Agostinho e Carlos, tradicionais responsáveis do seminário de Milão. Era uma clara ligação entre um seminário estatal e um seminário tridentino.

O quinto e último setor das reformas de José II é aquele pelo qual ele passou à história como "o imperador sacristão", um dito que remontaria à exclamação de Frederico II ("Meu irmão sacristão"). Trata-se das medidas sobre a **liturgia** e a **religiosidade popular**. Iniciada durante o reino de Maria Teresa, a redução das peregrinações foi completada por José II: primeiro, foram proibidas as peregrinações ao exterior e as que duravam mais de um dia, com exceção para as que se dirigiam a Mariazell; enfim, a supressão foi total. Nas próprias dioceses, os bispos tomaram medidas semelhantes, mas de maneira menos rigorosa. José II aboliu cerimônias paralitúrgicas, selecionou os lugares de culto, deixando em funcionamento somente as igrejas catedrais e paroquiais, bem como das casas religiosas não supressas. Principalmente a partir do dia da Páscoa de 1783 introduziu em Viena uma reforma litúrgica que determinava o número e os horários das missas e das outras celebrações litúrgicas, com a indicação exata das procissões e das adorações eucarísticas. De Viena essa reforma foi exportada para os outros territórios hereditários, ou seja, austríacos. No ano de 1783, também as confrarias, uma das mais importantes expressões da religiosidade popular católica, foram reformadas, tornando-se uma única instituição nacional, com finalidades não mais cultuais, mas apenas caritativo-assistenciais.

4. A inspiração para as medidas postas em prática em 1783 foram sobretudo as críticas iluministas ao culto e à religiosidade popular. Elas, porém, ignoravam não só o significado teológico e religioso da liturgia, do culto e da religiosidade popular, mas também o social e econômico. Por exemplo, numa sociedade agrícola como era ainda a do século XVIII, as festas proporcionavam oportunidade de encontro entre indivíduos e grupos. Além disso, ofereciam a descontração indispensável numa sociedade na qual o trabalho era bem duro. Definitivamente, a mentalidade inspiradora das reformas chocava-se com a mentalidade das massas populares, de modo que essas últimas **se opuseram** a tais reformas. A reação de rejeição por parte da população dependeu também do fato de que as reformas vieram do alto, segundo uma das palavras de ordem da linha de conduta de José II: "Tudo pelo povo, mas não mediante o povo" (Reinalter, 32).

Na realidade, as oposições às reformas vieram de várias partes, não só do povo. Todo o episcopado húngaro, apoiado pelos responsáveis da chancelaria especial, rejeitou todos os decretos de reforma. Também levantou um muro contra as reformas o arcebispo de Viena, Migazzi. Como ele, comportaram-se dom Edling, em Gorizia, obrigado a se demitir, e parcialmente dom Kerens, em Neustadt. Todos os demais bispos se esquivaram, exceto os bispos de Lubiana, Herberstein, de Mântua, Pergen, e de Königsgratz (Boêmia), Hay, convencidos da bondade das reformas. Diante do avanço das reformas, os jansenistas moderados retiraram-se, deixando o lugar aos jansenistas radicais. Em última análise, pode-se afirmar que entre os eclesiásticos somente os extremistas, que eram uma minoria, apoiaram as reformas de José II, poucos se opuseram firmemente e a maioria ficou na expectativa.

A indiferença geral entre os eclesiásticos dependia do fato de que no decênio de José II tornou-se claro o que estava latente desde o último decênio de Maria Teresa, ou seja, que a reforma levada adiante pelo Estado habsbúrgico tinha motivações e finalidades divergentes com relação à da grande maioria dos eclesiásticos dispostos às reformas, como o eram aqueles que tinham fundado ou refundado os seminários a partir do fim dos anos 1750. O teste sobre o seminário é indicativo de tal divergência, pois assim que José II faleceu, em 20 de fevereiro de 1790, os bispos pediram em bloco a abolição dos seminários gerais e a reabertura dos episcopais.

Como se intui da referência feita, o reino da Hungria, cuja constituição José II queria modificar, opôs-se às reformas, e igualmente ocorreu no Tirol e nos Países Baixos austríacos, para os quais as reformas, levadas adiante com uniformidade niveladora, atentavam contra o que dava identidade civil, social e religiosa àqueles territórios.

Também os funcionários dos dicastérios habsbúrgicos apresentaram queixas diante do modo de proceder do imperador, especialmente a partir de uma circular divulgada em dezembro de 1783, na qual se afirmava que os funcionários estatais deveriam se submeter ao total serviço do Estado habsbúrgico, tomando como exemplo o próprio José II.

Toda essa série de oposições teve o elemento catalizador nos eventos começados na França no verão de 1789, porque em pouco tempo firmou-se a consciência de que a reforma poderia levar a uma revolução, e a tentativa de mudar um Estado e uma sociedade, e com eles a Igreja, podia se tornar o fim daquele Estado e daquela sociedade.

Diante dessa situação, o sucessor de José II, o imperador **Leopoldo II**, aceitou fechar os seminários gerais, reabrir alguns mosteiros, não interferir diretamente no âmbito litúrgico e devocional. Renunciou a algumas reformas, mas para não prejudicar o delineamento geral. Agindo assim, realizou "a substancial **salvação da herança Josefina**" (Rosa, *Politica*, 45); tanto que as regiões nas quais o josefismo foi ativo ficaram marcadas por longo tempo, dando destaque particular à formação ao sacerdócio, à centralidade da paróquia, à função social reconhecida ao pároco, com liturgia e práticas de piedade mais essenciais, um associacionismo leigo disponível à atividade caritativo-assistencial.

5. Tendo permanecido no trono imperial por somente dois anos, Leopoldo II fora anteriormente, por vinte e cinco anos (1765-1790), grão-duque da Toscana, onde atuou em uma série de reformas. Ele conseguiu desde logo imergir na situação particular do **grão-ducado da Toscana**, dando continuidade às **mudanças já em andamento** antes de sua chegada. Permitiu à imprensa ser elemento privilegiado de união entre a política e a sociedade, como ocorreu com as filojansenistas "Novelle letterarie", o "Giornale dei letterati di Pisa" (expressão dos ambientes da universidade citadina) e os dois jornais, autorizados explicitamente pelo grão-duque, "Notizie del mondo" (1768-1791) e "Gazzetta universale" (1773-1811). Tudo isso criou condições favoráveis à introdução de reformas de vários tipos, inclusive as eclesiásticas, para algumas das quais o grão-duque buscou inspiração nas que estavam em andamento na Lombardia austríaca, como as leis de amortização de 1769, graças à qual muitos terrenos de entidades eclesiásticas foram vendidos ou concedidos aos camponeses, com contrato facilitado de aluguel. Além disso, houve a taxação de todos os bens eclesiásticos (1775), o controle dos benefícios eclesiásticos, a supressão de alguns conventos. Outras medidas adotadas foram a introdução do *exequatur* estatal referente às decisões das autoridades eclesiásticas, a abolição do direito de asilo, a supressão em 1782 do tribunal inquisitorial.

Pelo final dos anos 1770 teve início uma **aliança**, não sem ambiguidades, entre a política eclesiástica e reformadora toscana e o **movimento jansenista**, bem enraizado na diocese de Prato e Pistoia, graças ao bispo Scipione de'Ricci, e em Livorno, que não era ainda sede episcopal, onde era influente o prepósito jansenista Baldovinetti. Essa aliança mostra a diferença entre Pedro Leopoldo e José II, que, embora apoiado pelos jansenistas radicais, não os considerou seus interlocutores e utilizou as ideias deles somente na medida em que faziam parte da lógica das reformas por ele organizadas e postas em prática. Outra diferença entre Pedro Leopoldo e José II é a modalidade da ação reformadora, porque o grão-duque, diferentemente do irmão imperador, seguiu um método semelhante ao de Kaunitz, assim definido pelo direto interessado: agir "procurando fazer tudo com prudência e com tranquilidade, para não escandalizar o público, mas ao mesmo tempo com firmeza" (cit. in Rosa, *Politica*, 46).

Na diocese de Prato e Pistoia, o bispo Scipione de'Ricci, com base no pressuposto da prioridade da Igreja local e da reavaliação do papel do bispo em relação ao do papa, implicou com a liturgia e a piedade popular, as confrarias (supressas em 1784), as Ordens religiosas; positivamente, pôs no centro da sua diocese a paróquia e os párocos; e para dar consistência a essa opção, constituiu o "patrimônio eclesiástico" (1783), que permitiu rever as côngruas (ou seja, na prática, os estipêndios do clero), para melhorar a situação financeira dos párocos e das paróquias. Pouco mais de cinco anos depois do início da aliança deles, em 1786 tanto o grão-duque quanto o movimento jansenista deram respectivamente um passo que, segundo suas expectativas, deveria ser decisivo.

Com efeito, Pedro Leopoldo, depois de uma elaboração conturbada que durou um biênio, publicou no dia 26 de janeiro de 1786 os ***Cinquenta e sete***

pontos eclesiásticos, que visavam a coordenar o reformismo eclesiástico e davam voz às principais correntes religiosas e eclesiais do século XVIII. Em linha com o febronianismo, o ponto V reivindicava para os bispos "os direitos originários que lhes tinham sido abusivamente usurpados pela corte de Roma", o que significava reconhecer a eles, como acontecia na monarquia habsbúrgica, a faculdade de dispensar dos impedimentos matrimoniais. Os pontos que previam a abolição de oratórios, capelas e colegiadas, a proibição nas igrejas dos religiosos das funções a serem realizadas concomitantemente com as das paróquias, o emprego dos religiosos em atividades de tipo paroquial tinham todos ligação com o richerismo, cuja convicção central é a afirmação de que o "título de pároco [*sic!*] […] é de instituição divina" (XXVI). O ponto VII é de clara matriz jansenista, pois afirma — "importando muitíssimo que os eclesiásticos, quer seculares, quer regulares, tenham os mesmos princípios verdadeiros de moral" — a necessidade de que nos seminários, nas academias eclesiásticas, universidades, escolas dos conventos haja estudos uniformes "orientados segundo a doutrina de Santo Agostinho"; tal formação era vinculante, pois quem não a tivesse recebido seria "no futuro incapaz do confessionário e da pastoral".

No ponto XXXVII é de novo expressa a perspectiva jansenista, mas também muratoriana, sobre a "urgência na decência das igrejas e das funções sagradas, retirando ao mesmo tempo delas toda a pompa supérflua, que não as torna nem mais respeitáveis nem mais devotas". Com base nessas orientações como pano de fundo, o mesmo ponto indicava como intervir para tirar altares, quadros e imagens em excesso "em todos os curatos campesinos"; além disso, pedia-se que se eliminasse o abuso de cobrir com telas o crucifixo, as imagens, as estátuas "pois não inspira senão superstição". Uma medida que remontava ao jurisdicionalismo e também ao galicanismo (por sua vez, uma das raízes do febronianismo) dizia respeito aos religiosos e suas casas, porque o controle deles era confiado pelo soberano aos bispos. A eles, portanto, eram endereçados os *Cinquantasette punti ecclesiastici*, que começavam pondo nas mãos deles um dos típicos instrumentos tridentinos, ou seja, o sínodo. Dele se davam três principais características que iam além do ditado conciliar: a presença dos párocos e de outros eclesiásticos dignos, dos quais receber informações "dos abusos que podem ser introduzidos em seus rebanhos"; a referência não só aos sínodos anteriores, mas também "à sã doutrina e às leis do Estado"; a convocação do sínodo "pelo menos, a cada dois anos, a começar do verão de 1786" (cit. in Rosa, *Politica*, 112-113).

Precisamente no fim daquele verão (de 18 a 28 de setembro de 1786), em **Pistoia** realizou-se um **sínodo dirigido pelo bispo de'Ricci**, como coroação de uma atividade quinzenal reformadora e tentativa de traduzir na prática as indicações dos *Cinquantasette punti ecclesiastici*. Além disso, olhavam com interesse para o sínodo de Pistoia os jansenistas italianos e europeus, alguns dos quais dele participaram pessoalmente, como em primeiro lugar Pedro Tamburini, sacerdote bresciano e professor de moral, antes, e de "lugares teológicos", depois, na Universidade de Pavia, portanto, professor dos alunos do seminário geral de Pavia no quinquênio 1786-1791 e cujo nome deve ser associado a outro padre bresciano, jansenista e também ele professor em Pavia, José Zola. O sínodo passou em resenha os aspectos fundamentais do cristianismo: a fé, a graça, a Igreja, os sacramentos (é importante o decreto sobre o matrimônio, contestado pela maioria pelo papel decisivo reconhecido à autoridade civil, de modo semelhante à legislação josefina), a liturgia, a oração pessoal e comunitária, os organismos de reunião e de consulta do clero.

Para entendermos as perspectivas sinodais, é útil conhecer dois decretos. O primeiro é o da fé e Igreja (sessão III), que apresenta a infalibilidade em termos galicanos, afirmando que "não foi concedida a nenhum indivíduo em particular, mas somente ao Corpo dos pastores representantes da Igreja"; além disso, o decreto defende a tolerância, porque "a mente não se persuade com o açoite, e o coração não se reforma com as prisões nem com o fogo". O segundo é o decreto sobre a eucaristia (sessão IV), e tem como referência "o antigo costume da Igreja" (expressão cara aos jansenistas) para estabelecer uma série de medidas práticas, como a unicidade do altar, que deve estar livre de flores e relíquias. A opção fundamental é a de "relacionar a liturgia a uma maior simplicidade de ritos, a uma exposição em língua vulgar e conduzi-la em voz alta". Como se reconhecia com realismo a dificuldade de aplicar tal medida, como alternativa, "para renovar a lei do Concílio de Trento", solicitava-se que durante a missa o celebrante explicasse algumas partes da liturgia. Sempre para ajudar a participação do povo, os pastores eram aconselhados a difundir livros em língua vulgar com o ordinário da missa, "e insinuar que os alfabetizados acompanhassem assim o sacerdote" (cit. in Rosa, *Politica*, 114-115).

Em poucos meses, as decisões do sínodo de Pistoia entraram em **crise**, seja porque o povo não aceitou as inovações práticas, a ponto de provocar tumultos em Prato em maio de 1787, seja porque a maioria dos bispos toscanos e dos conselheiros do grão-duque ficou indiferente, como se viu na fracassada assembleia preparatória em vista de um concílio nacional toscano (Florença, abril-maio de 1787). Consequentemente, rompeu-se a aliança entre o movimento jansenista e o **governo leopoldino**, o qual **prosseguiu a atividade reformadora** com as medidas jurisdicionalistas tomadas nos anos 1770, enriquecendo-as com referências à reforma eclesiástica da monarquia habsbúrgica e à influência cada vez mais forte exercida pelo Iluminismo francês. Na prática, isso significou completar as medidas contra as Ordens religiosas e as confrarias, além de fechar o tribunal da nunciatura de Florença (1788). No primeiro caso, entre 1767 e 1786 o número de religiosos passou de 5.051 a 3.282, enquanto o das religiosas caiu pela metade, passando de 7.619 a 3.859. As numerosíssimas confrarias (somente em Florença havia 264) tinham sido suprimidas em 1785, para serem substituídas por outras unicamente dedicadas à caridade-assistência, uma para cada paróquia. Foram medidas semelhantes às adotadas pelas reformas josefinas, assim como a escolha de desviar os bens das confrarias suprimidas para os patrimônios eclesiásticos, que serviam para a manutenção de párocos e paróquias e que foram mais enriquecidas pelas propriedades dos religiosos; essas últimas serviram para fazer funcionar asilos e hospitais.

Se os pressupostos das reformas eclesiásticas foram promissores, e se tiveram sucesso as modalidades de sua aplicação até 1786, o resultado final foi inferior em relação às expectativas dos *Cinquantasette punti ecclesiastici* e dos decretos do sínodo de Pistoia. Esses últimos, publicados em 1788, foram condenados seis anos mais tarde pela bula *Auctorem fidei*, de Pio VI (DS 2600-2700). Todavia, diversas expectativas daquelas reformas permanecerão vivas na Igreja e serão plenamente realizadas com o Vaticano II e sua sucessiva aplicação.

27. O papado, de Clemente XII a Pio VI

1. Bento XIII tinha posto o foco de seu pontificado (1724-1730) no empenho pastoral, com o relançamento da aplicação do Concílio de Trento (cap. 5, item 21.1); graças a ele também que se pôs em movimento o que os historiadores chamam de "retomada tridentina", que marcou, como mostram diversos testemunhos dos dois itens anteriores, muitas expressões da Igreja católica durante o século XVIII. Esse empenho não foi acompanhado por igual perspicácia na verificação dos abusos cometidos, com prejuízo das caixas pontifícias, pelos "beneventanos", originários da diocese da qual o papa fora por largo tempo arcebispo antes da eleição pontifícia e da qual continuou a ser administrador apostólico uma vez eleito papa. O novo papa **Clemente XII** (1730-1740) enfrentou logo a questão, afastando os "beneventanos" e processando o chefe deles, cardeal Coscia, que foi condenado à prisão, ao confisco dos bens, à excomunhão e ao afastamento do colégio cardinalício.

O caso Coscia foi um sintoma das graves dificuldades financeiras, econômicas e administrativas do Estado pontifício, uma situação que se arrastará, agravando-se por todo o século. De sua parte, Clemente XII deu vida a uma série de medidas econômicas, obtendo, porém, poucos resultados. Apesar desse precário quadro material, o papa Corsini — que como cardeal tinha animado importantes iniciativas culturais e artísticas (o palácio Corsini, sabemos, tornou-se a referência para o grupo dos jansenistas romanos [item 25.3]) — introduziu melhorias em Roma, das quais as principais foram o aumento do Quirinal, com o acréscimo das cavalariças e de uma capela, a fachada e a capela Corsini em São João de Latrão; além disso, incrementou a Biblioteca Vaticana com a aquisição de manuscritos e nomeou como prefeito da Vaticana o futuro cardeal Querini.

O declínio econômico interno foi acompanhado por aquele da política externa. No conflito entre os Habsburgos e os Bourbon da Espanha pela soberania sobre o reino de Nápoles e da Sicília, o Estado pontifício tornou-se território de trânsito para os dois exércitos; a ruptura das relações diplomáticas com a Espanha de Filipe V, que levou à expulsão dos núncios de Madri e de Nápoles, foi resolvida somente com a concordata de 1737 e com uma notável redução dos poderes do núncio na Espanha. Ficou, porém, sem resolver a controvérsia com Carlos de Bourbon de Nápoles e com o ministro Tanucci, cujo regalismo o levara a promulgar decretos contra as imunidades e os benefícios eclesiásticos. Também com o ducado de Parma, que dos Farnese (cujo representante mais insigne foi Paulo III) passou aos Bourbon, as relações ficaram tensas; com efeito, por ocasião da passagem de uma dinastia a outra não foi reconhecido à Santa Sé o direito de investidura. Mais forte ainda foi o choque com o ducado da Saboia, a ponto de chegar à ruptura das relações diplomáticas; em 1736 a situação desembocou na hábil manobra dos Saboia de atrair da Suíça Pedro Giannone (sobretudo graças à *Istoria civile del Regno di Napoli*, ele era um dos defensores das teorias regalistas radicais), para prendê-lo e mantê-lo à disposição do papa. Surgiram também dificuldades nas relações com as Repúblicas de Veneza e de Gênova e com Portugal.

Enfim, durante o pontificado começaram a se apresentar questões que continuariam por todo o século, como a difusão do deísmo pela maçonaria, atingida por uma primeira condenação solene com a constituição *In eminenti* de 1738. Outra questão que começou a surgir foi a da Companhia de Jesus, pois em 1733, diante das críticas movidas aos métodos dos missionários jesuítas, o papa Corsini fixou os critérios para celebrar o culto católico na Índia (questão dos "ritos malabares" [cap. 7, item 32.2]); outro setor da atividade missionária jesuítica tornou-se motivo de debates internos à Igreja, pois as *reduções* do Paraguai deram sinais de inquietação e de rebelião (cap. 7, item 32.3).

Com a morte de Clemente XII no dia 6 de fevereiro de 1740, o conclave seguinte durou cerca de seis meses, com a ocorrência de duzentos e cinquenta e cinco escrutínios para eleger **Bento XIV** (1740-1758). Se essas circunstâncias são uma confirmação das dificuldades em que o papado se encontrava, por outro lado o novo pontífice se apresentava como uma personalidade à altura da situação. Próspero Lambertini era o cardeal mais em vista pela **cultura** e pelas **experiências curiais** e **pastorais**. Nascido em Bolonha no dia 31 de março de 1675, estudou em sua cidade e em Roma, onde se diplomou em teologia e direito em 1694, para depois ficar empregado em diversas congregações romanas, até ocupar em 1720 o cargo de secretário da congregação do concílio. Na trintenária atividade curial, começaram a se mostrar nele algumas atitudes que o caracterizarão também depois, como a capacidade de simplificar a intrincada legislação pós-tridentina, uma tendência à moderação, um rigorismo atenuado.

Depois de um ministério episcopal de quatro anos em Ancona, e depois de ter sido promovido a cardeal, no fim de abril de 1731 passou à sede de Bolonha. Ele modelou a própria atividade na linha da reforma tridentina e a exemplo dos bispos Carlos Borromeo e Gabriel Paleotti (cap. 4, itens 17.4-6 e item 19.2). Para isso apostou no fortalecimento da atividade paroquial, no dever da residência, no reordenamento da matéria beneficial, no aprofundamento e na autenticidade da vida espiritual, na correta administração dos conventos femininos, nas problemáticas do foro eclesiástico, no revigoramento das missões populares com as quais concluiu a visita pastoral à cidade de Bolonha em março de 1733. Esse tipo de pastoral explica por que, como papa, verá com simpatia as missões ao povo feitas por Leonardo do Porto de São Maurício e por Paulo da Cruz.

O cardeal Lambertini teria desejado unificar toda sua experiência pastoral num sínodo diocesano, cuja importância fora por ele conhecida graças também à participação pessoal no sínodo romano de 1725 (cap. 5, item 21.1). Não tendo conseguido êxito, escreveu a obra *De synodo dioecesana*, em treze volumes, redigida durante o período bolonhês, mas publicada durante seu pontificado (1748). Com essa obra, várias vezes reeditada, Lambertini deu voz àquelas forças que, de um lado, pareciam ter sido marginalizadas pelo controle exercido pela Cúria romana em muitos setores da vida eclesial, e, de outro, relançavam a renovação tridentina no novo clima cultural. Isso é testemunhado depois por uma série de escritos, entre os quais se destaca o *De servorum Dei beatificatione et beatorum canonizatione* (Bolonha, 1734-1738, quatro volumes em cinco tomos), no qual não só aparece sua experiência de um vicênio, amadurecida na congregação dos ritos, mas também a sensibilidade histórico-crítica difundida na cultura católica entre os séculos XVII e XVIII pelos bolandistas, com as *Acta Sanctorum*, pelos beneditinos da congregação francesa de São Mauro (maurinos [cap. 7, item 33.1]) e pelos escritos de Moratori (item 25.3). O *De servorum Dei* foi apreciado também pelos protestantes, como está documentado por ampla recensão surgida por quatro vezes nos "Acta eruditorum" de Leipzig.

Em continuidade com o período bolonhês, os **primeiros anos do pontificado** de Bento XIV foram marcados por um elã fora do comum, embora pouco apoiado pelo colégio cardinalício e pela Cúria romana, que o papa preferiu contornar para buscar auxílio em colaboradores peritos e de confiança, entre os quais brilharam o cardeal Silvio Valenti Gonzaga, secretário de Estado, e o primeiro datário, cardeal Aldrovandi. Em especial, eles ajudaram o papa a renovar o sistema concordatário. Em 1741 foram estipuladas as concordatas com os reinos da Sardenha e de Nápoles, em 1745 com Portugal e em 1753 com a Espanha. No final do pontificado, em 1757, foi estabelecida uma concordata com a Áustria, de Maria Teresa, com o objetivo de regular a taxação dos bens eclesiásticos na Lombardia. Em todos esses acordos, apesar das oposições curiais, o papa fez muitas concessões, de modo que o rei da Espanha teve o patronato universal sobre cerca de doze mil benefícios, ao passo que somente cinquenta e dois benefícios menores permaneceram como colação pontifícia. Tratou-se de perdas materiais consistentes que Bento XIV esperava fossem recompensadas pela pacificação com os Estados católicos, para chegar a condições favoráveis à renovação da vida religiosa e eclesial.

Por isso, desde o início do pontificado, com a encíclica *Ubi primum* de 3 de dezembro de 1740 (da qual tem início esse gênero de documento), recomendou aos bispos as típicas diretrizes tridentinas: formação do clero, visitas pastorais, obrigação de residência. Para melhor seleção do episcopado, instituiu uma congregação especial, e em 1742 regulamentou os concursos estabelecidos pelo Concílio de Trento para os cargos eclesiásticos. Naqueles anos, deu início aos trabalhos para a correção do breviário romano, operação que retomava uma das primeiras medidas adotadas pelo papado para a aplicação do Tridentino (cap. 4, item 16.1); esta tinha seu foco nas aquisições da crítica histórico-erudita maurina-muratoriana e na preferência dada aos textos bíblicos e patrísticos. Todavia, a comissão encarregada, à qual também Muratori teve participação externa, não levou a termo a projetada reforma. Ainda a Muratori se referiam outras medidas para uma *devoção regrada*, como a proibição dos túmulos nas igrejas e a eliminação da flagelação pública; entre 1742 e 1754 o papa consentiu na diminuição do número de festas.

Nesse fervor de renovação, no qual foram incluídas escolhas a favor das Igrejas católicas orientais, é surpreendente que em 1748 Bento XIV tenha renovado as proibições pós-tridentinas da tradução da Bíblia nas línguas vernáculas. Nota-se semelhante mentalidade quer na reação contra a tolerância religiosa patrocinada para os protestantes pelo arcebispo de Breslau, cardeal Sinzendorf, depois da ocupação da Silésia por parte de Frederico II, quer na contrariedade em relação à atitude apaziguadora do bispo francês Fitz-James em relação aos calvinistas. É notável que isso corresponda à mesma atitude tomada por Muratori (item 25.3) e Garampi (item 26.3) a propósito da tolerância religiosa, cuja aceitação ou rejeição é um dos critérios para avaliar a posição dos católicos iluminados na complexa cultura do século XVIII.

A primeira parte do pontificado foi marcada também pelos posicionamentos sobre duas questões consistentes. No setor missionário, depois que em 1741 tinha confirmado a posição de seus predecessores a respeito dos direitos humanos dos indígenas com a bula *Ex quo singulari* (1742), Bento XIV condenou os "ritos chineses"; para os "ritos malabares", porém, nem tudo foi condenado com a bula *Omnium sollicitudinum* (1744), pois foram parcialmente retomadas as autorizações dadas por Gregório XV (1623) e as prorrogações concedidas por Clemente XII (1734) para uma atividade missionária que utilizasse elementos da tradição religiosa e social hinduísta (cap. 7, item 32.2). Desse modo, Bento XIV procurou se ater a uma posição mediana e equidistante, graças à qual esperava fazer chegar à harmonia e ao entendimento diversas e muitas vezes contrastantes forças e exigências do catolicismo. Isso se vê com clareza na segunda questão, referente à usura. O papa tratou esse problema na encíclica *Vix pervenit* (1º de novembro de 1745), endereçada aos bispos italianos. O pronunciamento papal confirmou a tese da intrínseca esterilidade do dinheiro, mas, contra a tendência rigorista e aceitando uma prática já difusa, apresentou as condições para o lícito recebimento de juros.

As preocupações pela política internacional condicionada pela guerra de sucessão austríaca (1740-1748), que levou de novo as armadas espanholas e austríacas ao Estado pontifício, deixaram o papa incerto e inseguro sobre o que fazer, **enfraquecendo progressivamente sua atenção em relação às reformas**. Entre as diferentes incertezas do papa, houve a do reconhecimento ou não do título de imperatriz a Maria Teresa, filha do falecido imperador Carlos VI, porque isso significaria aceitar a nomeação como imperador de Francisco Estêvão de Lorena-Habsburgo, marido da soberana; ele não era bem visto pelo papa por sua adesão à maçonaria e ligações com o movimento jansenista, e pelo jurisdicionalismo exercido como grão-duque da Toscana. No final, o papa reconheceu a nomeação da imperatriz e as relações entre as duas partes se normalizaram com as negociações pela supressão do patriarcado de Aquileia e a fundação em 1751 das arquidioceses de Gorizia (em território austríaco) e de Udine (na República de Veneza) até chegar à concordata da Lombardia austríaca de 1757.

Tendo voltado a paz internacional em 1748, pareceu ter início um **segundo período de renovação**, dessa vez dirigido à cultura e ao deficitário Estado pontifício, para o qual foram feitas significativas escolhas financeiras e administrativas, mas sem alcançar melhorias estáveis. No primeiro âmbito, as intervenções foram muitas, como a fundação de academias, o impulso dado à arqueologia, a aquisição de novos fundos livrescos para a Biblioteca Vaticana, a reforma da Universidade de Roma, a restauração de edifícios (como o Coliseu, as basílicas de Santa Maria Maior e de Santa Maria dos Anjos, o Panteão), a conclusão da Fonte de Trevi, a proteção concedida a homens de cultura, como Maffei, o ancião Muratori, apesar de momentânea incompreensão (item 25.3), o economista napolitano Genovesi, o cientista jesuíta Boscovich, até a Voltaire.

Nos mesmos anos em que Bento XIV patrocinou o fervor cultural, fez uma série de **intervenções** em outra linha, ou seja, **de crítica e de condenação** em relação a outras expressões culturais já anteriormente referidas (item 25.3). É também graças a essas intervenções — lembremo-nos das análogas e contemporâneas de Paris (itens 24.3 e 25.2) — que começa a ser identificado o que se costuma chamar de Iluminismo dos *philosophes*. A primeira medida é a bula *Providas romanorum pontificum* (18 de maio de 1751), com a qual foi renovada, treze anos depois, a condenação da maçonaria. Em 1752, depois de várias hesitações, foi atingido o *Esprit des lois*, de Montesquieu. As hesitações tinham sido motivadas quer pelo sucesso que a obra teve, quer pelo favor gozado por Montesquieu junto aos cardeais Querini, prefeito do Índice, e Passionei (núncio em Viena e simpatizante dos jansenistas), quer, enfim, por causa das pressões exercidas pelo embaixador francês em Roma. Esse último conseguiu evitar a publicação de um documento específico, obtendo a simples inserção da obra no elenco anual do Índice.

Em 1753 e até 1757 uma série de condenações atingiu os escritos de Voltaire, depois que entre ele e o papa houvera boas relações; tanto que antes Voltaire tinha dedicado ao papa em 1745 a comédia *Mahomet*, para depois explorar uma carta de elogio que o papa lhe escrevera e pedir o apoio do periódico dos jesuítas "Journal de Trévoux" contra os ataques lançados contra ele pelas jansenistas "Nouvelles ecclésiastiques". Diante dessa inescrupulosa manobra de Voltaire, que agitou a opinião pública católica (especialmente francesa), Bento XIV traçou os limites de seu elogio a Voltaire; ele tinha tentado manter unido à Igreja um escritor de indubitável valor, "tendo tido a Sé apostólica prejuízos consideráveis de pessoas postas em fuga e que, se permanecessem entre nós, não teriam depois causado o dano que fizeram" (cit. in Rosa, *Benedetto XIV*, 402), como escreveu o papa numa carta ao cardeal Tencin.

Em correspondência a tais condenações, Bento XIV realizou uma operação complementar, procurando **compactar os diversos grupos** dentro da **Igreja católica**. Por isso, preocupou-se por suavizar as polêmicas entre as várias escolas teológicas e já em 1746 projetou, sem jamais escrevê-la, uma bula para proibir os ataques pessoais e para limitar as controvérsias entre Ordens religiosas. Além disso, Bento XIV esteve atento em manter viva na Igreja uma pluralidade de orientações, na convicção de que isso constituiria a indispensável premissa para um desenvolvimento orgânico do patrimônio doutrinal. Mas isso, contra as intenções do próprio papa (que jamais apoiou os jansenistas), causou o revigoramento das correntes filojansenista e antijesuítica, obtendo assim um resultado oposto à pacificação procurada com a primeira série de medidas.

Bento XIV morreu em 1758. Seu pontificado deixava abertas a seus sucessores perspectivas sobre a reforma da Igreja, as relações com os Estados, o desenvolvimento das diversas correntes internas ao catolicismo, a possibilidade de recuperar os jansenistas, a relação com a cultura, as melhorias econômicas do Estado pontifício.

2. **Clemente XIII** (1758-1769), eleito no dia 6 de julho de 1758, depois de um conclave que durou quase dois meses, era pouco maleável, não tinha capacidade de mediação nem sagacidade política para administrar a herança deixada por seu antecessor. Antes de sua eleição, Carlos Rezzonico tinha prestado serviço na Cúria romana, para depois retornar como cardeal à sua terra de origem, a República de Veneza, como guia da diocese de Pádua (1743-1758). Costumava afirmar ter como modelos Carlos Borromeo e Gregório Barbarigo, seu antepassado e bispo de Pádua e antes de Bérgamo (cap. 5, item 21.2). A dupla referência significava fidelidade ao Concílio de Trento e empenho em pô-lo em prática; tanto que Bento XIV o indicou em 1746 como exemplo para o episcopado italiano: "O cardeal Rezzonico, bispo de Pádua, é absolutamente o prelado mais digno que temos na Itália. Vive com seus bens patrimoniais; as rendas eclesiásticas são empregadas unicamente em benefício dos pobres e da Igreja. Apesar da delicada compleição, é infatigável nas visitas e em todas as outras funções episcopais; em seu palácio vive-se como num claustro" (cit. in Cajani-Foa, 329).

Num conclave caracterizado tanto por difusa rejeição da política adotada por Bento XIV (acusado de ter cedido muito ao regalismo mediante as concordatas) quanto pelos desdobramentos da questão jesuítica em Portugal, Carlos Rezzonico pareceu o personagem ideal para uma operação de compromisso. Com efeito, nos primeiros meses de pontificado movimentou-se com cautela. Depois, com a nomeação como secretário de Estado do cardeal Luís Maria Torrigiani, convicto curialista e muito ligado aos jesuítas, o pontificado de Clemente XIII assumiu uma **orientação inflexível** e bem definida de resistência a qualquer pretensão jurisdicionalista e de fechamento em várias frentes.

Uma primeira frente é a cultural, porque durante o pontificado do papa Rezzonico as obras dos *philosophes* tiveram o destino já lembrado, com a série das duas condenações dos anos 1760 (item 25.3). Outra frente é a do movimento jansenista presente em Roma, cujos círculos, como o do palácio Corsini, foram fechados; o que fora feito em Roma devia ser exemplar em relação a todo o movimento. Outra frente de fechamento refere-se aos escritos de caráter teológico-canônico que circulavam dentro da Igreja, mantidos sob forte controle: a descoberta da paternidade do *Febrônio* (1764) é o exemplo mais importante (item 25.1).

Clemente XIII deu um passo importante a **favor dos jesuítas** mediante a oficialização do culto do Sagrado Coração (item 25.4), estimulado principalmente pelo episcopado polonês e em parte pelo espanhol. Para defender os jesuítas, Clemente XIII e Torrigiani se desentenderam com quase todos os Estados católicos (item 25.2), chegando a um desfecho que ocorreu em duas etapas. Primeiro, houve a ocupação dos enclaves pontifícios de Avinhão, na França, e de Pontecorvo e Benevento, no reino de Nápoles, depois do "monitório de Parma", com o qual o papa anulava toda a legislação de du Tillot, ministro do ducado de Parma, e excomungava seus autores com base na bula *In Coena Domini* (cap. 5, item 20.3), lida pela última vez na Quinta-feira Santa de 1768. Depois, no início de 1769 as três principais potências bourbônicas (França, Espanha, Portugal) solicitaram uma supressão geral da Companhia de Jesus. No dia 3 de fevereiro estava previsto um consistório para responder ao pedido, mas a morte do papa, ocorrida na noite anterior, deixou a questão não resolvida. Continuavam sem solução duas outras situações críticas, ou seja, as missões no exterior, em dificuldades devido às consequências do progressivo afastamento dos jesuítas dos Estados católicos e o crônico déficit financeiro e administrativo do Estado pontifício.

3. O conclave, do qual no dia 19 de maio de 1769 saiu eleito **Clemente XIV** (1769-1774), durou mais de três meses, condicionado pela questão jesuítica. O novo papa era o franciscano conventual Lourenço Ganganelli, que trabalhava em Roma desde 1740 principalmente como consultor do Santo Ofício. Criado cardeal por Clemente XIII em 1759, foi inserido em diversas congregações romanas, onde cultivou certa distância das diretrizes intransigentes dos últimos anos do pontificado de Clemente XIII, até que em 1768 discordou abertamente do "monitório de Parma". Isso o fez um dos papáveis no conclave de 1769, que teve de se haver com os Estados bourbônicos.

Toda uma série de medidas de Clemente XIV demonstrou uma sincera **vontade de pacificação**, na esperança de criar os pressupostos para uma resolução favorável da questão jesuítica. Daí provêm os passos de distensão em relação a Parma e as relações diplomáticas refeitas, depois de uma dezena de anos e a custo de notáveis concessões, com Portugal de José I e do ministro Carvalho (marquês de Pombal). O papa Ganganelli passou por cima do problema dos conventos e mosteiros supressos na República de Veneza, silenciou a respeito da abolição do direito de asilo no grão-ducado da Toscana (1769) e sobre a extensão da concordata francesa de 1516 também à Córsega e aos chamados "países de conquista", ou seja, coloniais (1770). No primeiro período do pontificado, os contemporâneos tiveram a impressão de que Clemente XIV era um homem muito sagaz e de notável qualidade, capaz de dar novo andamento à política romana e às relações com o poder político.

Na realidade, Clemente XIV, desprovido de experiência pastoral e diplomática e de ligações precisas com o colégio cardinalício, estava preocupado com os condicionamentos externos sobre a Cúria romana. Por isso, foi inevitavelmente induzido a tratar pessoalmente dos negócios, preferindo se servir de homens de confiança e acabando por criar em torno de si um clima de isolamento e de segredo que não favoreceu negociações de certa complexidade, como a que foi tentada por duas vezes, antes em 1769 e depois em 1774, para uma reconciliação com a Pequena Igreja de Utrecht (item 24.2) e, sobretudo, a que se referia à Companhia de Jesus. Para essa última, Clemente XIV percebeu a exigência de obter o consenso por parte da opinião pública europeia (Império, Prússia, Polônia, Sardenha, Veneza). Na prática, a linha de conduta de Clemente XIV caracterizou-se por medo e incerteza, pois em uma carta escrita em novembro de 1769 a Carlos III da Espanha imaginava um plano para uma total **supressão da Companhia de Jesus**, mas, um ano mais tarde, em nova carta ao soberano espanhol (14 de novembro de 1770) declarou a própria perplexidade pela falta de explícitos acordos com outros Estados, pelo destino das missões e dos seminários guiados pelos jesuítas, pelo uso dos bens dos jesuítas espanhóis. Consolidou-se a hipótese de uma reforma da Companhia, de modo a evitar uma verdadeira supressão. Notemos que o papa Ganganelli interveio várias vezes para incentivar uma reforma das diversas Ordens religiosas, antecipando e guiando os pedidos, de forte acento jurisdicionalista, dos vários governos e das cortes católicas.

No início de 1772 as monarquias bourbônicas procuraram acelerar os tempos da decisão de Clemente XIV. O papa propôs um compromisso, rejeitado pela Espanha, enquanto o rei da Prússia, Frederico II, e depois a imperatriz, Maria Teresa, deram a entender claramente que não poriam obstáculos à supressão da Companhia. Clemente XIV fez preparar uma bula de supressão que, aprovada em princípio pela corte espanhola em fevereiro de 1773, foi transformada no início de junho no **breve *Dominus ac Redemptor***, datado de

21 de julho de 1773 e dado a conhecer aos jesuítas a partir de 17 de agosto. Essa medida devia permitir mais fácil aceitação por parte dos diversos Estados italianos e europeus e, além disso, impedir um indiscriminado confisco dos bens pertencentes à Companhia.

Embora predominante, a questão jesuítica não exaure todo o pontificado de Clemente XIV. Quando em 1772 a Polônia foi dividida entre Áustria, Prússia e Rússia, o papa se preocupou com a sorte dos católicos nas regiões caídas sob o domínio de duas potências não católicas, uma protestante e outra ortodoxa; enviou, então, como seu representante, como núncio na Polônia, José Garampi, que constatou a disponibilidade dos dois soberanos não católicos em não aplicar o breve *Dominus ac Redemptor*; assim, nos territórios ocupados por eles os jesuítas sobreviveram.

Clemente XIV **atendeu a algumas exigências dos governos**, como a redução dos dias festivos ou o confisco dos bens da Igreja por parte do Estado, dando respostas religiosas e sociais. Autorizou a redução dos dias festivos nas dioceses do Império (Mogúncia, Bamberg e Würzburg [1770]) e nos territórios austro-boêmios dos Habsburgos (1771), onde protegeu em particular a Anunciação e a Imaculada, para manter viva a ligação entre o aspecto religioso e o civil das festividades. De modo semelhante, atribuiu maior solenidade, na Espanha, a Nossa Senhora do Rosário e à Imaculada. Portanto, favoreceu a piedade mariana, ao passo que foi cauteloso com o culto do Sagrado Coração e não teve interesse pela *via crucis*, que ia se difundindo muito na Itália. Com o rei da Sardenha, com Luís XV e Maria Teresa fez acordo para que os bens da Igreja, principalmente os confiscados com as supressões dos religiosos, fossem utilizados para os pobres e necessitados.

Não houve, porém, nenhum acordo com as ideias do **Iluminismo considerado antirreligioso, anticristão, antirromano**; Clemente XIV condenou as obras dos autores La Mettrie, Holbach, Pilati, Gorani, Genovesi, Diderot, Helvetius, e apoiou os apologetas católicos. Mostrou alguma abertura com a Prússia protestante e sobretudo com os Hannover da Inglaterra. No âmbito cultural cuidou da Biblioteca Vaticana e instituiu um museu especial de arte antiga por sugestão do tesoureiro Braschi, que, tendo se tornado o papa Pio VI, o completará, de modo que o museu levou o nome de Pio-Clementino.

Tendo morrido Clemente XIV no dia 22 de setembro de 1774, foi eleito como seu sucessor, depois de mais de quatro meses de conclave, precisamente Gian Angelo Braschi. **Pio VI** (1775-1799), em sua **primeira encíclica**

Inscrutabile divinae sapientiae, publicada no Natal daquele ano, insistia sobre duas medidas caras ao catolicismo iluminado: o cuidado com os seminários, "pois o sacerdote tem necessidade de cuidadosa instrução" (a encíclica lembrava explicitamente o Concílio de Trento e o que fora prescrito por Bento XIV) e "o decoro da casa de Deus e o esplendor do que se refere ao culto divino". Em terceiro lugar, exortava os bispos a se unirem contra "aquela filosofia cheia de enganos" (cit. in *Tutte le Encicliche*, 127.128), que fora identificada cada vez com mais clareza graças às obras condenadas por seus três predecessores. Mas, diferentemente deles, Pio VI não se detinha sobre algum texto em particular, mas condenava em bloco as ideias consideradas portadoras do ateísmo e da discórdia entre a Igreja e os Estados, o que por sua vez teria dissolvido qualquer forma de convivência civil.

De um longo pontificado e cheio de ocorrências, marcado pela Revolução Francesa, e em seguida objeto da primeira parte do próximo volume, consideramos somente um aspecto que nos põe de novo em **confronto** com as **reformas habsbúrgicas**. Minuciosamente atualizado pelo núncio Garampi sobre o que ia acontecendo no primeiro ano das reformas josefinas, Pio VI "adotou uma decisão que causou surpresa em Roma: ir a Viena para entabular conversa com o imperador" (Dell'Orto, *La nunziatura*, 523). A permanência em Viena durou um mês (22 de março a 22 de abril de 1782), dando a possibilidade de colóquios frente a frente entre o papa e o imperador. Os encontros pessoais não conseguiram sequer causar um arranhão na implantação das reformas eclesiásticas e nada mudaram na linha de conduta do imperador. Todavia, não foram infrutuosos, pois foi esconjurado o perigo de um cisma e foi mantido o vínculo entre bispos e Santa Sé. Pio VI convidou várias vezes José II a rever uma posição que, na opinião do papa — como expôs numa carta que lhe escreveu em meados de novembro de 1783 —, visava a submeter a Igreja ao Estado. É surpreendente que o papa Braschi tenha ligado os princípios inspiradores das reformas de José II sobretudo a Lutero, e não à cultura que ele mesmo tinha condenado em sua primeira encíclica; era um sinal de que não conhecia de perto aquela cultura, como talvez se pode deduzir do fato de que "na composição de sua riquíssima biblioteca, [...] faltam por completo os escritos dos filósofos modernos" (Caffiero, 494-495).

A viagem do papa a Viena evidenciou também uma diversidade de atitudes entre as classes elevadas e as populares. As primeiras estavam divididas entre duas frentes, a antirromana e a que, apoiada pelo núncio, defendia os direitos da Santa Sé, possuindo cada uma das duas frentes uma publicidade própria. Nada ambíguos, porém, foram o entusiasmo e a devoção da população que acolheu Pio VI na viagem de Roma a Viena. Foi memorável o domingo de Páscoa, quando se apresentaram na cidade mais de trinta mil forasteiros e a praça *am Hof* mostrava, segundo as palavras do núncio Garampi, "um espetáculo não mais visto. Toda a grande praça tinha tanta gente aglomerada como nunca" (cit. in Dell'Orto, *La nunziatura*, 340). Tendo assomado à sacada da igreja *am Hof*, o papa procedeu à bênção solene. Foi ótimo o acolhimento reservado a Pio VI no trecho do caminho de retorno que o levou à Baviera. Tudo isso teve então grande destaque (na imprensa, nos *ex votos*, nas lápides, nas representações), antecipando os futuros desdobramentos da ligação entre Igreja e classes populares.

Bibliografia

Fontes

DS = DENZINGER, H.; SCHÖNMETZER, A. (orgs.). *Enchiridion Symbolorum definitionum et declarationum*. Barcelona-Friburg im Breisgau-Roma: Herder, ^{36}1976.

BELLOCCHI, U. (org.). *Tutte le encicliche e i principali documenti pontifici emanati dal 1740*. Cidade do Vaticano: 1994, v. 2.

Estudos

BERTRAND, R. I modelli di vita cristiana. In: MAYEUR, J.-M. et al. (dir.). *Storia del cristianesimo*. Roma: Borla-Città Nuova, 2003, v. 9: L'Età della ragione (1620/30-1750), 757-842.

BLET, P. *Le clergé de France, Louis XIV et le Saint Siège de 1695 à 1715*. Cidade do Vaticano: Archivio Vaticano, 1989.

CAFFIERO, M. Pio VI. In: *Enciclopedia dei Papi*. Roma: Istituto della Enciclopedia Italiana, 2008, v. 3, 492-509.

CAJANI, L.; FOA, A. Clemente XIII. In: *Dizionario Biografico degli Italiani*. Roma: Istituto della Enciclopedia Italiana, 1982, v. 26, 328-343.

CANDEE-JACOB, M. La crisi della coscienza europea. In: *La storia*. Novara: La Biblioteca di Repubblica-De Agostini-Utet, 2004, v. 9: Il Settecento: l'età dei Lumi, 197-237.

CARPANETTO, D. *L'Italia del Settecento. Illuminismo e movimento riformatore.* Turim: Loescher, 1980.

DELL'ORTO, U. Concezione e ruolo dei sovrani asburgici alla luce della nunziatura a Vienna di Giuseppe Garampi (1776-1785). *Communio* 144 (1995) 50-71.

_____. Giansenismo e gallicanesimo nelle ricerche di Pierre Blet. *La Scuola Cattolica* 142 (2014) 587-612 (do qual é utilizado o último parágrafo).

_____. *La nunziatura a Vienna di Giuseppe Garampi.* Cidade do Vaticano: Archivio Vaticano, 1995.

GARMS-CORNIDES, E. Roma e Vienna nell'età delle riforme. In: VACCARO, L. (org.). *Storia religiosa dell'Austria.* Milão-Gazzada: Centro Ambrosiano-Fondazione Ambrosiana Paolo VI, 1997, v. 4: Europa ricerche, 313-340.

GUERCI, L. Le strutture ecclesiastiche e la vita religiosa. In: *La storia.* Novara: La Biblioteca di Repubblica-De Agostini-UTET, 2004, v. 9: Il Settecento: l'età dei Lumi, 364-409.

HERSCHE, P. *Der Spätjansenismus in Österreich.* Viena: Verlag der Österreichischen Akademie der Wissenschaften, 1977.

IMBRUGLIA, G. Mutatori, Ludovico Antonio. In: *Dizionario Biografico degli Italiani.* Roma: Istituto della Enciclopedia Italiana, 2012, v. 77, 443-452.

JULIA, D. Il cattolicesimo francese e i Lumi. In: VACCARO, L. (org.). *Storia religiosa della Francia*, 2. Milão-Gazzada: Centro Ambrosiano-Fondazione Ambrosiana Paolo VI, 2013, v. 17: Europa ricerche, 395-422.

MICHAUD, C. Il giuseppinismo nella monarchia degli Asburgo (1740-1792). In: MAYEUR, J.-M. et al. (dir.). *Storia del cristianesimo.* Roma: Borla-Città Nuova, 2004, v. 10: Le sfide della modernità (1750-1840), 25-33.

QUANTIN, J.-L. Giansenisti e rigoristi. In: VACCARO, L. (org.). *Storia religiosa della Francia*, 2. Milão-Gazzada: Centro Ambrosiano-Fondazione Ambrosiana Paolo VI, 2013, v. 17: Europa ricerche, 345-372.

REINALTER, H. *Am Hofe Josephs II.* Leipzig: Edition Leipzig, 1991.

ROSA, M. Benedetto XIV. In: *Dizionario Biografico degli Italiani.* Roma: Istituto della Enciclopedia Italiana, 1966, v. 8, 393-408.

_____. *Politica e religione nel '700 europeo.* Florença: Sansoni, 1974.

_____. *Settecento religioso. Politica della Ragione e religione del cuore.* Veneza: Marsilio, 1999.

VANYSACKER, D. *Cardinal Giuseppe Garampi (1725-1792): an Enlightened Ultramontane.* Bruxelas-Roma: Istituto Storico Belga, 1995.

VISMARA, P. Il cattolicesimo dalla "Riforma cattolica" all'Assolutismo illuminato. In: FILORAMO, G.; MENOZZI, D. (orgs.), *Storia del cristianesimo.* Roma-Bari: Laterza, 1997, 151-290.

capítulo sétimo
Aberturas a Igrejas orientais, missões, teologia, arte e religiosidade

Há assuntos importantes aos quais os capítulos anteriores reservaram um espaço limitado. Por isso, este último capítulo retoma-os, tratando de alguns aspectos das Igrejas orientais (itens 28-29), das missões (itens 30-32) e da teologia e da arte pós-tridentina, integrada essa última por uma apresentação geral da religiosidade como foi se formando depois do Concílio de Trento (item 33).

28. O fim de Constantinopla: os turcos na Europa

Para as Igrejas orientais serão levadas em consideração duas realidades fundamentais: Constantinopla e Moscou, com as diversas realidades eclesiais a elas vinculadas; portanto, substancialmente o sudeste e nordeste da Europa. Mas é necessário também entender que as vicissitudes históricas desses territórios são extremamente complexas e que numa obra como esta é possível apenas um estudo de caráter sumário, remetendo à bibliografia quem desejar aprofundar os temas tratados aqui.

1. Quando no dia 28 de maio de 1453 Constantinopla caiu sob o domínio turco, foi levado a termo um processo análogo, sob certos aspectos, ao fim da "primeira" Roma, ou seja, não um evento repentino e imprevisível, mas a conclusão de um ciclo histórico no qual o Império romano do Oriente se apagava em razão das divisões internas, da fragilidade de sua classe dirigente, da lenta asfixia de sua economia e do isolamento político no qual fora deixado pela Europa. Por isso, devem ser recuperados os elementos presentes nos primeiros dois volumes deste *Manual*, para termos um pano de fundo no qual situar o que aconteceu em meados do século XV. É necessário, porém, que nos detenhamos aqui num desses elementos, ou seja, **a crescente pressão exercida pelos otomanos** (do nome de seu iniciador, Osman). Trata-se de uma dinastia turca que a partir do século X conseguira se estabelecer no território central da Ásia Menor, as regiões da Bitínia e da Galácia, e que dali começara a se expandir, inicialmente pelas regiões limítrofes, à custa do que restava do Império bizantino, mas também das outras potências locais. Entre os séculos XIV e XVIII os otomanos conseguiram criar um vasto domínio que reunia todos os territórios do Islã, com exceção da Pérsia, do Afeganistão, da Índia setentrional, do Turquestão e do Marrocos.

Em meados do século XIV os otomanos tinham ocupado a região dos Dardanelos e controlavam assim o acesso ao Mar Negro; com a batalha de Adrianópolis (1361), o sultão Murad I tinha dado início à penetração turca no território europeu, ocupando a Trácia e passando depois para a Macedônia e Épiro. Daí os turcos tinham se aventurado até os Balcãs, para Belgrado, e em seguida mais para o norte, para a Morávia. Nesses territórios, o sistema dos feudos bizantinos, bem desligados do governo central, dava lugar a um análogo, no qual as terras eram confiadas pelo poder otomano aos próprios soldados (como compensação no término do serviço deles no exército), mas sob o firme controle da administração central, o que dava proteção aos camponeses contra os arbítrios dos poderes locais e os estimulava a apoiarem de bom grado a nova situação. Se se acrescenta a isso o reconhecimento oficial da Igreja ortodoxa (e a supressão por quase toda parte da latina), compreende-se por que os turcos conseguiram com muita rapidez ter o controle dos camponeses e receber deles o apoio em sua rápida expansão, especialmente nos Balcãs.

Depois de uma pausa em sua expansão em meados do século XIV, diante da perspectiva do grande império de Tamerlão (1336-1405) — que visava a se expandir da Ásia central e do Irã em direção à Anatólia (batalha de Ankara, 1402) — os otomanos, chefiados pelo sultão Murad II, em 1422 assediaram Constantinopla e em 1423 invadiram a Moreia (região grega abaixo do istmo de Corinto), expandindo-se até a Albânia e a Macedônia; em 1430 tomaram Tessalônica (Salônica) e a Sérvia; em 1431, o Épiro; em 1438 invadiram a Transilvânia e no ano seguinte declararam o despotado da Sérvia como província otomana. Com a ascensão ao poder em 1451 de Mehmed II (Maomé II), jovem com menos de vinte anos, criaram-se as condições para que o Império turco tivesse uma verdadeira capital que fosse como elo entre o Oriente e o Ocidente; depois de Bursa (Prusa) e Edirne (Adrianópolis), não restava senão conquistar finalmente a cidade que por vocação desempenhava essa função desde sua fundação, Constantinopla.

Embora o advento de Tamerlão tivesse dado a Bizâncio um pouco de alento, aliviando providencialmente a pressão otomana, a sorte final do que restara do Império romano do Oriente dependia exclusivamente do **esperado apoio das nações ocidentais**. Em especial, o papa era a única figura capaz de unir ainda, como no passado, os Estados europeus numa cruzada em defesa do Oriente e, portanto, também do Ocidente. Por outro lado, no século XV a Europa e a Igreja romana viam-se atravessadas pelo profundo sofrimento provindo do Cisma do Ocidente e alimentado pelos fermentos do Renascimento e da Reforma católica (cap. 1 e 2), bem como pelo crescimento dos Estados nacionais em conflito entre si. Numa situação tão complexa e fragmentada, era impossível fazer reviver a ideia própria de uma cruzada. Uma ocasião propícia para a aliança entre Oriente e Ocidente com a finalidade antiotomana poderia ter sido o ato de união estipulado em 1439, durante o Concílio de Florença, entre Igreja latina e Igreja grega ortodoxa, ao qual se seguiram outros com outras Igrejas orientais ([cap. 1, item 2.3]; de fato, a união durou até a tomada de Constantinopla, embora a união tenha sido formalmente denunciada só em 1472). Durante o desenvolvimento do concílio, enquanto os eclesiásticos discutiam importantes e sutis questões teológicas, os representantes do imperador do Oriente procuravam estabelecer contatos diplomáticos com as nações europeias e sensibilizar as chancelarias e as cortes diante do iminente perigo otomano.

De modo significativo, quando em 1443 Eugênio IV promulgou a cruzada, os únicos a responder a seu angustiado apelo foram os reinos mais diretamente ameaçados pelos turcos, ou seja, a Hungria-Polônia, a Transilvânia, a Sérvia e a Valáquia, com o apoio naval da República de Veneza. Embora numericamente inferiores, as forças armadas cristãs conseguiram obter uma vantagem significativa, a ponto de obrigar Murad II a aceitar, num primeiro momento, um tratado no qual prometia se abster por dez anos de ultrapassar as fronteiras da Europa oriental e ceder alguns territórios à Sérvia e à Hungria; desejando explorar essa vantagem, os cristãos continuaram em sua ofensiva, mas foram de encontro a uma tremenda derrota na batalha de Varna (na Bulgária, em 10 de novembro de 1444) diante do exército turco provavelmente apoiado pela frota da República de Gênova. A supremacia turca sobre os Balcãs ficou assim garantida por mais de três séculos.

Depois de ter cuidadosamente preparado a guerra nos meses anteriores, o sultão Mehmed II desfechou o **ataque final a Constantinopla** ao amanhecer do dia 28 de maio de 1453, submetendo-a a ferro e fogo até o dia 31 de maio. A estimativa de vítimas vai de um mínimo de duas mil a um máximo de quarenta mil, às quais se somam de vinte mil a vinte e cinco mil prisioneiros. É significativo, porém, que as mesmas fontes façam referência a alguns quarteirões fortificados que, sendo rendidos à chegada dos assaltantes, não foram tocados mediante o pagamento de enormes tributos. A partir das semanas seguintes, a cidade foi repovoada pelos novos habitantes muçulmanos, a ponto de logo perder sua fisionomia cristã; os quarteirões que tinham sido poupados continuaram a ser habitados pelos gregos (e por outras comunidades étnicas, como armênios e judeus). Os venezianos, obrigados num primeiro momento a fugir (muitos foram mortos no ataque), puderam voltar depois de breve tempo. O sultão precisava que a cidade submetida ao novo poder recuperasse logo seu papel econômico, político e simbólico. Aliás, por essa mesma razão a grande basílica de Santa Sofia, símbolo do Império cristão, foi em pouco tempo destinada a ser usada como mesquita. Os otomanos, todavia, não praticaram uma política vexatória em relação aos cristãos; antes, era interesse deles manter as diversas comunidades étnicas numa situação de tranquilidade e de relativa liberdade, de modo a não haver problemas de ordem pública.

O sultão quis que fosse rapidamente eleito um novo patriarca. Os bispos presentes na cidade, junto com poucos outros eclesiásticos e leigos, elegeram o monge Gennadio Scolario, ou seja, Jorge Curtesi, grande estudioso, admirador e tradutor de Tomás de Aquino. Fora juiz, depois secretário do Imperador e tinha participado do Concílio de Florença sobre posições favoráveis à união (cap. 1, item 2.3). Em 1444, com a morte do seu mestre Marcos Eugenico, mudara de opinião sobre a validade da união e se fizera monge no mosteiro de Charsianites, mudando não só de nome, mas também de sobrenome. Tendo fugido durante o saque, fora capturado e vendido como escravo a um rico mercador de Adrianópolis, que o tinha tratado de modo honroso, e enfim procurado pelo sultão para o cargo de patriarca. Na escolha de Scolario, expoente de ponta do partido antiunionista, pesava decerto a consciência que Mehmed II tinha de que a ameaça mais séria para a manutenção das conquistas realizadas podia provir do Ocidente, e em particular do papa, não tanto por seu poder militar quanto por sua capacidade de tornar coesos os exércitos dos príncipes cristãos, como já ocorrera alguns anos antes. A investidura teve lugar no dia 6 de janeiro de 1454, segundo o cerimonial bizantino; mas em vez do imperador cristão foi o novo sultão que entregou as insígnias ao novo patriarca e o fez acompanhar por um cortejo até sua nova catedral (não mais Santa Sofia, mas a basílica dos Santos Apóstolos). O sultão concedeu imunidade à pessoa do patriarca, isenção das taxas, liberdade de movimento e transmissibilidade dos privilégios aos sucessores, bem como a extensão deles aos metropolitas de idade mais avançada e às autoridades do sagrado sínodo. Mehmed publicou a proibição de transformar as igrejas em mesquitas. Apesar de tudo isso, era claro para todos que a "capital do mundo" por excelência, onde a cultura clássica grega, o poder romano e a sacralidade cristã tinham se unido por mais de um milênio, não existia mais; Constantinopla não era mais o reflexo do reino celeste de Deus sobre a terra. Em seu lugar, nascera a muçulmana Istambul.

Depois da conquista de Constantinopla, a Igreja bizantina teve de enfrentar **numerosos e novos problemas**. Com o Islã em posição de domínio, o Corão se tornava o código fundamental não somente para a vida religiosa, mas também para a vida política e cultural. Desde as primeiras conquistas árabes, os que faziam parte de outras comunidades religiosas estavam sujeitos ao pagamento de uma taxa especial e eram considerados súditos de nível inferior. No âmbito do sistema otomano, estavam incluídos em grupos autônomos, submetidos à autoridade do respectivo chefe espiritual (que para todos os efeitos se tornava um etnarca, ou seja, chefe de uma determinada etnia), por sua vez diretamente subordinado ao sultão. Eram indicados com o termo de "millet", do árabe *milla*, "religião", inicialmente usado para indicar os judeus e depois estendido também a outros pertencimentos religiosos. Por conseguinte, o patriarca era considerado chefe da comunidade grega não somente em Constantinopla, mas em todo o Império otomano; na verdade, com esse sistema o sultão incorporava a Igreja no novo Império e obtinha certa influência também sobre os cristãos que dependiam espiritualmente do patriarca ecumênico, embora residindo em territórios não submetidos ainda ao poder turco. Além disso, esse sistema incluía o fato de que, para suas relações com o sultão e sua administração, os outros patriarcas (Alexandria, Antioquia e Jerusalém) tinham de se referir ao patriarca de Constantinopla, que assim se tornava o único intermediário entre a Igreja e o poder civil. O princípio da "sinfonia eclesial" bizantina era subvertido em sentido monárquico, encontrando-se grande parte dos poderes jurisdicionais concentrada na única figura do patriarca ecumênico.

Percebe-se nessas escolhas o grande projeto de Mehmed II que, talvez aconselhado por secretários gregos, tinha intenção de restaurar o Império do Oriente e o califado, com ele próprio no centro, e talvez acariciasse também o sonho de um império mundial. Seus sucessores talvez tiveram menos lucidez nos projetos, e decerto foram menos benévolos em relação à Igreja: os cristãos foram submetidos à obrigação de usar uma veste característica, não podiam portar armas nem usar barba (com exceção dos eclesiásticos); os meninos deviam ser entregues para serem educados no Islã e passar a fazer parte do corpo militar dos janízaros.

Também a concessão anterior relativa à manutenção das igrejas para o culto cristão foi rejeitada pelos sultões que sucederam a Mehmed II: elas foram sendo requisitadas aos poucos para se transformarem em mesquitas. Por várias vezes, o patriarcado teve de mudar a própria sede, de modo que quase imediatamente teve de se mudar da basílica dos Santos Apóstolos para o mosteiro da Pamacaristo; em 1586 este foi requisitado para ser transformado na "Mesquita da vitória" (*Fetiyecamii*), na celebração da conquista da Geórgia e do Azerbaijão, e o patriarca se transferiu para São Demétrio de Kanavou, e enfim em 1612 para São Jorge do Fanar, onde ainda se encontra. As dificuldades nas quais se viu o patriarcado (oprimido por pesadíssimas taxas e politicamente sujeito aos humores do sultão) ficam demonstradas também pelo número de patriarcas que se sucederam nos primeiros cinquenta anos da dominação turca. Entre 1454 e 1504 contam-se vinte sucessões, mas somente treze patriarcas, uma vez que alguns deles ocuparam a sede duas ou três vezes e somente um pequeno número morreu no cargo.

Nos **séculos XVII e XVIII** a situação do patriarcado de Constantinopla não conheceu desenvolvimentos particularmente significativos, embora se deva destacar o caso de um patriarca, Cirilo I Lucaris, suspeito de estar perigosamente próximo das ideias calvinistas (difundidas aliás entre diversos bispos e eclesiásticos que tinham estudado no Ocidente), que entre 1620 e 1638 foi deposto sete vezes do trono patriarcal. Ele e não poucos outros patriarcas foram afastados com violência pelos sultões, ou porque considerados elementos de perturbação da política otomana (como precisamente Cirilo I), ou porque suspeitos de terem participado de conjurações de palácio ou de terem fomentado revoltas populares entre os membros da comunidade grega. Por outro lado, a importância da questão econômica na eleição do patriarca permitia forte ingerência dos embaixadores ocidentais, que apoiavam as candidaturas de elementos considerados mais próximos das próprias ideias e dos próprios interesses (candidatos filocatólicos para Veneza, Espanha, França, e filoprotestantes ou criptocalvinistas para Inglaterra, Holanda e Suécia).

2. Diante da conquista turca de Constantinopla, embora não inesperada, a **opinião pública europeia** permaneceu profundamente impressionada e teve várias reações, a partir do papado. Mais do que no passado, a cruzada contra os turcos continuou a ser um dos temas constantes da política dos papas, mas chegar a um acordo entre as potências europeias, superando os particularismos, foi um trabalho tão desgastante quanto pobre de resultados. Os apelos de Nicolau V (1447-1455) e de Calisto III (1455-1458) caíram totalmente no olvido; sem muito esforço, Mehmed II conseguiu estender até o Danúbio a região sob seu controle, enquanto a plena posse dos estreitos do Bósforo e dos Dardanelos isolava do Mar Negro as colônias italianas. Preocupadas em salvaguardar seus interesses comerciais, Veneza e Gênova assinaram logo (1454) acordos com o sultão, sujeitando-se ao pagamento de tributos e se comprometendo a não apoiar com suas frotas eventuais tentativas de reconquista. Quanto essa situação era percebida como dramática no Ocidente é demonstrado por um singular documento da época, apócrifo com toda probabilidade, e que certamente jamais terá chegado ao destino: uma carta atribuída a Pio II endereçada a Mehmed, na qual o pontífice suplicava ao sultão que se convertesse à fé cristã e cooperasse com a Igreja de Roma na realização de uma nova era de ouro para o mundo inteiro (lembremo-nos da opinião difundida então de que era mais fácil o turco se converter do que os príncipes europeus chegarem a um acordo para combatê-lo).

Quem teve de enfrentar o primeiro choque foi precisamente a República de Veneza, apenas dois decênios depois dos acordos de 1454; primeiro, foram alguns embates de menor importância, depois os turcos atacaram a propriedade veneziana de Lepanto, enquanto o governador da Bósnia, Iskender Pasha, avançava até o Friuli, além de Isonzo e Tagliamento, ameaçando de perto a própria cidade de Veneza. No ano seguinte (1475), foram atacados os portos venezianos na Albânia, enquanto as invasões turcas semeavam o terror na costa do mar Adriático, do Jônio e do Tirreno. Entre tantos episódios, merece lembrança o que ocorreu no dia 11 de agosto de 1480 em Otranto, na Puglia, onde os turcos, com cento e trinta e dois navios e dezoito mil homens, tomaram a cidade com a intenção de fazer dela uma ponte para a conquista de Roma. Em poucas horas, cerca de doze mil pessoas perderam a vida, inclusive o velho arcebispo, enquanto cinquenta mil (na maior parte, mulheres e crianças) foram reduzidos à escravidão e oitocentos e treze sobreviventes foram decapitados por terem se recusado a negar a fé cristã. A cidade foi reconquistada pelos aragoneses treze meses mais tarde.

Enquanto o papa se preparava para o pior, o sultão Mehmed II, doente havia muito tempo, morreu na Anatólia no dia 3 de maio de 1481, com apenas quarenta e nove anos de idade. A luta pela sucessão deu um pouco de trégua ao mundo cristão. Alguns meses mais tarde subiu ao trono o filho maior de Mehmed II, Bayazid (Bajazeto), que continuou o projeto esboçado pelo pai de penetrar no coração da Europa, mantendo forte pressão militar (mas também diplomática) sobre a Croácia e a Transilvânia, e chegando muitas vezes com rápidas e devastadoras incursões até Friuli e Vêneto. Além disso, Bayazid se preocupou em modernizar o exército e a frota, abrindo assim o caminho às conquistas de seus sucessores **Selim I** (1512-1520) e sobretudo Solimão I o Magnífico (1520-1566). O primeiro obteve a vitória definitiva sobre os mamelucos do Egito, conquistou Damasco e Jerusalém e assumiu o título de "servo da Meca e de Medina", que lhe permitia se apresentar como protetor de todo o mundo islâmico, inclusive o mundo fora das fronteiras de seus domínios; um fato decerto de grande valor simbólico, mas também prático, dado que isso significava ter sob o próprio controle todos os centros mais ricos do comércio mundial da época. Solimão I (em turco, Suleyman) conquistou a cidade de Belgrado (20 de agosto de 1521), porta da Europa central, e a ilha de Rodes (21 de janeiro de 1522), que lhe permitia o controle de todo o Mediterrâneo oriental.

3. Graças ao poder que essas posições lhe conferiam sobre todo o continente, **Solimão I o Magnífico** tornou-se um fator de primeira importância também nas **vicissitudes internas da Europa**. Com a batalha de Pavia (24 de fevereiro de 1525), a vitória de Carlos V de Habsburgo sobre Francisco I, rei da França, sancionou a superioridade política do Império germânico, mas levou também os franceses a procurar se aliar justamente com os otomanos, a única outra grande potência capaz de enfrentar o Império no solo europeu. Solimão I compreendeu bem a oportunidade que as divisões da frente contrária lhe ofereciam e se pôs em marcha, derrotando a Hungria na batalha de Mohács (29 de agosto de 1526), ocupando a cidade de Buda e aventurando-se até os muros de

Viena. Na luta contra o imperador e o papa (os verdadeiros únicos obstáculos à conquista do território europeu), Solimão I pediu o apoio também dos príncipes protestantes da Liga de Esmalcalda, pois a pressão turca entre 1521 e 1555 foi um dos elementos que forçou os Habsburgos a fazer concessões aos protestantes, tendo assim influência direta sobre o desenvolvimento do protestantismo (cap. 3, item 11.1). Para Solimão I os protestantes eram próximos dos muçulmanos, ao estarem como eles em luta contra o papado; a política otomana na Europa tinha em vista apoiar luteranos e calvinistas contra os católicos, fomentar a desunião política entre os príncipes cristãos e enfraquecer os Habsburgos, tudo isso com o objetivo de impedir uma aliança entre as nações cristãs, premissa para organizar uma cruzada.

Sob a proteção otomana, a Hungria estava se tornando um refúgio seguro para os calvinistas; na França, o partido calvinista afirmava que para derrotar a Espanha católica era necessária a aliança com os turcos. O próprio Lutero, que inicialmente considerava "o turco" como um castigo divino, acabou por apoiar o rei Fernando da Hungria contra o voivoda João Szapolyai em troca de concessões a seu movimento. Esse contexto político e religioso europeu facilitou a conquista dos Balcãs e da Hungria oriental, bem como sua prolongada presença no mar Adriático e sobre a costa do norte da África. Nesse ínterim, Solimão I estendeu seu domínio para a Ásia, reconquistando o Irã, ocupou Tabriz e Bagdá, conquistou o Azerbaijão e o Iraque, controlando de fato todas as vias comerciais entre o Oriente Médio e a Índia.

Se o Concílio de Trento (1545-1563) marcou uma retomada da vitalidade da Igreja católica no plano doutrinal e disciplinar, temos de lembrar também que um dos objetivos que o concílio se propunha era o de chegar a um acordo dos príncipes cristãos para enfrentar o avanço turco (cap. 4, item 15.2). De fato, a paz de Cateau-Cambrésis (1559) confirmava o papel hegemônico da Espanha e a perda de destaque da França no complexo quadro europeu; em todo caso, isso significou uma redução do peso do principal aliado dos otomanos. Com a última campanha de Solimão I na Hungria (1566), a penetração turca na Europa continental cessou, mas no mar o poder otomano continuou a se expandir. A conquista de Chipre em 1570-1571 por parte do novo sultão Selim levou as forças cristãs a se unir e a reagir, enfrentando a frota turca diante do porto de **Lepanto (7 de outubro de 1571)**, impondo-lhe uma pesada e ao mesmo tempo inesperada derrota (a frota turca era pelo menos o dobro da cristã por número de navios e de armamentos).

Mas, em vez de explorar a vantagem, a coalizão europeia cedeu novamente sob o peso dos interesses particulares: Veneza saiu da liga cristã e assinou uma paz particular com os turcos (7 de março de 1573), na qual aceitava a perda de Chipre e o aumento do tributo anual a ser pago à Sublime Porta. Isso garantiu à Sereníssima um prolongado período de relações tranquilas com os otomanos. Os outros aliados não prosseguiram na luta, deixando aos turcos o controle do Mediterrâneo oriental e permitindo que a frota inimiga fosse em pouco tempo reconstituída. Desse modo, os turcos retomaram a ofensiva sobre o mar, atacando por várias vezes a Sicília e a Itália meridional (1574), tomando Tunis e se voltando contra a Pérsia (com a qual foi estipulado um tratado de paz em 1590) e enfim, de novo, contra os Habsburgos (com os quais foi concluído um tratado de paz em 1606).

Com o fim do século XVI, teve início a **progressiva decadência do Império otomano**, embora ele ainda tenha continuado por mais de dois séculos. Por outro lado, os Habsburgos não hesitaram, levantando barreiras defensivas e recrutando as melhores forças militares presentes na Europa. Também o espírito do Concílio de Trento tinha renovado a ideia da necessidade de defender a cristandade, unindo as forças das nações europeias. A guerra de Creta, concluída em 1669, arrasou Veneza, mas estimulou a formação de uma liga antiturca que, embora não tenha levado aos resultados significativos em termos de reconquista dos territórios ocupados pelos otomanos, levou, todavia, a entrar na coalisão também a Espanha e a França de Luís XIV. Na primavera de 1683 o exército otomano, fortalecido pela presença de cento e quarenta mil homens (mais outros vinte mil dos aliados tártaros, romenos e magiares), saiu de Belgrado em direção a Viena, que estava sitiada desde o dia 13 de julho. A intensa ação diplomática do papa Inocêncio XI conseguiu unir as forças de alguns soberanos católicos: João III Sobieski da Polônia, Carlos V da Lorena, Jorge Frederico de Waldeck, João Jorge III da Saxônia, com seus exércitos, nos quais militavam poloneses, austríacos, alemães e italianos (venezianos, toscanos, mantuanos) para um total de setenta e cinco mil a oitenta mil homens. Os dois exércitos se chocaram sob os muros de Viena no dia 12 de setembro, e os aliados tiveram uma inesperada e decisiva vitória, que revelou a fraqueza e o declínio do Império otomano (cap. 5, item 21.1).

Veneza começou uma lenta reconquista da Dalmácia, da Morea e das ilhas gregas. No comando das tropas imperiais, Eugênio da Saboia conseguiu uma grande vitória em Zante em 1697, enquanto os austríacos passavam para a Bósnia e a Sérvia, suscitando esperanças entre os cristãos das regiões mais ao sul, como a Grécia e a Trácia. Também o czar Pedro o Grande não quis deixar escapar a ocasião e ocupou a Crimeia. A Sublime Porta teve de aceitar tratados de paz (Carlowitz em 1699 e Azov em 1700) decididamente onerosos, e definitivamente viu fechado qualquer caminho de acesso para o continente europeu. Embora instáveis por causa de várias guerras de posicionamento, no século XVIII as fronteiras entre Oriente e Ocidente não sofreram mudanças substanciais a favor dos turcos, os quais, pelo contrário, continuaram a se retirar lentamente, deixando aos poucos novos territórios à Áustria, à Hungria e à Rússia.

4. A **religião cristã ortodoxa** não desapareceu de improviso com a conquista otomana de Constantinopla, de Mistrá ou de Trebizonda. Antes, desapareceu gradualmente, quer pelas políticas de repovoamento das terras, abandonadas pelos gregos cristãos que fugiram diante do avanço dos otomanos, com camponeses turcos muçulmanos provenientes das regiões do interior da Turquia, quer por outras razões. Muitos cristãos renegaram sua fé por conveniência, mas o cristianismo sobreviveu, embora predominantemente nas cidades costeiras. Isso ocorreu sobretudo porque os turcos otomanos, por serem originários da Ásia central, não pertenciam à cultura e ao mundo mediterrâneo, nem se fundiram com a população bizantina da capital e das cidades mais importantes, nem se converteram ao cristianismo (como ocorrera na Europa no primeiro milênio, com os chamados "bárbaros"), nem converteram todos os gregos ao Islã. Preferiram deixar-lhes (como às outras etnias) as respectivas instituições civis e religiosas, contentando-se com impor a elas impostos (depois de Mehmed II, os próprios cargos patriarcais foram submetidos a pesadíssimos tributos), recrutando rapazes e moças para seus serralhos ou para as tropas de elite, ou massacrando sem hesitação os cristãos diante da mínima resistência. Por outro lado, os otomanos não agiram de modo diferente em relação aos árabes, ocupando suas capitais Bagdá e Damasco, apropriando-se dos califados e fechando a via comercial para a Índia, de modo a privá-los de um recurso econômico fundamental.

Nas cidades e nos campos, as dificuldades foram enormes; a alternativa era colaborar com o novo poder turco, embora com o risco da conversão à religião deles e à assimilação, ou resistir passivamente na corajosa defesa da própria identidade cultural e religiosa, embora as consequências não fossem muitas vezes menos cruentas do que no caso de rebelião aberta. Embora a conversão — segundo os dados reunidos por alguns estudiosos — fosse em geral um ato formal, houve de fato progressiva mas rápida descristianização de muitas cidades e territórios, cujos resultados são visíveis ainda hoje em algumas regiões dos Balcãs, por exemplo. A queda da presença cristã provocou também uma progressiva diminuição das sedes episcopais ligadas a Constantinopla, as quais em um século se reduziram a um quarto das existentes em 1453.

29. A situação das Igrejas da Europa oriental sob o domínio otomano. A diáspora grega para o Ocidente. A Igreja russa, de Kiev a Moscou

1. Sob o ponto de vista religioso, étnico e político, a Europa centro-oriental e oriental foi sempre um mosaico extremamente dinâmico, caracterizado por deslocamentos de populações e de exércitos, bem como por mudanças dos governantes. A tendência típica da perspectiva bizantina, ou seja, reconstituir no âmbito local a diarquia entre trono e altar realizada originariamente em Constantinopla, sugere seguir os desdobramentos da presença cristã nessas regiões, identificando algumas áreas homogêneas por cultura, acontecimentos histórico-políticos e língua, embora com a advertência de que os limites das atuais realidades estatais quase nunca coincidem com as dimensões que as homônimas entidades tiveram em sua história. Prova disso é o fato de que a constituição de Igrejas nacionais em muitos desses países ocorre em épocas bem recentes, mas tem profundas raízes nos séculos passados. Por isso, serão passadas em resenha algumas dessas realidades, com referência a uma geografia mais "eclesiástica" do que civil ou política.

Depois da tomada de Constantinopla, a expansão turca prosseguiu em direção à Grécia e aos Balcãs. No dia 6 de agosto de 1458, Corinto se rendeu; no fim daquele mesmo mês, foi a vez de Atenas. Mehmed II visitou a cidade, admirando suas belezas artísticas e tratou com generosidade seus habitantes. A chegada dos turcos marcou o fim da Igreja latina na **Grécia**, onde fora reconstituída durante as cruzadas. A transferência dos edifícios de culto e das propriedades da Igreja latina para a grega a mando do sultão foi bem vista pelo clero e pelo povo, mostrando ser uma carta que Mehmed jogou em seu próprio favor, parecendo não como o "conquistador", mas como o "restaurador do direito". O sultão continuou depois para a Boécia, onde visitou Platea e

Tebas. Sobraram para os venezianos apenas Creta e algumas ilhas. À medida que a conquista turca continuava, a hierarquia latina era substituída pela ortodoxa, que encontrava no patriarca de Constantinopla seu chefe religioso, mas também a referência civil, a que respondia pela conduta dos gregos em relação aos turcos, os quais, todavia, exerciam constante pressão psicológica sobre a população grega, mantida numa posição subalterna. Muitos preferiram então o caminho do exílio, dirigindo-se para as comunidades gregas já presentes um pouco por toda a Europa, mas especialmente em Veneza.

Também os que desejavam adquirir uma cultura (humanística, científica ou teológica) eram obrigados a emigrar, pois não existia praticamente nenhuma escola além da academia patriarcal de Constantinopla, sujeita bem cedo a um pesado controle turco. Em Pádua, constituiu-se um significativo núcleo de professores e estudantes gregos; em Roma foi fundado o Colégio grego de Santo Atanásio, e aos poucos foram surgindo centros de estudos superiores em Kiev, Moscou, Bucareste e no Monte Athos. A primeira tipografia grega, uma das mais importantes e ativas, surgiu em Veneza em 1499.

A existência da Igreja grega na pátria continuou, embora entre mil dificuldades. A tentativa de aproximação por parte dos luteranos, calvinistas e anglicanos foi rejeitada com firmeza pela hierarquia ortodoxa, que logo reconheceu sua incompatibilidade doutrinal. Também as políticas unionistas ou missionárias de algumas congregações religiosas latinas não obtiveram resultados significativos. Os mosteiros desempenharam papel importante na salvaguarda da fé e da cultura grega e na conservação das tradições eclesiais. Centros importantes foram as Meteoras, na Tessália, o Monte Athos, junto a outras realidades menores, como Mesembria, a ilha de Cos, Ioannina. O poder otomano permitiu a umas vinte comunidades monásticas, masculinas e femininas, que continuassem sua existência, sem criar dificuldades insuperáveis.

Todavia, a população vivia numa condição de grande pobreza, sujeita a fortes imposições fiscais e com o pesadelo do recrutamento dos jovens para os corpos especiais do exército (especialmente os "janízaros"). O peso insuportável das restrições favoreceu a multiplicação de movimentos revolucionários, nos quais o clero tinha papel não secundário. Porém, temos de lembrar que nesse quadro, embora dramático, houve também elementos positivos, como a instauração no século XVII de relações amigáveis entre latinos e gregos, a frequência mista das igrejas e até a existência de relações cordiais entre clero grego e latino nos domínios vênetos. Quando não era possível ter sacerdotes ortodoxos, permitia-se que missionários latinos jesuítas e capuchinhos trabalhassem como pregadores e confessores nas igrejas ortodoxas. A Santa Sé promoveu em alguns casos até coleta de subsídios para os mosteiros do Monte Athos, ou interveio para a libertação de leigos ou religiosos ortodoxos escravizados pelos turcos.

No século seguinte, as relações fizeram-se menos frequentes por não serem do agrado do governo turco, que temia que a reconciliação pudesse provocar uma intervenção ocidental em defesa dos cristãos (e um *firman*, ou seja, um decreto do sultão datado de 1702 ordenava que se tomassem medidas severas para impedir a propaganda católica entre os monges gregos, armênios, caldeus e ortodoxos). As embaixadas dos países protestantes em Istambul (e cada viajante protestante em seus relatórios publicados na pátria e amplamente lidos) consideravam que era melhor que o sulco se alargasse entre os gregos e latinos, de modo a favorecer a penetração de seus missionários.

Entre os séculos VIII e XIV os complexos episódios étnicos e políticos dos **Balcãs** refletem-se sobre as mudanças das jurisdições eclesiásticas entre Roma e Constantinopla, e sobre o surgimento e o ocaso de sedes patriarcais e arquiepiscopais naqueles territórios. Ócrida (Ohrid) e Tirnovo (Trnava) foram as duas sedes mais importantes que a certo ponto da sua existência assumiram o título patriarcal. Houve também um arcebispado sérvio (depois elevado a patriarcado) com sede em Pécs. Os turcos, presentes na Europa desde 1347, ocuparam em 1393 Tirnovo, na Bulgária, suprimiram o patriarcado e sujeitaram seu território ao patriarcado de Constantinopla. Todavia, em 1437 um metropolita de Tirnovo figura entre aqueles que acompanharam o patriarca ecumênico ao Concílio de Ferrara.

Também na **Bulgária** os turcos seguiram o método comprovado na Anatólia para a islamização do território. No início subdivididas em sanjacados, as comunidades conservaram a própria autonomia, obtendo o reconhecimento de alguns direitos. As aldeias búlgaras se especializaram no fornecimento de tropas ao sultão em troca de isenção dos impostos. O direito de propriedade sobre as terras cultivadas geralmente era respeitado. Na segunda metade do século XVI a crise do governo central otomano causou o aumento do poder dos governadores locais, que mudaram a política fiscal até então seguida e exerceram crescente pressão sobre os detentores dos feudos, os quais, para melhor tutelar seus interesses, preferiram islamizar-se ou, embora permanecendo cristãos, passar para a parte turca. Por volta do fim do século XVI, enquanto os príncipes e os voivodas da Moldávia, Valáquia e Transilvânia conseguiam se libertar do domínio turco, na Bulgária as tentativas de quebrar o jugo turco não tiveram sucesso. Sob o ponto de vista religioso, grande parte das dioceses búlgaras dependia de Constantinopla. Entrementes, o sultão tinha suprimido o patriarcado de Pécs em 1459, incorporando seus territórios ao arcebispado (depois patriarcado) de Ócrida, que entre mil dificuldades sobreviveu por três séculos (até 1767): os fortíssimos impostos a que estava sujeita obrigavam os patriarcas a fazer peditórios na Rússia, na Europa e, no século XVII, até junto à Santa Sé. O patriarcado de Pécs, considerado o berço do cristianismo ortodoxo sérvio, foi restabelecido em 1557 e depois novamente supresso pelos turcos em 1766.

No contexto dos Balcãs, um caso particular era representado pela **Bósnia**, único país europeu no qual uma igreja herética era preeminente e presente de longa data. Trata-se dos "bogomilos" (de *bogumil*, "caro a Deus" em eslavo, considerado o nome do padre fundador da seita), conhecidos na Europa por suas ligações com os cátaros ou albigenses (vol. II, cap. 7, item 30.3) e presentes também em outras regiões balcânicas. Mas o bogomilismo era tão forte na Bósnia que foi declarado religião de Estado em 1199. Quando a presença turca nos Balcãs se fez mais agressiva, a Bósnia procurou se aproximar da Hungria e do papado. Roma (onde estava o papa Eugênio IV), pronta a aproveitar qualquer ocasião útil para conter a pressão turca, acolheu de bom grado a conversão de Estêvão Tomás Ostojić (1445), reconhecendo-o como rei da Bósnia e encorajou príncipes, nobres e prelados da Hungria a apoiá-lo. Em 1451 os turcos tomaram a fortaleza de Smeredevo, da qual podiam controlar amplas zonas do território bósnio, e em 1463 ocuparam todo o reino. Os latinos, presentes na Bósnia desde pelo menos três séculos graças aos missionários franciscanos, pediram ao sultão para poder praticar o próprio rito, enquanto a Igreja ortodoxa local desapareceu rapidamente.

A rápida islamização da Bósnia, caso único no panorama balcânico, está provavelmente ligada justamente à forte presença do bogomilismo, pois a doutrina da seita apresentava pontos de semelhança com o Islã. Na passagem para o Islã desempenharam papel importante também a falta de clero, a ignorância do povo, a indiferença dos bispos locais. Muitos bósnios, embora tendo se tornado muçulmanos, mantiveram pelo menos em parte seus costumes (como a frequência aos santuários cristãos dedicados aos santos taumaturgos ou a celebração de festividades cristãs).

Durante o século XVI verificou-se um lento regresso da presença ortodoxa em muitas localidades da Bósnia, como atesta a construção de alguns mosteiros; isso ocorreu principalmente porque os turcos favoreciam os ortodoxos, ligados ao patriarcado de Constantinopla e, portanto, mais facilmente controláveis, ao passo que os latinos tiveram de suportar uma política hostil, que lhes permitiu apenas reformar e às vezes reconstruir igrejas destruídas, mas não permitiu novas edificações de igrejas ou conventos. Nesse período, as informações cadastrais turcas mostram o abandono ou o despovoamento de muitas aldeias bósnias. A população foi substituída por muçulmanos (mas às vezes também por judeus, armênios e outros) provenientes de outras regiões dos Balcãs ou até da Anatólia.

A **Albânia** esteve sempre dividida entre, de um lado, a obediência romana e o rito latino nos territórios costeiros sob o domínio veneziano e, de outro, a dependência de Constantinopla nas regiões do interior e do Épiro, na fronteira com a Grécia. De 1020 a 1393, essas regiões passaram sob a jurisdição do arcebispado grego de Ócrida, e depois do arcebispado búlgaro até 1767, quando voltaram sob Constantinopla. Por sua importância estratégica, o território albanês foi sempre objeto de grandes atenções por parte do Ocidente. Os turcos tentaram por várias vezes ocupar a Albânia, mas se viram diante da épica resistência de Jorge Castriota, chamado Skanderbeg, o herói nacional. Somente em 1478 a resistência foi vencida. O domínio otomano foi particularmente duro com a Albânia e isso provocou forte êxodo da população para a Itália meridional e a Sicília, onde se criaram enclaves albaneses de rito bizantino que os bispos latinos viam com preocupação. A situação particular foi resolvida com a instituição de algumas sedes episcopais (Piana dos Albaneses, Ullano, Palermo).

A Romênia moderna é latina por origem e língua, eslava e bizantina por cultura e tradição; é fruto de uma história complexa, na qual o elemento bizantino inspirou os modelos políticos de referência. Os principados da Transilvânia, Moldávia e Ungro-Valáquia entre os séculos X e XV estiveram sujeitos a ampla mistura étnica e religiosa, e assim se encontravam juntos ortodoxos, católicos e depois também protestantes. Com a derrota de Mohács (1526), a **Transilvânia** passou do controle húngaro ao do voivoda João Szapolyai, que procurou o apoio de Solimão I contra Fernando de Habsburgo, que se tornara rei da Hungria. Isso significou abrir as portas da Europa à intervenção otomana. Depois da guerra de 1540, Buda e o território húngaro entre o Danúbio e o Tibisco foram reunidos num sanjacado otomano, e a antiga **Hungria** ficou dividida em três partes: uma sob os Habsburgos, uma otomana e uma terceira obrigada a se aliar aos turcos para sobreviver.

A população desses territórios era constituída por valáquios, saxões e húngaros. Os primeiros, descendentes dos antigos romanos e dácios, eram de linhagem latina, mas greco-bizantinos quanto à religião. Sofreram a forte influência da dominação húngara e passaram em parte para o cristianismo latino; a linhagem saxã, ligada ao ambiente alemão, foi influenciada pelo protestantismo luterano, enquanto a etnia húngara, que depois se tornou hegemônica, viu no calvinismo a expressão religiosa do próprio sentimento anti-habsbúrgico. Em meados do século XVI a mistura étnica e religiosa levou a um projeto de adesão à Reforma, mediante o elemento luterano-saxão, do componente valáquio ortodoxo. A tentativa não teve sucesso, tampouco a que, apoiada pelo rei João Sigismundo Szapolyai e pela nobreza magiar, visava a impor à comunidade ortodoxa um bispado valáquio (1566), bizantino quanto ao rito, mas calvinista nos conteúdos, com o acento posto no primado da Escritura, a proibição do culto dos santos e dos mortos e a obrigação do uso da língua romena na liturgia. A estranha mistura foi rejeitada pela população das aldeias, apegada às próprias tradições e aos próprios sacerdotes. Estêvão Báthory, que subiu ao trono em 1571, embora sendo católico e de origem húngara, soube se valer do elemento ortodoxo em função antiprotestante, fundando uma nova eparquia para os valáquios em Simlieu-Silvana e garantindo assim definitivamente para seus súditos a independência religiosa de Constantinopla.

A **Valáquia ou Ungro-Valáquia**, depois de Mohács e da derrota moldávica de 1538, passou a fazer parte da órbita turca, com a imposição de pesados tributos, mas jamais foi englobada no Império e, como outras regiões da România, conservou as próprias formas institucionais, políticas, administrativas e religiosas. A ligação com Constantinopla foi sempre estreita, embora a presença latina não tenha tido obstáculos (mediada pelos cavaleiros teutônicos, pelos hospitaleiros de Rodi e pelas Ordens mendicantes).

Em 1687 a **Áustria reconquistou a Transilvânia**, habitada predominantemente por ortodoxos e calvinistas. Em 1692 o imperador Leopoldo I decretou que os padres e os fiéis romenos podiam gozar dos mesmos direitos dos católicos, se professassem a mesma fé. O jesuíta Paulo Ladislau Baranyi propôs então ao metropolita de Alba Julia, Teófilo Szerémi, a aceitação dos princípios estabelecidos pelo Concílio de Florença e a conservação integral do rito bizantino. A união foi aceita nos sínodos de Alba Julia de 1698 e 1700, e o bispo Atanásio Anghel (que sucedeu a Szerémi) foi reconhecido como bispo dos romenos da Transilvânia. A ele se uniram quase todos os romenos ortodoxos, cerca de meio milhão. Depois, foram instituídas outras sedes episcopais (Fagaras, Blaj, Oradea-Mare).

Para o Oriente, durante o século XIV formou-se a voivodia da **Moldávia**, tributária da Sublime Porta já em 1456. Em 1594 os moldavos, apoiados pelas armadas polonesas, conseguiram salvar a voivodia da absorção pelo Império otomano. A população era extremamente composta: armênios, saxões, húngaros, rutenos, poloneses, tártaros, turcos, judeus, ciganos; os nobres e o voivoda pertenciam à etnia valáquia e à tradição religiosa bizantina, com relações intensas com o patriarcado ecumênico, mas também com o monaquismo de Jerusalém, Athos e do Sinai. Por isso, apesar de a Moldávia gravitar na órbita otomana, a Igreja moldava constituiu um ponto de referência para toda a ortodoxia. Em 1588 o metropolita da Moldávia, Jorge Movila, escreveu ao papa Sisto V declarando a adesão à comunhão com Roma por parte dele, do clero e do povo, bem como dos bispos das outras duas sedes (as eparquias de Roman e de Radanti). Para os moldavos, a comunhão com o papa não implicava ruptura com a ortodoxia, pelo menos no que se referia ao rito. O passo foi preliminar à sucessiva união de Brest (1596).

2. Com o Concílio de Ferrara-Florença e a queda de Constantinopla, muitos **gregos** saíram do Império bizantino para procurar se estabelecer **na Itália**, onde Veneza, Florença, Roma e o sul eram metas que já conheciam por diversos motivos. Essa renovada presença teve um papel importante para a formação do Humanismo graças à descoberta da cultura grega clássica. Presenças gregas significativas houve também em Nápoles, Livorno e alhures na Toscana, Córsega, Puglia. Às vezes tratava-se de aldeias inteiras que migravam para zonas agrícolas, nas quais se assentavam depois de ter estabelecido obrigações, condições, privilégios, especialmente de caráter religioso. Migravam os camponeses, os soldados, os marinheiros, os intelectuais, como mostram os estudos aprofundados sobre as presenças de estudantes gregos em Pádua e em Roma. Aqui, em especial, o já lembrado Colégio grego de Santo Atanásio, fundado por Gregório XIII em 1576, enquadrava-se nas iniciativas do papado a favor da aplicação do Tridentino (cap. 4, item 16) e numa política de aproximação, favorecida também pela vitória de Lepanto (1571), em vista de uma síntese cultural entre mundo latino e mundo grego, ou pelo menos de uma extensão a todo o Oriente cristão de um regime eclesiástico misto, embora sob controle latino, como vigorava já em Creta. O clima, inicialmente bom, ficou contaminado por causa de algumas medidas latinas que pareceram excessivamente centralizadoras. Não foram raros os casos de eclesiásticos orientais que, professando a fé católica, continuavam igualmente em comunhão com seus bispos ortodoxos, vindo depois a serem ordenados por eles e às vezes se tornando seus sucessores.

A partir do século XVII a situação se modificou sob o estímulo da unificação disciplinar católica, da formação de comunidades de língua grega mas de rito latino e da volta da hierarquia ortodoxa aos territórios subtraídos aos venezianos. A comunidade mais importante e poderosa da diáspora foi a de Veneza, que em alguns momentos chegou a contar com mais de quatro mil presenças (numa população geral de cerca de cem mil habitantes). Reconhecida como comunidade em 1514 por Leão X, pôde se constituir em "escola", dotando-se de uma igreja própria: a "escola de São Nicolau" foi construída entre 1539 e 1573, financiada com o pagamento de impostos aos navios gregos que entravam no porto. Depois da perda de Chipre (1571) e da exploração falha da vitória de Lepanto, Veneza pediu a paz aos turcos. Para manter o controle de Creta, a República completou as fortificações da ilha e decidiu estabelecer melhores relações com os gregos, deixando-lhes liberdade religiosa mais ampla. O capelão da "escola" grega foi assim elevado ao nível do episcopado com o título de metropolita da Filadélfia e lhe foi destinada uma pensão. O metropolita (depois arcebispo) da Filadélfia tornou-se assim figura estável da comunidade grega veneziana até 1790. Em meados do século XVIII foi instituída também em Trieste (no âmbito do domínio habsbúrgico) uma comunidade grega, dotada de uma igreja própria, em funcionamento ainda hoje.

Entrementes, em 1579 Gregório XIII tinha reunido numa só congregação os mosteiros de rito oriental existentes na Itália, muitos dos quais remontavam à dominação bizantina e longobarda. No fim do século XV, viviam na Calábria somente cerca de cento e quarenta monges gregos em setenta e oito mosteiros, dotados de rico patrimônio de manuscritos gregos e latinos, de objetos para o uso litúrgico, de diplomas, privilégios e livros litúrgicos para as celebrações que ocorriam na língua original, embora com frequência ela fosse desconhecida aos próprios celebrantes. Em 1608 existiam ainda no sul trinta e oito mosteiros com cento e noventa e dois hieromonges (ou seja, monges sacerdotes), monges e noviços. A supressão das ordens religiosas decretada em 1866 pelo reino da Itália deixou em vida somente o mosteiro de Grottaferrata.

A decadência não apagou a presença greco-ortodoxa no sul: entre 1563 e 1596, ou seja, entre a conclusão do Concílio de Trento e a união de Brest, descobriu-se que em três dezenas de dioceses existiam grupos de fiéis gregos e albaneses, tanto do lugar quanto imigrantes, bem conscientes do seu pertencimento à Igreja ortodoxa, que lembravam o patriarca de Constantinopla na liturgia, tinham um clero casado, admitiam o divórcio em alguns casos e rejeitavam indulgências ou jubileus pontifícios. As informações, transmitidas pelos bispos locais em Roma, exigiam respostas pastorais adequadas. Nesse contexto é que se situa a escolha de Clemente VIII de renovar em 1593 a congregação para a reforma dos gregos que viviam na Itália, instituída em 1573 por Gregório XIII.

3. Entre os séculos XIII e XIV o **grão-ducado de Moscou** afirmou-se como potência regional, dando destaque cada vez maior à sede metropolitana de Kiev, cujo titular residia em Moscou desde 1325. O grão-duque de Moscou enviou de bom grado ao Concílio de Ferrara-Florença o novo metropolita de Kiev, Isidoro, que aceitou e subscreveu a união com a Igreja latina; mas no seu retorno foi desautorizado, feito prisioneiro e substituído por Jonas, bispo de Rjazan (1448-1461) (cap. 1, item 2.3). Foi ele o primeiro metropolita de Kiev e de toda a Rússia eleito sem a aprovação do patriarca de Constantinopla, e o ano de 1448 é habitualmente indicado como data do início da autocefalia da Igreja russa. Depois da queda de Constantinopla, o grão-duque de Moscou começou a reivindicar para si mesmo o título de *Czar* (ou seja, imperador, do latim *caesar*), que começa a aparecer na documentação a partir de 1473. Os sucessores de Jonas abandonaram progressivamente o título de "metropolita de Kiev" para assumir definitivamente desde 1461 o de "metropolita de Moscou e de toda a Rússia".

As vicissitudes da monarquia e da organização metropolitana moscovitas estiveram sempre estreitamente entrelaçadas e sempre viram o metropolita numa posição fortemente subordinada, sujeito como estava à política (e em alguns casos até aos caprichos, como com Ivan "o Terrível") do czar. Não poucos metropolitas (e depois os patriarcas) tiveram morte violenta ou foram afastados da sede, porque antipáticos ao soberano. Em 1547, consumou-se uma exceção em Constantinopla: por iniciativa própria, o metropolita Macário coroou como czar o jovem Ivan IV (mais conhecido como "o Terrível" [1530-1589]) sem consultar o patriarca de Constantinopla. Moscou tinha já chegado à consciência de si mesma como a "Terceira Roma", chamada a assumir a missão histórica que Constantinopla, "a nova Roma", já não era mais capaz de desempenhar.

Também essa ideia contribuiu para formar o rosto daquela espiritualidade russa que principalmente no século XIX assumirá veios até messiânicos e características únicas, em parte como consequência da situação geopolítica da Rússia, que a deixava numa posição de relativo isolamento, até por causa da presença de outra forte realidade, como o reino da Polônia-Lituânia, que se estendeu, em alguns períodos, até as atuais Bielorrússia e Ucrânia.

Na Polônia-Lituânia, o protestantismo tinha se difundido extraordinariamente, tanto em sua versão luterana quanto na calvinista, e com a presença de alguns grupos consistentes de irmãos boêmios. O clima era o de uma convivência pacífica entre católicos, protestantes e ortodoxos. Da Polônia-Lituânia as ideias calvinistas começaram a se difundir também na Rússia, favorecidas nisso por certa decadência do espírito eclesiástico e da vida monástica. Em resposta a esse clima, surgiram em alguns ambientes leigos associações comparáveis às confrarias ocidentais, dedicadas à educação dos jovens e à formação espiritual e cultural, que levou a notáveis frutos, como a tradução da Bíblia para o eslavo (1583).

Nesses anos e nesse quadro geral amadureceu também a **ideia de um patriarcado moscovita**: durante uma missão do patriarca Jeremias II de Constantinopla (não se sabe se para a coleta de dinheiro ou expressamente para a questão do patriarcado), o sínodo dos bispos russos pediu a nomeação de um patriarca, propondo um trio de nomes ao czar, o qual escolheu o metropolita Jó. Esse último foi solenemente entronizado no dia 29 de janeiro de 1589 como primeiro patriarca de Moscou "e de toda a Rússia". Com essa expressão pretendia-se dizer que a jurisdição do patriarca moscovita se estendia não somente sobre a Moscóvia ou "Grande Rússia", mas também sobre a "Rússia Branca" e sobre a "Pequena Rússia", ou seja, as regiões habitadas por populações eslavas sujeitas não ao czar, mas à Polônia-Lituânia.

Nesse contexto político, compreende-se por que o sínodo dos bispos rutenos (ou seja, daquela região que hoje geralmente é identificada com a Ucrânia), reunido em Brest em 1590, tinha formulado o desejo de aderir à Igreja romana, afastando-se da obediência moscovita, mas mantendo a língua e a liturgia bizantino-eslava. A **união da Igreja rutena** com a Igreja católica, celebrada por Roma como continuação do Concílio de Ferrara-Florença, foi aprovada por Clemente VIII no dia 23 de dezembro de 1593 e sancionada num sínodo celebrado de novo em Brest em outubro de 1596 pelos bispos rutenos na presença do rei da Polônia-Lituânia. A união de Brest é ainda hoje percebida pelas Igrejas orientais e eslavo-orientais como um evento de grande importância negativa, cuja responsabilidade é imputada ao papa. Na realidade, o contexto histórico em que a união ocorreu parece excluir uma iniciativa romana, embora não haja dúvida de que Roma tenha aceitado de bom grado a passagem dos bispos rutenos, os quais por sua vez estavam bem conscientes de que a dependência de um primaz distante era certamente mais bem vista que a de um metropolita por perto.

A união com Roma colocava os bispos latinos e os rutenos num plano de igualdade; subtraía-os da dependência de um patriarca sujeito aos turcos e do que tinha sede em outra nação e intenções expansionistas; e, por último, mas não menos importante, protegia o povo das infiltrações calvinistas. Por sua fidelidade a Roma, a Igreja rutena uniata teve de passar por muitas dificuldades e perseguições, especialmente no século XVII (lembremo-nos do martírio de São Josafá, bispo de Polock, em 1623), quando a situação política europeia mudou profundamente e o território foi novamente distribuído entre o reino da Polônia e o Império russo, estando esse último empenhado, como se verá, numa ação voltada para impor à Igreja russa um pesado enquadramento na estrutura do Estado. A Igreja russa, porém, considerou a união como um cisma, que separaria a hierarquia do povo, mais que uma região da outra, e procurou diversas vezes reconduzir ao âmbito da própria jurisdição a Igreja rutena unida a Roma.

Poucos decênios depois, a **Igreja russa** teve de enfrentar uma **nova crise**. O patriarca Nikon (1652-1666) pretendeu renovar a Igreja, recuperando não a antiga tradição russa, mas a anterior, bizantina. Fez que se declarassem heréticos e falsos os livros litúrgicos em uso e quis que fossem substituídos por novas edições que refletiam mais de perto o original grego; corrigiu a ordem dos ritos com base no *Euchologion*, prescrevendo, por exemplo, a obrigação de fazer o sinal da cruz com três dedos unidos, segundo o costume grego, e não com dois dedos apenas, como era de hábito na Rússia. Nesses atos se percebe por parte de Nikon uma admiração pouco cautelosa por tudo o que sabia de grego, e a falta de discernimento entre elementos essenciais e secundários da fé e da liturgia. Aqueles que ousaram alçar suas vozes de protesto foram presos no mosteiro ou enviados à Sibéria, como o arcipreste Avvakum, que deixou em sua autobiografia uma narrativa de suas vicissitudes, e ao mesmo tempo uma obra-prima da literatura russa. O áspero confronto entre os que queriam conservar os textos e usos russos e os que, contudo, queriam maior fidelidade às fontes gregas ocultava na realidade o contraste entre as duas almas da cultura russa, a desejosa de entrar em comunicação com o mundo ocidental e aberta às novidades, e a que pretendia, entretanto, manter ciosamente a própria identidade espiritual, fugindo de toda contaminação com um Ocidente, visto muitas vezes como encarnação do mal e desejoso de levar a Rússia à ruína, a única guardiã agora da verdadeira fé cristã, depois do fim da primeira e da segunda Roma.

Os que pertenciam a essa segunda corrente foram chamados de "velhos crentes", e às vésperas da revolução de 1917 contavam ainda com vinte e cinco milhões de aderentes, apesar das duras e contínuas perseguições que tiveram de enfrentar. Os "velhos crentes" elaboraram uma doutrina própria, de tipo apocalíptico, na qual a "verdadeira Igreja" apareceria somente no fim dos tempos, pois a atual estava agora arruinada devido à apostasia de seus membros, especialmente dos bispos. Dividiram-se em duas correntes, uma chamada "dos padres", que aceitava temporariamente o ministério, à espera da revelação final, e outra, majoritária, chamada "sem padres", que considerava superados até o sacerdócio e os sacramentos. Os "velhos crentes" isolaram-se cada vez mais do resto da sociedade e da Igreja, que constituíam, segundo eles, o "mundo corrompido", em oposição ao qual aspiravam construir uma sociedade ideal, modelada no exemplo dos antigos mosteiros.

Mas com o **czar Pedro o Grande**, que reinou sobre a Rússia no primeiro quarto do século XVIII, o espírito ocidental pré-iluminista fez sua poderosa irrupção no mundo russo. Antes de subir ao trono, Pedro tinha viajado pela Europa, assumindo ideias que deram a seu governo um cunho de secularização e de paternalismo iluminado. Na Igreja, o novo czar via sobretudo a instituição capaz de educar o povo à obediência das leis que ele tencionava emanar para a modernização da sociedade, o dócil instrumento para a realização do vastíssimo e ambicioso programa de expansão política, econômica e até territorial da Rússia. Portanto, a Igreja devia perder o próprio poder sobre a sociedade, não ser mais governada por um patriarca, nem ser mais considerada, em última análise, a alma do povo russo. Por isso, com a morte do patriarca Adriano (16 de outubro de 1700), o czar interveio, nomeando não mais um patriarca, mas um administrador e vigário, identificado na pessoa do metropolita Estêvão Javorskji, que se tornava o chefe da Igreja russa, mas somente com tarefas de administração ordinária (como propor as nomeações episcopais, perseguir os dissidentes), sem ter mais controle do imenso patrimônio eclesiástico, confiscado pelo Estado. O czar Pedro chegou a vedar a construção de novas igrejas e pretender que os confessores revelassem as notícias relativas a atentados contra o Estado, mesmo que sabidas em confissão.

Por volta de 1715, Pedro conheceu Teofane Prokopovič (1681-1736), um monge que tinha estudado também em Roma, depois professor e reitor na academia eclesiástica de Kiev, profundamente influenciado pelas ideias reformadoras provenientes da Europa ocidental. Pedro o quis como seu colaborador (1716), nomeando-o depois também bispo de Pskov (1718); da ação convergente deles brotou o regulamento eclesiástico de 1721, que enquadrava rigidamente a Igreja dentro das estruturas estatais, pondo em sua direção um Santo Sínodo de onze membros, com sede em São Petersburgo (a nova capital), ligados por um juramento de fidelidade absoluta ao czar. Ao Santo Sínodo era confiada a organização externa da Igreja, com a reforma dos mosteiros (no sentido de uma função social deles), a formação do clero e a educação do povo. O patriarcado foi ab-rogado definitivamente, para ser restabelecido somente em 1917, depois do fim da monarquia czarista.

Os czares e as czarinas que se sucederam no trono depois de Pedro o Grande continuaram, talvez com atitudes mais brandas, a política eclesiástica afim à do josefismo habsbúrgico (cap. 6, itens 26.1-3); assim, por exemplo, no que se refere aos "velhos crentes", foi concedida, especialmente sob **Catarina II** (1762-1796), uma relativa liberdade de culto. Por outro lado, sob o reino dessa czarina, tiveram livre acesso na Rússia as doutrinas protestantes (Catarina, de origem alemã, estava profundamente ligada ao mundo do qual provinha), a maçonaria, mas também os católicos, especialmente os jesuítas, que puderam continuar a viver na Rússia sem serem perturbados, enquanto eram expulsos de outras nações europeias: o breve de supressão *Dominus ac Redemptor*, promulgado em 1773 por Clemente XIV, não foi aplicado nos domínios de Catarina (cap. 6, item 27.3).

30. Os desdobramentos do patronato espanhol

1. O patronato espanhol (*patronato real*) possibilitou aos reis da Espanha, com a ajuda do Conselho das Índias, criar nas áreas ocupadas depois do tratado de Tordesilhas (1494) uma **organização eclesiástica** semelhante à europeia. Uma primeira fase teve início em 1511 com a fundação das dioceses de Concepción e de Santo Domingo na ilha Espanhola-Haiti. Posteriormente foram instituídas outras vinte dioceses, todas ligadas à diocese metropolitana de Sevilha, na Espanha, até que em 1546 foram reagrupadas em três novas províncias eclesiásticas, elevando a arquidioceses as sedes episcopais de Santo Domingo, Cidade do México e Lima. Depois dessa data e até 1620 surgiram outras dezesseis dioceses com a criação de duas outras províncias eclesiásticas, em Bogotá (1564) e em Charcas-La Plata (1609, atual Sucre), respectivamente ao norte e ao sul de Lima.

Essa situação permaneceu imutável por mais de um século e meio, ou seja, até o fim do reino de Carlos III (1759-1788). Permaneceu igualmente invariável por muito tempo a subdivisão civil, com o vice-reino da Nova Espanha, com capital na Cidade do México, e o vice-reino do Peru, com a capital em Lima; somente em 1739 é que nascerá o vice-reino da Nova Granada (capital Bogotá); em 1776 será a vez do vice-reino do Rio de la Plata (capital Buenos Aires). Para governar as dioceses latino-americanas, no período indicado (1511-1620), por sugestão do Conselho das Índias foram nomeados pelo rei cerca de cento e sessenta bispos, de origem espanhola em sua grande maioria (cento e quarenta e dois), enquanto a parte restante provinha de território americano, mas de famílias espanholas (eram os chamados crioulos). Essa minoria se afirmou com o passar do tempo, de modo que nos primeiros dois decênios do século XVII de cada quatro bispos três eram espanhóis e um crioulo. De um lado, isso indica que na passagem entre os séculos XVI e XVII a Igreja na América Latina espanhola tinha forças internas que a guiavam e, de outro, que essas forças não provinham das populações originais dos territórios latino-americanos. Para começar a conhecer os motivos que levaram a tal situação, indicam-se algumas pistas de pesquisa.

A primeira diz respeito à **baixa consideração** com que foram tratados os **indígenas**. Apesar dos pronunciamentos de Paulo III em 1537 e das *Leyes Nuevas* sobre a plena dignidade humana deles (cap. 2, item 8.2), de fato foram utilizados contra os indígenas sistemas desumanos, como a *encomienda* e a *mita*. O primeiro sistema foi criado em Espanhola em 1502 pelo governador Nicolau de Ovando: com autorização do rei, os colonos espanhóis (*encomenderos*) tinham direito de receber dos indígenas um tributo permutável por um trabalho obrigatório e não remunerado; diante desse direito, os colonos tinham o dever de os proteger e de financiar a educação cristã deles. Esse sistema os reduziu à escravidão, não garantiu de modo algum a instrução religiosa deles e contribuiu, junto com as doenças levadas pelos espanhóis, para a queda demográfica deles, tanto que os habitantes originários de Espanhola tinham se reduzido de mais de um milhão em 1492 a apenas quarenta mil em 1509, quando o governador de Ovando cedeu o cargo ao vice-rei Diego Colombo, filho de Cristóvão Colombo.

A *encomienda* foi introduzida no território mexicano, na América Central e na América do Sul, causando os mesmos problemas — Alain Milhou afirma que no Império dos astecas, ou seja, em grande parte do México, houve uma queda demográfica de noventa por cento, passando de onze-treze milhões a um milhão de habitantes, enquanto o território governado pelos incas teria passado de seis-sete milhões de habitantes em 1530 a cerca de um milhão e meio em 1590.

No território andino difundiu-se a ***mita***, um instituto de trabalho obrigatório anterior à ocupação espanhola e que os espanhóis utilizaram para explorar os indígenas nas minas peruvianas de Huancavelica e de Potosí. Na primeira mina encontrava-se o mercúrio, que servia para refinar a prata de Potosí, graças ao qual eram financiadas as mais importantes atividades do Estado espanhol. Essa operação recebeu uma justificação religiosa, como afirmava um cronista franciscano em 1630: "Potosí vive a fim de que o turco se dobre sob o chicote, a fim de que o mouro se arrebente de inveja, de que Flandres viva no temor e a Inglaterra no terror; sim, Potosí vive, coluna e obelisco da fé" (cit. in Milhou, *L'America*, 677).

Contra esses e outros semelhantes sistemas contrários à dignidade dos indígenas, ergueram-se **protestos por parte de diversos religiosos** a partir do discurso feito em 1511 pelo dominicano Montesinos em Santo Domingo (cap. 2, item 8.2). Outro dominicano, Bartolomé de Las Casas, fez os mais altos protestos, agindo e escrevendo vários textos, confiscados por volta de 1570 pelo vice-rei do Peru, Toledo. Naqueles anos, foram confiscados no México os escritos de outro missionário, o franciscano Bernardino de Sahagún, que continham as tradições das populações autóctones de algumas regiões do México. Circularam muitos outros textos, como os do jesuíta José de Acosta ou os do dominicano e professor em Salamanca, Francisco de Vitória.

O primeiro, apenas mencionado, subdividiu em três categorias os povos a serem evangelizados, propondo para cada uma delas uma abordagem específica por parte dos missionários. Aos chineses, japoneses e boa parte das populações asiáticas, por serem igualmente civilizados como os europeus, o Evangelho podia ser comunicado com base no convencimento. Em relação às populações asteca e inca — que tinham impérios com sistemas de governo, leis, instituições, mas também costumes extravagantes, como os sacrifícios humanos —, podia-se ter o apoio na coerção, permitindo a utilização dos bens e das leis deles na medida em que não fossem contrárias à lei natural e à lei evangélica. A restante parte dos indígenas caía sob a categoria dos "vix homines" (semi-humanos), uma vez que não conheciam vestes, eram luxuriosos e às vezes até antropófagos (como os caraíbas ou os tupis brasileiros); em relação a eles devia ser usada a constrição, que para Acosta não coincidia com as armas dos soldados espanhóis, mas com a ação dos missionários acompanhados por uma escolta militar.

Diferentemente do jesuíta Acosta, o dominicano Vitória teve uma posição semelhante à de muitos confrades seus, e por isso defendeu com maior amplitude os direitos dos indígenas, aprofundando a concepção de poder elaborada por Tomás de Aquino; assim, lançou os fundamentos do direito internacional. Outro dominicano, Vasco de Quiroga, que em 1536 se tornou bispo de Michoacán, no México, projetou em seus escritos vilas especialmente regulamentadas para os indígenas.

A proposta de Quiroga mostrou-se utópica, enquanto de efetiva realização foram as **reducciones** [reduções], nas quais foram agrupados ("reconduzidos" ou "reduzidos") os indígenas que viviam dispersos, de modo a protegê-los dos espanhóis. Os indígenas tiveram terras inalienáveis, subdivididas entre terras comuns e partes confiadas a cada família; foi reestruturada para eles a moradia, com opções urbanísticas que se inspiravam no modelo das cidades espanholas. Para constituir as *reducciones* criou-se um acordo entre autoridade civil e os religiosos. Todavia, nos territórios de missão, esses últimos, que na prática eram jesuítas e franciscanos (tanto frades menores quanto, a partir de meados do século XVII, capuchinhos), tiveram a gestão exclusiva. Em particular, as *reducciones* jesuíticas no Paraguai (quarenta no início do século XVII) distinguiram-se das outras, pois criaram uma sociedade paralela, protegida das influências civis, políticas, econômicas e morais dos colonos espanhóis. Essa organização gerou uma crescente oposição, tanto no âmbito civil como no eclesial, até que em meados do século XVIII, no clima geral desfavorável aos jesuítas e graças a acordos internacionais entre Espanha e Portugal, essas reduções foram supressas (item 32.3).

2. Do que foi referido acima e apresentado no cap. 2, item 8.2, a propósito dos debates levantados pelo discurso de Montesinos, vê-se a importância que as **Ordens religiosas** tiveram para a **evangelização** e a **defesa dos indígenas**. Até 1570-1580 a evangelização foi essencialmente tarefa dos mendicantes, com os franciscanos à frente de todos (em 1585 tinham duzentas e seis casas no México e na América Central e noventa e uma na América do Sul), seguidos pelos dominicanos e agostinianos; vinham depois os mercedários e os carmelitas descalços. Os jesuítas chegaram aos territórios do patronato espanhol mais tarde em relação aos outros; a Lima em 1568, e ao México em 1572, depois de uma missão sem sucesso na Flórida. Todos foram sensíveis na defesa dos indígenas, mas ninguém os valorizou completamente.

Se, na esteira de seu confrade de Sahagún, os franciscanos Andrés de Olmo, Toríbio de Benavente ("Motolinía") e Martin de la Coruña procuraram conhecer por dentro as mais importantes civilizações mexicanas (tolteca, asteca, tarasca), fizeram-no para preservar o que podia ser salvo, mas sobretudo para eliminar o que era considerado contrário ao cristianismo. Para isso, recorreram também à tática da substituição, como ocorrera entre 1540 e 1550 para uma devoção mariana destinada a ter enorme sucesso. Numa capela do monte Tepeyec, ao norte da Cidade do México, foi dado início — por parte dos franciscanos e com o apoio da hierarquia, ou seja, do primeiro bispo da cidade, Juan de Zumárraga — ao culto de Nossa Senhora de Guadalupe, originado por três aparições marianas ao indígena Juan Diego em dezembro de 1531, sobre as quais voltaremos mais adiante. Esse culto mariano tomou o lugar do mais importante e popular centro religioso do antigo México, anteriormente existente e dedicado a Tonantizin ("Nossa Senhora"). Ainda nas proximidades da Cidade do México, na localidade de Chalma, os agostinianos, tendo sabido que numa gruta era adorado um ídolo, substituíram-no pelo crucifixo: é o Santo Senhor de Chalma, um dos lugares de peregrinação mais importantes ainda hoje da América Latina.

Avaliações semelhantes valem para o gigantesco empenho feito para conhecer as línguas ameríndias. Até o início do século XVII, os franciscanos escreveram cerca de trezentas obras em vinte e duas línguas indígenas, metade das quais em *nahuatl*, a língua dos astecas e do México central. Os dominicanos compuseram um número inferior de obras; cabe, porém, a um deles, Domingos de Santo Tomás (bispo de Charcas-La Plata, ou seja, Sucre, entre 1564 e 1570, e com parentesco com Las Casas), o mérito de ter composto o primeiro dicionário e a primeira gramática em *quechua*, uma das mais importantes línguas andinas. Os jesuítas estiveram à frente nessa produção, com gramáticas, dicionários, estudos de etnografia, manuais para confessores, coleções de sermões, catecismos, abecedários, obras de teatro religioso, regras para as confrarias etc., traduzindo textos de piedade, como a *Imitação de Cristo*. O já lembrado jesuíta José de Acosta é o autor principal do catecismo publicado entre 1584 e 1585, em obediência ao III sínodo provincial de Lima (1582-1583). Formado por três livros distintos (catecismo, "confessionário", "sermonário"), o primeiro livro contém um catecismo breve em espanhol, em *quechua* e em *aymarà* e um grande catecismo, que "leva em consideração destinatários, com uma breve introdução a alguns conceitos importantes e uma explicação dos vocábulos difíceis nas línguas *quechua* e *aymarà*" (*L'Europa e l'evangelizzazione del Nuovo Mondo*, 337). Tudo isso serviu não tanto para valorizar a identidade dos indígenas, quanto para preservá-la contra o risco de ser espanholizada; além disso, serviu para conservar sua cultura, mais do que fazer com que os indígenas passassem a fazer parte da civilização cristã levada pelos missionários.

Entre as muitas consequências dessa elaboração, a mais relevante é a **crônica falta do clero indígena**, causa imediata do dado acima registrado, ou seja, um episcopado exclusivamente espanhol e crioulo. Na realidade, em 1536 o vice-rei Mendoza e o primeiro bispo da Cidade do México, o franciscano Zumárraga, inauguraram solenemente o colégio de Santa Cruz de Tlatelolco, onde deveriam ter sido recebidos, sob a direção dos franciscanos, os filhos da aristocracia indígena, entre os quais seriam escolhidos os candidatos ao sacerdócio. Do colégio saiu uma notável elite leiga, mas nenhum padre. Mais do que da incapacidade dos jovens indígenas de aceitar a formação ao sacerdócio, o insucesso dependeu da desconfiança dos bispos em relação a um clero indígena ou também mestiço, ou seja, formado por quem nascera de um casal hispano-indígena.

É significativa a decisão amadurecida nos três sínodos provinciais da Cidade do México (1555, 1565, 1585) e no II sínodo provincial de Lima (1567-1568) de não consagrar nenhum indígena, com a extensão dessa proibição também aos mestiços por parte do II sínodo mexicano. O III sínodo de Lima de 1582-1583 mostrou-se mais aberto, e contemporaneamente Gregório XIII concedeu a derrogação de um decreto régio de 1578, restritivo em relação à ordenação aos mestiços; mas não se fez nada a respeito; tanto assim que o edito de 1578 foi retomado em outros dois editos, de 1588 e 1616. Também as ordens mendicantes impediram os indígenas de se tornarem religiosos de pleno direito, quando muito recebidos como oblatos; essa regra se referiu também aos mestiços, aos mulatos e aos negros; o mais conhecido mulato que se tornou oblato, ou irmão cooperador, dominicano, é São Martinho de Porres (1579-1639) (canonizado pelo papa João XXIII em 1962), filho de um nobre espanhol e de uma ex-escravizada africana.

Nesse mesmo sentido está uma instituição característica da Igreja do patronato espanhol. Trata-se das **universidades**, para cuja fundação e subsistência os religiosos deram uma contribuição determinante: no século XVI surgiram na Cidade do México e Lima (estatais) e em Santo Domingo, Quito, Bogotá (privadas); no século seguinte, os jesuítas fundaram outras em Santiago do Chile, Córdoba, La Plata, Cuzco, Quito, Bogotá, Mérida (México), os dominicanos, em Santiago do Chile, Quito e Guatemala, enquanto os franciscanos fundaram em Cuzco. Na maior parte dos casos, essas instituições de alta cultura serviram para a formação dos clérigos, registrando crescente participação de jovens crioulos, fato que a partir do início do século XVII contribuiu para o predomínio deles entre o clero. Novamente, assiste-se à exclusão dos ameríndios, exclusão que se referiu também aos colégios.

3. O que foi exposto até aqui deixa claro que o patronato espanhol não conseguiu criar na América Latina uma Igreja indígena. Todavia, os *indígenas* deram **contribuições originais** a essa Igreja, fortalecidos pelo fato de serem numericamente majoritários em relação à restante parte da população; em particular, por volta de 1650, enquanto os indígenas eram cerca de oito milhões e quinhentos mil, os crioulos e os espanhóis chegariam, sempre por aproximação, aos seiscentos mil, ou seja, seriam menos do que os negros e mulatos (novecentos e cinquenta mil) e mais do que os mestiços (trezentos e cinquenta mil). Assim, na paróquia os indígenas tinham a incumbência de sacristão, cantor, fiscal; esse último tinha tarefas disciplinares, como levar crianças e adultos ao catecismo e à missa dominical, denunciar casos de concubinato e de idolatria, aplicar castigos corporais. É verdade que o fiscal podia fazer jogo duplo e favorecer o domínio espanhol sobre o dos indígenas, embora a mesma coisa podia ocorrer com os caciques e os curacas, ou seja, os chefes indígenas das aldeias. De modo positivo, porém, junto com o cantor e o sacristão, o fiscal desempenhou um papel relevante na transmissão do cristianismo, às vezes até substituindo o clero na catequese, na condução dos momentos de oração, nas procissões.

Outra contribuição foi a utilização em sentido cristão de estatuetas, ex-votos, modelos iconográficos e simbolismos da tradição religiosa preexistente ao cristianismo. Se isso expôs ao risco de sincretismo e, além disso, poderia ser interpretado como tentativa bem-sucedida por parte dos indígenas de "impor suas crenças à sociedade crioula dominante" (Milhou, *L'America*, 714), em diversos casos o êxito foi a perfeita inserção da mensagem cristã na cultura indígena. Esse êxito aparece na imagem de Nossa Senhora de Guadalupe, que permaneceu impressa no manto do indígena mexicano Juan Diego depois das aparições de dezembro de 1531 na colina de Tepeyac, na Cidade do México. Por exemplo, em vez de ter o Menino Jesus nos braços, Nossa Senhora de Guadalupe porta sobre o peito fitas negras (emergem sob as mãos juntas da Virgem), símbolo de sua maternidade, pois entre os astecas era esse o sinal distintivo de uma mulher grávida. Outro exemplo é o do manto azul-verde, o primeiro da cor do céu, a sede do Deus supremo asteca, representado pelo sol (e o sol circunda a figura de Nossa Senhora). O segundo é a cor do jade, pedra preciosa para os astecas, com um valor bem superior ao do ouro e de qualquer outra joia; também essa cor jade era emblema da divindade. Além do fato de que, segundo a tradição asteca, somente ao imperador era concedido usar vestes dessas cores — portanto, dignas da Mãe do Filho de Deus e Rainha do universo —, o verde-azul, segundo a psicologia asteca, era o elemento catalizador das duas forças que, interagindo entre si, davam a "fecundidade" e a "vida". Considerações semelhantes valem para o sol, a lua e as estrelas presentes na representação, para a cor vermelha e os desenhos da túnica, para o anjo que sustenta Nossa Senhora, para a copresença da cruz cristã (encontra-se no alfinete sobre o pescoço) e da cruz indígena, ou seja, "quincunce", visível sob as fitas negras.

Um componente muito importante para a Igreja tridentina na Europa foi igualmente incisivo na América Latina: as confrarias, a partir das que foram instituídas primeiramente na Cidade do México por Pedro da Gand, um dos franciscanos da primeira hora em atividade na Nova Espanha. Em primeiro lugar, elas se adaptaram ao espírito comunitário dos indígenas e encorajaram a ajuda mútua, não somente entre os confrades, mas também em relação aos pobres fora das confrarias. Além disso, nas confrarias continuaram vivas, no quadro da religiosidade cristã, expressões das tradições religiosas indígenas. Todos esses aspectos foram ainda mais importantes para as confrarias que agregaram os negros e os mulatos. Os negros conservavam ou criavam sua música, suas danças, utilizadas depois em ocasiões importantes, como a festa do padroeiro da confraria ou do *Corpus Domini*. Essas confrarias geravam solidariedade, abrindo espaços de liberdade, de iniciativa, de ajuda mútua, como ocorria com as coletas que os confrades faziam para resgatar os escravizados.

Esses últimos, chamados **bozales**, provinham da África, depois do tráfico administrado principalmente pelos portugueses. Completamente desenraizados de seu contexto original e de suas tradições, desembarcavam na América espanhola em Cartagena, não distante do Panamá e onde havia um dos três tribunais da Inquisição espanhola na América Latina, estando os outros dois na Cidade do México e em Lima. Entre 1595 e 1640 Cartagena sediava o maior centro de importação e redistribuição dos escravizados africanos (uma média de quatro mil por ano) e aí os jesuítas, entre os quais se distinguiram Alonso de Sandoval e seu discípulo Pedro Claver, realizaram um trabalho pastoral específico para os *bozales*.

Há um documento de altíssimo interesse para a compreensão da Igreja nos territórios sob o domínio espanhol. É a *Nueva Corónica y buen gobierno* (Nova crônica e bom governo), publicada em 1615, com mil, cento e oitenta e nove folhas e quatrocentas ilustrações; o autor é Filipe Guamán Poma de Ayala, um indígena aculturado do Peru que nos anos setenta do século XVI tinha estado ao lado de um padre empenhado em purificar da idolatria a religiosidade dos indígenas peruanos. A *Nueva Corónica* oferece uma apresentação crua da exploração dos colonizadores espanhóis, das violências dos crioulos, dos vícios dos padres seculares (violentos, concubinários, entregues ao jogo) e não poupa críticas aos dominicanos e mercedários, reservando admiração pelos franciscanos e jesuítas. Ao mesmo tempo, Guamán Poma mostra-se desiludido com seus compatriotas, pois põe em evidência a permanência da idolatria, da corrupção, dos abusos de autoridade daqueles indígenas que exerciam como *fiscais* ou caciques ou curacas alguma autoridade na Igreja e na sociedade. Por outro lado, enquanto espera que os espanhóis voltem para sua pátria, gostaria também que os negros retornassem para a África; além disso, mantém distância dos crioulos, dos mestiços, dos mulatos e dos negros nascidos na América, porque subvertem a ordem tradicional. Mas toma a defesa dos *bozales*, uma vez que eles não tinham vez na sociedade da época. Definitivamente, a *Nueva Corónica* mostra o ponto de vista de um indígena sobre a evangelização e sobre a Igreja na América Latina nos séculos XVI e XVII.

É um olhar que confirma sua riqueza. Por exemplo, foi feita referência a dois **sínodos provinciais** de Lima e três da Cidade do México, mas a eles devem ser acrescentados outros dois realizados em Lima em 1551-1552 e em 1601, o de Santo Domingo (1622), de Bogotá (1625) e de Charcas-La Plata (1629); deveriam ser estudados, para conhecer as medidas adotadas pelos bispos para suas dioceses e para verificar como foi levado em consideração o Tridentino, do qual participaram alguns bispos latino-americanos. A *Nueva Corónica* confirma também a variedade da Igreja originada do patronato espanhol. Por exemplo, valeria a pena conhecer os bispos, cujo número e proveniência conhecemos, alguns dos quais foram encontrados durante esta exposição, ao ser intuído o valor deles. Comparável a Carlos Borromeo por atividade e modelo foi **Toríbio de Mogrovejo**, arcebispo de Lima de 1581 a 1606. Não gostava de denúncias clamorosas como as de Las Casas, mas sempre encontrou um jeito de estar próximo dos indígenas, os quais o veneravam pelo estilo de vida pobre e pelo conhecimento do *quechua*. Ele pôs em prática as orientações típicas do Concílio de Trento, graças aos doze sínodos diocesanos, aos três sínodos provinciais, à visita pastoral feita quatro vezes em sua vastíssima diocese, visitando as cidades espanholas e as mais remotas aldeias dos indígenas.

4. O patronato espanhol atuou também num território extra-americano, ou seja, nas ilhas **Filipinas**, assim chamadas em honra do príncipe Filipe, filho de Carlos V e seu sucessor no trono espanhol com o nome de Filipe II. Magalhães tomou posse daquelas ilhas em 1521, mas foram efetivamente ocupadas, depois de diversas tentativas fracassadas, em 1564, graças à expedição guiada por Miguel López de Legazpi e pelo agostiniano André de Urdaneda, um religioso que tinha o gênio da navegação. Diferentemente das expedições anteriores, ele conseguiu encontrar o caminho de retorno até chegar ao porto de Acapulco, o qual por dois séculos permaneceria como ponto de partida e de chegada dos navios que se dirigiam a Manila ou de lá provinham.

O modo como as Filipinas foram ocupadas teve consequências diretas sobre a difusão do cristianismo. De fato, todos os religiosos empenhados nessa obra provinham da Nova Espanha, ou seja, do México. Os primeiros a chegar em 1565 foram os confrades de Urdaneda, ou seja, os agostinianos, que permaneceram por muito tempo como a ordem religiosa mais representada. Seguiram-se os franciscanos (1577), os jesuítas (1581), os dominicanos (1587), de modo que trinta anos depois do início da evangelização, por volta de 1594, já havia duzentos e sessenta e sete missionários. Entrementes, surgira a primeira diocese em Manila (1581), que se tornou sufragânea da Cidade do México. A atividade missionária referiu-se às ilhas do norte e do centro, em particular

Luzon e Cebu, enquanto a grande ilha ao sul, Mindanao, permaneceu autônoma até o século XIX, pois a população estava sob o domínio dos sultões muçulmanos, aliados com os chineses e os holandeses.

O primeiro bispo de Manila, o dominicano Domingo de Salazar, seus confrades e os agostinianos protestaram contra a instituição da *encomienda*, e passando por cima do patronato real dirigiram-se a Gregório XIV, que os apoiou com um decreto de 1591. O papa ordenou que os aborígines recebessem uma compensação pelos danos sofridos e que todos os escravizados fossem postos em liberdade; enquanto o segundo ponto foi seguido (exceto para os escravizados muçulmanos), o primeiro permaneceu letra morta. Todavia, diferentemente do que aconteceu com os indígenas, a população aborígine do arquipélago não foi dizimada pelas doenças dos espanhóis, pois elas não eram desconhecidas aos filipinos, nem sofreu o trauma do confronto com uma cultura muito superior à própria, uma vez que os filipinos tinham adquirido toda uma série de conhecimento graças ao contato plurissecular com os maleses, indonésios, chineses e indianos. Tudo isso, unido à disponibilidade das ilhas do norte e do centro em contribuir para a derrota do Islã, permitiu ao catolicismo levado pelos espanhóis tornar-se componente originário da identidade filipina.

Dada sua proveniência e formação, os missionários adotaram o modelo de evangelização e de Igreja existentes na América Latina. Foram criadas as "reduções" e as *doctrinas*, que constituíram, como ocorreu na América Latina, a etapa inicial das paróquias. Em 1590 os jesuítas fundaram o primeiro colégio, abrindo o caminho às outras Ordens, em particular aos dominicanos, os quais em 1611 fundaram o Colégio do Rosário, que em 1645 se tornou a universidade de Santo Tomás. A atividade cultural encontrou apoio na imprensa instalada em 1593, semelhante à da Cidade do México (1539) e de Lima (1583); serviu principalmente para a publicação de gramáticas, dicionários, catecismos em *tagalog*, a língua principal falada em Luzon, transformada pelos missionários em língua comum. Dada a importância que a Igreja ia assumindo nesses territórios, o Conselho das Índias decidiu torná-la independente da Nova Espanha, elevando Manila a arcebispado em 1595, com três dioceses sufragâneas, duas em Luzon (Nueva Cáceres e Nueva Segóvia) e uma em Cebu. Para distinguir a Igreja filipina das demais partes da Igreja do patronato espanhol houve a escolha, amadurecida no século XVII, de ordenar como padres os aborígines e os mestiços. Fundava-se sobre essas bases uma Igreja destinada a ser uma das mais importantes comunidades católicas do mundo.

31. Os desdobramentos do patronato português

1. O patronato português (*padroado*), diferentemente do espanhol, não conseguiu tecer uma **rede diocesana** semelhante à europeia. A primeira diocese foi instituída em Funchal (ilha da Madeira) em 1514, ou seja, quando já tinham sido ocupadas as praças comerciais e militares na costa brasileira, africana e asiática, até chegar às Molucas (cap. 2, item 8.1). Por vinte anos, Funchal teve a jurisdição eclesiástica sobre vastíssimo território, até que em 1534 se tornou arquidiocese, tendo como sufragâneas as novas dioceses de Agra (Açores), Cabo Verde, São Tomé, todas elas situadas em pequenas ilhas que constelavam a África ocidental do norte às zonas centrais. Outra nova diocese surgiu ainda em 1534 em Goa, na costa da Índia ocidental.

Goa, que era residência do vice-rei, em 1558 tornou-se arquidiocese, com um papel central para a Igreja do *padroado* graças a casas de residência e de formação administradas pelas principais ordens religiosas (em particular, em 1582 os dominicanos abriram um instituto de estudos universitários, o Colégio de Santo Tomás), à tipografia mantida pelos jesuítas, a um tribunal da Inquisição portuguesa (o único de além-mar) e à indicção de cinco sínodos entre 1567 e 1606. A jurisdição eclesiástica de Goa ia da Cidade do Cabo às Molucas, com dioceses sufragâneas em Cochim, Índia ocidental (1558), Malaca, Malásia (1558), Macau, China (1575), Funai, Japão (1588), São Tomé-Mailapur, Índia oriental (1606). Situação particular coube à arquidiocese de Angamale no Malabar, sudoeste da Índia, pois pertencente à Igreja siríaco-caldeia de São Tomé, após o sínodo de Diamper de 1599, foi latinizada e se tornou sufragânea de Goa. Depois de nove anos, devido a uma série de tumultos, Roma reviu a decisão e restabeleceu Angamale em seu antigo grau de arcebispado, respeitando sua liturgia oriental; no ano seguinte, por motivos de segurança a sede foi deslocada para o castelo português de Cranganore.

Enquanto essa complexa evolução ia ocorrendo na Ásia, surgiu no Brasil, e até tardiamente (1551), uma diocese na capital São Salvador (Bahia), em dependência da arquidiocese de Lisboa. Somente em 1676 é que Salvador Bahia se tornará arquidiocese, referência para uma província eclesiástica autônoma, com as dioceses sufragâneas de São Luís do Maranhão, Recife e São Sebastião do Rio de Janeiro.

Diversas **causas** geraram essa **original situação** tão diferente do comum da Igreja do patronato espanhol. Antes de tudo, Portugal era uma pequena nação de cerca de um milhão e duzentos e cinquenta mil habitantes (com relação a cerca de oito milhões e duzentos mil da Espanha), e por isso tinha à disposição poucas forças para gerenciar um território muito mais vasto do que o ocupado pela Espanha. Além disso, essa última conseguiu com facilidade levar a melhor sobre os indígenas devido à inferioridade cultural, técnica e militar deles e, mais ainda, construiu o próprio império colonial com a exploração da preexistente organização estatal e social dos impérios dos astecas e dos incas, utilizando, por exemplo, suas estradas; ao contrário, na Ásia os portugueses confrontaram-se com organizações estatais e sociais, tradições culturais e sistemas religiosos fortes e bem estruturados.

Outra causa: mais do que nos territórios sob domínio espanhol, os interesses comerciais nos territórios ocupados pelos portugueses se sobrepuseram à ação missionária, condicionando-a negativamente, como demonstra a resposta de Vasco da Gama a quem lhe perguntava o que ele procurava na Índia: "Cristãos e pimenta" (cit. in Baur, 60, nota 3). Com efeito, os nomes dados aos diversos territórios do Golfo da Guiné declaram o que Portugal andava especialmente à procura (Costa da Pimenta, Costa do Marfim, Costa do Ouro, Costa dos Escravos). Também os sacerdotes se deixaram atrair pelos negócios, inclusive o mais rendoso de todos constituído pelo "marfim negro", ou seja, o tráfico dos escravizados. Há outros testemunhos da mistura entre religião e interesses econômicos e políticos, como a moeda cunhada graças ao ouro extraído nas minas da Guiné, que foi chamada de *cruzado*, em referência ao motivo que levou os portugueses a navegar ao longo da costa africana, ou seja, a tentativa de cercar os muçulmanos e de estabelecer uma aliança antimuçulmana com o "Preste João" (cap. 2, item 8.1). Além disso, a pilastra de pedra em forma de cruz com a qual os exploradores marcavam as terras descobertas era chamada de *padrão*.

A esses fatores devem ser agregados outros três, específicos para a evangelização na Ásia. Em primeiro lugar, ela foi ralentada por um equívoco fundamental: partilhando dos conhecimentos difundidos na Europa entre os séculos XV e XVI, os portugueses contavam encontrar comunidades cristãs, como as de "Preste João" (mas na realidade encontraram no Malabar somente pequenas comunidades cristãs que formavam a já lembrada Igreja siríaco-caldeia de São Tomé). Por isso, em 1497 a expedição de Vasco da Gama à Índia orou a Nossa Senhora diante de uma imagem de Kali e confundiu um templo hindu com uma igreja; três anos mais tarde, uma segunda expedição, comandada por

Pedro Álvares Cabral, levou consigo um grupo de franciscanos com a diretriz de reeducar os grupos de supostos cristãos que teriam se afastado da ortodoxia. Em segundo lugar, nos primeiros decênios do século XVI a preocupação principal foi combater os islâmicos presentes no Oceano Índico; assim, os religiosos desenvolveram essencialmente a tarefa de capelães dos soldados e de párocos das pequenas comunidades portuguesas das várias praças que iam se constituindo. Em terceiro lugar, quando já havia se formado a comunidade eclesial, ela ficou enfraquecida pela perda de poder marítimo por conta dos holandeses e ingleses, de modo que nos últimos decênios do século XVI e na primeira parte do século seguinte Portugal cedeu muitas de suas colônias asiáticas. Um enfraquecimento para o qual contribuiu também a união entre a coroa espanhola e a coroa portuguesa de 1580 a 1640, com prolongadas sedes vacantes para as dioceses do padroado, especialmente para a de Goa.

Nesse mesclado e fragmentado quadro, a atividade missionária e o desenvolvimento eclesial variaram de região para região, e às vezes dentro de cada região modificaram-se de modo radical no decorrer do tempo, ficando impossível neste estudo propor uma informação adequada. Limitamo-nos, portanto, a deter nossa atenção sobre alguns aspectos da difusão do cristianismo nos três grandes blocos continentais, com o Brasil para a América, a Etiópia e o Congo para a África, enquanto para a Ásia consideraremos a evangelização cristã em confronto com as grandes tradições religiosas, concentrando a atenção sobre a Índia, o Japão e a China.

2. Descoberto em 1500, por meio século o **Brasil** não esteve envolvido numa séria evangelização. Os cerca de dois mil portugueses que ali estavam eram de baixo perfil moral e religioso, como os degredados (expulsos de Portugal e de outras nações), os bandeirantes, ou seja, os caçadores de escravizados, os marranos de origem hebraica que fugiam da Inquisição portuguesa. Muitos deles escravizaram os indígenas tupis e exploraram sexualmente as mulheres; a antropofagia dos tupis contribuiu para dar uma justificação a esses comportamentos. Num tal contexto, foram ineficazes as tentativas de evangelização por parte de alguns franciscanos.

As coisas mudaram a partir de 1549, quando chegou ao Brasil o primeiro governador-geral, Tomé de Souza. Levou consigo seis jesuítas guiados pelo padre Manuel da Nóbrega. Era o início de uma atividade missionária que, fundada na moralização dos portugueses e dos mestiços e na cristianização e defesa dos indígenas tupis, teve a Companhia de Jesus como força motriz. Os jesuítas encontraram apoio nos governadores e conseguiram logo lançar as bases da Igreja do padroado graças à fundação em 1551 de uma diocese na capital São Salvador (Bahia). Em cerca de trinta anos surgiram três colégios em Pernambuco, na Bahia e no Rio, bem como residências em cinco outras localidades, nas quais trabalhavam os jesuítas em número elevado, se se pensa que em 1616 eram cento e oitenta (provenientes de diversos países europeus, dado que o pequeno Portugal não dispunha de forças suficientes), enquanto nesses mesmos anos seus confrades eram oitocentos e vinte e nove na América espanhola, cinquenta vezes mais populosa que o Brasil.

Para preservar os tupis em relação aos colonos e para melhor evangelizá-los, os jesuítas os reuniram em *aldeias-missões*, que na região da Bahia já eram umas quinze em 1570, para um total de mais de quarenta mil tupis. Era uma experiência semelhante às *reducciones*, por exemplo pela valorização das confrarias, pela função dos meirinhos, equivalentes aos *fiscais*. Mas diferentemente das reduções, a distribuição dos espaços tinha como modelo as aldeias dos tupis e não as cidades espanholas; além disso, atendendo a uma inclinação dos tupis, eram amplamente utilizados cantos e danças, graças aos mistérios e aos poemas cantados, compostos em grande número por José de Anchieta, conhecido pelo título de "Apóstolo do Brasil", merecido também por causa da primeira gramática tupi que ele escreveu para uso de seus confrades. Todavia, foi precisamente esse grande missionário que em 1584 denunciou a crise das aldeias, uma vez que tinham permanecido apenas três, ocupadas por três mil e quinhentos indígenas. O insucesso deve ser debitado à grandeza delas (em média três mil e quinhentas, contra os quinhentos a mil habitantes das aldeias tradicionais), às quais não correspondiam vastas terras a serem cultivadas; às epidemias favorecidas pelas aglomerações dos indígenas; à proximidade dos centros de colonização; aos ataques feitos pelos bandeirantes.

Aliás, os caçadores de escravizados não limitaram suas investidas ao território brasileiro, mas foram além das fronteiras, penetrando em território espanhol (nordeste do Paraguai). Entre 1610 e 1629, o Pe. Ruiz de Montoya, um ex-soldado, e seus confrades conseguiram reunir cerca de cem mil indígenas guaranis em treze reduções do Guaíra; diante do ataque dos bandeirantes, entre 1629 e 1631 tentaram um deslocamento em massa, no qual estiveram envolvidos apenas cerca de doze mil indígenas, ao passo que os outros foram capturados. Dez anos mais tarde, aconselhados militarmente pelos jesuítas, na batalha de M'boboré os guaranis derrotaram quinhentos portugueses e mestiços, ajudados por dois mil e quinhentos tupis. Quase ao mesmo tempo, no Maranhão, no norte do Brasil, outro jesuíta combatia a escravidão dos indígenas, utilizando, porém, a palavra. Tratava-se de Antônio Vieira (1608-1697), que do púlpito bradava contra os colonos que capturavam os indígenas das missões jesuíticas na Amazônia.

Tão empenhada na promoção humana dos indígenas, em relação aos escravizados negros a Companhia de Jesus limitou-se a recomendar moderação aos patrões, e aos escravizados, a resignação, uma vez que os próprios jesuítas tinham escravizados negros para a gestão do maior moinho de açúcar do século XVI, localizado próxima à Bahia. Fundado pelo terceiro governador do Brasil, Mem de Sá, os padres o receberam dele por testamento. Todavia, no que se refere aos jesuítas, constituíram confrarias para os negros, dando-lhes um instrumento de primeira importância para defender sua identidade. Mas, por outro lado, até o fim do século XVIII em todas as regiões colonizadas pelos europeus e na própria Europa nunca foi posta em discussão a instituição da escravidão, nem pela Igreja católica, nem pelas várias comunidades ligadas à Reforma; as vozes isoladas contrárias à escravidão que se levantaram de ambos os lados não foram ouvidas ou o foram apenas de modo parcial.

Protagonistas da ação missionária no Brasil, os jesuítas não foram os únicos missionários. Embora entre os séculos XVI e XVII não houvesse a presença nem dos dominicanos nem dos agostinianos, muito ativos na América espanhola, desde 1585 houve a presença de comunidades franciscanas (seis conventos em 1607), enquanto seis anos antes tinham chegado os carmelitas, seguidos logo depois pelos beneditinos, esses últimos ausentes na América espanhola. Uma ausência relevante e que jamais será preenchida em toda a época colonial é a das universidades e das tipografias, outro testemunho das dificuldades, não só iniciais, que acompanharam a evangelização e a Igreja do padroado no Brasil.

3. A África, porém, ofereceu ao padroado duas oportunidades. Antes de tudo, aconteceu o encontro com uma antiga Igreja oriental, a etíope. Ligada ao patriarcado copto de Alexandria, tinha no *negus neghesti* (rei dos reis) do reino da **Etiópia** o próprio chefe. Nele os europeus viam se realizar a mítica figura do "Preste João" com quem costurar uma aliança contra o Islã. As viagens ao longo da costa africana financiadas pelos reis de Portugal quiseram também favorecer as ligações com a Etiópia (cap. 2, item 8.1); a partir de 1510 diversas expedições foram enviadas por Goa, entre as quais a mais importante teve como capelão Francisco Alvarez. Por seis anos (1520-1526), ele e seus companheiros se encontraram com o jovem *negus* Lebna Dengel e ambas as partes se tornaram dispostas a conhecer melhor as recíprocas tradições religiosas, culturais, sociais. Por exemplo, os portugueses notaram as muitas igrejas (cinco ou seis por aldeia) e mosteiros (cada colina tinha um) e ficaram admirados com o fato de todos os homens poderem ser ordenados padres, desde que não tivessem mais de uma mulher e soubessem ler; ao mesmo tempo, constataram que os sacerdotes eram esposos e pais exemplares, diferentemente de muitos leigos. Admiração ainda maior pela admissão de rapazes e de crianças ao diaconato; o *abuna*, ou seja, o metropolita etíope, justificou essas práticas com sua idade avançada e com o risco de que, uma vez morto, muitos anos podiam transcorrer antes que um novo bispo chegasse de Alexandria. O *negus*, por sua vez, apreciou a liturgia celebrada por Alvarez, mas ficou desiludido quando descobriu que a cristandade europeia estava dividida, tornando difícil a formação de uma coalizão contra os muçulmanos sediados nas fronteiras da Etiópia. Isso não impediu que se estabelecessem acordos entre as duas partes, com a cessão aos portugueses do porto de Massaua em troca de artesãos e de médicos provenientes da Europa.

A partir desses acordos, teve-se por pouco mais de um século uma relação contínua com a Etiópia, dentro da qual o padroado promoveu a atividade missionária dos jesuítas, iniciada em 1557 e culminada em 1622 com a conversão ao catolicismo do *negus* Susenyos, que quatro anos depois proclamou a unificação da Igreja etíope com Roma. As medidas imprudentes por ele adotadas sob instigação do patriarca uniata Mendez (rebatizar a população, ordenar de novo os padres, reconsagrar as igrejas) provocaram rebeliões, às quais Susenyos respondeu com uma série de massacres. Tendo a situação se tornado insustentável, abdicou a favor do filho Fasiladas e restabeleceu a tradicional Igreja etíope. Consequentemente, os etíopes tiveram de abjurar o catolicismo, e em 1632 os jesuítas foram expulsos; um grupo, inclusive o patriarca Mendez, foi vendido aos turcos para depois ser resgatado pela Espanha, na época unida a Portugal sob uma única coroa. Desse modo, fechou-se um século de contatos oficiais e se abriram dois séculos de isolamento para a Igreja do "Preste João". Todavia, mediante a congregação de *Propaganda fide* o papado tentou várias vezes estabelecer contatos com o envio de franciscanos menores e capuchinhos, muitos dos quais morreram durante a viagem ou no território etíope.

Na África, apresentou-se ao padroado outra oportunidade graças a um rei que depois das expedições portuguesas levou a sério o batismo recebido em 1491 por mão de missionários. Trata-se de Afonso, que após ter saído vencedor sobre o partido pagão de seu irmão, em 1504 tornou-se rei do **Congo** e deu início à fundação de um reino cristão. Por isso, interveio com a força contra os ídolos e para acalmar a população revoltosa; para o êxito dessa operação, pediu a ajuda militar do governador português da ilha de São Tomé, sem receber, porém, nenhuma resposta. Mudou o nome da capital Mbanza Kongo para São Salvador, substituiu os feitiços pelo sinal da cruz, transformou o dia de São Tiago, em cujo nome tinha vencido a batalha decisiva, em festa nacional e se reconciliou com o chefe da religião tradicional. Para transmitir ao povo a fé cristã, empenhou-se em pregar pessoalmente no fim de cada missa e sobretudo solicitou repetidamente ao rei de Portugal, Manuel I, o envio de missionários. De fato, em 1508 chegaram cônegos regulares, recebidos pelo rei com entusiasmo, mas logo vistos com desilusão, devido à vida escandalosa dos religiosos, cujas casas se encheram de jovens escravizadas. Numa carta ao rei Manuel, o rei lamentou com amargura: "Neste reino, a fé já é frágil como o vidro, por causa do mau exemplo daqueles que enviastes para no-la ensinar... Hoje Nosso Senhor é de novo crucificado justamente por seus ministros" (cit. in Baur, 78).

Todavia, Afonso esperava formar um clero e uma hierarquia congolesa a quem confiar a Igreja do seu reino. Por isso, enviou vários grupos de jovens africanos, inclusive seu filho Henrique, a Lisboa para diversas casas religiosas. Para Henrique, em 1521 conseguiu do papa Leão X a dispensa para ser consagrado bispo com apenas vinte e seis anos de idade. Logo o neobispo voltou à pátria com quatro padres assistentes, sem ser, porém, chefe de uma diocese, mas auxiliar da diocese de Funchal (Açores). Apesar dessas premissas, os planos de evangelização do rei Afonso não chegaram a se realizar, seja porque o bispo Henrique morreu depois de poucos anos, por volta de 1530, seja porque em 1534 foi constituída uma diocese não na capital do Congo, mas na sede do governo, na ilha de São Tomé, seja porque o sucessor do rei Manuel, seu filho João III (1521-1557), teve interesses mais materiais e foi desleixado em relação à cristianização do Congo.

Sobretudo os planos para a difusão do cristianismo se chocaram com o cada vez mais rendoso comércio dos escravizados, que tinha na ilha de São Tomé o ponto de reunião dos africanos capturados no golfo da Guiné, no Congo e em Angola. Por causa desse comércio, Afonso arriscou a vida, pois vendo que o rei punha rêmoras ao tráfico, em 1540 as cerca de setenta famílias da comunidade portuguesa de São Salvador fizeram um complô contra ele. Na missa da Páscoa, um grupo de portugueses, em acordo com um padre de nome Álvaro, dispararam tiros de fuzil, matando um homem e ferindo outros dois, sem atingir, porém, Afonso, que morreu só em 1543, aos oitenta e cinco anos. O que ocorreu no Congo do rei Afonso é o aspecto mais deletério do padroado, ou seja, o estreito vínculo entre interesses comerciais de Portugal e a escassez quantitativa e sobretudo qualitativa dos missionários. Essa situação estimulou os sucessivos reis a procurar uma dependência direta de Roma, mas apesar disso o padroado continuou a exercer forte influência negativa, a qual mais tarde produziu um retorno à religião tradicional, marcada pela magia e pela poligamia.

Sob rei Diogo I (1546-1561), neto de Afonso, chegaram de Lisboa os primeiros jesuítas. Eles tiveram um comportamento ambíguo, porque, de um lado, desempenharam com zelo sua atividade missionária (primeiro catecismo em *kikongo*) e, de outro, mantiveram estreitas ligações com o comércio português, participando até do tráfico de escravizados — um fato comum entre os padres, pois em 1584 um grupo de missionários carmelitas observou que os poucos sacerdotes restantes "procuravam escravos mais que almas" (cit. in Glazik, 722). Expulsos em 1551, os jesuítas foram para Angola, para voltar a São Salvador setenta anos depois, abrindo um colégio que formou alguns bons sacerdotes congoleses. Entrementes, tinham sido tomadas duas importantes decisões.

Depois que em 1580 Portugal se viu sob a coroa espanhola, parecia chegado o momento de ligar estreitamente o Congo a Roma, desvinculando-o da diocese de São Tomé. Uma embaixada se apresentou com essa solicitação ao papa Gregório XIII em 1583, porém sem conseguir nada. Mas o pedido não foi esquecido, pois em 1596 Clemente VIII deu ao Congo uma diocese própria, com sede na capital São Salvador. Todavia, os portugueses conseguiram fazer com que a nova diocese permanecesse sob o padroado, obrigando-a a ter somente bispos lusitanos; o passo seguinte foi dado pelo bispo Soveral (1627-1642), que transferiu permanentemente a residência para Luanda, capital da Angola, nação em ascensão pelos interesses comerciais, sobretudo para o mercado de escravizados. Uma segunda decisão importante amadureceu por volta de 1615, quando Roma concedeu o envio de missionários não portugueses. O autor dessa medida foi dom J. B. Vives, que poucos anos depois haveria de se tornar membro influente da congregação de *Propaganda fide*, instituída em

1622. Foi preciso, porém, que se passassem alguns decênios antes que a decisão entrasse em vigor, com o envio dos primeiros capuchinhos (1645). Desde então, até 1835 foram envidados para o Congo cerca de quatrocentos desses religiosos, dando vida a uma atividade que "foi de longe o maior empreendimento missionário na África antes do período moderno" (Baur, 85).

4. Na **Ásia**, o padroado se confrontou desde cedo com duas grandes religiões: o islamismo e o hinduísmo. Antes mesmo que em território asiático, encontrou o primeiro em diversos portos africanos do Oceano Índico, e o segundo, na costa da Índia ocidental. No primeiro caso, os missionários, herdeiros das relações em geral conflituosas entre cristãos e **muçulmanos** mantidas no Mediterrâneo, não se empenharam numa evangelização séria, esperando que fosse dado o passo prévio de libertar com as armas os territórios islâmicos, correspondentes sobretudo tanto à vasta região compreendida entre o Afeganistão, a Índia setentrional e o Paquistão (Império mogul, que ia se expandindo para o sul da Índia) quanto às ilhas e penínsulas compreendidas entre Malaca e as Molucas.

Para o **hinduísmo**, a dificuldade para a ação evangelizadora vinha da estreita ligação entre religião e sistema social, uma vez que os hindus que se convertiam perdiam o próprio *status* social e ficavam marginalizados. Por isso, o cristianismo conseguiu progredir em dois casos. O primeiro é a situação criada por **Francisco Xavier** em meados do século XVI entre as populações pobres da Costa da Pescaria (Índia meridional). Ele constituiu uma sociedade e uma comunidade cristã que, de um lado, valorizava os aborígenes (uso da língua popular na liturgia, responsabilização dos leigos) e, de outro, era um mundo autônomo em relação às classes sociais mais abastadas; desse modo, mantinha-se o equilíbrio social, mas ficou impedida uma evangelização difusa no território indiano.

Outro caso é o promovido pelo método da adaptação, que teve excelentes resultados no segundo quartel do século XVII graças ao jesuíta **Roberto De Nobili**. Ele adotou alguns usos sociais e religiosos do hinduísmo, como as abluções, ou o banho segundo o uso hindu, feitas duas vezes ao dia, especialmente antes de celebrar a missa; além disso, passava sândalo na testa (cosmético obtido de plantas aromáticas), como faziam os hindus, e ornava as vestes de seda branca e amarelas com um cordão, ou seja, uma estola semelhante à do diácono, suprema decoração dos rajás e dos brâmanes. Aos indianos convertidos, De

Nobili permitiu que se vestissem de modo semelhante e não se opôs que usassem o *kudumi* ou cacho de cabelos longos na nuca, segundo a casta de pertencimento. Diante desse enfoque, ergueram-se contestações por parte de muitos, mesmo entre os próprios jesuítas; tanto que em 1610 foi dirigido um memorial crítico ao visitador da missão jesuítica do Malabar, Nicolau Pimenta.

Crítico em relação a De Nobili e a outros jesuítas que o apoiavam (entre os quais se distinguia Antônio Vico), Pimenta pôs em movimento um aparato judicial que envolveu a Inquisição de Goa, o provincial dos jesuítas de Madurai (em cujo território trabalhava De Nobili), o arcebispo de Goa, Cristóvão de Sá, e o bispo de Cranganor, Ros, o primeiro contrário e o segundo favorável ao método da adaptação. Também Roma se interessou pelo caso, antes de tudo com um debate público feito pelo português Nicolau Godinho, um professor do Colégio romano. Ele discerniu bem a problemática, demonstrando que os usos permitidos aos neocristãos de Madurai tinham uma natureza não religiosa, mas social, embora houvesse ali algo de sagrado; depois afirmou que De Nobili tinha um comportamento perfeitamente cristão, uma vez que seguia o exemplo de São Paulo que se fez tudo para todos (cf. 1Cor 9,19-23). Esse modo de ver foi dado a conhecer pelos cardeais jesuítas Pietro Sforza Pallavicino e Roberto Belarmino ao papa Paulo V, a quem tinha se dirigido o arcebispo de Goa a fim de ter plena liberdade em relação aos cristãos convertidos por De Nobili.

O papa estabeleceu que o problema fosse cuidadosamente examinado pelos diretamente interessados; por isso, em fevereiro de 1619 realizou-se em Goa uma conferência na qual De Nobili convenceu um bom grupo de participantes e cujas atas foram enviadas ao grande inquisidor de Lisboa. Por sua vez, o grande inquisidor as enviou a Roma com parecer favorável. Gregório XV, sucessor de Paulo V, com a constituição *Romanae Sedis Antistes* de 31 de janeiro de 1623, aprovou substancialmente o método de De Nobili, que junto com Antônio Vico continuou sua obra até sua morte (1656), fazendo subir a algumas dezenas de milhares os cristãos de Madurai. Ao contrário de Francisco Xavier, ele conseguira chegar a uma evangelização capaz de gerar uma comunidade cristã ainda hoje florescente.

Por outro lado, Francisco Xavier, um dos companheiros da primeira hora de Inácio de Loyola, está na origem da **Igreja no Japão**. Mudando a escolha levada adiante na Índia e residindo no Japão a partir de 1549, nos últimos três anos da sua vida Francisco aceitou converter-se ao Japão para converter o Japão, no sentido de que, com outros dois companheiros, se empenhou em aprender a língua, as boas maneiras, as relações sociais, a tradição religiosa japonesa, sentindo por aquele povo uma verdadeira paixão. Chegou a entender que a civilização japonesa era o resultado da combinação das próprias tradições, sob o ponto de vista religioso marcadas pelo xintoísmo, com as chinesas, mediante as quais fora aceita a terceira grande religião da Ásia, o budismo. O caminho por ele aberto foi percorrido por alguns confrades seus, como Cosme de Torres, o primeiro superior provincial (1560-1570), e o responsável pela missão de Kyoto, Gaspar Vilela. Este último, pelo que se sabe, foi o primeiro missionário a procurar se assemelhar aos bonzos, raspando a cabeça, vestindo roupa de seda, visitando os templos budistas, sobretudo para aprender o estilo com que aqueles monges discursavam.

Mas quem realmente deu uma contribuição decisiva para que a Companhia de Jesus percorresse sem hesitações o caminho inaugurado por Francisco Xavier foi **Alexandre Valignano**. De fato, ele se confrontou, vencendo, com os que punham obstáculos nesse caminho, como Francisco Cabral, segundo provincial da missão japonesa de 1570 a 1581. Graças a três visitas feitas ao Japão entre 1579 e 1603, Valignano traçou as linhas mestras para a evangelização e o desenvolvimento da Igreja naquela terra, fundadas num nítido reconhecimento não só das originalidades e diversidades, mas de aspectos de superioridade dos japoneses em relação aos europeus. No *Sumario de las Cosas de Japón*, escrito em 1583, ou seja, dois anos depois de ter terminado a primeira visita, declarou: "Se falarmos das capacidades necessárias para as virtudes e as letras, não sei como se possa encontrar naturalmente homens melhores [...]; eles possuem melhor disposição que a nossa, porque nos custa muito chegar a atingir o que eles possuem por natureza" (cit. in *L'Europa e l'evangelizzazione delle Indie Orientali*, 110).

A maior parte das linhas mestras traçadas por Valignano foi eficaz: a separação do Japão da província que incluía a Índia e as Molucas, para manter ligação somente com a China; a fundação de dois seminários em 1580 para rapazes preparados como os alunos dos bonzos, ou seja, com os cabelos cortados (somente em 1601 é que surgiu um seminário episcopal); o acolhimento dos japoneses entre os jesuítas, na convicção de que unicamente graças a religiosos japoneses é que o cristianismo não seria tomado como algo estranho, mas conatural ao modo de pensar, de agir, de ser dos japoneses. Novidade relevante introduzida por Valignano foram os *dojuku* (chamados nos documentos de "dogicos", "doxucos"). Originalmente eram leigos celibatários que trabalhavam para sustento próprio e da atividade dos mosteiros budistas. Valignano inseriu os *dojuku* na atividade missionária da Companhia de Jesus com função de catequistas e de pregadores do Evangelho, recomendando-lhes a castidade em função do ministério. Entre as tarefas a eles confiadas havia a de gerir a cerimônia do chá, tão importante na sociedade japonesa.

Uma proposta lançada por Valignano provocou muitas discussões. Ele queria reservar a missão no Japão exclusivamente aos jesuítas, quer para não levantar a suspeita de uma invasão estrangeira, quer para impedir que se organizasse uma evangelização em contraste com a jesuítica, ou seja, incapaz de entrar em sintonia com a mentalidade, a sensibilidade, os usos japoneses. Com efeito, em 1585, com o breve *Ex pastorali officio*, Gregório XIII estabeleceu que somente os jesuítas fossem missionários no Japão. Todavia, em seguida **franciscanos, dominicanos e agostinianos** deram sua contribuição; como provinham também das Filipinas, ou seja, de um território sob o patronato espanhol, entraram frequentemente em conflito com os missionários dependentes do padroado. Valignano pediu igualmente que se aguardasse um pouco antes de enviar algum bispo ao Japão, porque dificilmente ele se adaptaria à realidade japonesa e teria de redimensionar o papel e as normas delineadas pelo Concílio de Trento para os bispos. Mas, como sabemos, já em 1588 foi fundada a diocese de Funai, embora o primeiro bispo a residir estavelmente tenha sido somente o quinto da série, Luís Cerqueira (de 1598 a 1614).

O último ano do episcopado de Cerqueira coincidiu com **o edito de destruição** das igrejas e do **exílio**, em Macau e em Manila, dos missionários e dos cristãos japoneses pertencentes às classes sociais elevadas. Já provada por atos de perseguição anteriores (um dos mais conhecidos é a morte em Nagasaki, em 1597, de dezessete terciários franciscanos japoneses, de seis franciscanos europeus e de três jesuítas japoneses, entre os quais Paulo Miki), a partir de então uma Igreja constituída por cento e cinquenta mil a trezentos mil fiéis, em vinte a vinte e cinco milhões de habitantes, foi cada vez mais hostilizada. Por exemplo, em 1640 foi incentivado um ofício inquisitorial para a descoberta e a denúncia de cristãos, enquanto se divulgava o *efumi* (*yefumi* ou *fumie*), que consistia em pisotear placas de metal com a representação de Cristo e de Nossa Senhora. Os poucos cristãos remanescentes foram obrigados à clandestinidade e à dissimulação, até para além de meados do século XIX.

Alexandre Valignano pôs as bases também para a criação da missão na **China**, onde predominava o pensamento de Confúcio (filósofo do século VI a.C.), mas o budismo tinha igualmente um papel importante. Valignano promoveu para a China um projeto em paralelo ao do Japão, encontrando alguém que soube pô-lo em prática, o confrade **Mateus Ricci**, chamado da Índia a Macau por Valignano em 1582, por ele apoiado e aconselhado, até encorajá-lo a chegar a Pequim em 1601. Aí Ricci, que se vestia totalmente e sempre como um literato chinês, trabalhou junto à corte imperial e ganhou a estima dos homens da cultura por suas obras científicas, uma das quais o tornou famoso em toda a China. Trata-se do "mapa-múndi", ou seja, a primeira carta geográfica completa do mundo, com legenda em chinês; ao consultá-la, os chineses conheceram pela primeira vez sua situação no mundo, bem como a relação de sua nação com as outras nações e as dimensões da China. Além disso, como aluno de Cristóvão Clávio (o astrônomo jesuíta que levou a cabo a reforma do calendário gregoriano) no Colégio romano, introduziu na corte de Pequim as noções da astronomia europeia, com a possibilidade de cálculos tão exatos que por longo tempo a administração do calendário foi confiada aos missionários jesuítas, sucessores de Ricci, dos quais o mais conhecido é Johann Adam Schall von Bell, nascido em Colônia em 1591 e falecido em Pequim em 1666.

A atividade científica deu mais crédito à atividade evangelizadora de Ricci junto às classes mais elevadas, que o valorizavam pela tentativa de inserir a mensagem cristã nas tradições culturais, sociais e religiosas chinesas. Além da redação de obras científicas, morais e religiosas — entre essas últimas distinguem-se dois catecismos, um sobre os dez mandamentos (foi coautor o primeiro jesuíta enviado à China, Miguel Ruggeri) e outro intitulado "Verdadeiro significado do Senhor do céu" —, foram três as principais escolhas feitas por Ricci: aceitou que os cristãos chineses participassem das cerimônias prestadas em honra de Confúcio, cujo ensinamento plasmou o pensamento e a mentalidade dos chineses; aceitou o culto prestado aos antepassados, constituído por cerimônias longas e muito sinceras, pois se julgava que a honestidade em as executar permitiria ao finado chegar até os antepassados, derramando influências benéficas sobre a descendência. Em terceiro lugar, utilizou termos chineses para exprimir conceitos tipicamente cristãos, como Deus, alma, Espírito Santo, inferno, paraíso. Em particular, considerava que a identidade do Deus cristão podia ser traduzida pelos termos *Tianzhu* (Senhor do céu), *Shangdi* (Senhor supremo) e *Tian* (céu). Durante a vida de Ricci, esse enfoque foi aproveitado por várias vezes, favorecendo a difusão do cristianismo. Mas logo depois da sua morte, ocorrida em 1610, abriu-se o debate sobre os "ritos chineses", como se verá no item seguinte.

32. *Propaganda fide* e momentos da evolução das missões entre os séculos XVII e XVIII

1. Por várias vezes, o papado interveio por iniciativa própria ou foi envolvido a pedido de outros nas problemáticas da missão e da Igreja do patronato espanhol e português, como se viu nos dois últimos itens. Todavia, somente em 1622, graças à instituição da congregação de *Propaganda fide* por parte de Gregório XV, é que o papado assumiu a tarefa de dirigir pessoalmente a atividade missionária, visando a uma dupla finalidade: introduzir ou revigorar a presença católica nos países que passaram para a Reforma e dirigir a atividade missionária nos territórios colonizados, procurando separá-la dos patronatos espanhol e português. Para conseguir o segundo objetivo, *Propaganda* se reservou o direito de examinar e aprovar os missionários antes de sua partida, procurou submeter à sua autoridade todas as missões fundadas ou a serem fundadas, tornou vinculante a própria permissão para que uma nova Ordem religiosa se estabelecesse num território onde já operava outra Ordem (de modo a prevenir conflitos entre religiosos), empenhou-se em regular a distribuição dos missionários.

Foram três os pontos que qualificaram **o enfoque missionário da *Propaganda***, várias vezes afirmados nos memoriais escritos em 1625, 1628 e 1644 por dom Francisco Ingoli, primeiro secretário da congregação de 1622 a 1649, ano de sua morte (implicado também nos episódios de Galileu Galilei e na supressão das damas inglesas de Mary Ward; nesses dois casos mostrou uma rigidez mental chocante com relação a seus posicionamentos no âmbito missionário): formação religiosa e cultural dos missionários; criação de um clero aborígene; revisão da organização eclesial sob o padroado, pois as dioceses eram muito extensas e mal distribuídas, às vezes sem bispo por longos períodos. As ideias de Ingoli traduziram-se em múltiplos posicionamentos da congregação romana, algumas das quais devem ser lembradas explicitamente.

A fim de preparar para a missão os padres seculares, em 1627 surgiu em Roma, com o patrocínio do papa Urbano VIII, o "Colégio Urbano de *Propaganda fide*". Para favorecer uma instrumentalização que elevasse a qualidade da preparação e da atividade missionária, no ano anterior surgira a "Tipografia

Poliglota", graças à qual começaram a ser impressos em Roma gramáticas, dicionários, catecismos e livros litúrgicos nas diversas línguas locais.

Além disso, com um decreto de 28 de novembro de 1630, *Propaganda* declarou com a máxima autoridade a absoluta necessidade de que os nativos dos territórios de missão fossem ordenados sacerdotes, golpeando o preconceito, tão forte sobretudo na América Latina, de que os aborígenes eram incapazes de ter acesso ao sacerdócio. Positivamente, o decreto de 1630 comungava com a metodologia da adaptação, porque afirmava que o sacerdote aborígene obteria a confiança da população e favoreceria a encarnação da mensagem evangélica, graças ao conhecimento da língua, dos costumes, da mentalidade, da cultura; além disso, tal gênero de clero acabaria com as suspeitas de que a evangelização seria um apoio ao poder dos Estados europeus.

A escassez de dioceses e de bispos do padroado agravou-se com a decadência política de Portugal, a qual, ocorrendo desde os decênios da união com a Espanha (1580-1640), tornou-se irreversível devido à concorrência dos holandeses, ingleses e franceses. Sobretudo os primeiros, depois de já terem ocupado as Molucas no fim do século XVI, em 1641 conquistaram Malaca (passagem estratégica para chegar à China, Japão e Indonésia) e em 1656, o Ceilão (hoje Sri Lanka). Nesse contexto, *Propaganda* instituiu os vigários apostólicos, ou seja, bispos titulares e não residenciais, não ligados, portanto, a um território controlado pelos portugueses; nomeados diretamente pelo papa, dependiam unicamente de *Propaganda*. Desse modo, na Ásia, ao lado das dioceses do padroado, surgiram vicariatos apostólicos que deviam prestar contas somente à Santa Sé. Entre 1658 e 1660, foram nomeados os primeiros três vigários apostólicos, François Pallu para Tonkin (atual Vietnã do Norte) e administrador apostólico do Laos e da China ocidental, Lambert de la Motte como vigário apostólico da Cochinchina (atual Vietnã do Sul) e administrador apostólico da China meridional, Inácio Cotolendi, vigário apostólico da China oriental.

Por ocasião dessa operação, *Propaganda* publicou **as *instruções* de 1659** para Pallu e de la Motte, cujo conteúdo tem um alcance tão amplo que constitui, segundo Máximo Marcocchi, "a *magna charta* das missões modernas" (*L'Europa e l'evangelizzazione delle Indie Orientali*, 499). Trata-se de cinco indicações fundamentais. Em primeiro lugar, proíbe-se aos missionários intervir na vida política e participar em atividades comerciais, o que constitui um ataque direto não somente ao patronato de direito da Espanha e de Portugal, mas também ao que efetivamente a França exerce. De fato, essa última não somente ia substituindo Portugal em diversas localidades do Extremo Oriente e da Índia, mas agia nos territórios persas, no Leste e na América do Norte. Surgira aí a Nova França, a qual, a partir da Baía de São Lourenço, por Quebec e Montreal, chegava à região dos Grandes Lagos, até o vale do Mississipi; para esse território, junto com os dois primeiros vigários apostólicos para a Ásia, em 1658 foi nomeado como vigário apostólico de Quebec dom François de Laval-Montmorency.

Por conseguinte, também para ele, além da que foi apresentada acima, podiam valer outras duas indicações presentes nas instruções de 1659: formar missionários cultural e espiritualmente preparados e criar um clero autóctone (propunha-se assim o que para dom Ingoli era muito importante). E havia uma quarta indicação, a que pedia a adaptação às culturas aborígines com as seguintes palavras: "Não façais nenhum esforço, não useis de nenhum meio de persuasão para induzir aqueles povos a mudar seus ritos, hábitos e costumes, a menos que sejam abertamente contrários à religião e aos bons costumes. De fato, o que há de mais absurdo do que transportar para a China a França, a Espanha, a Itália ou qualquer outro país da Europa? Não é isso que deveis introduzir, mas a fé, que não rejeita nem fere os ritos e os hábitos de nenhum povo, desde que não sejam maus, mas quer sim salvaguardá-los e consolidá-los" (cit. in *L'Europa e l'evangelizzazione delle Indie Orientali*, 501). Enfim, a última indicação das instruções visava a tornarem cada vez mais estreitas as ligações com Roma. A favor desse último ponto, vinte anos mais tarde (1678) foi solicitado a todos os missionários do Extremo Oriente que prestassem juramento aos vigários apostólicos; Portugal, como contramedida, exigiu de todos os missionários que partiam de Lisboa o juramento de fidelidade ao padroado.

2. As instruções de 1659 foram de fato esquecidas em sua totalidade; tanto que, quando em 1845 foram lembradas por um documento oficial da Santa Sé, soaram como uma novidade absoluta. Certamente *Propaganda* fez pouco para favorecer os métodos de adaptação, ao condenar, por exemplo, as liturgias diferentes da romana e ao proibir na liturgia as línguas que não fossem o latim. Caiu, pois, em contradição consigo mesma, quando contribuiu para a condenação, como se verá mais adiante, dos "ritos chineses". Todavia, *Propaganda* apoiou pelo menos duas das instâncias citadas acima, ou seja, a de qualificar a preparação dos missionários e a de apoiar o empenho, de modo que dependessem o menos possível dos Estados.

Para o primeiro caso, basta acenar a uma série de **colégios** surgidos sob inspiração ou com o apoio de Roma. Em 1663 começou em Paris, pondo em prática uma intuição do jesuíta Alexandre de Rhodes (vinte anos antes ele tinha desenvolvido uma importante obra missionária na Indochina), o "Seminário das Missões Estrangeiras". Fundado pelo vigário apostólico Pallu, queria realizar o programa da *Propaganda* de formar missionários de qualidade dependentes da Santa Sé. Na realidade, essa instituição benemérita ligou-se mais à França do que a Roma. Vinte anos mais tarde, o franciscano Antônio Llinás conseguiu fazer aprovar pelo geral de sua Ordem e fazer ratificar por Inocêncio XI e pela *Propaganda* os estatutos do colégio surgido junto ao convento de Santa Cruz em Querétaro para a formação pastoral dos missionários e o estudo das línguas. Em cinquenta anos (1733-1782), o México contava com cinco colégios destinados à missão, e nos cinquenta anos seguintes surgiram outros tantos colégios na arquidiocese de Lima, em Popoyán e Cali (Colômbia), em Tarija (Bolívia), em Chillán (Chile); por último, em 1784, o Colégio São Carlos, no Paraná. Análogos colégios foram fundados na Espanha. Também nesse caso, todos permaneceram ligados ao patronato, embora tendo sido aprovados por Roma.

Para o sustento dado aos missionários, basta lembrar que Roma favoreceu o envolvimento de **novas forças**, como os capuchinhos, os carmelitas da província italiana, os teatinos, os barnabitas italianos, a província italiana dos franciscanos, os sacerdotes italianos chamados "batistinos", aprovados por Bento XIV em 1753. O envolvimento de um número sempre maior de Ordens religiosas levou como consequência negativa o aumento dos conflitos, como ocorreu na China, quando, superando a exclusividade concedida em 1585 por Gregório XIII aos jesuítas, os papas Paulo V e Urbano VIII abriram a missão a outras Ordens, de modo que das Filipinas chegaram os dominicanos (1632) e os franciscanos (1633), e mais tarde chegaram os agostinianos (1684).

As primeiras duas Ordens estão na origem da **questão dos "ritos chineses"**. De fato, se o jesuíta Nicolau Longobardo, superior da missão na China de 1611 a 1622, tinha proibido os termos utilizados por seu predecessor, Mateus Ricci, para indicar o Deus cristão, ou seja, *Shangdi* e *Tian*, porquanto suscetíveis de interpretações não ortodoxas, por sua vez os dominicanos e franciscanos passaram dos nomes de Deus à missa, em julgamento da metodologia ricciana. Por meio do arcebispo de Manila, que enviou a Roma o dominicano de Morales, foi envolvida a Santa Sé, que em 1645, com um decreto de *Propaganda*, condenou a assistência dos cristãos às cerimônias em honra de Confúcio e o culto prestado aos antepassados. De sua parte, os jesuítas da China enviaram a Roma Martinho Martini, com a intenção de mostrar que a apresentação feita por Morales deturpava a metodologia de Ricci. Reexaminada a questão, em março de 1656 o Santo Ofício, com a aprovação de Alexandre VII, publicou um rescrito favorável aos jesuítas. Uma conferência missionária ocorrida em Cantão em 1668 alinhou-se com essa última decisão.

Mas a controvérsia não se aplacou; antes, ficou exacerbada, com a chegada à China dos missionários da "Sociedade das Missões Estrangeiras" de Paris (1684). Um deles, Charles Maigrot, nomeado vigário apostólico do Fujian (ou Fukien, região diante de Taiwan), em março de 1693 promulgou uma sentença obrigatória ("mandatum"), com a condenação dos termos *Shangdi* e *Tian* e a proibição das cerimônias pelos antepassados, declaradas supersticiosas. Desse modo, recorreu-se de novo a Roma; depois de um prolongado exame por parte de uma comissão especial, em 1704 Clemente XI publicou um decreto com uma série de proibições dos "ritos chineses", inclusive as placas expostas na igreja com os dizeres *Jing Tian*, ou seja, "Venerai o Céu"; permitia-se apenas, para evitar ódios e inimizades, a simples presença material nas cerimônias em honra de Confúcio e dos mortos, depois de ter feito antes uma declaração de fé, para evitar qualquer perigo de idolatria.

Para tornar pública essa decisão, foi enviado à China dom Maillard de Tournon, que teve desentendimentos com o imperador Kangxi. Este, vendo com simpatia a obra científica dos jesuítas, tinha aceitado em 1690 a sugestão deles de estender aos cristãos a tolerância religiosa e de permitir a construção de igrejas em toda a China; depois, em dezembro de 1706 obrigou todos os missionários a se munirem de um *biao*, ou seja, uma autorização imperial dada somente a quem aceitava os "ritos chineses". Em resposta, Tournon reivindicou do papa a autoridade exclusiva de se pronunciar nas questões religiosas, e no dia 25 de janeiro seguinte publicou em Nanquim o decreto de Clemente XI, ordenando a todos os missionários que se conformassem. Tournon foi expulso, primeiro para Cantão e depois para Macau, onde morreu sem ficar sabendo que fora nomeado cardeal por Clemente XI.

Depois de uma série de intercâmbios entre Roma, os jesuítas e o imperador (o qual escreveu pessoalmente ao papa para mostrar o caráter não religioso dos ritos), com a constituição *Ex illa die*, de 19 de março de 1715, Clemente XI decidiu confirmar todas as condenações e proibições anteriores dos "ritos chineses", impondo a todos os missionários um juramento de observância; todos os missionários aceitaram o juramento. O imperador Kangxi anulou o edito de tolerância de 1690, expulsou os missionários (exceto os que desempenhavam alguma tarefa na corte) e proibiu a difusão do cristianismo, dando início à perseguição. Roma apressou-se em remediar a situação, com o envio à China de dom Carlos Ambrósio Mezzabarba, que explicou ao imperador, mitigando-a, a *Ex illa die* e publicou em 7 de novembro de 1721 "oito permissões", sempre para interpretar em sentido favorável a constituição papal; foi uma operação inábil que descontentou a todos, deixou em vigor a proibição imperial do cristianismo e criou uma situação de incerteza que se arrastou por vinte anos. Para resolver a situação, em 1742, com a constituição *Ex quo singulari*, Bento XIV eliminou os ritos da cristandade chinesa, a qual foi assim condenada a se tornar um grupo social à parte, estranho à sociedade e assemelhado aos europeus, como estranhos foram considerados os missionários. Essa situação duraria até o terceiro decênio do século XX, quando em outubro de 1926 Pio XI ordenou seis bispos chineses (um bispo chinês, Gregório Luo Wenzao, fora ordenado em 1685, mas foi um caso isolado).

Andamento análogo nesse mesmo período teve a prática que remontava a Roberto De Nobili (item 31.4), ao qual permaneceram fiéis, desenvolvendo-a, os jesuítas ativos na Índia, ao passo que os capuchinos franceses que trabalhavam em Pondicherry a denunciaram a Roma em 1703, dando início à questão dos "**ritos malabares**". Quando dom Maillard de Tournon partiu para a China, também foi encarregado de intervir nessa questão; assim, em 1704 publicou em Pondicherry um decreto com dezesseis pontos; diante disso, os jesuítas recorreram a Roma para se defenderem. Os *prós* e os *contras* se arrastaram por decênios, com a particularidade de que até um jesuíta, o vigário apostólico de Guizhou, dom Visdelou, expulso pelo imperador Kangxi, atacou seus confrades. Dois anos depois de ter fechado a questão dos "ritos chineses", Bento XIV interveio para dar uma solução aos "ritos malabares", com a bula *Omnium sollicitudinum* (1744): diferentemente dos "ritos chineses", nem tudo foi condenado, pois foram em parte retomadas as autorizações dadas em 1623 por Gregório XV a De Nobili (item 31.4), foram ampliadas algumas prorrogações de Clemente XII (1734) e se manteve a possibilidade de haver missionários quer para os brâmanes, quer para os párias, em respeito às castas em que estava dividida a sociedade indiana.

3. Logo depois das decisões de Bento XIV sobre a metodologia missionária dos jesuítas na Ásia, outra experiência missionária típica da Companhia de Jesus entrou em **crise**, pois as *reducciones* pagaram as consequências de uma decisão política. Depois de um tratado estipulado em 1750, Portugal cedeu à Espanha a colônia de Sacramento, lugar importante de contrabando, e em troca obteve o território entre os rios Uruguai e Ibicuy, onde se encontravam sete *reducciones* jesuíticas que reuniam trinta mil guaranis; a tentativa de rebeldia diante da ordem de evacuação levou à derrota dos guaranis em 1756 e alimentou o antijesuitismo que ia se difundindo na Europa (cap. 6, item 25.2). Às expulsões dos jesuítas de Portugal em 1758 e da Espanha em 1766 corresponderam as de cerca de quinhentos missionários da Companhia de Jesus do Brasil (1759) e de cerca de dois mil e seiscentos da América espanhola (1767).

A correspondência entre Europa e América Latina, bem visível no destino que se abateu sobre a Companhia de Jesus, é mais ampla, considerando a cultura e as relações entre Estado e Igreja. No primeiro caso, as vinte e três universidades da América espanhola (catorze dirigidas pelas ordens religiosas, sete estatais e duas episcopais), as escolas superiores e as bibliotecas acolheram e difundiram **as ideias do Iluminismo**, a nova cultura proveniente da Europa. Num primeiro momento, isso produziu efeitos altamente positivos. Surgiram centros de pesquisa para as ciências naturais, foram instituídas sociedades de estudiosos, boa parte do clero aderiu ao novo clima cultural e entre os bispos não se destacou nenhuma oposição séria. Além disso, a imprensa periódica foi incrementada, a Inquisição da Cidade do México, Cartagena e Lima deu a permissão de ler os livros proibidos, como os de van Espen e o *Febrônio*, postos no Índice por Roma (cap. 6, item 25.1). "No todo, o Iluminismo pôde se desenvolver no ultramar hispânico-português com mais liberdade do que na Europa" (Beckmann, 313). Por isso, se há correspondência entre novidade cultural na Europa e na América Latina, é original o modo como as personalidades e instituições da Igreja latino-americana se confrontaram com essa cultura, pois graças a eles o Iluminismo entrou e se afirmou na América Latina. Isso não aconteceu na Europa, como mostram tanto a evolução do "Catolicismo iluminado" ou *Aufklärung* católica (cap. 6, item 25.3) quanto as condenações papais (cap. 6, item 27 *passim*).

Análoga consideração vale para as relações entre Igreja e Estado, especialmente na América sob o patronato espanhol. Como na Europa, também na América Latina foi **revista a relação entre Igreja e Estado**, no contexto da renovação geral do Estado, da sociedade, da economia, diante do estímulo das novidades do Iluminismo; convém lembrar a propósito que no século XVIII juntaram-se aos dois vice-reinos da Nova Espanha e do Peru o vice-reino da Nova Granada (capital Bogotá), em 1739, e o do Rio da Prata (capital Buenos Aires), em 1776. Como na Europa, a Igreja foi posta a serviço do Estado, sempre com o reconhecimento, porém, de um papel determinante por parte da Igreja e do cristianismo no desenvolvimento estatal e social. Muitas medidas foram semelhantes às adotadas na Europa: a equiparação dos limites administrativos estatais (intendências) com os diocesanos (no século XVIII foram criadas dez novas dioceses, quatro no Brasil, duas na Venezuela e no México, uma em Cuba e no Equador); a diminuição da jurisdição dos tribunais eclesiásticos em vantagem das *audiências*, ou seja, os tribunais dos vice-reinos; o confisco de parte consistente do patrimônio eclesiástico; a ofensiva contra as confrarias dos indígenas; a importância atribuída às paróquias.

Mas em muitos casos a atuação dessas medidas foi original. Para nos limitarmos às paróquias e às confrarias, a passagem, que já ocorria, das paróquias dos religiosos para o clero secular teve uma aceleração a partir de 1770, modificando as relações entre os indígenas e o clero. Enquanto os religiosos (aos quais foi reservada a atividade estritamente missionária, que, por exemplo, afetou as regiões da atual Califórnia) tinham favorecido as práticas religiosas aborígines por meio das confrarias, os novos párocos, em geral de origem crioula, visaram a aboli-las, como ocorreu na região da Cidade do México; lá, foi proibido aos indígenas (mas não aos mestiços e aos crioulos) desempenhar o papel de *armados* (os soldados da Paixão) nas paraliturgias da Sexta-feira Santa. Quanto às confrarias, o Estado, mais que agir diretamente, apoiou em muitos casos os párocos em sua luta contra elas.

Deve-se ter presente, portanto, que, enquanto Espanha e Portugal favoreceram as mudanças nas relações entre Igreja e Estado para ter vantagens para si, aqueles que trabalharam na América Latina criaram as premissas para a independência da Mãe pátria. Mas a liberdade que reivindicaram para vantagem deles negaram-na aos indígenas. Trata-se de um duplo paradoxo, que torna original o que ocorreu pelo impulso do Iluminismo nos territórios latino-americanos.

Nesses mesmos anos, na **Coreia** aconteceu algo único na história das missões. Um grupo de literatos confucianos que se pôs à procura de caminhos para transformar a sociedade coreana encontrou inspiração no catecismo escrito em chinês, quase duzentos anos antes, por Mateus Ricci. Isso os tornou gradualmente interessados no catolicismo, a ponto de enviar um deles a Pequim, Yi Seung-hun. Batizado em 1784 com o nome de Pedro, voltou à Coreia e batizou outros companheiros. É esse o núcleo originário de uma Igreja que teve em seu alvorecer leigos e não missionários religiosos vindos do exterior.

33. Teologia, arte e religiosidade pós-tridentina

1. Na época moderna, com o Concílio de Trento a **teologia católica** conhece uma passagem decisiva, não só em referência aos esclarecimentos doutrinais, fundamentais, mas também à guinada impressa à pesquisa teológica, que teve como foco uma perspectiva pastoral. O *Catechismus romanus*, promulgado em 1566 por Pio V (cap. 4, item 16.1), representou um instrumento seguro: dirigido principalmente aos párocos, confirmava o dever primário deles de educar os próprios fiéis para a fé e a reta doutrina, e era pensado como base para a pregação e a catequese. A pregação era difundida capilarmente, atribuindo essa obrigação aos párocos nos domingos e festas de preceito, estendendo seu uso para além das Ordens mendicantes, as quais de fato tinham tido seu monopólio quase absoluto nos últimos séculos. A catequese era igualmente comandada e organizada não só pelos párocos, mas também pelas "Companhias da doutrina cristã" (cf. cap. 4, Inserção 1 – *As companhias e as escolas da doutrina cristã*), formadas por sacerdotes, e mais ainda por leigos dedicados ao ensino do catecismo a todas as categorias de pessoas. Ao dever de ensinar a doutrina cristã, reforçado a quem estava investido da ação pastoral, unia-se o de cada fiel, que também tinha a possibilidade de conhecer os pontos principais da doutrina do catolicismo dentro das associações leigas, como as confrarias.

Os manuais de doutrina cristã para uso da catequese conheceram um florescimento impressionante por toda a era moderna e tiveram um modelo de referência no catecismo de Belarmino, ou simplesmente o *Belarmino*, texto assim denominado porque foi obra do cardeal jesuíta Roberto Belarmino (1542-1621) e aprovado pelo papa Clemente VIII em 1598. A característica comum aos vários catecismos foi o cuidado acentuado não só pelo assenso intelectual à fé, mas também pelos aspectos éticos da vida cristã, até se concentrar na conduta moral como expressão principal do indivíduo cristão. A educação à prática das virtudes morais intimamente conexas com o ensino das verdades de fé e dos atos de religião era considerada determinante para a transmissão do sistema de valores compartilhados para a construção das civilizações e da sociedade do ponto de vista cristão. Foram principalmente as Ordens religiosas dedicadas à educação da juventude (jesuítas, barnabitas, irmãos das escolas cristãs...) que integraram o ensino das matérias escolares com a educação religiosa, formando os alunos para a prática cristã (confissão e comunhão mensal, por exemplo) na edificação de uma classe dirigente que fosse cristãmente orientada. O sistema dos colégios, confiados em geral ao clero regular, constituiu a estrutura do ensino secundário na Europa até o limiar da era contemporânea.

Pela primeira vez na história com um efeito tão amplo e profundo fora posta em discussão a doutrina teológica desenvolvida nos séculos e que tinha tido no tomismo sua expressão mais compartilhada. A Reforma protestante levou à estruturação do estudo e da exposição da teologia em tom sobretudo polemista, porque configurada em resposta (contraposição) às questões levantadas pela Reforma ou por outras escolas doutrinais consideradas heterodoxas; esse enfoque manteve-se substancialmente intacto até o Concílio Vaticano II. Na prática, retomando o modelo da escolástica medieval, as verdades de fé eram enunciadas e argumentadas numa perspectiva de "demonstração", atribuindo ao fundamento escriturístico um papel secundário com relação às "sentenças" dos autores seguros e à lógica com que era levado adiante o raciocínio. A preocupação de estabelecer o estudo da doutrina como um instrumento para defender as verdades católicas das várias contestações (fossem elas levantadas por protestantes ou jansenistas ou iluministas e assim por diante) caracterizará até os últimos decênios grande parte da teologia católica. Do citado cardeal Belarmino devem ser lembradas as *Disputationes de Controversiis Christianae Fidei adversus hujus temporis hereticos* como ponto de referência por séculos nos estudos teológicos (note-se, no título, a presença da palavra "adversus", que quer dizer "contra").

Entre os teólogos de maior relevância e êxito no período logo depois do Concílio de Trento (1545-1563) lembramos o dominicano Tomás de Vio, chamado Caetano (1469-1534), o mais célebre comentarista da *Summa theologiae* de Santo Tomás de Aquino (seu comentário à primeira parte da *Summa* foi publicado em 1508) e refutador das teorias conciliaristas num tratado intitulado *Auctoritas papae et concilii sive Ecclesiae comparata*. Seu confrade Francisco de Vitória (1483?-1546), ao pôr como fundamento de sua teologia o dado escriturístico interpretado à luz da Tradição, fez uma reflexão sobre o direito internacional (o *ius gentium*), de modo a fundamentar a perspectiva de uma comunidade internacional (dessas referências pode-se compreender que de Vitória conseguiu introduzir elementos que mitigaram o enfoque polemista de sua teologia). A partir de 1534 aprofundou as questões jurídicas e teológicas sobre as conquistas espanholas do Novo Mundo, defendendo de maneira resoluta os direitos dos indígenas e dando solidez ao que já fora afirmado por outro dominicano, Bartolomé de Las Casas (1484-1566), um dos maiores evangelizadores da América Latina na primeira parte do século XVI (cap. 2, item 8.2 e cap. 7, item 30.1).

Já o jesuíta Francisco Suárez (1548-1617) aprofundou todos os âmbitos da teologia, mas sobretudo esclareceu a relação entre a autoridade da Igreja e a do Estado, defendendo o poder indireto da primeira sobre a segunda (cap. 5, item 20.1). Afirmou que a autoridade temporal do pontífice é limitada aos territórios do Estado da Igreja, mas o poder de direção sobre os príncipes cristãos é consequência do mandato de pastor universal conferido pelo Senhor a Pedro e a seus sucessores. É interessante a defesa da soberania do povo, que é fonte imediata da autoridade por necessidade natural fundada por Deus. Ao mesmo jesuíta se deve o aprofundamento doutrinal sobre o primado pontifício e a natureza e as prerrogativas da autoridade eclesiástica: numa sociedade atenta à forma e aos privilégios (cap. 5, item 20.3), também a Igreja estabelece normas precisas internamente, em termos de direitos e precedências, e se reporta analogamente com a autoridade civil, defendendo por todos os meios os âmbitos que considera de sua exclusiva competência, ou pelos quais julga ser superior ao poder secular ou de ter de recorrer a seu braço.

De acordo com as formulações catequéticas e com o ensino oficial, poderia parecer que a teologia católica pós-tridentina tenha sido monolítica. Na realidade, numerosas controvérsias entre "escolas teológicas" tiveram origens complexas e se desenvolveram com dinâmicas complicadas e consequências longas, e às vezes dolorosas. Lembremo-nos do que foi exposto no cap. 5, item 22.1, ou seja, o debate sobre o estado de graça e as obras, que se originou depois da definição tridentina (propositalmente sem solução), a qual fez emergir duas distintas tendências e visões contrapostas, do pessimismo sobre as obras, de Miguel Baio (1513-1589), cujas doutrinas já tinham sido condenadas sob Pio V, até a avaliação positiva da liberdade do ser humano, de Luís de Molina (1536-1600). Para dirimir as controvérsias surgidas do confronto entre as escolas e opiniões teológicas contrapostas, Clemente VIII constituiu até uma congregação no seio da Cúria romana, chamada *De auxiliis divinae gratiae*. Com a figura de Cornelis Jansen (1585-1638), o desdobramento do debate levou a um longo desgaste, que viu contrapostos os jansenistas aos jesuítas, e teve momentos de grande tensão que envolveram pensadores, como Blaise Pascal (1623-1662), e fortes implicações políticas e institucionais que perduraram até o fim do século XVIII e às quais apenas nos referimos aqui, remetendo o leitor aos parágrafos 22 e 24 dos capítulos 5 e 6, respectivamente.

No âmbito dos estudos teológicos, ao lado da criação dos seminários diocesanos (cf. cap. 4, Inserção 2 – *A aplicação do cânon tridentino sobre os seminários*), deve ser lembrada a fundação da instituição cultural central dos jesuítas, sobretudo pela importância que teve durante os séculos. Fundada em 1556 por Santo Inácio como Colégio romano, teve do papa Gregório XIII a configuração de sede de cursos teológicos para eclesiásticos de todas as nações, confiada à Companhia de Jesus (é esse papa que deu o nome à Universidade gregoriana, que não é senão o desdobramento do Colégio romano, que chegou até nossos dias). O mesmo papa fundou também o Colégio inglês (1579) e o germânico (1580) para os clérigos provenientes dessas nações e confiados sempre aos jesuítas. A *ratio studiorum* por eles elaborada em 1599 foi modelo para os estudos superiores que formaram a classe dirigente da Europa por toda a época moderna.

Ao sucessor Sisto V, como se sabe (cap. 4, item 16.4), deve-se a publicação de uma nova edição da *Vulgata*, de São Jerônimo, versão latina da Bíblia "típica" para a Igreja católica. Pelos muitos erros ali contidos, foi retirada de circulação, sob pressão do cardeal Belarmino, logo depois da morte do papa e um texto corrigido foi publicado em 1592, sob Clemente VIII. A Bíblia chamada "sisto-clementina" foi a versão oficial da Escritura para a Igreja católica por quase quatro séculos, não somente no âmbito teológico, mas também litúrgico.

Com o mesmo espírito polemista da teologia, os **estudos históricos** do âmbito católico nascem no século XVI em resposta às pesquisas dos protestantes, que negavam, bebendo nas fontes documentárias mais antigas, a validade das instituições e das doutrinas da Igreja romana, acusada de ter renegado a Igreja primitiva. Em resposta às *Magdeburger Centurien* (publicadas em Basileia entre 1579 e 1594), que interpretavam a história do cristianismo justificando a Reforma como retorno ao Evangelho e à era apostólica, César Baronio (1538-1607), aluno de São Filipe Neri e depois cardeal, iniciou em 1588 a publicação dos *Annales ecclesiastici*, nos quais se percorre a história da Igreja até 1198, fazendo uso sistemático das fontes, com intenção apologética, mas com respeito substancial ao método histórico. A obra, que não teve medo de enfrentar questões espinhosas (como o sistema das regalias no reino de Nápoles e da Sicília), foi continuada por Odorico Rinaldi e por outros colaboradores por todo o século XVII, constituindo até todo o século XIX a base dos estudos de história eclesiástica.

Sempre no âmbito dos estudos históricos, destaca-se a obra de Jean Bolland (1596-1665), jesuíta belga que com alguns colaboradores (chamados precisamente de *bolandistas*) começou em 1643 a publicação das *Acta Sanctorum*, ou seja, a coleção das fontes documentárias e dos textos hagiográficos, cientificamente examinados, referentes aos santos da Igreja (ordenados segundo o calendário romano). A imponente publicação constituiu a base sólida da hagiografia católica, finalmente aliviada das narrativas lendárias pouco apresentáveis hoje. Sob esse mesmo aspecto temos a obra dos beneditinos da congregação de São Mauro (*maurinos*), fundada em 1618 na França, com o objetivo de promover os estudos históricos e o método de análise dos textos segundo critérios científicos. O maurino Jean Mabillon (1632-1707), iniciador dos estudos sobre a história da liturgia, é considerado também o fundador da moderna ciência diplomática. No mesmo clima se formaram os editores das obras dos Padres da Igreja latinos e gregos, cuja validade científica é ainda hoje reconhecida.

As **bibliotecas eclesiásticas** continuam por toda a era moderna a desempenhar papel imprescindível na cultura europeia. Em 1609 o cardeal Frederico Borromeo fundou em Milão a Biblioteca Ambrosiana, instituição cultural de grandíssimo prestígio, pensada como lugar de estudo aberto aos peritos, seguindo o modelo da Biblioteca Apostólica Vaticana. Essa última fora reorganizada em 1475 por Sisto IV, com a colaboração do humanista Bartolomeu Sacchi, chamado o Platina, e aberta à consulta dos estudiosos numa sede de prestígio artístico, com afrescos de grandes mestres, como Melozzo da Forli e Ghirlandaio, e ampliada mais de cem anos depois sob Sisto V. A importância das bibliotecas eclesiásticas no período pós-tridentino é indicação de que os membros do clero detinham grande parte do saber, embora o desenvolvimento das **ciências naturais** e sua contraposição às metodologias de estudo tradicionais indiquem uma diferença que, com o transcorrer do tempo, não conseguirá ser eliminada entre saber religioso e saber leigo, entre religião e ciência. Os episódios a respeito de Galileu Galilei é um dos momentos mais conhecidos dessa evolução histórica (cf. cap. 5, Inserção 2 – *Os gêneros de conhecimento no âmbito cosmológico no episódio de Galileu Galilei*).

2. De um lado, a **arte religiosa** conhece no século XV um grande desenvolvimento tanto na arquitetura como na pintura e, de outro, um começo de tendência iconoclasta (depois retomada durante a Reforma), com os lolardos e os seguidores de Wycliffe; a seguir, com Erasmo de Rotterdam teve-se a antecipação da oposição entre Palavra e imagem. O místico João Gerson, no início do século convidava a evitar os desvios imorais ou paganizantes, seguido por Antonino de Florença e depois (de maneira radical) por Jerônimo Savonarola, enquanto com Fra Angélico emerge uma sensibilidade profunda que faz da inspiração religiosa o fundamento da pintura de assunto sacro, modulando uma espiritualidade que influenciará a reflexão de Michelangelo.

Não se pode deixar de refletir sobre as encomendas pontifícias de arte no ciclo decorativo da Capela Sistina, com seu conteúdo político-eclesiástico de exaltação do papel do papado, as quais envolvem os maiores artistas entre o fim do século XV e o início do século XVI. Rafael, ativo no Vaticano ente 1508 e 1520, é intérprete das instâncias humanísticas e atinge nas Salas vaticanas um eficaz conúbio teológico-estético voltado a mostrar a verdade mediante a idealização da imagem. Michelangelo, nesses mesmos anos (não sem uma evolução de pensamento), interpreta o antropocentrismo humanístico na verdade anatômica como revelação do mistério da Encarnação do Cristo-Homem.

Contemporaneamente, o mundo reformado exprimia posições variadas, da nítida recusa de matriz veterotestamentária de Karlstadt em seu tratado *Sull'abolizione delle immagini* — retomado depois por Calvino, que condenava os traços profanos das imagens sacras — à posição mediana de Lutero, que considerava a conservação das imagens ligada à relação com a Escritura. De modo mais radical, Zwinglio recusava nitidamente não só o uso cultual e devocional das imagens, mas contestava seu valor didático, dando vida a um movimento iconoclasta de grandes proporções.

A resposta católica foi confiada inicialmente a teólogos polemistas, como Ambrósio Catarino (1484-1553), que no tratado *De cultu et adoratione imaginum* (1522) tinha defendido a doutrina tradicional, sublinhando seu aspecto pedagógico, mas convidando a remover das igrejas as imagens de caráter profano ou imoral, e até de derivação apócrifa e milagreira. O Concílio de Trento confirmou o que fora afirmado no Concílio Niceno II (787), estigmatizando os abusos no uso das imagens sacras no decreto *De invocatione, veneratione et reliquiis sanctorum et de sacris imaginibus* (COD, 774-776), defendido fortemente pelo episcopado francês, que combatia contra a iconoclastia dos huguenotes. O decreto tridentino confiava aos bispos a tarefa de vigiar, legislar e disciplinar a respeito da iconografia religiosa, e em geral do espaço litúrgico e devocional, pondo no centro o fim educativo e valorizando assim a arte sagrada como expressão não secundária do esforço catequético e moralizador da ação pastoral.

Acolhendo a indicação do Tridentino, dois bispos reformadores, Gabriel Paleotti em Bolonha e Carlos Borromeo em Milão, escreveram dois tratados de grande interesse. O primeiro, no *Discorso intorno alle immagini sacre et profane* (1582), visava não tanto a reprimir simplesmente abusos ou leviandades por parte dos reitores das igrejas, mas a formar uma classe de comitentes e de artistas atentos à autoridade da Escritura e da Tradição, inspirados pelas normas litúrgicas e canônicas e sensíveis à instância eminentemente ética da arte religiosa da era pós-tridentina. Nesse sentido devem ser entendidas, por exemplo, algumas posições de rejeição da inspiração clássica e mitológica de certa linguagem artística, ou a cobertura dos nus do *Juízo Universal*, de Michelangelo, confiada a Daniel de Volterra, pouco depois da morte do autor.

De caráter muito mais normativo são as *Instructiones fabricae et supellectilis ecclesiasticae* (1577), de Carlos Borromeo, que inspirarão concretamente a arquitetura religiosa pelos séculos seguintes. Estabelecem-se para as igrejas construções imponentes e grandiosas, mais na estrutura do que nos ornamentos, com grandes janelas para torná-las iluminadas, preferindo salas unitárias, com capelas laterais dedicadas aos santos e com a capela-mor emergente, com um monumental tabernáculo no altar-mor e o coro dos cantores e do clero situado às suas costas. Essa disposição dos espaços lembrava a grandiosidade dos templos clássicos (com as escadarias de acesso e os locais preeminentes da paisagem e do contexto urbano) e ao mesmo tempo a severidade das igrejas paleocristãs, com a arquitrave para as portas principais ou a representação de santos e dos mistérios da vida do Senhor e de Nossa Senhora nas fachadas e nas abóbadas das capelas. Carlos Borromeo sancionava uma organização dos espaços adequada às disposições litúrgicas renovadas e o desenvolvimento de artes menores (prataria, paramentos) que unissem à beleza e à preciosidade a utilidade cultual.

Modelos arquitetônicos bem precisos difundiram-se assim pela Europa católica, repetindo modelos indicados para a funcionalidade e não só para a beleza formal, como a igreja del Gesù em Roma, iniciada por Vignola e levada a termo por Della Porta. O "**barroco romano**" inspirou não apenas as igrejas dos jesuítas e das novas Ordens (como teatinos e barnabitas), mas expressou a cultura católica por pelo menos dois séculos. As amplas navatas — cômodas para a pregação e a participação nos ritos sagrados — viram o florescimento de imagens e de esculturas que valorizaram também o gosto local, dando vida a variações regionais muito interessantes. Em contraste com o aniconismo dos templos protestantes, as igrejas católicas se encheram de altares grandiosos, imagens de santos, balaustradas para delimitar o espaço cultual, relicários e candelabros.

Seria ingênuo definir o estilo barroco como a linguagem unívoca da era pós-tridentina, em contraposição com a austeridade do mundo protestante. Nos primeiros decênios do século XVI prevaleceu nos ambientes católicos, mais sensíveis à renovação espiritual, o desejo de uma arte essencial, distante das sugestões paganizantes do gosto renascentista, e com intenção fortemente educativa. Essa sensibilidade retomou a concepção medieval das artes figurativas, entendidas como *bíblia pauperum*, porque deviam levar também quem não era capaz de ler a Sagrada Escritura a conhecer os principais mistérios da Salvação, inclusive os episódios mais conhecidos do Antigo Testamento, com uma intenção eminentemente moral que evitasse qualquer confusão doutrinal. A arquitetura religiosa, pois, devia se inspirar na essencialidade e unir à elegância formal a utilidade funcional e convidar ao recolhimento e à piedade.

A partir da segunda metade do século XVI não faltam precisas **intervenções por parte da autoridade eclesiástica** — como se viu para Carlos Borromeo e Gabriel Paleotti — para normatizar a construção das novas igrejas e a adaptação das antigas, remediando o descuido em que se viam muitos edifícios sagrados, incluindo sedes de ação pastoral; tomam-se medidas precisas para objetos, alfaias, espaços. Pelas prescrições contidas nos decretos das visitas pastorais ficamos sabendo da preocupação em evitar usos profanos também não indecorosos dos lugares de culto, os quais, se paroquiais, são obrigados a conservar o Santíssimo Sacramento de modo continuado, em tabernáculos fixos postos acima do altar-mor, para dar destaque à eucaristia celebrada e adorada; além disso, tornam-se usuais suportes móveis ou estáveis para exibir a hóstia consagrada contida num vaso sagrado, o ostensório, que em geral assume a forma de um círculo com raios de metal nobre. Também as alfaias religiosas adquirem nova dignidade pela preciosidade dos materiais e a funcionalidade litúrgica; dão-se indicações pontuais sobre a forma e sobre a matéria dos paramentos.

É prescrita a separação entre o presbitério e a navata com balaústres e cancelas, mas são abolidas as divisórias que impediam a vista da ação sagrada, a qual, pelo contrário, é muito amplificada mediante a grandiosidade dos altares, projetados com o retábulo atrás, com a imagem do santo ou do mistério a que o próprio altar é dedicado. Nas igrejas aumentam os altares laterais, encostados às paredes ou com mais frequência em capelas menores, com representações pictóricas e às vezes também estátuas grandiosas dedicadas aos santos ou aos vários títulos de Nossa Senhora. Difunde-se o confessionário como parte integrante e fixa da decoração litúrgica e até os bancos para assistir comodamente às funções religiosas e às pregações; dos lados do presbitério, e mais frequentemente atrás do altar-mor, assentos de madeira permitem que clero e cantores, rigorosamente separados do resto dos fiéis, assistam às funções. Nas catedrais e nas colegiadas mais insignes é construído o "coro senatorial", ou seja, um espaço delimitado por balaústres, intermediário entre o presbitério e a navata, onde encontram lugar, com a devida honra, as autoridades civis. Em todas as igrejas paroquiais é construído o púlpito fixo, apoiado nas paredes ou nas pilastras, como lugar da pregação, em posição bem visível e dominante, e a fonte batismal na proximidade da entrada.

A regulamentação da arte litúrgica é acompanhada por um especial **florescimento das artes figurativas** que se tornam parte integrante da ornamentação das igrejas. Com efeito, as igrejas nas quais se realizava a liturgia católica distinguiam-se pelo amplo uso das artes figurativas, que tendiam a sublinhar a própria inspiração religiosa mediante a dramaticidade das imagens, por exemplo ao descrever com realismo as cenas de martírio dos santos, ou o respeito meticuloso das indicações iconográficas já aceitas, de modo a tornar imediata a identificação por parte do povo. Além das cenas de martírio, na época barroca tem grande sucesso a "glorificação" como tema iconográfico, que substitui o "sagrado colóquio" ainda em uso na época renascentista; assim Nossa Senhora e os santos são representados assuntos à glória do céu, entre fileiras de anjos e de outros santos, que são como coparticipantes do triunfo celeste. O chamado "triunfalismo" típico do catolicismo pós-tridentino remete a uma "presença" que antecipa e torna quase tangíveis as realidades celestes, exprime a certeza da fé e guia o fiel a se fazer participante dessa plenitude, a se sentir parte de uma coletividade a caminho para a meta, em comunhão não só com a Igreja militante (os fiéis), mas também com a triunfante, ou seja, os santos, cujo exemplo e cuja intercessão são parte integrante da prática religiosa. Ao ideal do tema apresentado serve de contrapeso a concretude das imagens, o realismo da expressão artística, que estabelece uma ligação com o fiel, o qual é chamado a imitar as virtudes dos santos, a contemplar o exemplo deles e a invocar sua intercessão sobrenatural no dia a dia.

3. Nos edifícios, habitualmente decorados com ricas figuras, realizava-se **o culto** litúrgico, que se baseava nos sacramentos, especialmente o eucarístico (a missa). Os primeiros movimentos da reforma católica já tinham trabalhado para restituir dignidade às celebrações litúrgicas, corrigindo abusos e evitando qualquer forma de superstição, e sobretudo educando o clero para uma celebração não imprecisa dos ritos sagrados. O disciplinamento tridentino, a promulgação do novo missal (1570) e do ritual (1614) tornaram cada vez mais uniforme a celebração da missa e dos sacramentos em todo o mundo católico, sem eliminar, porém, totalmente as peculiaridades locais. Também a **música sacra** teve um desenvolvimento singular, com o objetivo de tornar as funções mais solenes, mas também mais sensíveis, envolvendo todos os sentidos dos fiéis, da visão do esplendor dos paramentos e das alfaias à audição dos cantos e das músicas de qualidade formal. A esse propósito, decerto deve ser lembrada a contribuição de Giovanni Pierluigi da Palestrina (1526-1594). O compositor, ativo em Roma desde 1551, exerceu influência decisiva sobre a música sacra polifônica, salvando-a da anunciada supressão e inspirando-a pelos séculos seguintes, a ponto de fazê-la atribuir igual importância ao gregoriano por parte da autoridade eclesiástica. A partir do século XVII tornou-se comum o uso do órgão de tubos para as celebrações nas igrejas, que de instrumento móvel de simples acompanhamento dos cantos passou a ter dimensões e funções de protagonista.

A compreensão por parte dos **fiéis** a respeito do significado da **ação litúrgica** e sua participação ativa na liturgia permaneceu marginal: entre as pessoas cultas, difundiram-se os livros de devoção para seguir a missa, ou muito mais para orar de modo independente com relação ao sacerdote celebrante. Tanto na igreja como nas famílias tornou-se comum a recitação pública do rosário cotidiano; durante a missa, os fiéis desfiavam o rosário ou ouviam o pregador. A celebração das vésperas, associadas com a bênção eucarística, tornou-se a função mais frequentada, realizada nas igrejas paroquiais e precedida da "doutrina".

Típica dessa época é a organização da **piedade em relação aos mortos**: os cemitérios (normalmente situados nas adjacências das igrejas), considerados de competência da autoridade eclesiástica, foram disciplinados pelos bispos, conservando seu decoro com a observância de seu caráter sagrado. Numerosos túmulos ficavam dentro das igrejas, nos sepulcros das famílias, postos nas capelas do padroeiro, ou nos das confrarias e corporações, muitas vezes dispostos sem ordem no pavimento das navatas, situação essa que com frequência provocava condições higiênicas precárias. Somente entre o fim do século XVIII e início do século XIX é que os cemitérios foram colocados fora dos centros habitados e subtraídos ao controle eclesiástico por força de leis emanadas por José II e Napoleão. Tornou-se geral a prática de fazer sufragar as almas dos mortos com a celebração de santas missas, inclusive por meio de disposições testamentárias especiais. Difundiram-se as Companhias do sufrágio: os aderentes contribuíam com uma pequena cota anual e à sua morte garantiam a celebração de certo número de missas e ofícios em sufrágio. Típica da chamada "piedade barroca" é a exaltação da morte, entendida como *memento* (ou seja, lembrança permanente) para os vivos, com os ossuários ornados de ossos bizarramente dispostos e catafalcos mortuários, cuja magnificência corresponde à posição social do finado. A lembrança da morte é essencialmente de caráter moral, convidando a considerar a brevidade da vida e as realidades eternas. Essa confidência com os mortos evitava desvios supersticiosos e se exprimia em conteúdos da ortodoxia doutrinal e na forma da liturgia.

Além do culto para os mortos, teve um desenvolvimento extraordinário a **veneração pelas relíquias**, especialmente dos mártires. Ela exprimia a necessidade de uma referência concreta, tangível, mediante fragmentos de ossos ou de vestes que tinham tocado o corpo daqueles que tinham combatido o bom combate, gozando de seu prêmio no paraíso. A descoberta das catacumbas romanas e do cristianismo primitivo, bem como a exaltação do martírio pela fé ocorrido numa época proposta em sua heroicidade, devem-se ao movimento espiritual originado por São Filipe Neri, na Roma da segunda metade do século XVI, e aos consequentes estudos de caráter histórico e arqueológico suscitados pelo renovado interesse pelas antiguidades cristãs. Um fervor que logo foi interpretado em tom controverso, defendendo o culto dos santos e dos mártires como expressão típica da Igreja primitiva, no desejo de justificar a doutrina e a prática da Igreja católica como coerentes com sua história original, contra a pretensão dos protestantes de ter libertado o cristianismo dos acréscimos posteriores, estranhos ao Evangelho e aos primeiros séculos. A extração das relíquias dos mártires nas catacumbas conheceu extraordinária difusão a partir da segunda metade do século XVI; organizada em geral pelos jesuítas, foi recomendada pelas autoridades eclesiásticas, as quais promoveram a difusão do culto das relíquias até como ornamento dos altares e para a devoção pessoal e popular, sobre a qual voltaremos na última parte deste item.

Outra expressão típica da religiosidade da época é a valorização das **experiências místicas** (ou seja, um conhecimento cada vez mais profundo e íntimo de Deus), que teve entre os mais importantes divulgadores São João da Cruz (1542-1591) e Santa Teresa de Ávila (1515-1582), mas que teve também momentos de bloqueio, como mostra a história do "quietismo" (cap. 6, item 24.1). Em geral a experiência mística envolveu monjas ou terciárias, dedicadas, portanto, à vida contemplativa. O monaquismo feminino teve extraordinário desenvolvimento na época pós-tridentina também devido à passagem obrigatória à clausura (estabelecida por uma bula de Pio V [cap. 2, item 7.3] e normalmente entregue ao controle do bispo local) de todas as experiências comunitárias, inclusive as pensadas numa ótica de compromisso apostólico, como as visitandinas, fundadas por São Francisco de Sales e Santa Joana de Chantal.

4. A **devoção pessoal e popular**, à qual já foi reservado um espaço especial no cap. 5, item 21.5, e cap. 6, item 25.4, era cultivada mediante formas diversificadas e de acordo com as inclinações e disposições intelectuais de cada um. A prática devocional do rosário, por exemplo, teve extraordinária difusão no Orbe católico depois que o papa Pio V, após a vitória de Lepanto (1571), associou o rosário aos títulos marianos, instituindo para toda a Igreja católica a memória de "Nossa Senhora do Rosário". As confrarias leigas constituíam um válido instrumento de edificação da pessoa por meio da oração e das obras de caridade, semelhantes às congregações promovidas pelas novas Ordens religiosas e às companhias devocionais difundidas principalmente pelas Ordens mendicantes. Essas formas de associacionismo tiveram papel determinante na constituição de um espaço e de um tempo sagrado na vida da coletividade, com a construção de igrejas e oratórios e com a organização de ritos coletivos de grande sugestão, como as procissões, sobretudo por ocasião da Semana Santa. Essas celebrações de caráter paralitúrgico caracterizaram a manifestação exterior, pública, unânime da fé da comunidade citadina e dos indivíduos que nelas encontravam um momento de agregação e de identificação fundamental. As representações sacras, surgidas muitas vezes num contexto elitista, tornaram-se assim momentos partilhados por todas as categorias sociais, caracterizadas

por forte apelo à emotividade, fazendo reviver também plasticamente os eventos dramáticos da paixão do Senhor, como ocorria com o chamado "entierro", apresentado no cap. 5, item 21.5.

Dinâmicas não muito diferentes estão na base da construção dos montes sagrados, difundidos sobretudo na Itália setentrional. O primeiro, no Varallo Sesia (no Piemonte), fora fundado em 1491 pelo franciscano observante Bernardino Caimi, com o objetivo de substituir a peregrinação aos lugares santos, impedida ou tornada difícil pela expansão otomana. Depois, foram edificadas capelas e santuários acessíveis a todos, onde eram representados (com pinturas, ou mais frequentemente com estátuas de barro, um material pobre) os mistérios da vida do Senhor com um realismo surpreendente, capaz de fazer o fiel entrar de modo até plástico nos eventos sagrados. Esse projeto, quase uma versão popular do programa intelectual dos *Exercícios espirituais* de Santo Inácio de Loyola, ilustra bem a piedade barroca.

Se a espiritualidade inaciana formou gerações de leigos e influenciou muitos eclesiásticos, a de São Francisco de Sales (1567-1622) teve grande difusão e foi muito valorizada também no século XIX; ela estendia aos leigos o exercício da perfeição cristã mediante o desempenho dos deveres do próprio estado, no ambiente familiar e profissional, propondo um estilo de vida sóbrio e uma experiência espiritual simples, mas sólida. Assim como no âmbito teológico, também no da espiritualidade observam-se sensibilidades diferentes. À piedade jansenista (um mundo muito variado, todavia) que propunha um extremo rigor moral, uma disciplina sacramental férrea e um espaço limitado às devoções, contrapunha-se a jesuítica, que propunha uma devoção afetiva a Nossa Senhora e uma prática sacramental mais frequente. A comunhão eucarística para a maior parte dos fiéis era limitada ao preceito pascal, junto com a confissão auricular, que se revestia de um caráter de obrigatoriedade comunitária; tanto que em muitos lugares, mesmo no tardio século XVIII, os nomes dos paroquianos que não tinham cumprido essas obrigações eram tornados públicos, para vergonha deles. Ao mesmo tempo, a comunhão frequente era um fato muito raro, embora muitas escolas de espiritualidade a recomendassem, pelo menos mensalmente, e se possível em algumas festas.

A prática da adoração do Santíssimo Sacramento, exposto solenemente no altar, teve início no século XVI com pessoas próximas de São Filipe Neri, e a prática pia das Quarenta Horas (promovida entre outros pelos barnabitas) teve grande difusão também nas igrejas paroquiais menores, junto com as procissões solenes de *Corpus Domini*. Essas últimas foram introduzidas na Idade Média tardia e na época barroca tiveram um impulso extraordinário em função antiprotestante. Entre as muitas procissões, a de *Corpus Domini* era considerada a mais solene e via a participação coral de toda a comunidade civil, que encontrava sua identidade e densidade nos ritos sagrados; as questões do cerimonial e das precedências, tão importantes nas sociedades do Absolutismo (cap. 5, item 20), entravam de pleno direito no desenvolvimento das funções religiosas. Também entre os eclesiásticos e as corporações religiosas não faltavam ocasiões de dissídios e de contenciosos. Não faltavam também procissões mensais com o Santíssimo Sacramento, muitas vezes dentro das igrejas. Além disso, quando o viático era levado aos moribundos, ou à comunhão aos enfermos, o gesto se tornava público; o som do sino o anunciava a toda a comunidade, e o sacerdote, revestido com o véu umeral, percorria os caminhos acompanhado de pessoas com velas.

Eram muitos os ritos não estritamente litúrgicos, com um caráter público e solene, aos quais ninguém podia se dizer estranho, e nos campos a vida era regulada pelo calendário eclesiástico e pelos ritos religiosos. As bênçãos estacionais à terra (as rogações) tinham valor coletivo e participação coral, e até os ritos de propiciação e para a cura eram acompanhados por essas dinâmicas, as quais com muita superficialidade consideramos superstições.

As devoções aos santos tiveram grande aumento, ligando-os a patrocínios em situações particulares: assim, Santo Antão defende os animais criados em casa, e Santa Luzia, a vista. Os corpos e as relíquias dos santos são considerados de grande honra, com frequência expostos em urnas com vidros, de modo a mostrar aos fiéis (habitualmente só nos dias de festa) os despojos, como para marcar uma presença não só espiritual, mas também física, quase tangível. São construídos capelas e altares grandiosos para os próprios padroeiros, cujas festas são a ocasião para demonstrar o prestígio inclusive civil das comunidades.

A devoção ao Sagrado Coração, iniciada pelas revelações a Santa Margarida Maria Alacoque (1647-1690), difundiu-se sobretudo por obra dos jesuítas e teve muitos opositores durante o século XVIII, tanto por parte da cultura iluminista, quanto por parte dos jansenistas. Diante dessas contestações, o papa Clemente XIII moveu-se em direção oposta, aprovando oficialmente em 1765 um culto que se propunha fazer crescer nos fiéis a confiança na Misericórdia de Deus, contra uma visão excessivamente rigorista, e uma afeição profunda mediante a humanidade de Cristo. A aprovação do culto do Sagrado Coração por parte do papado é um sinal de que a piedade popular, formada depois do Concílio de Trento, permaneceu vital por todo o século XVIII, a ponto de ser um dos componentes do clima religioso e eclesial da época, mediante, por exemplo, o sucesso crescente da *via crucis* (cap. 6, item 25.4). Uma vitalidade que continuou a produzir frutos abundantes nos dois séculos seguintes e que tampouco se pode dizer estar exaurida em nossos dias.

Bibliografia

Estudos

Itens 28-29

Bouyer, L. *Spiritualità cristiana orientale*. Milão: O. R., 1986.
Carcione, F. *Le chiese d'Oriente. Identità, patrimonio e quadro storico generale*. Cinisello Balsamo: San Paolo, 1998.
De Vries, W. *Ortodossia e cattolicesimo*. Bréscia: Queriniana, 1983.
Fedalto, G. *Le chiese d'Oriente*. Milão: Jaca Book, 1993, v. 2: Dalla caduta di Costantinopoli alla fine del Cinquecento.
_____. *Le chiese d'Oriente*. Milão: Jaca Book, 1993, v. 3: Dal Seicento ai nostri giorni.
Kawerau, P.; Guerriero, E. *Storia delle Religioni*. Milão: Jaca Book, 1981, v. 2: Il cristianesimo d'Oriente.
Peri, V. *La grande Chiesa bizantina. L'ambito ecclesiale dell'ortodossia*. Bréscia: Queriniana, 1981.
Pertusi, A. (org.). *La caduta di Costantinopoli. L'eco nel mondo*. Milão: Mondadori-Fondazione Valla, 1976.
Špidlík, T. *La spiritualità dell'Oriente cristiano. Manuale sistematico*. Cinisello Balsamo: San Paolo, 1995.

Itens 30-32

Baur, J. *Storia del cristianesimo in Africa*. Bolonha: EMI, 1998, 53-138.
Beckmann, J. La propagazione e l'Assolutismo europeo. In: Jedin, H. (dir.). *Storia della Chiesa*. Milão: Jaca Book, 1987, v. 7: La Chiesa nell'epoca dell'Assolutismo e dell'Illuminismo, 275-377.
Canova, P. *Guadalupe dalla parte degli ultimi*. Villa di Serio (Bg): Edizioni Villadiseriane, 2008.
Deslandres, D. Il cristianesimo nelle Americhe. In: Mayeur, J.-M. et al. (dir.). *Storia del cristianesimo*. Roma: Borla-Città Nuova, 2003, v. 9: L'Età della ragione (1620/30-1750), 557-666.

Glazik, J. La primavera missionaria all'inizio dell'età moderna. In: Jedin, H. (dir.). *Storia della Chiesa*. Milão: Jaca Book, 1985, v. 6: Riforma e Controriforma, 699-750.

Marcocchi, M. *Colonialismo, cristianesimo e culture extraeuropee*. Milão: Jaca Book, 1981.

Milhou, A. L'America. In: Mayeur, J.-M. et al. (dir.). *Storia del cristianesimo*. Roma: Borla-Città Nuova, 2001, v. 8: Il tempo delle confessioni (1530-1620/30), 652-738.

_____. Scoperte e cristianizzazione lontana. In: Mayeur, J.-M. et al. (dir.). *Storia del cristianesimo*. Roma: Borla-Città Nuova, 2000, v. 7: Dalla riforma della Chiesa alla Riforma protestante (1450-1530), 478-566.

Rogier, L. J. L'emisfero occidentale. In: Aubert, R. et al. (dir.). *Nuova storia della Chiesa*. Gênova: Marietti, ²1976, v. 4: Secolo dei lumi, rivoluzioni, restaurazioni, 230-252.

Saint-Geours, Y. L'America Latina: la crisi della Chiesa coloniale. In: Mayeur, J.-M. et al. (dir.). *Storia del cristianesimo*. Roma: Borla-Città Nuova, 2004, v. 10: Le sfide della modernità (1750-1840), 74-94.

Tüchle, H. Rinnovamento della Chiesa, missione universale e conversioni; il mondo barocco. In: Aubert, R. et al. (dir.). *Nuova storia della Chiesa*. Turim: Marietti, ²1973, v. 3: La Riforma e la Controriforma, 324-387.

Vaccaro, L. (org.). *L'Europa e l'evangelizzazzione delle Indie Orientali*. Milão-Gazzada: Centro Ambrosiano-Fondazione Ambrosiana Paolo VI, 1995, v. 10: Europa ricerche.

_____. *L'Europa e l'evangelizzazione del Nuovo Mondo*. Milão-Gazzada: Centro Ambrosiano-Fondazione Ambrosiana Paolo VI, 1995, v. 1: Europa ricerche.

Item 33

Beduelle, G. Strumenti per la diffusione del Tridentino. In: Mezzadri, L. (org.). *La Chiesa nell'età dell'assolutismo confessionale. Dal Concilio di Trento alla pace di Westfalia (1563-1648)*. Cinisello Balsamo: San Paolo, 1988, 55-85.

Brovetto, C. *La spiritualità cristiana nell'età moderna*. Roma: Borla, 1987.

Facoltà Teologica dell'Italia Settentrionale. *Storia della teologia*. Casale Monferrato: Piemme, 2001, v. 4: Età moderna.

Gotor, M. *Chiesa e santità nell'Italia moderna*. Roma-Bari: Laterza, 2004.

Menozzi, D. *La Chiesa e le immagini. I testi fondamentali sulle arti figurative dalle origini ai giorni nostri*. Milão: San Paolo, 1995.

Niccoli, O. *La vita religiosa nell'Italia moderna*. Florença: Carocci, 1988.

VENARD, M.; VOGLER, B. Le forme collettive della vita religiosa. In: MAYEUR, J.-M. et al. (dir.). *Storia del cristianesimo*. Roma: Borla-Città Nuova, 2001, v. 8: Il tempo delle confessioni (1530-1620/30), 866-930.

VERDON, T. (ed.). *L'arte cristiana in Italia. Età Moderna e Contemporanea*. Cinisello Balsamo: San Paolo, 2008.

_____. *L'arte cristiana in Italia. Rinascimento*. Cinisello Balsamo: San Paolo, 2006.

Índice de nomes

Abraão de Santa Clara 215
Acarie, *madame*, ou Acarie Avrillot, Barbe, conhecida como 187
Acosta, José de 356, 357, 359
Adorno (de Gênova), Catarina Fieschi 34, 61
Adriano, patriarca de Moscou e de toda a Rússia 353
Adriano VI, papa 79, 146, 159
Afonso, rei do Congo 371, 372
Agostinho de Hipona 36, 236, 237, 239, 244, 310, 314
Ailly, Pedro de (Pedro d'Ailly) 43
Alacoque, Margarida Maria 299, 399
Albergati, Nicolau 30
Alberto V de Wittelsbach, duque da Baviera 191, 192
Alberto de Brandemburgo, arcebispo de Mogúncia e Magdeburgo e bispo de Halberstadt 97, 98
Alberto de Brandemburgo, grão-mestre da Ordem teutônica 103
Alberto Magno 44
Albizzi, Francisco 243
Aldrovandi, Pompeu 319
Aleandro, Jerônimo 101, 145
Alembert, Jean-Baptiste Le Rond d', chamado 283, 292

Alexandre V, papa de obediência pisana 22, 43
Alexandre VI, papa 67, 78, 83, 85, 88, 147
Alexandre VII, papa 212, 220, 221, 240-242, 246, 382
Alexandre VIII, papa 221, 248
Allen, William 132
Alvarez, Francisco 77, 370
Álvaro 372
Amadeu de Saboia, duque (depois Félix V, antipapa, e, depois da abdicação, cardeal) 33
Ana, rainha da Inglaterra enquanto esposa de Ricardo II 39
Ana da Áustria, rainha da França 210, 237, 238
Anchieta, José de 368
Andersson, Lars 113
Ângela de Foligno 34
Angélico, Fra 67, 82, 159, 391
Anghel, Atanásio 347
Annat, François 243
Antão (abade), Santo 399
Antonino de Florença, v. Pierozzi, Antonino
Aranda, Pedro Pablo Barca de Bolea y Jiménez de Urrea, conde de 292
Aristóteles 43
Armeni, José 172

Arminius, Jacob 259
Armogathe, Jean-Robert 277
Arnauld, Angélica 237
Arnauld, Antoine 237, 238, 240, 243, 275
Arnauld, Antoine Le Maistre 237
Arnauld, Henri 239
Arnolfo de Cambio 49
Artur Tudor, herdeiro do trono inglês e irmão de Henrique VIII 126
Astete-Ripalta 160
Aureoli, Pedro 41
Avvakum, Petrovič 352
Azeglio d', Máximo 262

Baio, nome aportuguesado de Bay, Michel de 235, 388
Baldovinetti, Antonino 293, 313
Balduíno, Belisário 172
Baluze, Étienne 244
Bañez, Domingos 235
Baranyi, Paulo Ladislau 347
Barbarigo, Gregório 224, 323
Barberini, nobre família 221
Barbo, Luís 69
Barbo, Pedro, depois Paulo II, papa 83
Bargellini, Pedro 242, 243
Barlow, William 131
Baronio, César 74, 75, 89, 389
Bartolomeu de Martyribus 177, 202
Bascapé, Carlos 184
Báthory, Estêvão, torna-se Estêvão I, rei da Polônia 347
Bay, Michel de, conhecido como Baio 235, 388
Bayazid, sultão 338
Beaumont, Cristóvão de 283, 284
Beauvais, Potier de 237, 239, 242
Beckwith, Charles 262
Belarmino, Roberto 160-163, 212, 269, 270, 374, 386-389
Bell, Johann Adam Schall von 377
Bellegarde, Gabriel Dupac de 282

Bembo, João Francisco 225
Benavente, Toríbio de, chamado Motolinía 79, 358
Bendiscioli, Mário 175
Bento III, papa 296
Bento XIII, papa 12, 199, 221, 224, 280, 316
Bento XIII, papa de obediência avinhonense 20-23, 25
Bento XIV, papa 14, 224, 291, 292, 295-299, 302, 318-323, 327, 381, 383, 384
Bento de Mântua 70, 134
Bento de Nórcia 70
Berlendis, Júlio 225
Bernardino de Sena 67
Bernini, Gian Lorenzo 220
Bertieri, José 293, 304
Bertoldo da Calábria 68
Berulle, Pierre de 187, 188, 197, 237
Bessarione, João/Basílio 31
Betanzos, Domingos de 80
Beza, Teodoro de (Bèze, Théodore de) 123, 250
Bianchi, João 293, 296
Biandrata, Jorge 135, 138
Biel, Gabriel 43, 93
Bloch, Marc 210
Blommaerdine 36
Boldoni, Otávio 171
Bolena, Ana (Boleyn, Ann) 126, 127, 131
Bolland, Jean 390
Bonagrazia de Bérgamo 42
Boncompagni, Hugo, torna-se Gregório XIII, papa 164
Boncompagni, Tiago 224
Bonifácio, João Bernardino 138
Bonifácio VIII, papa 26
Bonifácio IX, papa de obediência romana 20-22
Bonomi, João Francisco 201
Bora, Catarina 105
Borja, César, chamado Valentino 85
Borja, Gaspar 253
Borja, nobre família 88

Borja, Rodrigo, torna-se Alexandre VI, papa 83-86
Borromeo, Carlos 11, 65, 69, 72, 76, 140, 147, 155, 160, 164, 168, 170, 174-176, 178, 180, 183-185, 194, 202, 206, 208, 230, 238, 241, 263, 318, 323, 363, 392, 393
Borromeo, Frederico, cardeal e primo de Carlos Borromeo 181, 182, 390
Borromeo, Frederico, irmão de Carlos Borromeo 176, 177
Borromeo, Giberto 176
Borromeo, nobre família 175, 207
Boscovich, Ruggero José 293, 321
Bossuet, Jacques-Bénigne 245, 276, 292
Bottari, João Caetano 293, 296
Bourbon (Borbone), nobre família 317
Bourdoise, Adrien 188, 198, 213, 237
Boyer, Jean-François 282
Bozza, Tomás 134, 142
Brahe, Ticho 165
Brancaccio, Lélio 170
Braschi, Gian Angelo, torna-se Pio VI, papa 326, 327
Brenner, Martin 193
Bresegna Manrique, Isabel 133
Brígida da Suécia 34
Broglia, Carlos 173
Brunelleschi, Filipe 49
Buccella, Nicolau 138
Bucer (Butzer), Martin 11, 106, 107, 114, 117-121, 123, 129-131, 137
Bugenhagen, Johann 112
Bullinger, Henrique 118, 120, 129, 137
Buonarroti, Michelangelo, v. Michelangelo
Burckhard, Jacob 53
Bure, Idelette de 121
Burlamachi, família de Lucca 134
Bus, César de 197
Busch, João 59
Butzer, Martin, cf. Bucer 114, 118
Buzzi, Franco 50, 95, 96, 142, 149, 206, 235, 272

Cabral, Francisco 375
Cabral, Pedro Álvares 78, 367
Caccini, Tomás 269, 270
Caetani, Bonifácio 171
Caetano (Caietanus), pseudônimo de Vio, Tomás de 43, 80, 99, 100, 145, 387
Caetano de Thiene 63, 71
Caimi, Bernardino 398
Calandrini, família de Lucca 134
Calasanz, José 71
Caligari, João André 224
Calini, Múcio 172
Calisto III, papa 78, 83, 85, 337
Calvino, João (Cauvin, Jean) 11, 114, 117-124, 129, 136-138, 142, 143, 160, 263, 391
Campeggi, Lourenço 126
Campi, Emídio 106, 107, 112-114, 116, 117, 123, 124, 127, 135, 142, 257, 259, 272
Campomanes, Pedro Rodríguez, conde de 292
Canfield, Bento 187
Canísio, Pedro 154, 160, 162, 175
Cantimori, Delio 56, 57, 204
Capistrano, João 67
Capito (Köpfel, Wolfgang) 91, 115, 118, 120
Capnion, v. Reichlin, Johann
Capodiferro, Jerônimo 81
Caprânica, Domingos 29
Capreolo, João 43
Caracciolo, Décio 223
Caracciolo, Innico 222, 224
Caracciolo, nobre família 223
Caracciolo, Tomás 171
Carafa, Carlos 153
Carafa, Gian Pietro, depois Paulo IV, papa 71, 147, 153
Carafa, nobre família 153
Caravaggio, ou Michelangelo Merisi 250
Cardeal de Lorena, ou Guisa, Carlos de 156, 185
Cardino, Lucas 172

Carlos I, rei da Espanha 87, 99, 100
Carlos I, rei de Nápoles (depois Carlos III, rei da Espanha) 317
Carlos II Stuart, rei da Inglaterra 258, 263
Carlos III, rei da Espanha 325, 355
Carlos V de Lorena 340
Carlos V, imperador 81, 99, 100, 102, 103, 107-109, 119, 126, 128, 133, 146, 148-152, 160, 338, 363
Carlos VI, imperador 215, 321
Carlos VII, rei da França 28
Carlos VIII, rei da França 62
Carlos IX, rei da França 249, 250
Carlos Alberto, rei da Sardenha e duque da Saboia 262
Carlos da Áustria, arquiduque 111, 192, 163
Carlos de Habsburgo, v. Carlos I, rei da Espanha, e Carlos V, imperador
Carlos Emanuel I 173
Carlostádio, v. Karlstadt
Carnesecchi, Pedro 134
Carvalho, Sebastião José de, marquês de Pombal 291, 324
Castelli, Bento 269
Castellino de Castello 159, 160, 182
Castelvetro, Luís 134
Castriota, Jorge, conhecido como Skanderbeg 346
Catarina (de Alexandria), Santa 28
Catarina II, czarina da Rússia 14, 354
Catarina de Aragão, rainha da Inglaterra 126, 127, 130
Catarina de Bolonha 34
Catarina de Sena 20, 34, 66
Catarino, Ambrósio 391
Cauchon, Pedro 28
Caulet, François-Etienne de 244
Cecil, William 131
Cepeda, Teresa, v. Teresa de Ávila
Cerioni, Batista 72
Cerqueira, Luís 376
Cervantes, Juan 30

Cervini, Marcelo, depois Marcelo II, papa 147, 148, 153
Cesarini, Juliano 28, 29, 32
Cesi, Ângelo 173
Cesi, Frederico 173
Cesi, nobre família 173
Chantal, Joana Francisca Frémiot de 397
Chaumeix, Abraham-Joseph de 298
Chiavone (Clavone), Leonetto 180
Chigi, nobre família 221
Cibo (Cybo), Inocêncio 173
Cirilo I Lucaris 336
Cisneros, Francisco Jiménez de 56
Claver, Pedro 362
Clávio, Cristóvão 377
Clément, Jacques 251
Clemente VII, papa 20, 21, 68, 72, 80, 126, 127, 146, 165, 253
Clemente VII, papa de obediência avinhonense 20, 21
Clemente VIII, papa 25, 69, 165, 167, 236, 251, 350, 351, 372, 386, 388, 389
Clemente VIII, papa de obediência avinhonense 25
Clemente IX, papa 220, 242, 243
Clemente X, papa 220
Clemente XI, papa 221, 277-279, 281, 382
Clemente XII, papa 14, 297, 316-318, 320, 383
Clemente XIII, papa 14, 293, 298, 299, 323, 324, 328, 399
Clemente XIV, papa 14, 141, 282, 303, 324-326, 354
Clemente da Baviera (Wittelsbach), cardeal arcebispo da Colônia, depois de Liège, e bispo de Regensburg, Frising e Hildesheim 247
Clóvis, rei dos francos 210
Codde, Pieter 281
Colet, João 125
Coligny, Gaspar de 250
Collins, Anthony 297
Colloredo, Jerônimo 293

Colombo, Cristóvão 44, 78, 80, 356
Colombo, Diego 80, 356
Colonna, Marco Antônio 170
Colonna, nobre família 84, 88
Colonna, Odo, depois Martinho V, papa 25
Colonna, Vitória 63, 133, 136
Condulmer, Gabriel, depois Eugênio IV, papa 28
Confúcio 376, 377, 382
Conrado de Gelnhausen 22
Conrado de Waldhausen 39
Constantino, imperador 44
Contarini, Gaspar (Gaspare) 56, 81, 107, 134, 136, 147
Cooper, Anthony 297
Copérnico, Nicolau 218, 268, 270
Coquelin, Nicolas 246
Corneglia, Francisco 174
Corner, Jorge 174
Correr, Antônio 69
Corsini, Lourenço, depois Clemente XII, papa 293, 317, 318
Corsini, Pier Francesco 296
Cortés, Hernán 79
Coruña, Martin de la 358
Coscia, Nicolau 317
Cossa, Baldassare, depois João XXIII, papa de obediência pisana 22
Costantino XI Paleólogo, imperador do Oriente 32
Cotolendi, Inácio 379
Coton, Pierre 187
Cranach, Lucas, o Velho 92
Cranmer, Tomás 119, 128-130, 137
Crescenzio, Marcelo 152
Crispino, José 222-224
Cristiano II, rei da Dinamarca 111, 112
Cristiano III, rei da Dinamarca 112
Cristina de Lorena 269
Croce, Bento 55
Croce, João A. 172
Cromwell, Oliver 258
Cromwell, Tomás 128

Curione, Célio Secondo 135, 138
Curtesi, Jorge, conhecido como Scolario, Gennadio 31, 334
Cusa (Krebs ou Chryfftz), Nicolau de 9, 29, 32, 43-46, 59, 83, 88, 173
Cybo, Catarina 133, 136
Cybo, Franceschetto 84, 86
Cybo, João Batista, depois Inocêncio VIII, papa 84

Daniel de Volterra 392
De Capua, Pedro Antônio 133
De Nobili, Roberto 15, 373, 374, 383
De Sanctis, Francisco 55
Del Col, André 265, 267, 272
Del Monte, João Maria, torna-se Júlio III, papa 147, 148, 152
Delfino, Zacarias 176
Della Porta, Tiago 392
Della Rovere, Jerônimo 173
Della Rovere, Juliano, torna-se Júlio II 84, 85, 86
Della Rovere, nobre família 88
Dengel, Lebna, *negus* do reino de Etiópia 77, 370
Descartes, René (Cartesius) 293
Dhôtel, Jean-Claud 160
Dias, Bartolomeu 77
Diderot, Denis 326
Diego, Juan 358, 361
Diodati, família de Lucca 134
Diogo I, rei do Congo 372
Dionísio de Rijkel (Dionysius Chartusianus, ou Dionísio, o Cartuxo) 43
Dominici, João 25
Donato, Jerônimo, conhecido como "o Farina" 184
Doria, Nicolau 69
Drechsel, Tomás 104
Dudley, João 129
Duns Scotus 41
Durando de São Porciano 41
Durando, Guilherme 54

Dürer, Albrecht 92
Duvergier de Hauranne, Jean, conhecido como Saint-Cyran, abade de 236

Eanes, Gil 76
Eberlein, Jacó 193
Echter, Júlio 193
Eck, João 100, 101, 107
Eckhart, Mestre (Eckhart de Hochheim) 9, 34-37, 44, 51, 58
Ecolampádio, João 117, 133
Edling, Rodolfo 311
Eduardo VI, rei da Inglaterra 11, 128-131
Egídio de Viterbo 86
Elizabeth I, rainha da Inglaterra 11, 131, 132, 253, 258, 263
Emanuel Filiberto da Sabóia 173, 261
Emiliani, Jerônimo 71
Enzinas, Francisco de 129
Erasmo de Rotterdam 60, 91, 105, 115, 125, 133, 154, 391
Ernesto da Baviera (Wittelsbach), arcebispo eleitor de Colônia, arcebispo de Liège e bispo de Frising, Hildescheim e Münster 170, 192, 194
Espen, Bernard Zeger van 281, 285, 287, 288, 384
Estensi (d'Este), nobre família 140
Estrées, César d' 242, 245
Étaples, Jacques Lefèvre d' 125
Eudes, João 198, 213
Eugenico, Marcos, patriarca de Éfeso 334
Eugênio da Saboia 340
Eugênio IV, papa 28-30, 32, 33, 44, 82, 83, 333, 354
Eybel, José Valentim 288

Falces, João 223
Farel, Guilherme 118, 120, 121, 261
Farina, 0, pseudônimo de Jerônimo Donato 184
Farnese, Alexandre, torna-se Paulo III, papa 146

Farnese, Júlia 85, 147
Farnese, nobre família 141, 317
Farnese, Pierluigi 108, 151
Fasiladas, *negus* do reino da Etiópia 370
Favoriti, Agostinho 245
Febrônio, Justino, pseudônimo de Hontheim, Johan Nikolaus 288, 324, 384
Félix V, antipapa 33
Fénelon, François 276, 277
Fernando, rei da Hungria 339
Fernando I, imperador 109, 155, 156
Fernando II, imperador 111, 193, 213, 252, 263, 302
Fernando da Áustria, arquiduque, torna-se Fernando I, imperador 110
Fernando da Áustria, arquiduque, torna-se Fernando II, imperador 193
Fernando da Baviera (Wittelsbach), arcebispo eleitor de Colônia 194
Fernando de Aragão, rei da Espanha 126, 264
Fernando de Habsburgo, cardeal infante 252, 346
Ferrari, Bartolomeu 72
Ferrer, Vicente 21
Filargo, Pedro, torna-se Alexandre V, papa de obediência pisana 22, 43
Filipe II, rei da Espanha 108, 109, 130, 132, 152, 153, 155, 184, 186, 188, 189, 201, 363
Filipe III, rei da Espanha 188
Filipe V, rei da Espanha 317
Filipe de Hessen 103, 106, 117, 119
Filipe de Orléans 279
Fink, Karl August 24, 50
Firpo, Máximo 57, 89, 204-206
Fisher, João 125, 127, 147
Fitz-James, François 320
Fleury, Hércules de 279, 280, 282
Floridablanca, José Moñino, conde de 293
Fois, Mário 24, 50, 89
Foscarini, Paulo Antônio 269, 270
Foscarini, Sebastião 246

Fracastoro, Jerônimo 151
Francisco I, rei da França 87, 108, 128, 148, 152, 217, 338
Francisco II, rei da França 249
Francisco de Assis 67, 68, 73
Francisco de Sales 120, 187, 202, 397, 398
Francisco Estêvão de Lorena-Habsburgo, imperador 321
Franck, Sebastião 113
Francke, Augusto Hermann 257
Frangipani, Otávio Mirto 171
Frederico, o Sábio, da Saxônia 99, 101, 103, 104
Frederico I, rei da Dinamarca 111, 112
Frederico II, rei da Prússia 293, 301, 302, 310, 320, 325
Frederico III do Palatinado 118
Frederico da Áustria 23, 24
Frederico de Hohenzollern, eleitor do Brandemburgo, torna-se Frederico I, rei da Prússia 257
Frijhoff, Willem 260, 272
Froschauer, Cristóvão 117
Fugger, banqueiros 97, 98
Fürstenberg, Wilhelm Egon 247

Galilei, Galileu 13, 220, 266, 268, 270, 271, 378, 390
Gallio, Ptolomeu 132
Gama, Vasco da 77, 366
Gambara, César 174
Gambara, Humberto 174
Gambara, Maffeo 174
Gambara, nobre família 174
Ganganelli, Lourenço, torna-se Clemente XIV, papa 324, 325
Garampi, José 272, 273, 288, 293, 296, 297, 307, 308, 320, 326-329
Gazzaniga, Pedro Maria 282, 293, 304
Gebeck, Veit Adam 194
Genovesi, Antônio 293, 296, 321, 326
Gentile, João Valentino 138
Gerardo de Zutphen 60
Gerdil, Jacinto Sigismundo 293, 296
Gerson, João 43, 58, 391
Ghirlandaio, il, ou Domingos Bigordi, chamado 390
Ghislieri, Miguel, torna-se Pio V, papa 153, 158, 164
Giacobini, Bento 294
Giannone, Pedro 317
Giberti, Mateus 173, 180
Gioberti, Vicente 262
Giotto de Bondone 48, 49
Giustiniani, Paulo 61
Gizio, Bartolomeu 223
Godinho, Nicolau 374
Gomar, François 259
Gondi, de, nobre família 237
Gondrin, Louis-Henri de Pardaillan de 242
Gonzaga, Ferrante 151
Gonzaga, Hércules 155, 156
Gonzaga, nobre família 140
Gonzaga, Silvio Valenti 319
Gonzaga-Nevers, nobre família 141
Gorani, José 326
Gracian, Jerônimo 69
Gregório XI 19, 27, 38
Gregório XII, de obediência romana 20, 22, 23, 25
Gregório XIII, papa 69, 132, 164-166, 170, 183, 184, 192, 194, 198, 201, 235, 250, 348-350, 359, 372, 376, 381, 389
Gregório XIV, papa 167, 169, 364
Gregório XV, papa 11, 167, 168, 219, 320, 374, 378, 383
Grócio, Hugo 256, 259, 293
Groote, Gerard 57, 58
Gropper, Johann 107
Guidi de Bagno, Nicolau 239
Guilherme III de Orange, estatuder das Províncias Unidas, que se tornou rei da Inglaterra 258, 262
Guilherme V Wittelsbach (da Baviera) 192
Guisa, Carlos de, conhecido como cardeal de Lorena 156, 185

Guisa, Henrique 250, 251
Guisa, Luís de 251
Guisa, nobre família 249, 250
Gustavo Adolfo, rei da Suécia 252
Guyon, *madame*, ou Jeanne-Marie Bouvier de la Motte-Guyon, conhecida como 276

Habsburgo, nobre família 12, 13, 103, 110, 128, 130, 189, 192, 213-216, 252, 253, 306, 317, 326, 339, 340, 346
Hannover, nobre família 107, 326
Harlay, François de 245
Haugwitz, Friedrich Wilhelm 301
Hausen, Wolfgang 194
Hay, Johann Leopoldo 311
Hedio, Kaspar 112
Helgesen, Paulo 111
Helvetius, Claude-Adrien 298, 326
Henrique, filho de Afonso, rei do Congo 371
Henrique, o Navegador 76-78
Henrique II, rei da França 152, 249, 263
Henrique III, rei da França 186, 250, 251
Henrique IV, rei da França 186, 251, 253, 255
Henrique VIII, rei da Inglaterra 11, 61, 108, 124-128, 130, 131, 147, 148, 253
Henrique de Langenstein 22
Henrique de Navarra, torna-se Henrique IV, rei da França 250, 251
Henrique de Susa, chamado l'Ostiense 36, 78
Henrique de Virneburg 35
Herberstein, Johann Karl 293, 304, 311
Hércules II d'Este 13
Hersche, Peter 193, 206, 227, 272, 282, 285, 286, 329
Hobbes, Tomás 256, 293, 298
Hoffer, Paul, ou Speratus, Paul, ou Spreiter, Paul 110
Holbach, Paul Henri Thiry, barão de 298, 326
Holbein, Hans 117

Hontheim, Johan Nikolaus, conhecido pelo pseudônimo de Justino Febrônio 288, 293
Hooper, João 129
Hosio, Estanislau 155, 195, 202
Hugo de São Vítor 58
Hus, Jan 9, 26, 39, 40, 51
Huter, Jacó 114

Ilírico, Matias Flácio 111
Inácio de Loyola (Iñigo López) 11, 59, 71, 73, 74, 165, 168, 196, 220, 374, 389, 398
Ingoli, Francisco 378, 380
Inocêncio III, papa 75, 244, 260
Inocêncio IV, papa 68
Inocêncio VII, papa de obediência romana 20, 22, 25,
Inocêncio VIII, papa 60, 84, 86, 88
Inocêncio IX, papa 167
Inocêncio X, papa 220, 221, 238, 239, 240
Inocêncio XI, papa 140, 220-222, 241, 244, 246, 247, 275, 340, 381
Inocêncio XII, papa 140, 221, 248, 276
Inocêncio XIII, papa 221
Isabel de Castela, rainha da Espanha 264
Iserloh, Erwin 36, 37, 44, 50, 60, 89, 92, 93, 98, 101, 102, 104, 115, 121, 142, 146, 206, 250
Isidoro, metropolita de Kiev 31, 32, 350
Isidoro, o Agricultor 168, 196
Iskender Pasha 337
Ivan IV, chamado "o Terrível", czar da Rússia 350

Jaime I, rei da Inglaterra 132, 252
Jaime II, rei da Inglaterra 258, 263
Jansen, Cornelis (Cornelius), aportuguesado em Jansênio 236, 389
Jansênio, nome aportuguesado de Cornelis Jansen 236-240, 252, 276, 277
Javorskji, Estêvão, metropolita de Rjazan e depois administrador e vigário do patriarcado de Moscou 353

Jedin, Hubert 22, 50, 51, 56, 57, 75, 86, 89, 101, 142, 145, 151, 153, 154, 165, 168, 169, 176, 186, 206, 400, 401
Jeremias II, patriarca de Constantinopla 351
Jerônimo (padre da Igreja), São 61, 115, 167, 389
Jerônimo de Praga 9, 40
Jó, patriarca de Moscou e de toda a Rússia 351
Joana I, rainha de Nápoles 21
Joana d'Arc 28
Joana papisa 296
João I, rei de Portugal 76, 77
João II, rei de Portugal 77
João III, rei de Portugal 264, 371
João VIII Paleólogo, imperador do Oriente 30, 32
João XXII, papa 35, 42
João XXIII (Ângelo José Roncalli), papa 59, 360
João XXIII (Baldassare Cossa), papa de obediência pisana 22-25
João da Cruz 69, 397
João da Saxônia 103
João Jorge III da Saxônia 340
João Paulo II, papa 146
Jonas, bispo de Rjazan e depois metropolita de Kiev e de toda a Rússia 32, 350
Jorge Frederico de Waldeck 340
Josafá de Polock 352
José I, rei de Portugal 324
José II, imperador 13, 14, 40, 141, 282, 289, 290, 303-313, 327, 396
Jud, Leo 115
Juliana de Norwich 34
Júlio II, papa 79, 84, 86, 94, 115
Júlio III, papa 73, 147, 149, 152, 153
Justiniani, Lourenço, primeiro patriarca de Veneza 28

Kangxi, imperador chinês 382, 383
Karlstadt, Andreas Rudolf Bodenstein (Carlostádio) 103, 104, 111, 113, 391
Kaunitz-Rittberg, Wenzel Anton 301, 303, 305, 306, 308, 313
Kempis, Tomás de 59
Kepler, Johannes 165, 269
Kerens, Johann Einrich 311
Klesl, Melchior 193
Knox, John 123, 129
Köpfel, Wolfgang, v. Capito
Küng, Hans 24
Künigl, Ignaz von 225

L'Hôspital, Miguel de 249
La Chaize, François d'Aix de 245
La Combe, François 276
La Mettrie, Julien Offray de 326
La Motte, Lambert de 379
La Rochefoucauld, François Joseph de 228
La Trémoille, Joseph-Emmanuel de 278
Labadie, Jean de 256
Lambertini, Próspero, tornou-se Bento XIV, papa 224, 293, 295, 318, 319
Lami, João 293, 296
Lancaster, nobre família 125
Lante, Marcelo 173
Las Casas, Bartolomeu, ou Bartolomé, de 80, 82, 356, 358, 363, 388
Laski, Jan 129
Latimer, Hugo 129
Lauri, João Batista 245
Lavalette, Antoine 292
Laval-Montmorency, François de 380
Laynez, Diego 156, 250
Le Tellier, Maurice 245
Leão I Magno, papa 244
Leão X, papa 61, 63, 67, 79, 84, 86-88, 98-101, 108, 115, 125, 146, 165, 217, 349, 371
Leão XIII, papa 131
Leclerc, Pierre 281
Legazpi, Miguel López de 363
Leibniz, Gottfried Wilhelm 292, 294
Lellis, Camilo de 71

Leonardo do Porto de São Maurício 232, 299, 318
Leopoldo I, imperador 215, 347
Leopoldo II, imperador 312
Leopoldo de Babenberg, São 215
Léssio, nome aportuguesado de Leys, Lenaert 235
Leto, Pomponio 83
Leys, Lenaert, aportuguesado em Léssio 235
Ligório, Afonso Maria de 299
Lionne, Hugues de 242, 243
Lippomani, Alvise 152
Llinás, Antônio 381
Locke, John 256, 259, 293, 295, 297
Longobardo, Nicolau 381
López, Iñigo, v. Inácio de Loyola
Lorini, Nicolau 269
Lourenço, o Magnífico, v. Medici, Lourenço de
Lúcio III, papa 260
Luís, o Bávaro, imperador 35, 42
Luís, o Mouro, ou Luís Sforza 85
Luís XII, rei da França 86
Luís XIII, rei da França 210, 237, 244, 252, 253
Luís XIV, rei da França 210, 212, 216, 238, 239, 241, 244-249, 254, 255, 276-279, 295, 340
Luís XV, rei da França 279, 280, 282-284, 292, 297, 326
Lullo, Raimundo 44
Luna, Pedro de, tornou-se Bento XIII, papa de obediência avinhonense 19, 21
Luo Wenzao, Gregório 383
Lutero, Martinho 10, 37, 43, 54-56, 59, 61, 66, 67, 86, 87, 91-108, 112, 114, 115, 117-121, 123, 125, 133, 142, 145, 146, 160, 273, 327, 339, 391
Lutterel, John 42
Luzia (de Siracusa), Santa 399

Mabillon, Jean 390
Macário, metropolita de Moscou e de toda a Rússia 350

Madruzzo, Cristóvão 148
Madruzzo, Luís 174
Maffei, Scipione 292, 321
Magalhães, Fernando 363
Maigrot, Charles 382
Maintenon, *madame*, ou François d'Aubigné, conhecida como 276
Mamachi, Tomás Maria 293, 296
Manuel I, rei de Portugal 77, 371
Manzoni, Alexandre 219
Maomé II, sultão, cf. também Mehmed II 32, 83, 333
Maquiavel, Nicolau 85
Marcelo II, papa 147, 153
Marco de Aviano 219, 225
Marcocchi, Máximo 379, 401
Marefoschi, Mário 296
Margarida (d'Antioquia), Santa 28
Margarida de Parma 186
Margarida de Valois, rainha da França 250, 251
Maria Stuart, mulher de Guilherme III de Orange e rainha da Inglaterra 258
Maria Teresa, imperatriz 13, 14, 215, 282, 293, 302, 303, 305-311, 319, 321, 325, 326
Maria Tudor, rainha da Inglaterra 11, 118, 130, 131, 134, 136, 137, 147, 153, 263
Marillac, Louise de 75
Marincola, João Paulo 171
Marnix, Filips van 123
Martina, Giacomo 257, 173
Martinelli, Jorge Maria 299
Martinho V, papa 25-28, 69, 77, 82
Martini, Martinho 382
Mateus de Bascio 67, 68
Mateus de Cracóvia 22
Mateus de Janov 39
Matias, imperador 252
Maultrot, Gabriel-Nicolas 287
Maupeou, René Nicolas Charles Augustin de 284
Maurenbrecher, Wilhelm 56

Maurício da Saxônia 152
Maximiliano I Wittelsbach, duque da Baviera 192
Maximiliano II, imperador 110
Maximiliano da Áustria, tornou-se Maximiliano II, imperador 110
Mazzarino, Júlio 238, 239, 241, 242, 273
McGrath, Alister E. 95, 142
Medici de, nobre família florentina 66, 87, 88, 99, 146
Medici, Catarina de, rainha da França 137, 155, 186, 249, 250
Medici, Cosimo dei, chamado "o Velho", senhor de Florença 30
Medici, Cosme I de, grão-duque da Toscana 155
Medici, Gianangelo, tornou-se Pio IV, papa 147, 176
Medici, João de, tornou-se Leão X, papa 84
Medici, Lourenço de, chamado "o Magnífico" 84
Medici, Madalena de 84
Medici, Margarida 176
Mehmed II, sultão, cf. também Maomé II 32, 83, 333, 334, 336-338, 341, 342
Melanchton, Filipe (Schwarzerdt, Philipp) 91, 98, 101-104, 106, 107, 111, 113, 117, 133, 135
Melozzo da Forli, ou Melozzo de Juliano dos Ambrosi, chamado 390
Mendez, Alonso 370
Mendoza, Antônio de, vice-rei da Nova Espanha 359
Merici, Ângela 75
Mésenguy, François-Philippe 286
Mezzabarba, Carlos Ambrósio 383
Miccoli, João 57, 89, 204, 205, 207
Michelangelo, ou Buonarroti, Michelangelo 63, 87, 133, 391, 392
Michelet, Jules 53
Micheli, família de Lucca 134
Michelozzo de Forli 83
Migazzi, Christoph Anton 293, 303-305, 311

Miguel de Cesena 42
Miguel, arcanjo 28
Miki, Paulo 376
Milhou, Alain 89, 186, 189, 207, 356, 361, 401
Milic de Kroméríz 39
Miltitz, Carlos 100, 101
Mogrovejo, Toríbio de 363
Molina, Luís de 235, 236, 388
Molinos, Miguel 275, 276
Montesanto, Vicente 171, 172
Montesinos, Antônio de 80, 356, 357
Montesquieu, Charles-Louis de Secondat, barão de 322
Monti, César 181
Montoya, Ruiz de 368
Morales, Juan Bautista de 381, 382
Morigia, Tiago Antônio 72
Morland, Samuel 261
Moro, Tomás 125-127
Morone, João 134, 147, 153, 155, 156
Motolinía, pseudônimo de Benavente, Toríbio de 80, 81, 358
Movila, Jorge 348
Müntzer, Tomás 104, 113
Murad I, sultão 332
Murad II, sultão 332, 333
Muratori Luís Antônio 292-296, 300, 303, 320, 321

Napoleão Bonaparte 396
Nausea, Frederico 160
Neercassel, Jan van 281
Neri, Filipe 64, 74, 168, 196, 220, 389, 396, 298
Newman, João Henrique 131
Nichelosa, Jerônimo Miguel 171
Nicolau V, papa 78, 82, 83, 337
Nikon, patriarca de Moscou e de toda a Rússia 352
Noailles, Antoine de 275, 277-280
Nóbrega, Manuel da 367

Ochino, Bernardino 68, 129, 130, 134-138
Ockham, Guilherme de 41, 42, 93
Odescalchi, Erba 299
Olevanius, Gaspar 123
Olier, Jean-Jacques 198, 213, 229
Oliva, João Paulo 243
Olmo, Andrés de 358
Opstraet, Johannes 286
Ormaneto, Nicolau 69, 168, 178, 180
Orsi, José Agostinho 296
Orsini, nobre família 84, 88
Orsini, Pierfrancesco (Vicente Maria de, dominicano), tornou-se Bento XIII, papa 221, 222, 224
Osman, iniciador dos otomanos 332
Ostiense, ou Henrique de Susa 78
Ostojić, Estêvão Tomás 345
Ovando, Nicolau de 355, 356
Oviedo, Gonzalo Fernandez de 80

Pagano, Sérgio 266, 271
Paleario, Antônio 134
Paleotti, Gabriel 202, 224, 318, 392, 393
Palestrina, Giovanni Pierluigi da 395
Palladius, Peder 112
Pallu, François 379, 381
Palmio, Bento 178
Pamphili, nobre família 221
Pâris, François de 280
Parker, Mateus 131
Paruta, Nicolau 137
Pascal, Blaise 240, 244, 389
Passionei, Domenico 291, 293, 296, 322
Paulo, Vicente de 75, 188, 198, 213, 229, 237, 238
Paulo II, papa 83
Paulo III, papa 56, 72, 73, 79, 81, 82, 85, 108, 141, 146-151, 154, 166, 264, 268, 317, 355
Paulo IV, papa 11, 71, 74, 134, 139, 147, 153, 154, 158, 176, 265, 266, 269, 270
Paulo V, papa 167, 168, 236, 253, 374, 381

Paulo da Cruz 299, 318
Pavillon, Nicolas 244
Pázmány, Péter 198, 202
Pedro, o Grande, czar da Rússia 341, 353, 354
Pedro da Gand 361
Pedro de Ailly 43
Pedro Leopoldo, grão-duque da Toscana, tornou-se Leopoldo II, imperador 14, 282, 300, 306, 313
Pedro Lombardo 94
Pelikan, Konrad 115
Pellegrini, Alexandre (provavelmente chamado "Pelegrino") 177
Penn, William 257
Peretti, Felix, tornou-se Sisto V, papa 166
Pergen, José João 311
Perna, Pietro 138
Petersson, Lars 113
Petersson, Olof 113
Petit, Jean 37
Piccolomini, Célio 241
Piccolomini, Enéas Sílvio, tornou-se Pio II, papa 29, 32, 40, 45, 60, 83
Piccolomini, Tiago 171
Pico della Mirandola, João 60, 82, 85, 88, 115
Pierozzi, Antonino, conhecido como sant'Antonino de Florença 43, 159
Pighino, Sebastião 152
Pignatelli, Francisco 171
Pilati, Carlos Antônio 326
Pimenta, Nicolau 374
Pio II, papa 40, 45, 46, 60, 78, 83, 88, 171, 337
Pio III, papa 86
Pio IV, papa 147, 149, 154, 155, 158, 160, 167, 176, 178
Pio V, papa 11, 74, 75, 131, 153, 158, 160, 161, 166, 169, 178, 181, 184, 220, 235, 253, 265, 386, 388, 397
Pio VI, papa 14, 141, 199, 282, 289, 309, 316, 326-328

Pio X, papa 200
Pio XI, papa 127, 200, 383
Pistorius, Johannes 107
Pizarro, Francisco 79
Platina, pseudônimo de Sacchi, Bartolomeu 83, 390
Plauto 44
Plug, Jacob 107
Po-chia Hsia, Ronnie 205, 207
Poggiani, Júlio 160
Pole, Reginaldo 130, 134, 147, 148, 153
Poma de Ayala, Filipe Guamán 362
Pombal, ou Carvalho, Sebastião José de, marquês de 291, 324
Pomponazzi, Pedro 86
Porres, Martinho de 360
Porro, Ângelo 159
Prades, Jean-Martin de, conhecido como abade de 283, 293, 297
Preste João 76, 77, 366, 369, 370
Prierias, Silvestre 99
Prignano, Bartolomeu, tornou-se Urbano VI, papa de obediência romana 19, 20
Prokopovič, Teofane 354
Prosperi, Adriano 267, 271, 273
Przerębski, Jan 195
Psaume, Nicole 169
Pseudo-Dionísio 44
Pucci, Francisco 138
Pufendorf, Samuel 293
Puteo, Tiago 155
Pütter, Johann Stephan 55

Querini, Ângelo Maria 225, 293, 295, 317, 322
Querini, Vicente 61, 86
Quesnel, Pasquier 243, 244, 275, 277, 278, 281
Quiroga, Vasco de 80, 357

Radewijns, Florens 60
Rafael Sanzio 87, 391
Ragazzoni, Jerônimo 180

Raimundo de Cápua 66
Rancé, Armand-Jean de 228
Ranke, Leopoldo 55, 57
Ratti, Aquiles, tornou-se Pio XI, papa 180
Rautenstrauch, Franz Stephan 293, 304
Reichlin, Johann (Capnion) 91
Renata da França 138
Renty, Gaston de 232, 272
Requeséns, Luis de 184
Revellis, João 110
Rezzonico, Carlos, tornou-se Clemente XIII, papa 323
Rheinard, Martinho 111
Rhodes, Alexandre de 381
Riario, Jerônimo 84
Riario, Pedro 84
Ribeira, jesuíta 177
Ribera, Juan de 188
Ricardo II, rei da Inglaterra 39
Ricci, Mateus 15, 377, 381, 382, 386
Ricci, Scipione de' 293, 313, 315
Ricciulli, Jerônimo 223
Richelieu, Armand-Jean du Plessis, duque de 237, 238, 244, 252-254, 273
Richeome, Luís 231
Richer, Edmond 287
Ridley, Nicolau 129
Rimoldi, Antônio 175, 178, 182, 185, 207
Rinaldi, Odorico 390
Robert, Pierre Olivier 261
Roberti, Carlos 242
Roberto de Genebra, tornou-se Clemente VII, papa de obediência avinhonense 20
Roberto de Wittelsbach, imperador 23
Rodolfo II, imperador 192
Rogers, João 129
Roma, Júlio 172
Roncalli, Angelo José, tornou-se João XXIII, papa 59
Ros (Roz ou Rodriguez), Francisco 374
Rossi, Hipólito de' 169
Rousseau, Jean-Jacques 284, 298

Ruggeri, Miguel 377
Ruperto, André 178
Ruysbroeck, João 9, 36, 58

Sá, Cristóvão de 374
Sá, Mem de 369
Saboia, nobre família 141, 173, 261, 262, 317
Sacchi, Bartolomeu, chamado "o Platina" 390
Sadolin, Jensen 112
Sagstetter, Urban 193
Sahagún, Bernardino de 356, 358
Saint-Cyran, abade de, cognome pelo qual é conhecido Jean Duvergier de Hauranne 236-238
Salazar, Domingo de 364
Saldanha da Gama, Francisco de 291
Salutati, Coluccio 60
Sandoval, Alonso de 362
Santo Tomás, Domingos de 358
Sarnelli, Pompeu 222
Sarpi, Paulo 204, 205
Saunier, Antoine 261
Savonarola, Jerônimo 67, 74, 85, 159, 391
Schaumburg, Martin von 193
Schurman, Anna Maria van 256
Schwarzerdt, Philipp, v. Melanchton, Filipe
Schwenckfeld, Gaspar 113
Scolario, Gennadio, ou Curtesi, Jorge 31, 334
Sega, Filipe 69
Segneri, Paulo, *senior* 231
Segóvia, João de 29, 32
Selim I, sultão 338, 339
Seripando, Jerônimo 133, 155, 156
Servet, Miguel 122, 136
Seymour, Eduardo 129
Seymour, Jane 128
Seyssel, Cláudio 173
Sforza Pallavicino, Pietro 374
Sforza, Ascânio Maria 85
Sforza, Galeazzo Maria 84
Sforza, nobre família 66

Sigismundo III, rei da Polônia 195
Sigismundo de Luxemburgo, imperador 22, 25, 29, 39, 40
Sigismundo do Tirol 45
Sigüenza, José de 189
Simonetta, Luís 155
Simoni, Simone 138
Sinzendorf, Philipp Ludwig 320
Sirleto, Guilherme 160
Sisto IV, papa 41, 78, 83, 84, 86, 165, 264, 390
Sisto V, papa 69, 166, 167, 169, 173, 251, 253, 265, 348, 389
Sittich, Marcos, de Hohenems 155
Skanderbeg, pseudônimo de Castriota, Jorge 346
Skarga, Piotr 197
Soanen, Jean 279
Sobieski, João III, rei da Polônia 220, 340
Solimão (Suleyman) I, o Magnífico, sultão 152, 338, 339, 346
Soranzo, Vítor 133
Soto, Pedro de 160
Souza, Tomé de 367
Soveral, Francisco de 372
Sozzini, Fausto 135, 138
Sozzini, Lélio 135
Spalatino, Jorge 101
Spaur, Christoph Andreas von 193
Spaur, Leopoldo von 303, 304
Spaventa, Bertrando 55
Spener, Philipp Jacob 256, 257
Speratus, Paul, ou Spreiter, Paul, ou Hoffer, Paul 110
Spinoza, Baruch 293, 298
Spreiter, Paul, ou Speratus, Paul, ou Hoffer, Paul 110
Squillace, Leopoldo de Gregório, marquês de 292
Squillante, Paulo 171
Steenhoven, Cornélio 281
Stephani, Joaquim 109
Stobäus, Georg 193

Storch, Nikolaus 104
Stübner, Markus 104
Sturm, Johannes 119, 137
Suárez, Francisco 213, 388
Susenyos, *negus* do reino da Etiópia 370
Suso, Henrique 9, 36
Swieten, Gerard van 304
Szapolyai, João 339, 346
Szapolyai, João Sigismundo 347
Szerémi, Teófilo 347

Talon, Denis 241, 242
Tamburini, Pedro 293, 315
Tamerlão 332, 333
Tanucci, Bernardo 317
Tauber, Kaspar 110
Tauler, João 9, 35, 37
Tausen, Hans 112
Tavera, Joannes de 81
Tedeschi, John 266, 267, 273
Tedeschi, Nicolau 32
Tegli, Silvestre 138
Templin, Procópio 215
Tencin, Pierre-Paul Guerin de 279, 322
Teodorico de Niem 22
Teresa de Ávila 11, 68, 69, 168, 196, 220, 397
Tetzel, Johann 98
Thomasius, Christian 256
Thun, Wenzeslaus 303
Tibaldeschi, Francisco 20
Tillemont, Louis-Sébastien Le Nain de 244
Tillot, Léon Guillaume du 324
Tindal, Matthew 297
Toland, John 297
Toledo, Francisco de, vice-rei do Peru 356
Tomás de Aquino 41, 334, 357, 387
Torelli, Ludovica 72
Torres, Cosme de 375
Torrigiani, Luís (Ludovico) Maria 297, 323, 324
Toscanelli, Paulo 44

Toscani, Xenio 164, 199, 200
Tostado, Jerônimo 69
Tournon, Maillard de 382, 383
Trautson, Johan Joseph 304
Traversari, Ambrósio 30
Tremelli, Emanuel 129
Tudor, nobre família 125, 130
Turrettini, família de Lucca 134

Uchański, Jakub 195
Urbano VI, papa de obediência romana 20, 58
Urbano VII, papa 75, 167
Urbano VIII, papa 12, 220, 221, 238, 253, 266, 270, 271, 378, 381
Urdaneda, André de 363

Valdés, Juan 133, 134, 136
Valentino, pseudônimo de Borja, César 85
Valignano, Alexandre 15, 375-377
Valla, Lourenço 60, 82
Varese, Pompeu 245
Varlet, Dominique 281
Vasa, Gustavo, rei da Suécia 112
Vasco da Gama 77, 366
Vasili II, grão-príncipe da Moscóvia 32
Venard, Marc 12, 89, 159, 161, 169, 186, 187, 190, 200-203, 207, 402
Venceslau, rei da Boêmia 39
Vergara, Francisco de 133
Vergerio, Pier Paolo 135, 175
Vermigli, Pietro Martire 129, 130, 134, 136-138
Vernazza, Heitor 61, 63
Vialart, Félix 242
Vico, Antônio 374
Vieira, Antônio 369
Vignola, Jacopo Barozzi da 392
Vilela, Gaspar 375
Vintimille du Luc, Charles-Gaspard-Guillaume de 280
Vio, Tomás de, v. Caetano (Caietanus)

Visconti, Filipe Maria 29
Visconti, Gaspar 181
Visconti, João Batista 172
Visdelou, Claude de 383
Vismara, Paula 164, 206, 207, 230, 234, 273, 329
Vitória, Francisco de 80, 356, 357, 387, 388
Vitório Amadeu I de Saboia 262
Vitório Amadeu II de Saboia 262
Vives, João Batista 372
Voltaire, pseudônimo de François-Marie Arouet 296, 298, 321, 322

Wallenstein, Albrecht Wenzel Eusebius 252
Ward, Mary 75, 378
Weigel, Valentim 113
Wittelsbach, nobre família 12, 170, 191, 192, 194, 205, 252
Wolff, Christian 256
Wolfradt, Anton 193

Wolsey, Tomás 126
Wujek, Jakób 197
Wycliffe, John 9, 26, 37-39, 125, 391

Xavier, Francisco 15, 168, 196, 220, 373-375
Xeres, Saverio 229, 273

Yi Seung-hun 386
York, nobre família 125

Zabarella, Francisco 44
Zaccaria, Antônio Maria 71, 72
Zell, Mateus 118
Zinzendorf, Nikolaus Ludwig von 257
Zola, José 293, 315
Zumárraga, Juan de 358, 359
Zuñiga, Diego de 270
Zwilling, Gabriel 103
Zwinglio (Zwingli), Huldrych 11, 106, 114-120, 123, 137, 391

Plano analítico da obra

VOLUME I
A Antiguidade cristã: **das origens da Igreja à divergência entre Oriente e Ocidente (séculos I-V)**
Textos de G. Laiti e C. Simonelli, com U. Dell'Orto, S. Xeres e A. Maffeis

Prefácio de C. Pasini
Introdução geral de U. Dell'Orto e S. Xeres
Teologia e história da Igreja de A. Maffeis
Cap. 1 – As origens cristãs
Cap. 2 – As Igrejas no espaço público: o período da apologia
Cap. 3 – A "grande Igreja": a Igreja no século III
Cap. 4 – O século IV: a Igreja no império cristão e além das fronteiras
Cap. 5 – A vida interna das Igrejas no século IV
Cap. 6 – O século V: a Igreja na divergência entre Ocidente e Oriente

VOLUME II
A Idade Média: **da presença dos bárbaros no Ocidente (séculos IV-V) ao papado avinhonense (1309-1377)**
Textos de E. Apeciti, S. Ceccon, R. Mambretti

Cap. 1 – A contribuição dos novos povos para o desenvolvimento da Igreja
Cap. 2 – A Igreja no Oriente entre os séculos V e VII e a difusão do Islã
Cap. 3 – A Igreja no Ocidente nos séculos VI-VII
Cap. 4 – O Ocidente nos séculos VIII-X
Cap. 5 – A Igreja imperial, da época dos Otões à Reforma do século XI
Cap. 6 – Reformas básicas e reformas de cúpula entre os séculos XII e XIII
Cap. 7 – Mudanças estruturais, religiosidade, cultura, heresia e ortodoxia entre os séculos XI e XIV

Cap. 8 – Da crise da metade do século XIII ao fim do período avinhonense (1309-1377)
Cap. 9 – Além dos confins: cruzadas e missões

VOLUME III
A época moderna: **do Cisma do Ocidente (1378-1417) às vésperas da Revolução Francesa (1780-1790)**
Textos de F. Besostri, U. Dell'Orto, C. Silva

Cap. 1 – Do Cisma do Ocidente aos Concílios do século XV
Cap. 2 – A Igreja durante o Renascimento
Cap. 3 – O século da Reforma (*Reformation*)
Cap. 4 – O Concílio de Trento e sua aplicação
Cap. 5 – A Igreja na época do Absolutismo
Cap. 6 – A Igreja no século XVIII
Cap. 7 – Aberturas a Igrejas orientais, missões, teologia, arte e religiosidade

VOLUME IV
A época contemporânea: **da Revolução Francesa ao Vaticano II e à sua aceitação (1789-2005)**
Textos de M. Guasco, A. Manfredi, S. Xeres

Cap. 1 – Igreja e Revolução Francesa (1789-1814)
Cap. 2 – Abertura ao século XIX mediante as missões
Cap. 3 – A Igreja católica entre Restauração e liberalismo
Cap. 4 – O catolicismo na Europa na segunda metade do século XIX
Cap. 5 – Fermentos de renovação eclesial entre os séculos XIX e XX
Cap. 6 – A ideologia e os movimentos políticos nacionalistas e totalitários na primeira parte do século XX
Cap. 7 – Pio XII e a Igreja do seu tempo
Cap. 8 – O Concílio Vaticano II e a sua aceitação
Cap. 9 – As dimensões mundiais da Igreja no século XX

Edições Loyola

editoração impressão acabamento

Rua 1822 nº 341 – Ipiranga
04216-000 São Paulo, SP
T 55 11 3385 8500/8501, 2063 4275
www.loyola.com.br